乐昌市行政区划图

参考比例尺 1:260 000

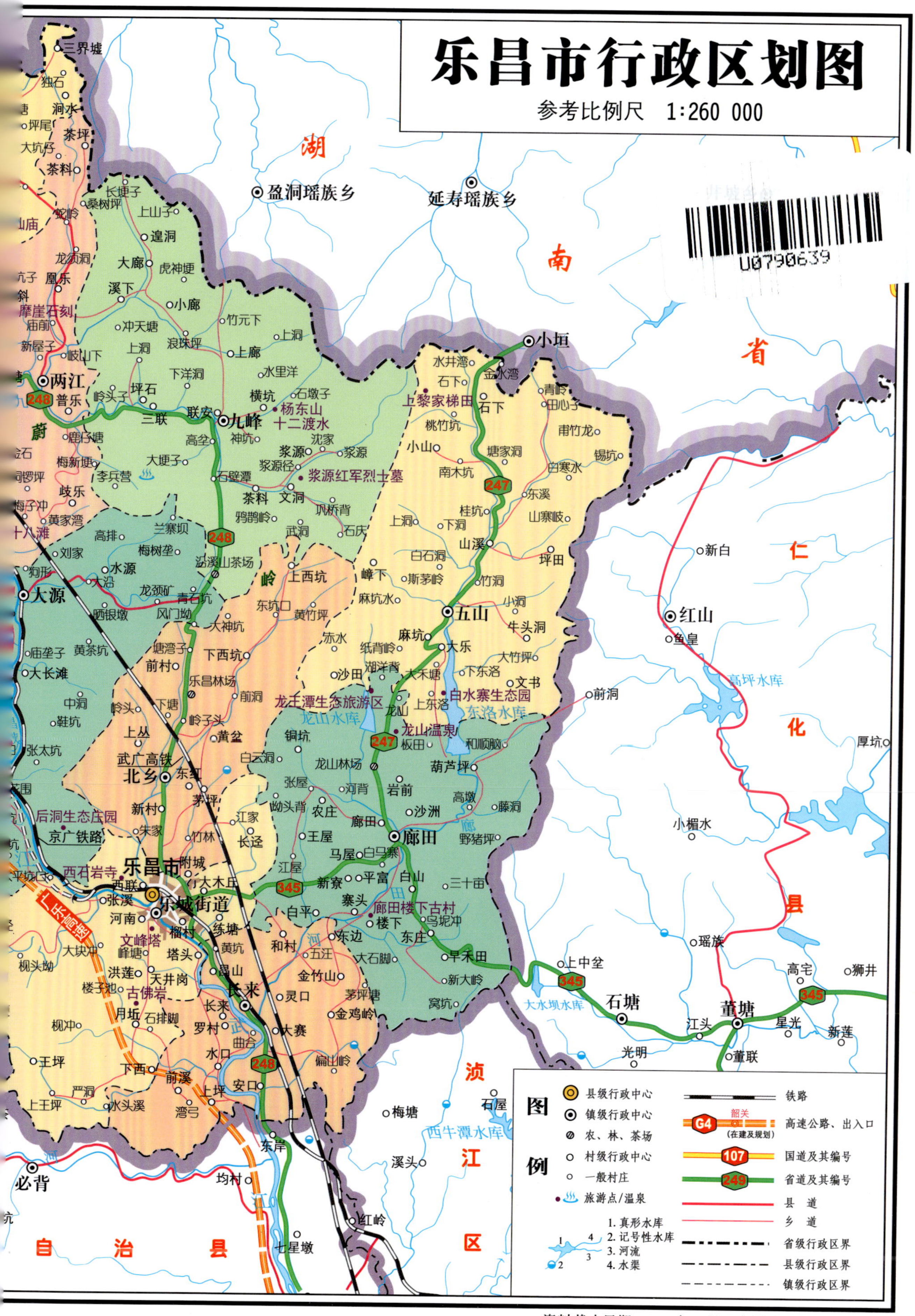

资料截止日期：2012年12月 审图号：粤S(2013)069号

乐昌年鉴

LECHANG YEARBOOK

（2017）

乐昌年鉴编纂委员会 编

方志出版社
Publishing House of Local Records

图书在版编目（CIP）数据

乐昌年鉴. 2017 / 乐昌年鉴编纂委员会编. -- 北京：方志出版社，2017.9

ISBN 978-7-5144-2537-6

Ⅰ. ①乐… Ⅱ. ①乐… Ⅲ. ①乐昌—2017—年鉴 Ⅳ. ①Z526.53

中国版本图书馆CIP数据核字（2017）第235319号

乐昌年鉴（2017）

编　　者：乐昌年鉴编纂委员会

责任编辑：罗　滔

出 版 人：冀祥德

出 版 者：方志出版社

地址　北京市朝阳区潘家园东里9号（国家方志馆4层）

邮编　100021

网址　http://www.fzph.org

发　　行：方志出版社图书经销中心

电话（010）67110500

经　　销：各地新华书店

印　　刷：韶关市文星彩色印务有限公司

开　　本：889×1194　　1/16

印　　张：20

字　　数：525 千字

版　　次：2017 年 9 月第 1 版　　2017 年 9 月第 1 次印刷

印　　数：001~500册

ISBN　978-7-5144-2537-6　　定价：150.00 元

编辑说明

一、《乐昌年鉴》以马克思列宁主义、毛泽东思想、邓小平理论、“三个代表”重要思想和科学发展观为指导，贯彻落实习近平总书记系列重要讲话精神和治国理政新理念、新思想、新战略，坚持辩证唯物主义和历史唯物主义的立场、观点和方法，旨在逐年记述本行政区域年度内自然、政治、经济、文化、社会等方面的情况，所载资料全面、系统、翔实、准确，是国内外各界人士了解乐昌的权威性工具书。

二、《乐昌年鉴（2017）》所收录的资料上限起自2016年1月1日，下限截至于2016年12月31日。为了较完整地保存和积累地方文献资料，对一些史实作了简要的上溯。所收录的先进集体和个人，是2015年度获市级以上表彰的先进集体和个人。由于个别单位未按要求提供资料，以致缺载，请予见谅。

三、《乐昌年鉴（2017）》主要收集2016年乐昌市各项事业发展的基本情况。主体内容分为栏目、分目、条目三个层次，少数条目下设子目，条目标题采用黑体字并加【】表示，少数包含多方面内容的条目则在文内用楷体标题标示各段内容的主题。全书设特载、年度关注、大事记、全市概况、中共乐昌市委员会、乐昌市人民代表大会、乐昌市人民政府、政协乐昌市委员会、纪检监察、民主党派·工商联、群团组织、国防、法治、经济管理、农业·林业·水利·气象、工业、交通、邮政·通信、城建·环保、商贸·旅游、财政·税务、金融·保险、教育、科技·体育、卫生、文化、社会生活、镇（街道、办事处）、荣誉榜、统计资料、附录共31个栏目。

四、稿件大部分由市直各部门、各单位、各镇、街道办及上级驻乐昌有关单位提供，《乐昌年鉴》编辑部撰写部分稿件并统纂全书。所提供的稿件资料均经供稿单位主要领导审阅，撰稿人署名于各相应条目文末。因统计时间、口径不同等原因，个别数据在不同稿件中可能不尽一致，敬请读者采用时引起注意。反映全市国民经济和社会发展情况的数据，以乐昌市统计局资料为准。

《乐昌年鉴》编辑部

二〇一七年四月

乐昌年鉴编纂委员会

名誉主任：陈宏宇（乐昌市委书记）

主　　任：沈河民（市委副书记、市长）

副 主 任：林柏居（市委常委、市委办公室主任）

邓洪炜（副市长）

成　　员：彭祥林　郑成永　吴章继　郑荣生

杜利雷　陈东旺　罗忠德　龚绍芳

毛志鹏　张超球　肖永剑　许建武

欧多纯　陈世军　朱长林　黄志雄

杨会标　易丘文　李永忠　陈懿茜

乐昌年鉴编辑部

主　　编：陈懿茜

副 主 编：张春玲

责任编辑：陈懿茜　张春玲　罗丽君　邹莉梅

封面摄影：何海松

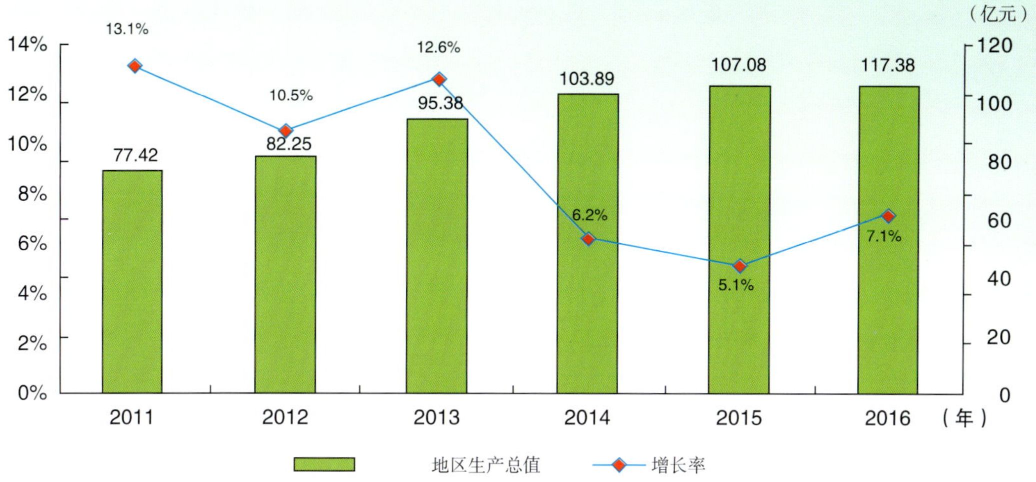

2011—2016年乐昌市地区生产总值及其增长速度图

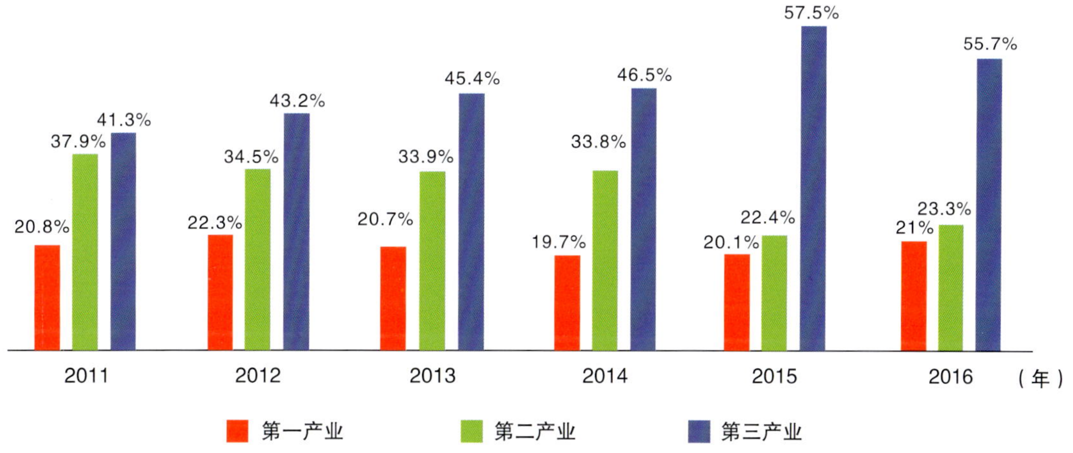

2011—2016年乐昌市三次产业结构占比图

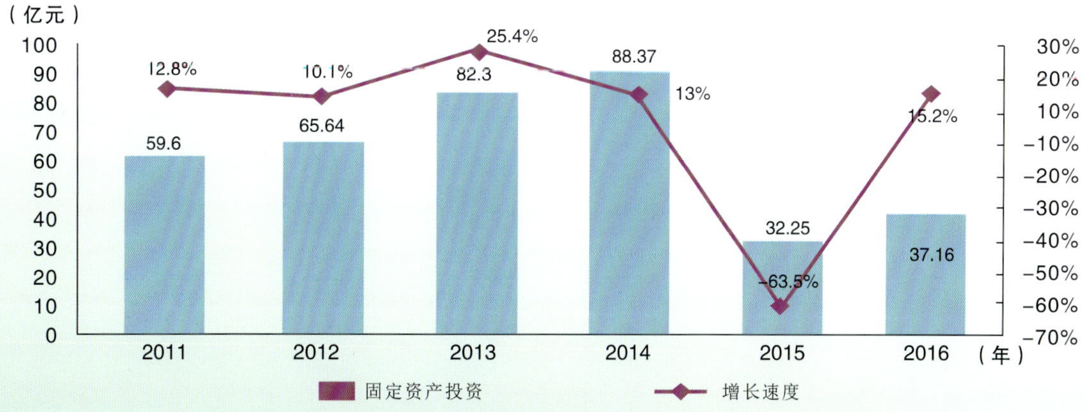

2011—2016年乐昌市固定资产投资与增长速度图

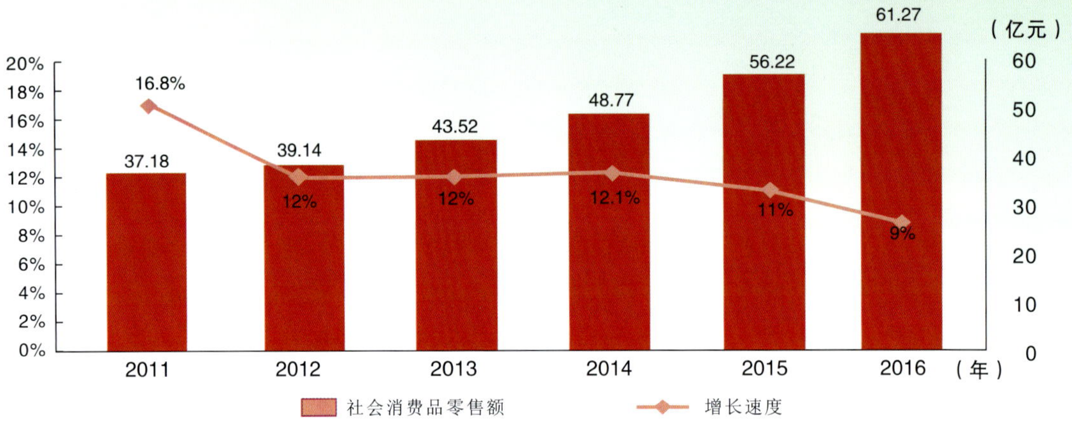

2011—2016年乐昌市社会消费品零售额与增长速度图

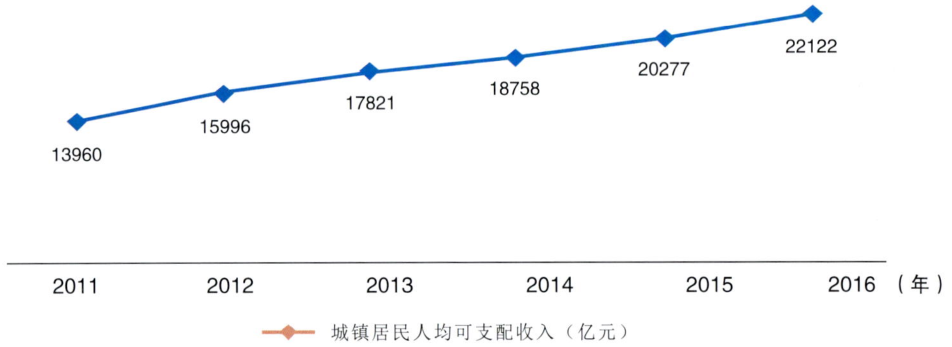

2011—2016年乐昌市城镇居民人均可支配收入图

2011—2016年乐昌市城镇居民人均可支配收入图

2016年8月19日，省委常委、常务副省长徐少华（前排右一）到长来镇调研省政府办公厅驻村扶贫工作情况　（长来镇 供）

2016年1月4日，广东省副省长邓海光（前排左三）到坪石镇陈家坪村调研精准扶贫工作　（坪石镇 供）

2016年7月5日，韶关市委书记江凌（前排左二）到梅花镇调研农业农村工作　　（梅花镇　供）

2016年2月5日，韶关市委副书记、市长骆蔚峰（右三）到大源镇考察乐昌峡库周公路建设情况　　（大源镇　供）

2016年5月17日，韶关市委副书记、乐昌市委书记陈向新（左三）到乐昌小学调研 （何海松 摄）

2016年11月15日，乐昌市委书记陈宏宇（右三）出席全市禁毒宣传活动 （廖锦荣 摄）

领导调研

2016年7月20日，乐昌市委副书记、市长陈宏宇（左四）到市产业园调研新开工项目建设情况　　（市产业园　供）

2016年12月1日，乐昌市委副书记、市长沈河民（前排左三）对乐昌市在建重点项目进行安全生产检查　　（罗　莹　摄）

2016年1月26日，乐昌市第十四届人民代表大会第六次会议开幕

（何海松　摄）

2016年1月25日，中国人民政治协商会议第九届乐昌市委员会第六次会议开幕

（何海松　摄）

重要会议

2016年10月20日，中国共产党乐昌市第十三次代表大会在市政府礼堂召开
（何海松　摄）

2016年10月26日，乐昌市第十五届人民代表大会第一次会议开幕
（何海松　摄）

中共乐昌市委书记陈宏宇（左）为新当选的乐昌市第十五届人民代表大会常务委员会主任许新华颁发当选证书　　（何海松　摄）

市人大常委会主任许新华（左）为新当选的乐昌市人民政府市长沈河民颁发当选证书　　（何海松　摄）

重要会议

2016年10月25日，中国人民政治协商会议第十届乐昌市委员会第一次会议开幕 （何海松　摄）

中共乐昌市委书记陈宏宇（左）为新当选的第十届政协主席周素岚颁发当选证书 （何海松　摄）

2016年5月28日，韶关南方阳光节能新材料有限公司奠基仪式在乐昌市举行

（沈 敏 摄）

2016年11月17日，乐昌市同路单采血浆有限公司奠基仪式在乐昌产业转移工业园区举行

（市产业园 供）

2016年12月8日，乐昌市人民政府与广州发展新能源投资管理有限公司签署《乐昌市新能源项目开发框架协议》　（市发改局　供）

2016年11月18日，乐昌市人民政府与中国电力工程顾问集团投资有限公司签署梅花风电场项目协议　（市发改局　供）

2016年6月21日，乐昌市人民政府与中国联合网络通信有限公司韶关市分公司签署推进"互联网+"战略合作框架协议　（乐昌联通公司　供）

2016年8月5日，乐昌市人民政府与广东广业开元科技有限公司签署新型智慧乐昌"大数据+"框架合作协议　（市经信局　供）

2016年12月4日，乐昌市人民政府与富国投资有限公司签署乐昌峡·九泷十八滩旅游项目开发框架协议 （市旅游局 供）

2016年12月26日，乐昌市人民政府与乐昌市金鸡岭风景有限公司、深圳市宝中旅行社有限公司签署乐昌市金鸡岭风景区旅游产业合作开发框架协议 （坪石镇 供）

2016年5月18日，东莞市大朗镇援建乐昌市人民医院（东莞大朗综合楼）捐赠仪式在市人民医院举行 （罗 吉 摄）

2016年2月6日，乐昌汽车客运站正式投入使用 （市汽车站 供）

2016年3月29日,乐昌市国税、地税联合办税服务厅正式使用 （伍国文 摄）

2016年6月15日，乐昌市农村信用合作联社首个乡镇离行式自助银行在梅花镇开业 （钟 超 摄）

2016年8月18日至22日，广东省青少年象棋锦标赛暨第二届亚洲象棋嘉年华系列推广活动在乐昌碧桂园举行　　（市体育局　供）

2016年7月23日，乐昌市电商水果节在市河堤广场举行（市旅游局　供）

2016年8月23日，乐昌市总工会开展“金秋助学”活动。图为为困难优秀学生颁发助学金 （市总工会 供）

2016年12月15日，广东省青年联合会第八组到乐昌市长来镇前溪小学开展“春暖童心 情暖南粤”亲青公益季系列活动 （廖泳欣 摄）

2016年8月，乐昌市茶料村入选“中国最美休闲乡村”（吴卫东　摄）

2016年6月，乐昌市文化馆获评“国家一级馆”　　（市文化馆　供）

2016年2月29日，2016年乐昌桃花节开幕式在九峰镇政府举行

（许先养　摄）

2016年3月12日，粤北名画家关山雪在九峰镇坪石村即席挥毫

（市文化馆　供）

2016年正月初一，民间民俗文化迎新春展演在市河堤文化广场举行
（钟 志 摄）

2016年9月，传统舞蹈《五山纸马》被列为韶关市第六批非物质文化遗产项目
（丁瑞玲 摄）

2016年11月8日，花鼓戏《打鞭进城》入围“2016年粤戏越精彩——粤剧与全省地方戏曲剧种（粤东北片区）交流演出暨学术研讨会”10个最受欢迎节目 （钟 志 摄）

2016年11月13日，九峰山歌表演唱《武江边上对山歌》荣获2016年“两岸暨港澳地区”客家山歌（东莞·凤岗）邀请赛银奖 （钟 志 摄）

目　　录

特　　载

年度关注

大　事　记

全市概述

中共乐昌市委员会

乐昌市人民代表大会

乐昌市人民政府

政协乐昌市委员会

纪检监察

民主党派·工商联

社团组织

国　防

法　治

经济管理

农业·林业·水利·气象

工　　业

交　　通

邮政·通信

城建·环保

商贸·旅游

财政·税务

金融·保险

教　　育

科技·体育

卫　　生

文　化

社会生活

镇(街道、办事处)

荣 誉 榜

统计资料

附　　录

特　　载

决胜全面建成小康社会
为实现振兴发展而不懈奋斗

——在中国共产党乐昌市第十三次代表大会上的报告

（2016 年 10 月 20 日）

乐昌市委书记　陈宏宇

中国共产党乐昌市第十三次代表大会，是我市进入全面建成小康社会决胜阶段召开的一次十分重要的会议。大会的主题是：认真贯彻落实党的十八大和十八届二中、三中、四中、五中全会精神，深入学习贯彻习近平总书记系列重要讲话精神，按照“五位一体”总体布局和“四个全面”战略布局，全面践行“创新、协调、绿色、开放、共享”五大发展理念，解放思想，改革开放，坚定信心，抢抓机遇，深入实施主动融入珠三角战略，加快县域发展步伐，决胜全面建成小康社会，为实现振兴发展而不懈奋斗！

一、过去五年工作回顾

五年来，市委认真学习贯彻习近平总书记治国理政的新理念新思想新战略和党中央的大政方针，贯彻落实上级党委的重大决策部署和市第十二次党代会精神，积极实施主动融入珠三角战略，紧扣加快转变经济发展方式这条主线，扭住交通基础设施建设、产业园区扩能增效、中心城区扩容提质三大抓手，全面推进经济、政治、文化、社会、生态文明和党的建设，“十二五”规划主要目标基本完成，“十三五”规划开局良好。

*经济保持平稳增长。*2015 年完成地区生产总值 107.08 亿元，地方一般公共预算收入 5.97 亿元，五年年均分别增长 8.6% 和 14.2%。农业特色化、品牌化、产业化水平不断提升，工业产业园区基础设施和项目建设取得明显进步，旅游经济快速发展，消费市场持续兴旺。

*城乡建设协调推进。*乐昌峡水利枢纽、乐广高速公路项目建成，武广客运专线乐昌东站建设顺利推进，国省道、县乡公路、桥梁改造修复和农村公路硬化工程如期完成。“一市两城”战略有效落实，中心城区框架进一步拉大，坪石镇列入省新型城镇化“2511”综合试点。新农村建设扎实推进，中小河流治理、高标准农田建设等涉农重点工程进展顺利。

*社会民生有效改善。*科技、教育、体育、卫生、计生等各项事业协调发展，成功创建“国家义务教育发展基本均衡县”“省教育强县”。文化建设持续繁荣，成功创建“省文明城市”。就业再就业、社保扩面、原坪石矿棚户区改造、城乡低保、农村五保、救济救助等社会保障和救助体系更加健全，实现更高水平的保障。环境保护和治理进一步加强，生态环境持续优化。

*民主政治建设得到加强。*支持人大、政协依法依章开展工作，支持民主党派、工商联、无党派人士参政议政，统战、侨务、民族、宗教政策有效落实，工青妇等群团组织作用更加凸显。“六五”普法工作全面完成。“平安乐昌”创建不断深入，社会组织综合监管、涉法涉诉信访工作改革、按法治框架解决基层矛盾工作有序开展，社会治安综合治

理、安全生产、食品药品监管工作不断加强，人民群众合法权益得到有效维护。重点领域改革稳步推进，政务服务效率和水平不断提高。党管武装和国防后备力量建设得到加强，连续四届被评为“省双拥模范县”。

*党的建设不断加强。*党的群众路线教育实践活动、“三严三实”专题教育、“两学一做”学习教育扎实开展，作风建设常态化、长效化机制逐步健全。领导班子和干部队伍建设不断加强，干部人事制度改革进一步深化。驻点普遍直接联系群众制度有效落实，基层治理工作有序开展。深刻吸取腐败窝案教训，党风廉政建设党委主体责任和纪委监督责任进一步落实，严肃查办了一批领导干部违纪违法案件和基层党员干部损害群众利益的案件，营造了风清气正的政治环境。

这些成绩的取得，是在省委和韶关市委正确领导下，在历届市委工作的基础上，全市各级党组织、广大党员干部和人民群众共同努力的结果；也是大朗乐昌对口帮扶指挥部、驻乐部队、省韶驻乐单位和社会各界人士大力支持和帮助的结果。在这里，我谨代表中共乐昌市委向所有关心支持乐昌发展的同志们、朋友们表示衷心的感谢并致以崇高的敬意！

在总结成绩的同时，也必须清醒地认识到，我们的工作还存在一些不足和问题。一是经济发展质量效益不高。县域经济总量不大、增速不快，产业结构不合理，工业支撑作用不明显，城乡、区域发展不平衡问题仍然突出。二是民主法制还不够健全。基层民主法治建设滞后，普法宣传、执法监督水平不高，法治队伍建设亟待加强。三是民生欠账多、包袱重。教育发展不平衡，看病难、看病贵，社保基金缺口较大，保障性住房建设任务重，城乡基础设施建设不完善等问题仍然比较突出。四是文化建设水平不高。文化基础设施薄弱，文化遗产保护开发水平较低，文化产业发展滞后。五是生态资源优势没有得到充分发挥。林下经济发展不足，生态资源与旅游、文化产业发展没有充分融合，生态效益没有充分释放。六是党的建设有待进一步加强。重发展、轻党建思想仍然存在，基层党建工作不够扎实，违法违纪现象和作风问题仍时有发生。这些不足和问题说明我们的工作与人民的期盼仍有较大差距，须在今后工作中认真加以解决。

总结过去，是为了更好地展望未来。回顾五年走过的历程，我们经受住了各种困难和挑战，积累了宝贵的经验，吸取了沉痛的教训，这些经验和教训都给予我们深刻的启示。

——*必须解放思想，勇于创新。*五年来，我们认真贯彻落实中央、省委和韶关市委的部署要求，坚持上级精神与乐昌实际紧密结合，不断解放思想，开拓进取，破解了一批阻碍发展的瓶颈问题。实践证明，只有敢于解放思想，敢于勇闯新路，用新的理念谋划新发展，才能牢牢把握发展主动权，破解发展难题，创造发展优势，推动经济社会持续发展。

——*必须抢抓发展的战略机遇。*五年来，我们积极抢抓省委、省政府实施粤东西北振兴发展战略、对口帮扶、扶贫开发等政策机遇，紧紧扭住“三大抓手”，深化与东莞大朗的对接合作，持续推进扶贫开发，发展环境不断优化，县域经济迈上新台阶。实践证明，抓好一次机遇就能赢得一次跨越，错失一次机遇可能落后一个时代，只有科学把握大势、善于抢抓机遇，才能赢得主动、赢得发展。

——*必须勇于担当，狠抓落实。*五年来，我们紧紧围绕既定的目标任务，完善抓落实工作机制，强化责任担当，推动各项工作部署有效落实。实践证明，要实现振兴发展，关键还在抓落实，再好的发展蓝图不落实都会落空，只有真抓实干，勇于探索，才能实现全面建成小康社会的宏伟目标。

——*必须坚持以人为本，共享发展成果。*五年来，我们始终坚持把群众利益放在首位，保障和改善民生，切实解决了一批群众最关心、最直接、最现实的问题，群众幸福感、向心力不断增强。实践证明，民生连着民心，民心凝聚民力。只有以人为本，改善民生，才能提升发展动力。只有让发展的成果惠及广大人民群众，才能赢得人民群众的理解和支持，实现内在的和谐和持久的稳定。

——*必须营造风清气正的良好政治生态。*2014年系列腐败案件，严重破坏乐昌政治生态，导致干部士气低落，经济“断崖式”下滑。在省委和韶关市委的坚强领导下，市委新的领导班子迅速稳定干部队伍，重构良好的政治生态，经济实现企稳回升。实践证明，政治环境好，才能有干事创业的良好氛围，党员干部才不会被歪风邪气所侵蚀，才能聚精会神谋发展，凝心聚力抓落实。

二、担负起振兴发展的历史使命

发展不足是乐昌当前最大的不足，加快发展是破解当前乐昌各种问题的关键所在。发展是党执政兴国的第一要务，紧紧扭住发展第一要务，加快乐昌振兴发展步伐，是时代赋予我们的神圣历史使命。我们要以舍我其谁的气魄，勇敢地担负起这一重担，不负重托、不辱使命。

*加快振兴发展必须正确判断形势。*乐昌有过辉煌的历史，近年来经济社会持续发展，县域经济实力迈上新台阶。但是，“山中一日转瞬过，世上繁华已千年”，周边县市比我们发展更快，从20世纪90年代开始，乐昌经济总量、工业、旅游、外贸等关键指标已逐渐被周边县市超越；“十二五”时期，乐昌发展速度远低于南雄、宜章等周边县市，标兵越来越远，追兵越来越近，领先地位逐步丧失，竞争力越来越弱，形势十分严峻，面临被边缘化的危险。我市全面建成小康社会总体实现程度远低于国家、省和韶关水平，需要补足的短板指标较多，要实现与全国同步全面建成小康社会任务艰巨、压力很大。不进则退，慢进也是退，我们别无选择，只有知耻而后勇，奋起直追，才能跟上先进地区的发展步伐，与全国基本同步建成小康社会，续写再造辉煌的传奇，向50多万乐昌人民交出满意的答卷。

*加快振兴发展必须树立必胜的信心。*信心比黄金更重要。尽管当前乐昌经济社会发展存在一些困难和问题，但是总的来看，未来5年我们面临十分难得的历史机遇。国家和省对欠发达地区、革命老区、重点生态功能区的政策倾斜和项目扶持力度不断加大，省委、省政府正以更大的决心和力度推进粤东西北振兴发展战略，出台了《关于进一步加快县域经济社会发展的决定》，新时期精准扶贫精准脱贫工作全面推进，这些政策叠加形成了乐昌加快振兴发展的极大利好。韶关市委、市政府提出打造“3+1+2”城市经济圈，以实现富民强县为目标，大力推进县域发展，为乐昌加快振兴发展营造了良好的外部环境。乐昌有着丰富的自然资源、较好的产业基础、较大的城镇规模和厚重的历史文化，随着乐广高速公路通车和武广客运专线乐昌东站即将建成投入使用，交通区位优势更加凸显，加上近年来发展的软硬环境得到极大改善，各种发展要素蓄势待发。现在，人民群众热切盼望过上更加美好的生活，加快发展已经成为全市人民和干部队伍的共识，干事创业的氛围日益浓厚，乐昌加快振兴发展具备天时、地利、人和。只要我们抓住战略机遇，充分发挥比较优势，提振信心，凝聚人心，乐昌加快振兴发展、再造辉煌的梦想就一定能够实现。

*加快振兴发展必须贯彻新的理念。*党的十八大以来，以习近平同志为总书记的党中央准确把握时代大势，围绕坚持和发展中国特色社会主义，提出了“五位一体”总体布局、“四个全面”战略布局、五大发展理念等一系列治国理政新理念新思想新战略，为我们加快振兴发展提供了基本遵循。省委围绕“三个定位、两个率先”目标作出了实施创新驱动发展、振兴粤东西北发展、全面对口帮扶、产业共建等重大决策部署；韶关市委针对乐昌发展现状提出了加快振兴发展、再造辉煌的要求，为我们加快振兴发展指明了方向。我们要切实把思想和行动统一到中央重大决策部署上来，统一到省委和韶关市委对乐昌发展的新要求上来，加快形成引领经济发展新常态的体制机制和发展方式，全面加快乐昌振兴发展。

*加快振兴发展必须主动融入珠三角。*珠三角是我国改革开放先行区，也是我国重要的经济中心区域，拥有辐射华南、影响东南亚的巨大能量。主动融入珠三角，既是胡春华书记调研韶关和韶关市委主要领导调研乐昌时提出的明确要求，也是加快乐昌振兴发展的必由之路，是乐昌必须长期坚持的重大战略。我们要积极对接珠三角，主动融入珠三角，主攻“三大抓手”和全面对口帮扶。要认真学习珠三角的先进理念，解放思想，改革创新，着力破解阻碍乐昌发展的体制机制障碍；要加快交通基础设施建设，为主动融入珠三角提供更为快捷、更低成本的交通条件；要落实产业共建，参与珠三角区域产业分工合作，逐步形成同等水平、优势互补的区域产业分工合作格局。同时，积极探索与湘南融合发展，推动建立粤湘合作先行区，促进共同发展；积极推动融入韶关“3+1+2”城市经济圈，打造韶关城市经济圈重要板块；积极推动乐昌南北融合，促进城乡区域协调发展。

三、未来五年经济社会发展目标和任务

今后五年我市经济社会发展的指导思想和奋斗目标是：高举中国特色社会主义伟大旗帜，以邓小平理论、“三个代表”重要思想和科学发展观为指导，深入贯彻习近平总书记系列重要讲话精神，按照“五位一体”总体布局和“四个全面”战略布局，全面践行“创新、协调、绿色、开放、共享”发展理念，认真贯彻落实省委、韶关市委重大决策部署，坚定实施主动融入珠三角战略，推进供给侧结构性改革，以产业发展为核心，全面落实经济社会振兴发展“十大工程”，努力在经济建设、政治建设、文化建设、社会建设、生态文明建设和党的建设各个领域不断取得新成就，建设“现代产业强市、绿色生态之城、幸福和谐乐昌”，实现与全国基本同步全面建成小康社会，全面加快乐昌振兴发展步伐，为再造乐昌辉煌打下坚实基础。

实现振兴发展、再造乐昌辉煌是乐昌人民的热切期盼。推动乐昌振兴发展，基础在于软硬环境的改善，关键在于主动融入珠三角，核心在于产业振兴发展。要通过建立快捷交通运输体系，培育构建新的产业体系，做大做强县域经济，重塑产业强市和交通强市形象，推动各项事业全面振兴，实现富民强县。

全面建成小康社会，是我们党确定的第一个百年奋斗目标，也是实现乐昌振兴发展、再造乐昌辉煌的重要基础和关键一步。我们必须不懈奋斗，确保到2018年实现地区生产总值和城乡居民人均收入比2010年翻一番，到2020年人均地区生产总值与全国平均水平差距显著缩小，各项短板指标实现程度明显提高，全市小康指数达到91%以上，与全国基本同步全面建成小康社会。

今后五年经济社会发展的主要目标是：

——县域经济保持较快发展。全市地区生产总值和人均生产总值年均分别增长10%和9%以上，地方一般公共预算收入年均增长8%以上。全面主动融入珠三角，实现借力发展，借势发展。产业支撑作用显著增强，经济结构明显优化，转型升级和创新驱动实现新突破。新型城镇化进程加快，城乡面貌明显改观。

——民主法治更加健全。民主决策制度更加完善，人民民主权利得到有效保障。依法治市进程加快，法治政府建设水平显著提升，基层自治更加充满活力。“平安乐昌”建设不断深化，社会治理体系更加完善。重点领域改革取得新成效，体制机制进一步理顺。

——文化事业繁荣发展。社会主义核心价值观更加深入人心，全民素质和社会文明程度明显提高，文明创建成果得到巩固提升。公共文化服务体系进一步完善，特色文化得到保护和发展，群众文化需求得到更好满足，文化强市建设取得新成效。

——人民生活水平显著提高。城乡居民收入保持较快增长，就学、就业、就医、养老、住房等问题得到更好解决，人民群众普遍享受良好的公共服务和社会保障，生活质量和幸福指数明显提高。新时期精准扶贫精准脱贫任务如期完成。

——环境更加友好。绿色发展理念得到有效落实，绿色低碳循环产业加快发展，生态优势进一步转化为发展优势。环境污染问题得到有效治理，生态环境质量持续改善，森林覆盖率稳步提高，海绵城市建设加快推进，人口资源环境协调发展。

——党的建设进一步加强。政治纪律和政治规矩意识不断强化，“两个责任”“一岗双责”全面落实。领导班子结构进一步优化，基层组织建设水平不断提升。作风建设进一步加强，党风廉政建设和反腐败斗争取得新成效，政治生态风清气正。党对经济社会发展的领导进一步加强，党员干部推动发展、化解矛盾、服务群众的能力和水平显著提升。

四、抓住产业发展这个核心

产业发展是县域经济发展的龙头和核心。乐昌曾经的辉煌主要得益于产业发展的兴旺，乐昌今天的落后主要归因于产业发展的滞后。推动乐昌振兴发展，要牢固树立“产业兴则乐昌兴”的理念，把产业发展摆在首要和核心的位置，千方百计抓好产业建设，支撑和带动县域经济发展，建设现代产业强市。

（一）突出产业发展重点。立足乐昌资源禀赋和产业基础，发展新型工业、特色农业、休闲度假旅游业、商贸流通服务业和健康产业，建设低碳循环、可持续发展的现代产业体系。

要全力振兴工业经济。坚持工业主攻方向，加强对产业发展态势的研究，选准工业主导产业，延伸产业链条，打造特色产业集群，做大做强工业经济，重塑工业强市形象。支持企业扩产增效、设备更新和智能化、绿色化改造，推动机械制造、建材、纺织服装等传统产业转型升级。大力发展新能源、新材料、新型化工等新兴产业，培育新的工业增长点。鼓励支持企业研发新项目、开发新产品、应用新技术，引进和培育一批高新技术企业。推进工业化和信息化融合发展，加快新型工业化进程。

要发展特色精品农业。坚持走生态农业、特色农业道路，加快农业现代化步伐，巩固农业基础地位。加强农业基础设施建设，夯实农业发展基础。强化分类指导，优化区域布局，打造一批特色农业产业带。培育发展新型农业经营主体，鼓励发展农产品加工流通和农业社会化服务。大力发展智慧农业，积极推广“互联网＋”农业，构建农村电子商务服务体系。推进农业标准化建设，发展“三品一标”农业，打造区域农业知名品牌，培育一批国家、省级名特优新农产品，积极创建生态农业示范市，着力打造有机农业强市。

要加快发展大旅游。树立全域旅游理念，完善旅游发展规划，构建旅游发展新格局。加强旅游招商，大力引进战略投资者，整合开发全市旅游资源，完善旅游基础设施配套，提升旅游品位。培育多元化旅游新业态，促进旅游与其他产业融合发展，推动旅游产业由观光型向休闲度假型转变，加快形成集“吃住行游购娱”于一体的旅游产业链，提高旅游产业综合效益。主动融入韶关大旅游圈，打造精品旅游路线，加强旅游宣传和推介，推广运用“互联网＋”旅游，拓展省内外旅游市场，将旅游业培育成为新的支柱产业，建设生态旅游强市。

要提升商贸流通服务业。把商贸流通服务业摆在县域经济发展先导产业的重要地位，发挥其在引导消费、促进生产、促进产业结构调整等方面的重要作用。繁荣发展城乡商贸，打造“专业市场＋电商＋物流”的商业模式；积极谋划参与韶关丹霞山机场空港物流园项目建设，引进和培育物流龙头企业；依托独特的交通区位优势，加快发展第三方物流，逐步建立专业化的城际和省际物流配送体系，把乐昌打造成为粤北重要物流节点城市。加快发展与产业需求相适应的生产性服务业，完善生产性服务链条；以人为本发展生活性服务业，提高生活性服务业的便利化和精细化水平。

要积极谋划发展健康产业。健康产业是具有巨大市场潜力的新兴产业，具有拉动内需、改善民生、促进产业结构调整升级的重要功能。立足我市生态优势，探索民宿养生、森林养生、温泉养生、避暑养生等养生业态，发展健康养老养生产业；积极发展户外休闲、医疗服务、健康管理等健康产业；引导发展中药材、健康食材种植和深加工；做大做强保健食品产业，积极发展生物制药产业，把健康产业培育成新的经济增长点，打造成为全省重要的健康养生基地。

（二）优化产业发展平台。坚持把园区作为产业发展的主战场，加快调整产业园总体规划和编制园区控制性详细规划，优化园区布局，推动园区扩能增效，为产业发展提供优质平台。深化与东莞大朗全面对口帮扶，加强与东莞大朗的产业对接合作，推进园区产业共建。发挥园区投融资平台作用，充分利用政策性融资，吸引社会资本，加快园区基础设施和配套服务设施建设，做好园区工业项目用地储备，提高园区承载能力。积极谋划并加快推进乐广高速引线以南产业集聚区建设，谋划在坪石建设粤湘开放合作产业园，拓展园区发展空间，实现“一园多区”互补发展。

（三）推进产业项目攻坚。把项目建设作为产业发展的重要抓手，做好项目前期策划包装和储备工作，推进项目库建设。狠抓项目招商、项目落地，大力推进项目攻坚。完善招商机制，健全并落实招商激励措施，坚守招商环保门槛，突出产业招商、以商引商、乡贤招商，重点围绕产业转型招大引强、围绕集群发展补链强链，引进一批具有核心竞争力的大项目、好项目。简化项目立项审批流程，完善项目直接落地机制，落实市领导挂点联系重点项目制度，严格项目督查问责，着力解决制约项目建设的瓶颈问题，促进项目早落地、早动工、早见效。

（四）推进供给侧结构性改革。加快淘汰落后产能，化解过剩产能，坚持优胜劣汰，出清重组国有“僵尸企业”，调整优化产业结构。有序消化房地产库存，促进房地产业健康发展。促进金融机构和金融产品去杠杆，引导金融机构资金流向具有发展前景的产业，帮助企业解决融资难融资贵的问题。全面清理规范涉企行政事业性收费，深化要素价格体制改革，切实减轻企业负担，改善企业生产经营环境。深化产业链融合，推进企业优势互补，优化资源配置，降低生产成本。抓住珠三角地区产业向粤东西北梯度转移和产业共建机遇，推动产业转移、产业共建与产业转型升级相融合，提升我市创新驱动发展能力。

五、推动城乡一体化发展

坚持规划引领，深化“一市两城”战略，加快推进以人为本的新型城镇化，形成以城带乡、以乡促城、城乡互动的一体化发展格局，实现城乡建设水平整体提升，把乐昌建设成为宜居、宜业、宜商、宜游，充满魅力和活力的粤北门户城市。

（一）推进中心城区整体提升。充分发挥规划统领作用，加快新一轮城市总体规划修编，大力推进“多规合一”。落实城区整体提升“三年行动计划”，提升城市整体竞争力。高起点高标准谋划乐昌新城建设，因地制宜、适度超前，科学布局学校、医院、社区等公共配套，推进乐昌新城与乐广高速引线以南产业集聚区融合发展，提升乐昌新城的承载力和集聚力。优化提升老城区，均衡配置公共服务资源，提升公共产品供给和服务水平。推进城区地下管廊、防洪排涝等基础设施建设，努力打造“海绵城市”和“海绵社区”。加强城市经营，规范城市管理，整治市容环境卫生，提升城市品位。有序推进户籍制度改革，推动教育、社保及公共服务平等化与公平化，加快人的城镇化。

（二）发挥坪石镇县域副中心城市作用。依托坪石镇独特的交通区位优势，加快推进坪石镇“2511”综合试点工作，优化提升坪石老城区、河西新城和老坪石地区功能布局，不断拉大城镇框架。推进坪石镇“扩权强镇”试点工作，建立与经济社会发展相适应的行政管理体制和运行机制，充分发挥坪石镇的辐射带动作用。坚持“以产兴镇、以镇促产”，推动新型工业化、新型城镇化、农业现代化、服务业现代化、基层党建规范化，建设融合发展示范镇和现代区域中心镇，把坪石镇打造成为集工业、旅游、物流于一体的县域副中心城市，引领带动北部地区共同发展，打造县域经济新增长极。

（三）完善县域城镇体系。加快完善镇区规划，优化城镇体系空间布局，促进县城与中小城镇协调、协同发展，构建横向错位发展、纵向分工协作的城镇发展格局。完善梅花镇总体发展规划，加强镇区公共服务设施建设，发展特色农业，壮大镇域经济，把梅花打造成为经济强镇、农业大镇、集贸重镇，辐射带动“梅辽四地”加快发展。加快廊田、九峰、黄圃等中心镇和长来镇等人口较多镇的建设步伐，提高城镇综合管理水平，增强综合承载能力和集聚辐射能力，成为县域发展的重要支点。各乡镇要依托资源禀赋和历史文化特色，发挥相对优势，打造各具魅力的休闲旅游、商贸物流、民俗文化传承的南岭特色小镇群。

（四）建设美丽乡村。推进村庄规划编制工作，着力打造布局合理、规范有序的村庄建设新格局。推进农村连片环境综合整治，完善农村垃圾收运处理体系，整县推进村镇污水处理设施建设。有序推进村村通自来水工程建设，解决农村饮水安全问题。完善农村基本公共服务设施，加快推进市、镇、村三级基层公共服务综合平台建设，促进城乡基本公共服务均等化。大力推进农村危房改造、绿化美化和示范村镇、名村名镇、卫生村镇创建工作，全面改善农村人居环境。

（五）完善基础设施建设。加快交通基础设施建设，推进武广客运专线乐昌东站及周边配套设施建设，主动跟进黄长高速、雄乐高速项目和北江航道扩能升级工程，推进国省道、县道、乡道升级改造和农村公路硬化建设，形成对外大畅通、对内大循环的便捷交通运输体系。加快水利基础设施建设，推进重点水利工程项目建设，提升水利支撑保障水平。加快能源基础设施建设，推进新一轮农村电网升级改造，加强配电网络建设，因地制宜发展可再生能源和清洁能源，推进传统能源与新兴能源互补融合。加快信息网络体系建设，积极推进“三网融合”，提高城乡居民信息技术服务水平。

六、深化重点领域改革

改革是经济社会发展最大的动力源，要主动适应全面深化改革的新形势，用改革的办法破除体制机制障碍，破解发展难题，增强发展活力。加快推进政府职能转变和机构改革，进一步规范机构设置，优化组织结构，完善行政运行机制；积极推广“一门式、一网式”政府服务模式，推动政府服务由“空间集中”向“服务集成”转变，解决服务群众、企业最先和最后一公里问题。进一步理顺市产业园管理体制，赋予园区应有的自主管理权，形成权责一体、管理顺畅、运转高效的体制机制。进一步理顺市、镇两级政府权责关系，适当扩大镇级政府行政管理权限，调动镇一级发展镇域经济的积极性，提高乡镇自主发展能力。推进农村综合改革，坚持和完善农村基本经营制度，实行“三权分置”，落实集体所有权，稳定农户承包权，放活土地经营权；改革农村基层治理模式，积极推进“两个下沉”和“两个整合”，激发农村发展活力。稳步推进群团组织改革，健全群团工作组织体系，夯实群团工作基层基础，创新群团工作方式方法，着力去除群团组织机关化、行政化、贵族化、娱乐化，不断增强群团组织的政治性、先进性、群众性。深化国企国资改革，完善国有资产管理体制，规范国有资本投资运营，优化国有资本布局结构。推进投融资体制改革，发挥政府投资的引导和带动作用，严格执行投资项目“三个清单”管理制度，推广运用政府和社会资本合作（PPP）模式，畅通投资项目融资渠道；建立中小微企业信用担保体系，完善中小微企业信贷风险补偿机制，缓解企业融资难问题；大力发展普惠金融，实现农村普惠金融服务“村村通”全覆盖。降低制度性交易成本，全面清理整顿行政审批中介服务机构，规范中介机构服务收费，切断审批部门与中介机构的利益关联，破除中介服务垄断，激发市场活力。

七、改善人民生活

坚持以人为本、富民优先。把促进城乡居民增收、保障和改善民生作为出发点和落脚点，推动经济发展与改善民生相促进，强县与富民相统一，建设幸福和谐乐昌。

（一）坚决打赢脱贫攻坚战。按照中央、省、韶关部署，落实“六个精准”“五个一批”要求，全力推进新时期精准扶贫精准脱贫工作。加强扶贫工作领导，完善扶贫工作机制，层层落实扶贫攻坚责任，强化脱贫工作责任考核，确保各项工作有序推进。不断完善贫困村生产、生活基础设施。拓宽扶贫路径，突出抓好产业扶贫、智力扶贫、就业扶贫、健康扶贫、党建扶贫，增强“造血”功能；把脱贫攻坚与农村综合改革、发展现代农业、山区综合开发、美丽乡村建设、乡村旅游结合起来，提高扶贫实效。强化资金投入保障，合理安排资金使用，严格资金监管，确保资金发挥最大效用。广泛动员全社会参与扶贫攻坚，促进专项扶贫、行业扶贫、社会扶贫等多方力量互融互促、互为支撑，构建“三位一体”大扶贫工作格局。

（二）全面提高居民收入水平。实施更加积极的就业政策，完善公共就业服务体系，重点做好城乡困难家庭、失地农民、复退军人的就业服务，促进社会各类群体充分就业。加大创业扶持力度，鼓励创业带动就业，加强创业孵化基地建设，推动“大众创业、万众创新”。完善收入分配，积极探索建立有利于增加城乡居民工资性、经营性、财产性收入的长效机制，逐步缩小收入差距。落实支农惠农政策，加强农村职业技能培训，增加农民收入。

（三）统筹发展社会事业。加强科技普及和推广，促进科技成果转化，提高科技贡献率。加快教育领域综合改革，优化教育资源配置，推进义务教育均衡优质标准化发展，协调发展各类教育，加快推进教育现代化。深化医药卫生体制改革，加快县级公立医院综合改革和乡镇卫生院、社区卫生服务中心标准化建设，建立完善分级诊疗制度，构建覆盖城乡、布局合理的医疗卫生服务体系，提升城乡居民医疗保障水平。坚持计划生育基本国策，加强人口服务管理，促进人口长期均衡发展。广泛开展全民健身运动，全面增强人民体质。

（四）保障和改善民生。完善城乡养老、医疗、失业、工伤、生育等保险制度，鼓励发展商业保险，建立城乡一体化的社会保障体系，不断提升保障水平。继续推进公共租赁住房、棚户区改造等保障性住房建设，逐步解决困难群众住房问题。健全城乡社会救助体系，完善以城乡居民最低生活保障制度为基础、以临时救助和慈善救助为补充的社会救助制度。加快发展以扶老、助残、救孤、济困为重点的社会福利事业，完善以居家为基础、社区为依托、机构为补充的社会福利服务体系。支持发展慈善事业，提高优抚安置水平。

（五）推动文化繁荣发展。深入开展社会主义核心价值观宣传教育，牢牢把握意识形态工作的领导权和主动权，弘扬主旋律、传播正能量。加快构建公共文化服务体系，健全城乡公共文化服务网络，提升公共文化服务功能。深入开展文化惠民工程，加强基层公共文化产品、服务供给，满足群众日益增长的文化需求。加大文化遗产保护与开发力度，深入挖掘和传承乐昌独特的民俗民间文化和红色文化，鼓励文艺精品创作，扩大乐昌文化的影响力和辐射力。整合文化资源，推动文化产业与生态、旅游、农业等产业融合发展，强化文化市场监管，增强文化发展活力。

八、加强民主法治和创新社会管理

坚持人民民主，积极推进民主法治，创新社会管理，保障人民群众合法权益，广泛调动全市人民的积极性创造性，为乐昌振兴发展凝聚强大合力。

（一）坚持和完善人民代表大会制度。加强和改进党对人大工作的领导，支持和保障人大及其常委会依法履职。保障人大依法行使重大事项决定权，加强和改进人大监督工作。加强和完善基层人大代表工作，提高人大代表整体素质，从组织上、制度上保证代表工作规范化、经常化，维护和尊重代表的民主政治权利，为人大代表依法履职创造良好条件。紧紧围绕市委中心工作和专项任务，密切人大代表同人民群众的联系，充分发挥人大代表反映民意、集中民智的作用，提高人大工作水平。

（二）巩固和发展基层协商民主。坚持和完善中国共产党领导的多党合作和政治协商制度，支持政协围绕团结和民主两大主题，依章履行政治协商、民主监督和参政议政职能。推进基层协商民主的制度化、规范化和程序化建设，提高履职能力，增强工作实效。全面推进政协自身建设，着力提高政协协商民主质量和水平。不断深化与各民主党派、工商联和无党派人士的合作共事，做好民族、宗教、侨务等工作，发挥各方面优势，维护团结统一、生动活泼的政治局面。

（三）全面推进依法治市。坚持依法行政，健全依法决策机制，加强重大决策合法性审查；深化行政执法体制改革，全面落实行政执法责任制，推进综合行政执法；加强对行政权力的制约和监督，把政府工作全面纳入法治轨道，建设法治政府。大力弘扬法治精神，深入开展“七五”普法，创新“互联网+”法治宣传新模式，提高全民法治意识。深化司法体制改革，保证人民法院和人民检察院依法独立公正行使审判权、检察权，维护司法公正；健全司法机关内部监督制约机制，推进严格司法。加强法律援助和司法救助工作，保障困难群众平等享受法律保护，依法维护社会公平正义。

（四）加强和创新社会管理。坚持以人为本、服务优先，完善党委领导、政府负责、社会协同、公众参与的社会管理格局。加强社区服务体系建设，增强社区服务功能。培育发展社会组织，加强社会工作者队伍建设。深入实施《广东省信访条例》，落实涉法涉诉信访制度改革，把信访纳入法制化轨道；加大矛盾纠纷排查调处力度，按法治框架解决基层矛盾。深化平安乐昌建设，完善立体化社会治安防控体系；深化社会治安重点地区和突出问题的排查整治，依法打击暴力恐怖、涉黑犯罪、邪教和黄赌毒等违法犯罪行为。树立安全发展理念，落实安全生产责任制，坚决遏制重特大安全事故。完善快速反应的应急体制机制，提高对突发事件的预防预警和应急救援处置能力。加强消防安全、食品药品监管工作，确保人民群众健康安全。

九、建设美丽乐昌

正确处理好经济发展同生态环境保护的关系，牢固树立保护生态环境就是保护生产力、改善生态环境就是发展生产力的理念，把生态优势转变为发展优势，增强经济社会可持续发展后劲，实现百姓富、生态美有机统一，建设生态美丽乐昌。

（一）严守生态底线。大力推进生态建设，以建设主体功能区为抓手，优化国土空间开发格局，严守生态保护红线，构建生态安全体系。持续开展新一轮绿化广东大行动，全方位保护、恢复森林生态系统，巩固粤北绿色生态屏障。严格落实耕地保护制度，做好耕地占补平衡。实行最严格的水资源管理制度，加强水资源、水生态、水环境保护，加快备用水源、置换水源工程建设，完善水资源保障体系。推进石漠化综合治理和地质灾害防治，加强矿产资源管理，维护区域生态平衡。

（二）加强环境治理。创新环境治理理念和方式，形成政府、企业、公众共治的环境治理体系，实现环境质量整体改善。加强大气污染治理，调整优化能源结构，推动工业企业清洁生产技术改造，改善环境空气质量。严格控制水污染排放，强化重点流域综合治理，加强区域联动防治流域污染，改善水环境质量。开展土壤污染分类分级管控，优先保护耕地土壤环境，强化工业污染场地治理，加强重金属重点防控区整治，提升固体废物综合利用和处置能力，切断土壤污染源头。加大环境执法力度，依法严厉打击污染环境、破坏生态行为。

（三）*推动绿色发展*。加强生态文明宣传教育，增强全民节约意识、环保意识、生态意识。大力推广绿色出行、绿色消费，倡导绿色、清洁、低碳生活方式。积极培育绿色经济，严格项目环境准入，坚决控制高能耗、高污染企业审批，促进产业发展生态化、生态经济产业化，加快建立循环型工业、农业、服务业体系。全面推进重点领域节能减排，继续削减主要污染物排放总量。落实节约、集约用地制度，调整优化各类用地布局。完善生态文明建设保障体系，加大资金投入，强化科技创新，形成推动生态文明建设的长效机制。

十、全面从严治党

发展是第一要务，党建是第一责任。各项事业的发展关键在党，全市各级党组织要进一步强化管党治党意识，筑牢管党治党责任，把全面从严治党贯穿党的建设全过程和改革发展各方面，为乐昌县域经济社会发展提供坚强保证。

（一）*加强思想政治建设*。扎实开展“学党章党规、学系列讲话，做合格党员”学习教育，坚持以习近平总书记系列重要讲话精神武装头脑、指导实践、推动工作，始终尊崇党章、遵守党章、维护党章。不断改进和创新学习方式，改进中心组理论学习制度，积极运用新媒体拓展学习平台，发挥党校党员教育主渠道作用。加强党员干部教育培训，进一步坚定理想信念，提高党性觉悟，增强政治意识、大局意识、核心意识、看齐意识，着力提高干部推动转型发展、做好群众工作和维护社会稳定的本领，凝聚强大工作合力，促进经济社会科学发展。

（二）*加强领导班子和干部队伍建设*。抓住领导干部这个“关键少数”，加强市委常委会和各级领导班子建设，严格执行民主集中制，着力提高执政能力和领导水平。坚持德才兼备、以德为先，牢固树立重品行、重基层、重实绩的选人用人导向，凭工作业绩使用干部。加强年轻干部、女干部、党外干部培养选拔任用工作，加强后备干部队伍建设，不断优化干部队伍结构。创新干部考核方式，完善考核评价和激励制度，全面落实领导干部能上能下制度，着力打造一支忠诚干净担当的干部队伍。建立健全督查督办工作机制，大力整治不作为、慢作为、乱作为，提高干部队伍执行力，确保党的路线方针政策和各项决策部署落实到位。健全党管人才工作机制，着力解决阻碍人才工作发展的关键问题，引进、培养紧缺专业人才，为加快振兴发展提供强有力的人才支撑。

（三）*加强基层组织建设*。认真落实基层党建工作责任制，加快推进全面从严治党向基层延伸，把具体要求落实到每个支部、每名党员。抓好发展党员工作，严把党员入口关，强化党员教育管理，妥善处置不合格党员。加强基层党建保障，全面落实基层党组织基本运转经费，稳步提高村“两委”干部工作待遇，不断强化基层党组织战斗堡垒和党员先锋模范作用。深入开展驻点普遍直接联系群众制度，深化软弱涣散村党组织整顿提升，推进社会矛盾专项治理，提升基层治理水平。创新完善农村基层党组织设置，推进“两新”党组织扩面提质，找准基层党建与经济社会发展结合点，全面提升基层党组织领导经济发展的能力。

（四）*加强党风廉政建设和反腐败斗争*。严明党的纪律，全面落实“两个责任”“一岗双责”，深入推进惩治和预防腐败体系建设，努力实现干部清正、政府清廉、政治清明。以正面宣传、典型示范和警示教育推进廉洁文化建设，筑牢拒腐防变的思想防线。坚持抓常、抓细、抓长，持之以恒改进作风，严格执行中央“八项规定”，不折不扣抓好省委巡视组反馈意见的整改落实。坚持惩防并举，保持反腐高压态势，以“零”容忍态度从严惩治违纪违法行为，坚持“一案双查”、着力整治“为官不为”，从严问责，强化责任追究，增强纪律震慑。落实“两个尊重”“三个区分”，运用好监督执纪“四种形态”，建立和完善容错免责机制，充分调动党员干部干事创业的积极性，营造良好的干事创业氛围。

（五）*全面加强党的领导*。各级党委要担当起全面领导责任，从维护党和人民的根本利益出发，不断加强自身建设，不断提升党领导经济社会发展的能力和水平，真正成为总揽全局、协调各方的坚强领导核心。坚持把主要精力放在抓方向、议大事、管全局上，集中精力解决好全局性、战略性、前瞻性的重大问题。从推动全局工作的要求出发，制定方针政策、决定重大事项、安排重要人事、推动各项改革、大力发展经济、抓好宣传思想、维护社会稳定，有效实施党在各个领域的政治、思想和组织领导。加强党对人大、政府、政协、人民团体的领导，协调理顺方方面面的关系，广泛凝聚各方力量，形成推动发展的强大合力。坚持党管武装，加强国防动员和后备力量建设，深化全民国防教育，进一步做好双拥共建工作，巩固军政军民团结。

同志们，新的蓝图催人奋进，新的征程任重道远。让我们紧密团结在以习近平总书记为核心的党中央周围，不忘初心、继续前进。进一步解放思想、振奋精神，团结拼搏、扎实工作，努力创造无愧于时代、无愧于人民、无愧于历史的全新业绩，为加快全面建成小康社会，加快乐昌振兴发展而努力奋斗！

政府工作报告

——2016年10月26日在乐昌市第十五届人民代表大会第一次会议上

乐昌市人民政府代理市长　沈河民

过去五年工作回顾

过去五年，是我市应对多重困难、经受重大考验、取得积极成效的五年。五年来，在市委的坚强领导下，在市人大及其常委会、市政协的监督支持下，我们团结和依靠全市人民，迎难而上，抢抓机遇，着力稳增长、强基础、促改革、惠民生，“十二五”规划主要目标基本完成，“十三五”规划开局良好。

经济发展稳中有进。全市地区生产总值由2011年的77.42亿元提高至2016年的116亿元（预计数），年均增长9%。工业经济提质增效，规上工业增加值年均增长9%。先后引进中国建材、中国五矿、上海绿地等大型企业，利生源生物饲料、韶瑞铸钢、欧亚特电子等企业投产达效，纺织服装、机械制造、新型化工、生物保健、电力、建材等产业持续壮大。特色农业不断发展，农业增加值年均增长4.2%。形成了九峰水果、张溪香芋、北乡马蹄、乐昌峡大米等特色农产品示范基地，50个农产品获得“三品一标”[1]认证。新型农业经营主体不断壮大，新增农业龙头企业6家、农民专业合作社423家、家庭农场128家。旅游业持续兴旺，累计接待游客1400多万人次，年均增长18.8%。成功举办3届桃花节活动。九峰桃花、五山梯田深受游客青睐。乡村旅游、智慧旅游[2]蓬勃兴起。消费市场保持畅旺，社会消费品零售总额年均增长12.1%。

城乡面貌明显改观。累计完成固定资产投资328亿元。乐广高速建成通车，武广高铁乐昌东站即将竣工，交通区位优势进一步凸显。一批国省道、县道、乡村公路、桥梁新建改造修复工程如期竣工，完成农村公路硬底化545.6千米，交通环境日益优化。全国重点中小河流治理工程基本完工，乐昌峡水利枢纽工程全面建成，防洪能力显著增强。中央小型农田水利、农村电网升级改造、高标准基本农田建设等项目如期推进。城区扩容提质步伐加快，建成区面积16.5平方千米，城镇化率达49.5%。成功创建省文明城市，省卫生城市创建成果得到巩固。完成“一江两岸三桥”[3]美化亮化工程，城市形象得到提升。坪石镇列入省新型城镇化“2511”综合试点镇[4]。市区生活垃圾卫生填埋场建成并投入使用，完成南部八镇（街）农村生活垃圾清运项目，城乡人居环境明显改善。

发展活力有效释放。深化行政审批制度改革，新取消和调整行政审批事项140项，清理非行政许可审批事项40项，公布政府工作部门权责清单。行政审批效率大幅提高，工业项目建设审批时限压缩至57日内。国企改革有序推进，完成104家国有（集体）企业清产核资工作。供给侧[5]、营改增[6]、公务用车制度、机关事业单位养老保险制度、职务与职级并行制度、医药卫生体制等改革稳步推进。集体林权制度改革工作基本完成，荣获“省集体林权制度改革先进集体”称号。电子商务快速发展，成立韶关首家县级电子商务行业协会。设立中小微企业贷款风险补偿基金，企业融资难问题得到缓解。抢抓政策机遇，争取政策性贷款14.45亿元。深化商事登记制度改革，“三证合一”[7]登记制度全面实施。新增市场主体6423户，注册资本10.8亿元，市场主体稳步发展。

生态建设成效显著。积极开展新一轮绿化广东大行动[8]，完成森林碳汇工程15.8万亩、生态景观林带216.4千米，建成森林公园10个、湿地公园1个、乡村绿化美化示范村128个，超额完成造林任务。全市森林覆盖率达75.1%，森林蓄积量达908.2万立方米。石漠化综合治理、耕地补充和复垦复绿工作成效明显。污染防治设施逐步完善，城镇生活污水集中处理率达81%。节能降耗工作扎实推进，累计淘汰落后产能139.5万吨，超额完成韶关下达任务。节能减排任务全面完成，连续三年获得韶关节能目标责任评价考核第一名。

民生福祉持续增进。坚持把有限财力向民生领域倾斜，全市财政民生支出由2011年的9.4亿元增加到2015年的19.8亿元，占一般公共预算支出比重由74.3%提高到84.3%。城乡居民人均可支配收入从10273元增加到16861元。全面实施“阳光低保”[9]，城乡低保、“五保”供养、孤儿供养、残疾人“两项补贴”[10]标准大幅提升，各项社保待遇逐步提高并按时足额发放。高龄老人政府津贴全面落实。实施更加积极的就业政策，新增和转移就业6.5万人，城镇登记失业率控制在3%以内。住房保障体系不断完善，完成原坪石矿棚户区改造安置1844户、农村危房改造4313户。扶贫工作成效显著，累计投入各类帮扶资金7.7亿元，实施扶贫项目986个，6.04万人实现脱贫。优先发展教育事业，累计投入教育资金7.4亿元，成功创建省教育强市、国家义务教育发展基本均衡市。高考成绩屡创新高，人民对教育的满意度持续提升。文化惠民工程深入推进，文化基础设施不断完善，文艺精品创作屡获殊荣。三溪镇被列为省民间文化艺术之乡和非物质文化传承基地。医疗卫生服务水平显著提升，成功创建全国健康促进市、省药品安全示范市。“法治乐昌”建设成效明显，“一村（社区）一法律顾问”[11]实现全覆盖。切实加强安全生产工作，安全生产形势保持稳定。“平安乐昌”建设稳步推进，社会大局和谐稳定。大昌社区获评“全国和谐社区建设示范社区”。全民健身运动广泛开展，足球、篮球、棋类、广场排舞等群众性文体活动蓬勃发展。

政府建设得到加强。深入开展党的群众路线教育实践活动、“三严三实”[12]专题教育活动以及“两学一做”[13]学习教育工作。严格落实中央“八项规”定精神，扎实推进政府系统党风廉政建设和反腐败斗争，严肃政风政纪。坚决整治“四风”[14]，严格公共资金监督管理，“三公”经费[15]大幅压减。坚持依法行政，健全政府法律顾问制度，法治政府建设迈上新台阶。自觉接受人大依法监督、政协民主监督和社会舆论监督，认真办好人大议案、代表建议和政协提案。政府职能转变和机构改革扎实推进，政府整体效能得到提升。

五年来，我们还加强了武装、国防教育、人民防空和“双拥”工作；支持工青妇等群团组织开展工作；认真抓好市场监管、粮食安全、供销、统计、物价、气象、烟草、档案、史志、保密、编制等工作；推进民族、宗教和对台、侨务等工作；促进老龄、残联、文联、工商联、关工委、妇女儿童等各项社会事业发展。

各位代表！过去五年，乐昌经历了经济增速换挡期、结构调整阵痛期，克服了资源要素趋紧、社会风险增加等现实困难，谱写了开拓奋进、攻坚克难的崭新篇章。这些成绩的取得，得益于市委的坚强领导，得益于市人大、市政协和社会各界的监督支持，得益于大朗乐昌对口帮扶指挥部，驻乐昌部队指战员、武警官兵，省、韶关驻乐昌单位和社会各界人士的大力支持和帮助。在此，我代表市人民政府，向全体人大代表、政协委员，向广大工人、农民、知识分子、机关干部、离退休老同志，向大朗乐昌对口帮扶指挥部，驻乐昌部队指战员、武警官兵，省、韶关驻乐昌单位，向所有关心支持乐昌发展的各民主党派、各人民团体和社会各界人士，表示衷心的感谢和崇高的敬意！

各位代表！在看到成绩的同时，我们也清醒地认识到，我市经济社会发展还存在不少困难和问题：一是受宏观经济环境及我市发展基础薄弱等因素影响，地区生产总值、固定资产投资、规上工业增加值等部分经济指标未能实现预期目标，稳增长压力较大。二是工业支撑能力不强。园区发展滞后，招商引资困难，项目建设进展缓慢，投融资工作有待加强；产业链条不长、集聚度不高、特色不明显；企业改革历史遗留问题较多，任务繁重。三是城乡基础设施建设不完善。公路等级较低，部分公路路况较差，路网结构不合理；信息、能源等基础设施建设相对滞后。四是民生事业发展任务艰巨。教育布局不合理，发展不均衡，学位不足、大班额等问题突出；公共医疗资源分布不均，看病难、看病贵问题仍然存在。五是作风建设和工作执行力有待加强。政府简政放权和职能转变还不够到位，政府服务水平和办事效率与群众期盼仍有一定差距。对于这些困难和问题，我们将坚持问题导向，采取有力的措施加以解决。

新一届政府的目标任务

今后五年，是我市全面建成小康社会的决胜期。我们面临不少挑战，更迎来难得的发展机遇。国家和省不断加大对欠发达地区、重点生态功能区的政策倾斜和项目扶持力度，省委、省政府正以更大的力度推进粤东西北振兴发展战略，韶关市委、市政府大力推进县域发展，多重利好政策叠加，乐昌正处于大有可为的战略机遇期。对此，我们必须切实增强加快发展的危机感、责任感、使命感，抢抓新机遇，迎接新挑战，采取新举措，全力以赴把乐昌的事情办好，努力开创工作新局面。

新一届政府工作的指导思想是：高举中国特色社会主义伟大旗帜，以邓小平理论、“三个代表”重要思想和科学发展观为指导，深入贯彻习近平同志系列重要讲话精神，按照“五位一体”[16]总体布局和“四个全面”[17]战略布局，全面践行“五大发展理念”[18]，认真贯彻落实上级决策部署；全面落实市第十三次党代会精神，紧紧扭住发展第一要务，坚定实施主动融入珠三角战略，突出抓好项目攻坚、城市提升、县域发展三大主题工作；全力推进经济社会发展“十大工程”[19]，着力建设“现代产业强市、绿色生态之城、幸福和谐乐昌”。

今后五年县域发展的预期目标是：全市地区生产总值和人均生产总值年均分别增长10%和9%以上，到2020年，分别达到188亿元和4万元以上。地方一般公共预算收入年均增长8%以上。到2018年，实现地区生产总值和城乡居民人均可支配收入比2010年翻一番。到2020年，人均生产总值与全国平均水平差距显著缩小，各项短板指标实现程度明显提高，全市小康指数达到91%以上，实现与全国基本同步全面建成小康社会。

一、坚持以产业发展为核心，推动乐昌振兴发展

牢固树立创新发展理念，加强产业培育，构建产业集聚度高、辐射带动力强、资源环境友好的现代产业体系。

*推动工业振兴发展。*加快新型工业化步伐，坚持把培育和建设特色园区作为工业振兴发展的主战场，优化园区发展规划，打造“一园多区”[20]特色产业发展格局。大力发展纺织服装、机械制造、新型化工、生物保健、电力、建材等产业，着力培育新材料、新能源等新产业。切实做大南部产业园。以乐昌产业转移工业园为产业转移的主要承载区，采取PPP[21]和政府购买服务等方式，进一步加强园区基础设施及相关配套设施建设。突出发展机械制造、新材料等主导产业，协调发展生物饲料、电子、五金等产业，促进产业集群发展。实现全市入园企业超100家、年工业产值超100亿元的“双百”目标。着力做强北部工业区。以坪石为核心，打造一个以发展电力、新型化工、生物保健产业为主导，辐射并带动北部区域发展的产业集聚区，重点发展以坪石发电（B）厂为龙头的电力生产基地，以东方锆业为龙头的锆制品生产基地，以中健行为龙头的医药保健科技产业基地，支持企业强化协作配套。加大招商引资力度。加强招商队伍建设，创新招商方式，突出产业招商、以商引商、乡贤招商，重点围绕产业转型招大引强、集群发展补链强链，在引进行业龙头企业方面有新突破，引进一批具有核心竞争力的项目。加强公共服务体系建设，加大对中小企业、创业企业的扶持力度，促进民营经济快速发展。

*发展特色精品农业。*优化农业区域布局，因地制宜发展特色农业产业带。南部以乐城、北乡、廊田、大源为重点，建设香芋、马蹄、优质稻、茶叶种植产业带；中部以九峰、两江为重点，建设优质水果种植产业带；北部以黄圃、沙坪为重点，建设黄烟种植产业带，以坪石、梅花、云岩为重点，建设蔬菜种植产业带；大力培育北部九镇的茶叶、油茶、特色水果、特色水产等特色农业。加强新型职业农民认定和培训。积极培育新型农业经营主体，做大做强农业龙头企业，提升农民专业合作社管理水平和整体实力，壮大家庭农场、种养大户规模。到2020年，新增韶关市级以上农业龙头企业20家以上，家庭农场300家以上，全市农业产业化经营水平显著提升。大力发展农产品深加工。加强农业

品牌创建工作。整合农业科技服务资源，建立与优势产业发展相适应、以公益服务为主的新型农业技术推广体系。与省农科院合作，共建落叶果树研究中心。推广应用“互联网+农业”[22]模式，以九峰镇互联网农业小镇试点建设为契机，促进市镇村电商服务平台全覆盖。建立“智慧农业”[23]信息平台，完善农业信息服务体系。大力发展休闲观光农业，促进一、二、三产业融合发展。

加快旅游产业发展。发展“全域旅游”[24]，实现从“景点旅游”向“全域旅游”转变。提升旅游品质，将旅游业打造成为我市新的支柱产业，将乐昌建设成广东北部重要生态旅游休闲区。加强旅游规划、公共服务设施建设、产品研发推广、宣传促销、人才培训和品牌创建等工作。积极引进战略投资者，提档升级古佛洞天、金鸡岭等老景区，推进乐昌峡、三龙谷、九峰乡村游、五山梯田、“7011”工程旅游区等旅游项目建设。加快品牌旅游景区创建工作。因地制宜发展特色乡村旅游，开发乡村旅游产品，着力提升乡村旅游组织化、产业化和规范化水平。培育九峰桃花、乐城葡萄庄园、梅花百臻休闲农业等一批乡村旅游精品项目。到2020年，打造1个旅游名镇、5个旅游名村、50家乡村民宿和乡村旅游驿站。规划打造生态休闲、乡村文化、红色历史等3条精品旅游示范线路，形成“一圈三线多区划”[25]旅游布局。规划建设12条旅游公路，新建或改建一批旅游厕所、停车场、游客服务中心等配套服务设施，改善旅游基础设施落后状况。到2020年，接待旅客600万人次以上，旅游综合收入达43亿元以上，占地区生产总值比重超过20%。

发展现代商贸流通业。把商贸流通业摆在县域经济发展先导产业的重要地位，科学编制商业网点规划，引进知名的大品牌、大平台，努力夯实乐昌广货北上重要节点城市的基础。规划建设高级商务住宅、会展中心、商务酒店、客运总站、物流配送中心、餐饮娱乐休闲区域等一站式的商贸物流平台。制定扶持物流产业发展的政策措施和规范物流产业发展的管理办法，为物流产业发展提供竞争公平、运作规范、服务优良的外部环境。引导传统物流企业向现代物流企业转变，建立规范的运营模式。引入社会资本，建设城南物流园和坪石商贸物流城，谋划建设集物流、仓储为一体的现代物流园。

谋划发展健康产业。充分发挥资源优势，紧紧围绕市场需求，着力构建以“医、养、健、食、药”为支撑的大健康产业链，将乐昌打造成为全省重要的健康养生基地。利用良好的生态资源及地热资源，以龙山温泉、高档养生度假山庄等项目为龙头，打造以生态文化体验、避暑度假养生、休闲观光度假、温泉水疗养生为主要业态的健康养生产业。依托独特的山区气候条件，以九峰风景区、后洞森林公园生态体验健康运动项目为龙头，打造以山地户外运动、水上户外运动、运动健身为主要业态的健康运动产业。发挥独特的土壤条件和成熟的种植技术，以廊田中草药种植、健康食材种植和深加工项目为龙头，打造以中药材种植、无公害农产品种植和特色养殖为主要业态的健康药食材产业。借助现有产业基础，以中健行为龙头，打造以医药、保健品、绿色有机食品生产销售为主要业态的健康医药产业。结合市、镇、村三级养老服务需求，以养老服务设施为载体，以坪石区域性敬老院、乐城综合性老年福利服务中心、农村幸福院老年人自助养老项目为龙头，打造以老年人生活日间照料、居家养老和社区养老为主要业态的健康养老产业。

二、坚持以城镇提升为重点，推动城乡一体化发展

牢固树立协调发展理念，深化“一市两城”[26]发展战略，加快城镇扩容提质，把乐昌建设成为粤北门户、滨江生态之城。

加快中心城区建设。坚持以扩容提质为抓手，高标准编制新城控制性详细规划和旧城改造规划，统筹推进新城建设、产业园城南片区建设和旧城提质，促进新旧城融合发展。围绕“一带一廊两轴三核五片区”[27]功能设计，按照“三年见雏形，五年见成效”建设目标，引入社会资本参与新城建设，启动新城的乐昌大道及周边路网、碧桂园三期、农贸市场、学校、医院和文体设施等重点工程建设。加快人口、资本和产业向新城集聚，把新城打造成为活力新城、魅力门户和产业高地。着力提升老城区空间品质，完善停车场位、商贸市场、文体休闲、环保等配套设施，实施城区地下管廊、防洪排涝等项目建设。加快推进城区绿化美化亮化工程，规划建设一批小公园、小绿地、小广场，完善“一江两岸三桥”特色景观，提升城市形象和品位。加快乐昌东站至产业园道路项目和人民路、站北路下穿京广铁路涵洞拓宽工程建设；推进环城路、昌山南路、天本园东路等市政道路建设，使老城区与新城区道路相衔接。强化“三旧”改造[28]项目整体规划，加快推进一批重点改造项目。规范城市管理，加强城市经营，盘活城市资产，发展城市经济。通过五年努力，中心城区建成区面积达到22平方千米，人口达到20万人，全面提升城市功能和宜居环境。

强化县域副中心建设。坚持新型城镇化与新型工业化双轮驱动，坚持“以产兴镇、以镇促产”，实现产城融合发展，努力将坪石建设成为乐昌融合发展示范镇、现代区域性中心镇。加快推进坪石“扩权强镇”[29]试点工作，全面完成省“2511”新型城镇化综合试点镇建设任务。切实加强城镇扩容、社会管理、环境整治、生态保护和制度创新等工作，建立科学高效的行政管理体制和运行机制，释放坪石自身发展活力，辐射带动北部地区发展。加快调整坪石镇功能分区，优化提升坪石老城区、坪石新城和老坪石地区功能布局，拉大城镇框架，逐步形成“一主两翼三组团”[30]发展格局。通过PPP和政府购买服务等方式，引导和鼓励社会资本参与城镇建设。启动省道248线坪石段改道工程建设，加快坪石新城和老坪石地区开发，完成坪南地下涵洞、坪南大桥、坪石一市场改造、坪石新汽车站等项目建设。推进武江河坪石城区段两岸沿江道路建设，打造沿江河堤景观带。依托便捷交通条件和工业基础，挖掘坪石文化、旅游等优势资源，把坪石打造成为集工业、旅游、商贸流通于一体的县域副中心。

推进特色小镇建设。坚持把特色小镇建设作为发展镇域经济的重要举措，按照“因地制宜、彰显特色”原则，科学规划镇域功能分区，构建差异化镇域发展格局。重点把梅花打造成为经济强镇、农业大镇、集贸重镇，辐射带动“梅辽四地”[31]加快发展。以廊田“三龙谷”为核心区培育健康养生小镇；以九峰十万亩绿色生态水果种植基地为核心区培育岭南花果小镇。加快黄圃等中心镇和长来等人口较多镇的建设步伐，增强其综合承载能力和集聚辐射能力。引导其他乡镇依托当地资源优势和历史文化特色，加快创建各具魅力的岭南特色小镇。到2020年，创建省级特色小镇2个以上、韶关市级特色小镇4个以上。

加强美丽乡村建设。大力提高村庄规划覆盖率，到2020年实现村庄规划全覆盖。加快电网改造、通信网络、危房改造、排水排污等基础设施建设，健全农村基础设施运营管理长效机制。加大环境卫生综合整治力度，加快建设无公害垃圾填埋场和河南、城北垃圾中转站，推进镇村垃圾集中处理，完成北部乡镇农村生活垃圾清运项目建设，形成城乡卫生保洁长效机制，努力改善城乡环境卫生面貌。到2018年，全市80%以上农村生活污水、90%以上农村生活垃圾得到有效处理。大力开展幸福村居、名镇名村创建活动，每年整治20%以上的自然村，到2020年，全市基本完成村庄整治任务。

三、坚持以项目攻坚为抓手，夯实经济社会发展基础

牢固树立务实发展理念，把项目建设作为县域经济发展的重要载体，强力推进经济社会发展“十大工程”，健全项目推进工作机制，加快推动项目建设。

着力推进交通路网建设。升级改造市县公路交通联网建设。建成武广高铁乐昌东站，协调推进黄长高速、雄乐高速项目建设。加快推进国道535线廊田至乐昌市区段及乐昌市区至梅花段、省道248线乐昌市区至长来中学段、省道249线老坪石至高家村段等道路升级改造工程。完善公交线网、站场和换乘设施，增加城市客运出租车数量。加快农村公共交通设施建设，以通镇、通村客运班线作为发展农村客运的基础，构建城乡一体化公共交通网络体系。完成县乡公路新建、改建69.18千米、新农村公路路面硬底化300千米，实现100%自然村通公路。规划建设农村公路生命安全防护工程510千米。通过五年努力，基本形成干支相连、纵横交错的交通网络格局。

大力完善水利基础设施。完善城乡防灾减灾保障体系，加强防洪工程体系建设。重点实施北江水系武水乐昌市段防洪整治工程、中小河流治理工程，治理16宗28段河道。建设水库动态监管系统、乡镇（街道）三防系统、北部三防物资仓库。完成张滩闸坝枢纽重建工程。加快实施城区防洪排涝工程，使乐昌城区防洪标准达到50年一遇，排涝标准达到20年一遇24小时排干。完善水资源保障系统，推进武江河饮用水源置换工程，提高饮用水源污染应急处理能力。全力推进村村通自来水工程，新建小型集中供水工程285宗、镇级标准化水厂12个。到2018年，农村自来水普及率达91.6%。完善农村水利保障体系，改造全市万立方米以上山塘，提高镇村防洪灌溉能力。

*切实抓好农网改造和新能源建设。*继续加强农网升级改造工作，优化城乡电网结构。重点抓好北乡、长来、坪石、秀水35千伏输变电工程、110千伏庆云变电站35千伏配套线路工程等项目。到2017年，完成南部24个中心村的电网升级改造工作。到2020年，实现农网各项指标水平高于国家要求，供电能力和服务水平明显提升，供电可靠率不低于99.8%。发展水电、风电、光伏发电等清洁能源，推进乐昌风能发电项目和坪石、梅花光伏发电项目建设，促进传统能源与新兴能源互补融合。

*加快推进信息基础设施建设。*深入推进智慧城市[32]建设，加快信息网络基础设施和“无线城市”[33]工程建设，积极推进电信网、互联网和广播电视网“三网融合”[34]，实现全市公共服务区域无线局域网全覆盖。搭建企业电子商务统一平台，鼓励企业发展电子商务。推进消费服务企业以互联网为载体发展线上线下的新消费模式。大力扶持农村电商发展，扩大电商在农业农村的应用，鼓励各类市场主体建设涉农电商平台。

四、坚持以改革创新为动力，激发持续发展新活力

牢固树立开放发展理念，以扩大开放促进深化改革，大力实施创新驱动发展战略，为经济社会发展增添新活力。

*深化重点领域改革。*深化行政审批制度改革，加快政府职能转变。推进“扩权强镇”改革，进一步明晰市镇两级政府权责关系，调动镇一级发展镇域经济的积极性，提高乡镇自主发展能力。深化商事登记制度改革，全面推行“五证合一[35]、一照一码[36]”。加快推进供给侧结构性改革。有序推进国资国企改革，完善国有资产管理体制，规范国有资本投资运营，最大限度盘活存量资产，发展混合所有制经济。完成57家国有“僵尸企业”[37]出清重组。深化投融资体制改革，推广运用PPP模式，拓宽项目融资渠道。深化农村综合改革，坚持试点先行，推进“两个整合”[38]和“两个下沉”[39]，基本完成农村土地确权登记颁证工作，全面建成基层公共服务平台，实现对农村“三资”[40]的有效监管。降低制度性交易成本，全面清理规范行政审批中介服务机构，切实减轻企业负担。

*激发创新创业活力。*统筹推进技术创新、产品创新和市场创新，推进大众创业、万众创新。加快企业应用高新技术改造，促进产业升级。稳步实施“互联网+”[41]行动计划，发展互联网经济。建成科技企业孵化器，加快新产品、新技术的开发应用，培育高新技术企业2家以上。发展新型金融业态，构建多层次金融市场体系。完善创业扶持机制，打造创业平台，积极培育创业主体，鼓励大学生创业、农民工返乡创业和企业家二次创业[42]。加大招才引智力度，逐步完善工资、医疗待遇、职称评定、养老保障等激励政策，吸引各类人才来乐昌创业。

*深入实施融合发展战略。*主动融入珠三角，深化大朗乐昌对口帮扶工作，主动接受珠三角地区的辐射带动，推动乐昌与珠三角地区在理念、交通、产业、市场、人才等方面全方位对接。积极融入韶关“3+1+2”城市经济圈[43]，加强与韶关城区和乳源、南雄的对接互动，实现资源共享、互联互通，将乐昌打造成为韶关城市经济圈的重要板块。探索与湘南融合发展，加强与湘南的区域合作，谋划共建粤湘产业合作园、共织区域交通物流网、共造文化旅游经济圈、共筑生态环境保护带，推动两地共同发展。以乐城和坪石为乐昌南北两地发展核心，促进乐昌南北融合发展。

五、坚持以生态建设为引领，建设美丽乐昌

牢固树立绿色发展理念，把生态优势转变为发展优势，发展绿色经济，努力将乐昌打造成为粤北宜居美丽城市。

*加强生态文明建设。*坚持把林业作为生态建设的主体，按照国家重点生态功能区定位要求，着力构建北部石灰岩地区、乐昌峡库区、中部山区和南部城市等四大国土生态安全屏障。持续开展新一轮

绿化广东大行动，稳步推进四大林业生态工程建设，完成8万亩森林碳汇工程造林，完善提升56千米生态景观林带。推进乡村绿化美化工程，建成75个生态文明村，新建6个森林公园。到2020年，全市森林覆盖率达76.5%以上，森林蓄积量达1052万立方米以上，构建坚实生态安全体系和高效生态经济体系。

发展绿色低碳经济。坚持以林业资源优势为基础，以市场需求为导向，优化配置林业生产力布局，发展竹木、木本粮油、森林旅游、林下经济等绿色富民产业，构建现代生态产业体系。到2020年，全市林业总产值达10亿元以上。坚守生态和发展两条底线，逐步降低资源消耗水平和污染物排放强度。落实产业准入负面清单制度，严控“两高一资”[44]项目落地。推进清洁生产，推广应用低碳技术、清洁能源。加强对重点行业、重点领域和重点工程减排监管，完成节能降耗刚性任务。落实耕地保护责任，提高土地节约集约利用水平。落实粮食安全责任制，维护区域粮食安全。

加强环境保护治理。全面落实大气、水、土壤污染防治行动计划。加强工业废气、施工扬尘和机动车尾气治理，提高城乡空气质量。强化水污染防治和生态修复，加强对武江河及饮用水源日常监测。到2020年，城镇生活污水处理率达83%，城镇生活垃圾无害化处理率达100%。建立跨区域垃圾治理协调联动机制，加强武江河沿线、河面垃圾的综合治理。强化对重金属、化学品生产和危险固废处理等领域重点企业的全程监管。加强城市建筑垃圾处置管理，促进资源化利用。加快实施生态修复项目，扎实做好复垦复绿、矿山综合整治、石漠化治理和地质灾害防治等工作，新增石漠化治理面积100平方千米。开展地质灾害险情监测、工程治理和搬迁避让工作。加大环境执法力度，严厉打击污染环境、破坏生态行为。坚决打击“非采”行为，维护区域生态平衡。

六、坚持以保障和改善民生为根本，提升群众幸福指数

牢固树立共享发展理念，更加注重保障和改善民生，顺应人民群众对美好生活的期待，让人民群众共享改革发展的成果。

打赢脱贫攻坚战。落实“六个精准”[45]、“五个一批”[46]要求，推动各项扶贫政策落地。完善贫困村基础设施，改善贫困村生产生活条件。整合各类扶贫资金，抓好产业扶贫、智力扶贫、就业技能扶贫、健康扶贫、金融扶贫和党建扶贫，增强“造血”功能，对无劳动能力的贫困户实行政策兜底，加快贫困村、贫困户脱贫步伐。到2018年，完成39个相对贫困村、157个非贫困村的5508户15143个相对贫困人口的三年脱贫攻坚目标任务。

加大社会保障力度。健全城乡养老、医疗、失业、工伤、生育等保险制度，鼓励发展商业保险，完善城乡一体化社会保障体系。完成机关事业单位工作人员养老保险制度改革工作。完善城乡居民最低生活保障机制和社会救助制度，提高“五保户”、孤儿等弱势群体供养水平。加强“妇女之家”建设，提升留守儿童、妇女和老人关爱服务水平。加快发展以扶老、助残、救孤、济困为重点的社会福利事业，完善以居家为基础、社区为依托、机构为补充的社会福利服务体系。

发展科教文卫事业。加大科技投入，大力发展惠及民生的科学技术。深化教育综合改革。优化城乡教育布局，整合、新建、扩建一批学校，切实缓解学位不足、大班额问题。巩固教育创强成果，以教育信息化带动教育现代化，提升均衡发展水平。统筹发展各类教育，加强教师队伍建设，着力提高教育教学质量，五年内达到全省中等水平。深化医药卫生体制改革和公立医院综合改革，到2018年，实现乡镇卫生院、社区卫生服务机构达标全覆盖，村卫生站公建民营全面完成。加快民营医疗机构发展。推进“互联网+医疗”[47]服务，提升医药卫生现代化水平，促进城乡基本公共卫生服务均等化，建设卫生强市。加强食品药品安全监管，强化源头治理和日常防范，完善食品药品监督体系建设，提高粮食安全保障水平。加强计生服务管理，全面提高人口素质，促进人口长期均衡发展。加强基层文化设施建设，开展文化惠民活动。深入开展全民读书活动，营造“书香乐昌”。推进气象现代化建设，构建大应急格局，提升自然灾害防范能力。加快发展公共体育事业，建成市公共体育场，提高人民群众健康水平。

加强社会综合治理。坚持以“平安乐昌”建设为统揽，落实“一岗双责”安全生产责任制[48]，

切实抓好生产安全、消防安全、交通安全、食品药品安全、校车安全，坚决遏制重特大事故发生。加快突发事件预警信息发布中心建设，完善快速反应的应急体制机制，提升对突发事件的预防预警和应急救援处置能力。妥善解决乐昌峡等历史遗留问题。推进“法治乐昌”建设，扎实开展“七五”普法工作，深入推进法律“六进”活动[49]，加快市镇村三级公共法律服务实体平台建设。深化“一村（社区）一法律顾问”工作和法律援助工作，全面推进按法治框架解决基层矛盾工作。坚持用群众工作统揽信访工作，畅通群众诉求表达渠道，积极化解信访积案。加强网络信息安全管理，净化网络环境。创新社会治安防控体系，严厉打击犯罪行为，坚决维护社会稳定。

七、坚持以人民满意为目标，加强政府自身建设

面对新形势、新任务、新目标和人民群众的新期盼，进一步转变政府职能，改进工作作风，提升政府的执行力和公信力，打造人民满意的政府。

建设法治政府。把依法行政贯穿于政府工作始终，自觉接受人大及其常委会法律监督和工作监督，主动接受政协民主监督，认真办理人大议案、代表建议和政协提案。执行人大决议，坚持重大事项向人大常委会报告。严格按照法定权限和程序行使权力、履行职责，规范权力运行，全面推进依法治市。

建设服务政府。把为民服务贯穿于政府工作始终，各级政府主要领导和班子成员要带头担当，做好表率，示范带动，靠前抓推进，沉下去抓落实，做到立说立行，脚踏实地为群众办实事、解难事。加强在线审批和线下服务，最大限度减少审批环节、优化审批流程，提高公共服务水平和质量。

建设效能政府。把提升效能贯穿于政府工作始终，推行“一门式、一网式”政府服务模式，健全和完善并联审批制度，提高办事效率。推进简政放权放管结合优化服务改革，进一步释放发展的动能和活力。加强现场办公和现场督办，健全督查问责机制，对重点项目、重点工程、重点事项，实行全程督导、定期通报、跟踪问效，推动工作有效落实。

建设廉洁政府。把廉洁从政贯穿于政府工作始终，政府全体工作人员要自觉遵守党纪国法，主动接受社会监督。全面落实党风廉政建设“两个责任”[50]，驰而不息纠正“四风”。加强行政监察和审计监督，强化对权力集中部门和岗位的监督，防控廉政风险，努力营造干部清正、政府清廉、政治清明的氛围。

同时，我们要进一步做好武装、国防教育、人民防空和“双拥”工作；支持工青妇等群团组织开展工作；促进老龄、残联、文联、工商联、关工委等各项社会事业发展；认真抓好统计、物价等工作；提升民族、宗教和对台、侨务等工作水平；巩固省文明城市、省卫生城市创建成果。

各位代表！2017年，是新一届政府施政的开局之年。我们将进一步明确工作目标，建立健全工作机制，强化项目攻坚和责任落实，全力推动经济社会持续稳定发展。各位代表！新的蓝图已经绘就，新的征程已经起航。让我们在市委的坚强领导下，团结带领全市人民，抢抓机遇，坚定信心，真抓实干，为实现全面建成小康社会，加快乐昌振兴发展而努力奋斗！

名词注释：

〔1〕三品一标：指无公害农产品、绿色食品、有机农产品和农产品地理标志，是政府主导的安全优质农产品公共品牌，是当前和今后一个时期农产品生产消费的主导产品。

〔2〕智慧旅游：指通过现代信息技术和旅游服务、旅游管理、旅游营销的融合，以游客互动体验为中心，使旅游资源和旅游信息得到系统化整合和深度开发应用，并服务于公众、企业和政府的旅游信息化新阶段。

〔3〕一江两岸三桥：“一江”指武江河；“两岸”指武江河乐昌城区南北两岸；“三桥”指府前桥、武江桥、梅乐桥。

〔4〕省新型城镇化“2511”综合试点镇：指省政府选择2个地级市、5个县区、10个建制镇作为新型城镇化综合试点，选择10类项目作为新型城镇化专项试点。综合试点主要围绕破解农业转移人口融入城市难、城镇土地利用粗放低效、城镇空间结构不合理等问题展开。

〔5〕供给侧：指供给侧结构性改革，从提高供

给质量出发，用改革的办法推进结构调整，矫正要素配置扭曲，扩大有效供给，提高供给结构对需求变化的适应性和灵活性，提高全要素生产率，更好满足广大人民群众的需要。

〔6〕营改增：指营业税改征增值税，将以前缴纳营业税的应税项目改成缴纳增值税，增值税只对产品或者服务的增值部分纳税，减少了重复纳税环节。

〔7〕三证合一：指企业登记时依次申请，分别由工商行政管理部门核发工商营业执照、组织机构代码管理部门核发组织机构代码证、税务部门核发税务登记证，改为一次申请、合并核发一个营业执照的登记制度。

〔8〕新一轮绿化广东大行动：指2013年8月省委、省政府实施的广东第二次“绿色革命”，计划通过10年左右的努力，将广东省建设成为全国绿色生态第一省。主要抓好森林碳汇、生态景观林带、森林进城围城、乡村绿化美化四大生态工程。

〔9〕阳光低保：指将低保标准、低保申请、低保审核、低保发放、低保退出等一系列与低保有关的工作置于最大程度的有效监督之下，使低保工作透明化，尽可能做到最大限度的公开、公平、公正。

〔10〕残疾人“两项补贴”：指困难残疾人生活补贴和重度残疾人护理补贴。

〔11〕一村（社区）一法律顾问：指在党委、政府统一领导下，组织律师事务所（不含公职律师所、法律援助处）与村（社区）签订法律顾问合同，为基层组织和群众提供法律服务。

〔12〕三严三实：指严以修身、严以用权、严以律己，谋事要实、创业要实、做人要实。

〔13〕两学一做：指学习共产党党章党规，学习贯彻习近平总书记系列重要讲话精神，做合格党员。

〔14〕四风：指形式主义、官僚主义、享乐主义、奢靡之风。

〔15〕“三公”经费：指政府部门人员因公出国（境）、公务车购置及运行、公务招待产生的消费。

〔16〕五位一体：指经济建设、政治建设、文化建设、社会建设、生态文明建设五位一体。

〔17〕四个全面：指全面建成小康社会、全面深化改革、全面依法治国、全面从严治党。

〔18〕五大发展理念：指《中共中央关于制定国民经济和社会发展第十三个五年规划的建议》提出的五大发展理念，分别为创新、协调、绿色、开放、共享。

〔19〕十大工程：指市委十二届五次全会提出的加快乐昌经济社会发展的十大工程，分别为工业振兴工程、商贸流通服务业升级工程、特色农业品牌工程、休闲度假旅游业提升工程、基础设施保障工程、产业园区“南优北拓”工程、“一市两城”扩容提质工程、招商引资提质突破工程、社会民生改善工程、美好家园建设工程。

〔20〕一园多区：指在乐昌产业转移工业园的大框架下分别在城南、坪石等地设立产业集聚区。

〔21〕PPP：指政府与社会资本合作，是公共基础设施的一种项目融资模式。在该模式下，鼓励私营部门与政府公共部门进行合作，参与公共基础设施建设。

〔22〕互联网+农业：指依托互联网的信息技术和通信平台，使农业摆脱传统行业中消息闭塞、产品流通受限制、农民分散经营、服务体系滞后等难点，使现代农业坐上互联网的快车，实现中国农业集体经济规模经营。

〔23〕智慧农业：指利用现代信息技术成果，集成应用计算机与网络技术、物联网技术、音视频技术、无线通信技术及专家智慧与知识，实现农业可视化远程诊断、远程控制、灾变预警等智能管理。

〔24〕全域旅游：指在一定区域内，以旅游业为优势产业，通过对区域内经济社会资源尤其是旅游资源、相关产业、生态环境、公共服务、体制机制、政策法规、文明素质等进行全方位、系统化的优化提升，实现区域资源有机整合、产业融合发展、社会共建共享，以旅游业带动和促进经济社会协调发展的一种新的区域协调发展理念和模式。

〔25〕一圈三线多区划：“一圈”指打造环乐昌旅游圈，将乐昌景点串点成线，连线成片，开发乐昌旅游资源；“三线”指以省道247线、省道248线、省道249线为纽带，打造生态休闲旅游线路、乡村文化旅游线路、红色旅游线路；“多区划”指

将相关的景点、线路整合成为若干主题旅游片区的规划。

〔26〕“一市两城”发展战略：指以乐城、坪石分别作为乐昌南北中心，其中乐城为全市政治经济文化核心区，要打造成宜业宜居宜商城市；坪石为县域副中心，要打造成乐昌北部商业物流中心、经济发展重镇。

〔27〕一带一廊两轴三核五片区：指新调整的乐昌新城规划功能设计，“一带”指南北向沿武江的滨江休闲景观带；“一廊”指串联规划区各大片区以运动休闲为主题的活力生态廊道；“两轴”指南北向的乐昌大道城市发展轴以及东西向的梅乐路城市发展轴；“三核”指规划区中部的行政综合服务中心、南部的产城活力中心、滨江休闲商业中心；“五片区”指乐棉商贸生活区、南塔文体生活区、南湖魅力门户区、古佛岩旅游文化区、滨江休闲生活区。

〔28〕“三旧”改造：指旧城镇、旧厂房、旧村庄改造。

〔29〕扩权强镇：指在不涉及行政区划层级调整的情况下，将一部分属于县（市）的经济社会管理权通过适当的途径赋予乡镇一级政府，为乡镇政府切实履行应尽的职能奠定基础，从而推动整个县域经济社会又好又快发展。

〔30〕一主两翼三组团：“一主”指以坪石新城为依托，打造集旅游、居住、商业为一体的主体功能区；“两翼”指分别以金鸡文化产业园、老坪石历史文化遗迹一条街为依托，将老城区打造成旅游商贸区，将老坪石打造成具有粤湘文化特色城区；“三组团”指以河西主城区为中心，构建各具特色、优势互补的主城区、老城区、老坪石三大组团。

〔31〕梅辽四地：指梅花、沙坪、云岩、秀水四镇。

〔32〕智慧城市：指利用先进的信息技术，实现城市智慧式管理和运行，进而为城市中的人创造更美好的生活，促进城市和谐、可持续发展。

〔33〕无线城市：指使用高速宽带无线技术覆盖城市行政区域，向公众提供利用无线终端或无线技术获取信息的服务，提供随时随地接入和速度更快的无线网络，是城市信息化和现代化的一项基础设施。

〔34〕三网融合：指电信网、广播电视网、互联网在向宽带通信网、数字电视网、下一代互联网演进过程中，三大网络通过技术改造，其技术功能趋于一致，业务范围趋于相同，网络互联互通、资源共享，能为用户提供语音、数据和广播电视等多种服务。

〔35〕五证合一：指营业执照、组织机构代码证、税务登记证、社会保险登记证和统计登记证“五证合一”登记制度，在更大范围、更深层次实现信息共享和业务协同，巩固和扩大“三证合一”登记制度改革成果。

〔36〕一照一码：指通过“一口受理、并联审批、信息共享、结果互认”，将由工商、质检、税务部门分别核发不同证照，改为由一个部门核发加载法人和其他组织统一社会信用代码的营业执照。

〔37〕僵尸企业：指已停产、半停产、连年亏损、资不抵债，主要靠政府补贴和银行续贷维持经营的企业。

〔38〕两个整合：指土地和涉农资金整合。

〔39〕两个下沉：指村民自治从行政村下沉到村民小组、公共服务从镇下沉到行政村。

〔40〕农村“三资”：指农村集体资金、农村集体资产和农村集体资源。

〔41〕互联网+：指“互联网+各个传统行业”，利用信息通信技术以及互联网平台，让互联网与传统行业进行深度融合，创造新的发展生态。

〔42〕二次创业：指具备一定实力的企业，为了进一步发展，对企业进行战略性转型，使企业在经营规模和经济效益上实现更大突破。

〔43〕韶关“3+1+2”城市经济圈：指依托韶关市辖三区和乐昌、南雄城区现有城市规模以及韶关丹霞山机场建设，将浈江、武江、曲江和乳源东北部及乐昌、南雄城区打造成为“3+1+2”城市经济圈。

〔44〕两高一资：指高耗能、高污染和资源性。

〔45〕六个精准：指扶贫对象精准、项目安排精准、资金使用精准、措施到户精准、因村派人精准、脱贫成效精准。

〔46〕五个一批：指发展生产脱贫一批，易地搬迁脱贫一批，生态补偿脱贫一批，发展教育脱贫

一批，社保兜底一批。

〔47〕互联网+医疗：指互联网在医疗行业的新应用，包括以互联网为载体和技术手段的健康教育、医疗信息查询、电子健康档案、疾病风险评估、在线疾病咨询、电子处方、远程会诊、远程治疗和康复等多种形式的健康医疗服务。

〔48〕“一岗双责”安全生产责任制：指各级领导干部在履行本职岗位管理职责的同时，还要对所分管工作领域的安全生产工作负责的制度。

〔49〕法律“六进”活动：指开展法律进机关、进乡村、进社区、进学校、进企业、进单位活动。

〔50〕党风廉政建设“两个责任”：指在落实党风廉政建设责任制过程中，各级党委（党组）负主体责任，纪委（纪检组）负监督责任。

年度关注

乐昌市通过“全国健康促进县”评估

【概况】 2016年9月28日至29日，国家、省健康教育专家评估组对乐昌市创建全国健康促进县工作进行考评。乐昌市“全国健康促进县”项目工作达到标准要求，成为全国健康促进县。乐昌市于2015年成为全国首批64个健康促进示范县（区）试点（广东省仅有韶关乐昌和东莞石龙2家），经过2年的努力，全市共创建142个健康促进单位，各类健康促进单位均达到创建比例要求。

【健康细胞单位建设】 健康细胞单位建设是创建“全国健康促进县”基础工程。乐昌市按照《全国健康促进县（区）评价标准和指标体系》中对健康细胞单位创建的“655332"的达标比例要求，选择基础条件较好和创建意愿较强的单位作为创建对象。通过“创建办指导和督导、主管部门负责组织动员和管理、创建单位积极创建”的网格化创建管理模式，全面推进创建工作开展。乐昌市将所有的镇政府列为创建对象，以健康促进机关的标准进行创建，通过健康促进镇政府创建带动健康促进村（居）的创建工作。

【开展健康教育活动】 健康教育活动是居民参与“全国健康促进县”创建的载体，乐昌市将健康教育与戏曲文化、祠堂文化相结合，使市民在欣赏艺术的同时乐享健康服务。市文工团编排“全面两孩政策暨健康素养知识普及”文艺节目，在全市17个乡镇进行巡回演出，有5万多人次观看演出。各村居利用祠堂开展展览、义诊、讲座、咨询等健康教育活动，并在祠堂设置健身器材，引导居民使用，将祠堂打造成村民健康活动中心。

【多角度多维度宣传】 乐昌市将各单位的宣传栏、LED屏，全市所有的公交站牌和公共交通工具作为健康传播阵地，做到健康传播无死角。提出“互联网+”健康促进的健康传播理念，并充分利用政府网站和微信公众号进行创建宣传。首期投资300万元，建设南塔健康主题公园，将其打造成乐昌市民学习健康知识、践行健康行为的桥头堡。

【创建工作成效显著】 环境指标方面，乐昌市空气质量指数和空气污染指数不超过100的天数大于350天，水质达标率98.53%，垃圾无害化处理率100%，生活污水集中处理率86.02%，均达到标准要求。近年来，无食品安全事故和职业病案例。健康人群指标方面，居民健康素养水平7.8%，比2014年基线调查时的2.0%提高290%。居民吸烟率为25.5%，比全省居民27.02%的吸烟率低1.52%。经常参加体育锻炼的人口比例达到37.3%。

（市卫计局　供）

茶料村入选“中国最美休闲乡村”

【概况】 2016年8月，农业部对外公布150个2016年中国最美休闲乡村推介名单，乐昌市茶料村入选“中国最美休闲乡村”（广东省有4个村庄入选该名单）。

【茶料村美丽休闲特色】 茶料村位于乐昌市九峰镇南部，距镇政府5千米，距乐昌市区28千米，占地面积2040公顷，林地面积1553.3公顷，果树面积400公顷，下辖18个村民小组，人口2099人。茶料村人文历史悠久，完整地保留着大量明清古建筑。谭家宗祠、罗家宗祠、黎家宗祠等被列为不可移动文物保护单位，2008年茶料新屋场村罗家茂被评为广东省非物质文化遗产项目九峰山歌代表传承人。茶料村利用花果连片的生态自然优势，积极发展第三产业，形成“春赏花，夏秋摘果，冬戏雪”的旅游格局。2012年被评为全国“一村一品”示范村。茶料村出产九峰小脚红茶，2015年被评为广东省消费者协会“广东茶王”。

【打造“最美休闲乡村”的做法】 通过网络、电视、报纸等宣传方式介绍茶料花海乡村休闲游。广东电视珠江台、中央电视台第13频道先后到茶料村进行拍摄宣传。先后举办3届桃花节，以此带动文人墨客到茶料村进行参观、考察。在保持村里的原始风貌及村民传统淳朴的自然秉性的基础上，发动群众建设农家乐，截至2016年年底，建成农家乐12家。 （市九峰镇 供）

2016年乐昌市人民政府公开承诺八件为民办实事项目

【武广高铁乐昌东站项目建设】 该项目牵头单位为乐昌市铁路建设投资有限公司。主体工程于2016年12月底基本竣工。项目总建筑面积4496平方米，总投资约2.5亿元，其中包括新建站房以及站前广场、进站进园道路等配套设施建设。乐昌东站通车后，将助推乐昌加快融入珠三角“一小时经济圈”，并为乐昌民众提供更为快捷、便利的出行条件。

【南部八镇（街道）垃圾集中清运项目】 该项目牵头单位为市住建局。该项目为政府购买服务项目，惠及群众约16.34万人。2016年5月1日起，由中标单位广东中航城市环卫有限公司负责运营，服务年限为5年（2016—2021年），中标价为2168.192万元。该项目通过引入社会化、专业化的机构，按照“村收集、镇转运、市处理”的处理模式，对南部8镇（街道）生活垃圾进行集中清运，由相关镇（街道）直接对运营单位进行监管考核，有效推动对农村生活垃圾的一体化、长效化治理。

【60千米农村公路硬底化建设】 该项目牵头单位为市交通运输局，于2016年11月底完工。该项目总投资2100万元，涉及17个镇（街道）近50个行政村，项目完成后沿线群众的道路通行条件得到有效改善，受益群众达8万人。

【4宗山区中小河流治理项目】 该项目牵头单位为市水务局，于2016年12月底完工。该项目总投资11024.8万元，包括廊田水、九峰水、西坑水、其他武江一级支流等治理工程，治理河道总长56.64千米，其中护岸45.49千米、新建及加固堤防13.416千米、河道清淤55.5千米，沿线3606.7公顷耕地安全及4.08万人的生命财产安全得到有效保障。

【省道248线环城路段节能照明工程】 该项目牵头单位为市住建局，于2016年12月底实现亮灯。该项目总投资200.4万元，具体建设内容为在省道248线环城路段（约5.4千米）安装137盏10米高的LED路灯，路灯安装完成后，有效消除沿线群众夜间出行的安全隐患。

【10所中小学（幼儿园）示范性平安食堂】 该项目牵头单位为市教育局，于2016年12月超额完成。该项目在全市范围内筛选18所学校（幼儿园）作为试点单位，从硬件建设、内部管理、操作规程、服务质量等方面着手使参与建设的学校食堂达到食品安全量化分级管理B级以上（含B级），保障广大师生饮食安全。该次申报的18所学校（幼儿园）均成功创建乐昌市中小学（幼儿园）示范性

平安食堂，其中有15所成功创建韶关市中小学（幼儿园）示范性平安食堂。

【基层公共服务综合平台建设】 该项目牵头单位为市财政局，预计2017年2月完成，3月通过韶关市验收。该项目总投资1954万元，通过整合资源，全面建立市、镇（街道）、村（居）三级公共服务平台，将公共服务纳入平台集中办理，逐步实现基层公共服务事项的“一站式”办理，推动一站式办理率达到90%以上，网上申报办理率达到80%以上，全流程网上办理率达到50%以上。

【大东街第一农贸市场修建工作】 该项目牵头单位为市公共资产管理中心。项目计划总投资0.51亿元，规划面积2929平方米，初步设计4层，总建筑面积10207.85平方米。2016年9月，乐城一市场改造项目用地由乐昌市投资实业有限公司摘牌，同年12月，乐昌市投资实业有限公司委托市代建局实施建设，预计2017年6月可完成建设。

（市政府办　供）

2016年重点项目建设

【概况】 2016年，乐昌市计划实施重点项目32项，总投资103.52亿元，其中2016年计划投资29.84亿元，实际完成23.89亿元，完成计划80.06%。

【项目类别】 32个项目中，交通运输类项目2项，主要有京广客运专线乐昌东站、乐昌市2016年道路交通工程等；能源保障类项目5项，主要有乐昌供电局2016年新配电网工程、坪石供电局2016年新配电网工程等；农林水项目5项，主要有张滩闸坝枢纽工程、广东省山区五市中小河流治理乐昌市2016年工程等；现代产业类项目4项，主要有韶关南方阳光节能新材有限公司乐昌12万吨新型绝热隔音材料生产项目、乐昌产业转移园区2016年基础设施建设等；社会建设类项目16项，主要有乐昌市原坪石矿棚户区改造项目、乐昌市粮食购销有限公司储备粮仓库扩建项目、乐昌市教育创强、碧桂园房地产开发等。

【项目进展情况】 京广客运专线乐昌东站按期完成主体工程，计划2017年5月开通；教育创强、原坪石矿棚户区改造、南方阳光乐昌12万吨新型材料生产、山区五市中小河流治理乐昌市2016年工程、张滩闸坝、乐昌市粮食购销有限公司储备粮仓库扩建项目等多个项目完成年度任务；碧桂园、东方家园、百信花苑等房地产项目稳步推进，有效拉动乐昌市投资增长。

（吴　斌）

大　事　记

2016 年大事记

1　月

4 日　广东省副省长邓海光率省农业厅、林业厅、扶贫办等部门负责人到坪石镇陈家坪村调研精准扶贫工作。

6 日　东莞清溪镇爱心人士殷伟东一行到大源镇桥头村桥头小学开展爱心助学活动，为桥头小学认捐 25 万元用于建设“东莞清溪东昌桥头小学爱心生活馆”。

22 日　韶关市委副书记、市长骆蔚峰率市公安、民政、交通、公路、三防办等职能部门主要负责人到粤北高寒地区考察强寒潮防御工作。

23 日　中国共产党乐昌市第十二届委员会第五次全体会议在市区召开。

是日　相遇（香芋）乐昌——旅游美食节在乐昌市体育馆开幕。

25 日至 26 日　中国人民政治协商会议第九届乐昌市委员会第六次会议在市区召开。

26 日至 27 日　乐昌市第十四届人民代表大会第六次会议在市区召开。

30 日　韶关市委副书记、乐昌市委书记陈向新率乐昌市四套班子有关领导及部门负责人前往汕头市澄海区广东东方锆业科技股份有限公司总部考察学习。

是月　乐昌市廉洁教育基地正式投入使用。该廉政教育基地占地面积 2.5 万平方米，分为廉洁文化主题公园、党员干部教育中心、市民廉洁文化学习中心、青少年教育活动中心和市民康体导向中心 5 个功能区。

是月　乐昌市“12312”举报投诉服务站挂牌成立。

是月　坪石镇河丰管埠村被广东省精神文明建设委员会评为“广东省文明村”。管埠村也是韶关市唯一获得该项荣誉的村。

2　月

4 日　韶关市委书记江凌到廊田镇平富村调研精准扶贫工作，并开展送温暖活动。

5 日　韶关市委副书记、市长骆蔚峰先后到乐昌峡、乐昌市粤北省际公安检查站等地考察指导工作。

24 日　广东省水库移民工作局局长黄华、副局长王胜端、调研员黄家宝组成的调研组到乐昌市调研水库移民和水利工程建设用地情况等工作。

29 日　2016 年乐昌桃花节开幕式在乐昌市九峰镇政府举行。

是日　中国共产党乐昌市第十二届纪律检查委员会第六次全体会议在市政府礼堂二楼召开。

3　月

4 日　乐昌市召开自然村落历史人文普查工作动员会，部署全市自然村落历史人文普查工作。

5 日　由韶关市旅游局、乐昌市人民政府主办的乐昌市桃花节两江分会场开幕式在两江镇中心幼儿园举行。

9 日　乐昌峡绿色米业有限公司荣获“广东省重点农业龙头企业”称号。

12 日　韶关市美术家协会到乐昌市九峰镇坪石

村委会开展“结对子、种文化”活动。

21日 国家防总督导组到乐昌峡水利枢纽指导防汛工作。

21日 晚9时，乐昌市境内武江河内，原本由钢缆固定的一艘河道清淤船只受洪水冲击失控漂流，在京广铁路张滩武水桥第2孔3号桥墩处发生碰撞，导致侧翻挂卡。22日，省三防办、省海事局、省航道局、广铁集团、广州打捞局等省直相关单位领导和专业技术人员通过现场勘测，形成《武水桥侧翻清淤船移除方案》，于23日起由广州打捞局技术人员对船只进行分块切割移除，至26日上午11时，分块切割移除工作全部完成。该事故未造成人员伤亡，区域内京广线列车运行正常。

22日至23日 韶关市第三次全国农业普查前期准备工作会议在乐昌市召开。

29日 韶关市首个国税、地税联合办税服务厅挂牌启用仪式在乐昌市地方税务局坪石税务分局举行。

4 月

6日 韶关市委书记江凌先后深入到乐昌市部分企业、棚户区改造项目现场、火车站、农贸市场、学校、医院等地调研。

7日 上午，韶关市残疾人综合服务中心到乐昌市开展视障残疾人助视器评估适配及残疾人辅助器具配发工作。免费发放轮椅、手杖、拐杖等辅助器具70余件（套），为63名视力残疾人开展助视器评估适配工作。

20日 茂名市教育局到乐昌市开展生源地信用助学贷款交流学习活动。

是日 广东省非物质文化遗产传承基地（乐昌花鼓戏）揭牌仪式在三溪镇文化活动中心举行。

5 月

3日至6日 乐昌市财政局与广州中医药大学学生联合举办“中医中国行”“治未病”社会公益志愿服务活动。

9日 乐昌市建成的首个信用村——寨头村正式揭牌。标志着乐昌市农村普惠金融工作信用体系建设进入一个新阶段。

11日 韶关市委副书记、市长骆蔚峰先后到乐昌市恒发纺织企业有限公司、泰邦机械铸造有限公司、韶瑞铸钢有限公司、乐昌市利生源生物饲料有限公司、乐昌市建强混凝土有限公司及韶关南方阳光节能新材料等企业；乐昌东站至产业园道路、乐昌东站和进站道路建设项目进行实地调研。

18日 韶关市委书记江凌到长来镇罗村调研扶贫工作。

是日 大朗镇援建乐昌市人民医院（东莞大朗综合楼）捐赠仪式在市人民医院举行。

19日 乐昌市政府投资建设项目代建管理局（简称乐昌市代建局）挂牌成立。

20日 乐昌市首个科普教育基地挂牌仪式在大瑶山保护区管理处举行。

22日 中共中央政治局常委、中央书记处书记刘云山先后到乐昌市乐城街道公共服务中心、乐昌市北乡镇黄坌村就基层党建工作和“两学一做”学习教育进行调研。

25日 市委常委、东莞大朗对口帮扶乐昌总指挥叶惠明带领东莞市驻乐昌扶贫工作组成员和驻村工作队员到北乡镇黄坌村学习第二轮“双到”定点扶贫的经验做法。

28日 韶关南方阳光节能新材料有限公司奠基仪式在乐昌产业园举行。

30日 韶关市委副书记、乐昌市委书记陈向新率领韶关市人大常委会副主任邓小杰和韶关市妇联、韶关市教育局等单位负责人代表韶关市委、市政府到乐昌市开展“六一”慰问活动。

是月 乐昌市龙山林场（国家杉木良种基地）被国家林业局授予“全国生态建设突出贡献先进集体”荣誉称号。

是月 乐昌市文化馆获评“国家一级馆”。

6 月

1日 广东省希望工程服务中心主任、广东省青少年发展基金会秘书长刘扬到乐昌市三溪镇、坪石镇、梅花镇、秀水镇调研基层共青团工作，实地查看基层团组织建设、希望小学、青年就业创业、希望家园等重点工作建设推进情况。

是日 分布式光伏发电项目签约仪式在乐昌产业园举行。

8 日 广东省老促会会长陈开枝一行到梅花镇开展革命老区脱贫攻坚调研活动。

13 日 乐昌市国有资本投资运营有限责任公司在市经信局一楼举行揭牌仪式。

15 日 东莞市妇联到乐昌市庆云镇开展“莞韶相牵关爱留守”活动，该次活动共捐赠价值 10 万元的物资。

16 日 广铁集团广州工程建设指挥部指挥长陈树青一行到乐昌市检查指导武广高铁乐昌东站项目建设进展情况。

22 日 韶关市农业局局长沈河民到九峰镇开展“互联网农业小镇”试点工作调研。

23 日上午 由团韶关市委主办、乐昌市团委承办的青少年禁毒之青少年禁毒宣教图片校园巡展活动在乐昌市中等职业技术学校举行启动仪式。

是日 省扶贫办主任梁健到乐昌市调研督查新时期精准扶贫工作。

24 日下午 广州市青年商会常务副会长刘孝五带领 40 名企业家会员到乐昌产业园考察投资营商环境，并与市有关部门召开座谈会。

27 日 韶关市坪石公路养护中心正式挂牌成立。

是日 北乡镇黄坌村党总支荣获“全省先进基层党组织”荣誉称号。

29 日 团省委书记池志雄一行到乐昌市廊田镇调研驻点帮扶村精准扶贫工作。

7 月

5 日 韶关军分区司令员盖长利到乐昌市沙坪镇调研武装工作。

10 日 来自广州中医药大学的“爱药传承队”“三下乡”志愿者队伍到乐昌市黄圃镇进行为时七天的暑期“三下乡”实践活动。主要内容包括义教、社区服务、拜访采访、探访敬老院、娱乐晚会等。

15 日 乐昌市不动产登记局揭牌仪式在市国土资源局举行，标志着乐昌市不动产登记工作全面启动。

20 日 韶关市人大常委会组织部分市十三届人大代表对乐昌市封山育林工作议案办理情况进行视察。

是日 省统计局副巡视员陈新一行到北乡镇开展农村统计数据质量检查工作。

21 日 乐昌梅花百臻生态农业园入选广东省第三批全省休闲农业与乡村旅游示范点名单。

23 日 2016 年乐昌市首届电商水果节在乐昌市河堤广场举行。

是月 全市 16 个镇党委全面完成换届选举工作，共选举产生党委委员 150 名、纪委委员 112 名，出席乐昌市第十三次党代会代表 185 名。

是月 2016 年高考成绩公布，乐昌市 2016 年普通高考实际参考人数 2720 人，其中第一批重点本科上线 201 人，同比增加 100 人，增幅为 99.01%；第二批本科上线 815 人，同比增加 92 人，增幅为 12.73%。全市本科以上上线人数 1016 人，同比增加 192 人，增幅为 23.3%；专科以上总上线 2417 人，总上线率为 88.86%。

8 月

5 日 乐昌市政府与广东广业开元科技有限公司签署新型智慧乐昌“大数据+”合作协议。

10 日 韶关市委“两学一做”学习教育巡回宣讲团第一分团在乐昌市举办专场宣讲会。

12 日 广东省书画名家一行到五山镇开展“重走长征路”主题书画创作写生活动。

13 日上午 东莞市大朗镇文化广播电视服务中心副主任傅伟荣一行到乐昌市对接文化精准扶贫工作。

19 日 广东省委常委、常务副省长徐少华到长来镇和村调研精准扶贫工作。

23 日 韶关市残联在乐昌市坪石镇和乐昌市国防教育基地分南北两片举办残疾人专职委员业务培训班。

25 日 乐昌市九峰镇茶料村入选中国美丽休闲乡村特色民居村名单。

30 日 湖南省郴州市政协主席陈社招一行到乐昌市调研“湘粤（宜乐）古道”保护与开发利用情况，韶关市政协副主席兰茵、韶关市政协秘书长陶学权、乐昌市政协副主席黎跃飞陪同调研。

是日下午 广东省全国人大代表一行到北乡镇调研扶贫开发“双到”6 村联动产业帮扶成效。

9 月

6 日 乐昌市乐城街道办事处府前社区居委会被认定为“广东省地震安全示范社区”。

19 日 韶关市督导组到乐昌市督导检查火灾隐患重点地区整治暨出租屋、“三小”场所专项整治工作。

20 日 广东省就业局局长胡登峰一行到乐昌市开展公共就业服务体系建设和就业精准扶贫试点工作调研。

25 日 乐昌葡萄酒庄园项目签约仪式在市政府举行。

27 日 韶关市村（社区）公共服务中心（站）建设工作会议在乐昌举行，韶关市委常委、常务副市长陈波等领导参加会议。

是日 乐昌市工商联（总商会）召开第十二届会员代表大会。

28 日 广东狮子会爱芯工程、乐昌助学行联合服务团队到长来镇中心小学会议室举行电教设备捐赠活动。

29 日 乐昌市“全国健康促进县”项目工作通过省级评估考核。

是月 乐昌市通过首批全国健康促进县试点评估。

10 月

8 日 乐昌市镇两级人大代表换届选举工作圆满结束。该次换届选举工作自 2016 年 6 月开始，依法选举产生乐昌市第十五届人民代表大会代表 212 名、新一届镇级人大代表 874 名。

15 日 广州善同科技服务有限公司与乐昌市国有资本投资运营有限责任公司合作打造科技企业孵化器项目，并举行签约仪式。

20 日 中国共产党乐昌市第十三次代表大会在市政府礼堂召开。

25 日至 27 日 中国人民政治协商会议第十届乐昌市委员会第一次会议在市区召开。周素岚当选为政协第十届乐昌市委员会主席；黎跃飞、周越成、李锡洪、朱锋麟、孙俊华当选为副主席。

26 日至 28 日 乐昌市第十五届人民代表大会第一次会议在市区召开。许新华当选为乐昌市第十五届人民代表大会常务委员会主任；沈河民当选为乐昌市人民政府市长；杨剑云、孔少川、徐国秀、王昭良、邹志忠、陈雄当选为乐昌市第十五届人民代表大会常务委员会副主任；宋在军、邱才郁、邓洪炜、彭桂珍、李桂平、谭桂明当选为乐昌市人民政府副市长；李芳当选为乐昌市人民法院院长；许细桥当选为乐昌市人民检察院检察长。

27 日 月坵葡萄酒庄奠基仪式在乐城街道月坵村举行。

31 日 广东省物资管理局七三三处开展国家物资储备系统油库应对突发事件大型综合演练。

是月 三溪镇被广东省文化厅评为广东省民间文化艺术之乡（2015—2017 年度）。

11 月

1 日 韶关市旅游局副局长朱伙新一行到金鸡岭风景名胜区开展 A 级景区评定性复核。

2 日 韶关市经信局会同科技、金融、国税、地税等相关部门到乐昌市组织开展中小企业融资和税务优惠政策培训。

4 日 韶关市副市长王青西到乐昌市长来镇、北乡镇调研精准扶贫工作。

8 日 以省农业厅综合行政执法监督局局长郑宏宣为组长的省督导组到乐昌市督导检查农资打假和农产品质量安全监管执法工作。

10 日 乐昌市社会工作委员会牵头，联合市民政局、乐城街道办事处，在乐城街道大昌社区创建的乐昌市首家社区家庭服务中心——“百信花苑（社区）家庭服务中心”举行开业揭牌仪式。

14日上午 2016年领导干部党纪政纪法纪教育培训班在市政府礼堂二楼会议室召开，市委书记陈宏宇，市委副书记、市长沈河民，市委副书记、市政法委书记刘祥锋，市委常委、市纪委书记邹有胜分别在培训班上作专题培训辅导。

18日 乐昌市与中国电力工程顾问集团投资有限公司举行梅花风电场项目签约仪式，标志着该风电项目正式启动。

21日上午 韶关市解决承包地细碎化问题改革试点现场观摩考察会在乐昌市廊田镇平富村召开。

23日至24日 韶关验收组对乐昌创建韶关市平安学校食堂工作进行考核验收。

25日 肇庆市德庆县委书记朱宜华率调研组先后到乐昌市北乡镇精准扶贫万亩产业种植基地、金田地种养专业合作社等地开展调研。

是日 深圳吉尊玛慈善基金会助学金捐受仪式在乐昌一中举行。该次捐受活动共资助乐昌贫困大学生、中学生41人，爱心款43500元。

28日 广东省扶贫办扶贫开发处付强率队到廊田镇调研扶贫管理与服务信息系统（试点）工作。

12 月

4日 乐昌市与韶关市富国投资有限公司举行乐昌峡·九泷十八滩项目开发战略合作协议签约仪式。

5日 省委政法委专职副书记杨日华率有关单位部门负责人到乐昌市检查铁路护路工作。

7日 韶关市检查组到乐昌市廊田镇开展创建省级食品安全示范镇督导检查工作。

8日 东莞市望牛墩镇党委书记简任昌率领镇党政考察团先后到乐昌市气象台、武广高铁乐昌东站工程建设现场、乐昌峡水利枢纽、产业转移工业园等地调研。

是日 乐昌市与广州发展新能源投资管理有限公司签署新能源项目开发框架协议。

23日 佛山市文化馆馆长袁新荣率广东省文化厅检查指导工作组到北乡镇检查指导文化馆总分馆试点建设工作。

26日 省统计局党组书记、副局长陈向新到乐昌市调研精准扶贫和统计工作。

30日 乐昌市与广东心仪智能交通有限公司举行新能源汽车项目合作框架协议签约仪式。

是月 廊田镇、北乡镇、九峰镇荣获“韶关市卫生镇”称号。

是月 乐城街道办事处榴村村委会、张溪村委会、长来镇上坪村委会、廊田镇廊田村委会、马屋村委会、北乡镇茅坪村委会、五山镇大乐村委会、文书村委会、九峰镇横坑村委会、两江镇上长塘村委会、大源镇永济桥村委会、三溪镇石村村委会、坪石镇陈家坪村委会、肖家湾村委会、金鸡村委会、黄圃镇应山村委会、庆云镇下黄村委会、梅花镇大塘边村委会、铜山村委会、秀水镇西河村委会、云岩镇开封村委会、沙坪镇雷家窝村委会等23个村荣获“韶关市卫生村”称号。

全市概述

历史·地理·人文

【建置沿革】 先秦，乐昌属百粤之地。秦属南海郡。秦末，赵佗为南海尉，称帝岭南，乐昌属南越国。

汉武帝元鼎六年（前111），南越归汉，乐昌属桂阳郡曲江县地。三国吴甘露元年（265），分桂阳郡南部置始兴郡，乐昌属始兴郡曲江县地。南齐建元元年（479）拆曲江县地置灵溪县，县治在今乐昌市长来镇灵口，旧志无载。

南朝梁天监七年（508），分曲江县西北境（含灵溪县）置梁化县，治所无考（旧称郭东都），隶属东衡州。十七年（518），分梁化县北置平石县，治所在今乐昌市西北老坪石。

隋开皇九年（589），县治迁于赵佗城（今乐昌市西南二里武水西傍）。十二年（592）废平石县入梁化县。十八年（598），改梁化为乐昌县，治所仍在今乐昌市西南二里武水西，隶属广州。

唐，郡州变更频繁。乐昌隶属亦随之变更。

宋，乐昌隶属韶州。北宋开宝五年（972），撤仁化县并入乐昌。咸平三年（1000），复置仁化县。南宋乾道二年（1166），乳源县建置，将县西南依化乡划乳源县。

元，设行中书省（简称行省），乐昌属江西行省广东道韶州路。

明、清，乐昌隶属韶州府。明初，乐昌县移治今乐昌市政府大院。

民国初废府制，乐昌直属广东省。民国3年（1914），乐昌隶属岭南道。民国9年（1920），乐昌先后属北江区善后公署、北江绥靖公署。民国25年（1936）撤销绥靖公署后，乐昌属广东第二区行政督察专员公署。

1949年10月6日，乐昌解放。10月19日，成立乐昌县人民政府。1950年1月，广东省北江人民行政督察专员公署（简称“北江专署”）成立，乐昌隶属北江专署。1952年11月，广东粤北行政公署成立，乐昌隶属粤北行政公署。1956年改粤北行政公署为韶关专员公署，乐昌隶属韶关专员公署。韶关地区成立后，乐昌隶属于韶关地区。

1983年6月，韶关地区与韶关市合并，以市辖县，乐昌隶属韶关市。1994年4月28日，国务院批准乐昌撤县设市，为韶关市代管的县级市。

【行政区划】 明朝之前，行政区划无考。清康熙五年（1666）至同治十年（1871），全县分为5个乡、13个都，郭下乡管辖城南都、郭东都、郭西都；建福乡管辖河南都、柏沙都、里田都、荣村都；辛陂乡管辖辛田都、土头都；灵口乡管辖安口都、曲合都；依化乡管辖皈上都、皈下都。

清同治以后，全县分为附城、东乡、南乡、西乡、北乡、九峰、黄圃、坪石等8个乡。

民国18年（1929），全县改为8个区，城内及附城为第一区，东乡为第二区，南乡为第三区，西乡为第四区，北乡为第五区，九峰乡为第六区，黄圃乡为第七区，坪石乡为第八区。

民国20年（1931），增设五山为第九区。

民国26年（1937），全县划分为3个行政区、17个乡、2个镇。第一区管辖附城镇、昌山乡、正东乡、上东乡、下东乡、长来乡、罗村乡、杨溪乡、五山乡、西乡等九乡一镇；第二区管辖南乡、九峰乡、大源乡等三乡；第三区管辖坪石镇、莲塘乡、京河乡、田头乡、庆云乡、卢溪乡等五乡一镇。

民国30年（1941），全县有2个区、11个乡、1个镇。附城乡、西乡、五山乡、上东乡、下东乡、南乡属第一区，黄圃乡、坪石镇、皈上乡属第二区，北乡、大源乡、九峰乡直属县政府。

民国37年（1948）1月，全县分为11个乡

(镇)。附城镇、西乡、南乡、北乡、五山乡、上东乡、下东乡、黄圃乡、坪石乡、大源乡、九峰乡。

1949年10月6日,乐昌解放。19日,成立乐昌县人民政府。全县设5个区,一区辖城关镇、北乡、河南;二区辖长来、安口、上、下西;三区辖廊田、五山;四区辖九峰、两江、大源、西坑;五区辖坪石、水牛湾、罗家渡、黄圃、白石、庆云。

1952年3月,为便于土改工作,将乳源县的四区(梅花、秀水、云岩、三溪,老坪石、坪石镇、罗家渡的部分区域)和三区的部分区域(清源、三元、岐石、新安、茶园、柘洞、太平、亚婆寮、沙坪等乡)并入乐昌。1953年土改结束后,清源、三元、岐石、新安、茶园、柘洞、太平、亚婆寮、沙坪等9个乡仍划归乳源县。

1957年7月1日,韶边瑶族自治县成立。必背、王茶、桂坑、杨溪等乡从乐昌县划出归韶边瑶族自治县管辖。1958年9月,撤销韶边瑶族自治县和乳源县,桂头、瑶山、大山、沙坪划入乐昌县。是年,全县有红旗、桂头、瑶山、廊田、坪石、黄圃、梅花、大山共8个农村人民公社。

1963年10月1日,乐昌县管辖的大桥、桂头、游溪、必背、东坪5个公社划给乳源瑶族自治县。全县辖16个公社,2个镇,161个大队。

1964年4月,增设三溪公社。1977年5月,增设罗家渡公社。1978年3月,增设两江公社。全县为19个公社2个镇,197个大队。

1983年11月,全县19个公社2个镇改为18个区公所2个镇(安口公社并入长来区公所),下辖167个乡、11个管理区、12个居委会。

1986年冬,撤销全县18个区公所和167个乡、11个管理区。设乐城、长来、廊田、北乡、九峰、坪石、老坪石、三溪、黄圃、梅花10个镇与河南、五山、大源、两江、庆云、白石、罗家渡、秀水、云岩、沙坪10个乡,乡镇下设178个村民委员会和11个居委会。1989年,全县乡镇下辖的村民委员会改为190个管理区办事处。1993年8月,河南等10个乡改为镇建置,全县共设20个镇、196个管理区、12个居委会。

1994年4月28日,国务院批准乐昌撤县设市(县级市)。7月16日,撤县设市正式挂牌,行政区划未变。2000年,镇管辖的管理区改村民委员会,全市设20个镇、195个村民委员会、12个居委会、1953个村民小组。

2002年4月12日,撤销罗家渡镇,所辖10个村民委员会,其中田头、河丰、罗家渡、长排寮、天堂5个村民委员会划归坪石镇管辖,清洞、铜山、石溪、鹿村、坪溪5个村民委员会划归梅花镇管辖。

2003年7月25日,撤销乐城、河南镇,设乐城街道办事处,管辖原乐城、河南11个居委会和16个村民委员会。撤销老坪石镇,将其管辖的15个村民委员会、1个居委会划入坪石镇管辖。全市设16个镇1个街道办事处,17个居民委员会,195个村民委员会。

2004年2月,增设坪石、梅田2个办事处。

2016年年末,全市辖16个镇、1个街道办、2个办事处,30个居民委员会(含坪石、梅田办事处10个),195个村民委员会。

【自然地理】 乐昌位于广东省北部,武江的中上游。地理位置优越,素有"广东北大门""楚粤孔道"之称,西京古道和宜乐古道途径乐昌境内,京广铁路、京珠高速、京广高铁、广乐高速、国道107线、省道247线、省道248线、省道249线纵贯境内。东与仁化县为邻,南与浈江区交界,西南与乳源县相连,北部、西部与湖南省宜章县毗连,东北与湖南省汝城县接壤。介于北纬24°57′至25°31′、东经112°51′至113°34′之间。东起五山镇青岭村委会锡坑垇,西起三溪镇丫告岭村委会欧菜冲村,南起沙坪镇八宝山老蓬顶,北起白石镇三界圩上旗头村。乐昌地势自北向南倾斜,构成北高南低的地貌,受亚热带季风气候影响,属中亚热带为主的湿润季风型气候,由于地理位置及地形因素的影响,境内各地气候差异很大。乐昌地质构造复杂,境内地层发育较全,出露的地层有震旦系、寒武系、泥盆系、石炭系、二叠系、三叠系、侏罗系、白垩系、第三系及第四系。境内群山属南岭山脉,西南部有大东山,中部有大瑶山,东北部有九峰山。

【人口・语言・宗教】 2016年年末户籍人口52.99万人,比上年末增加11082人;常住人口41.48万人;城镇化率50.14%,比上年提高0.6个百分点。全年出生人口7258人,出生率13.24‰;死亡人口2883人,死亡率5.26‰;自然增长人口

4375人，自然增长率7.98‰。乐昌语言比较复杂，方言土话较多，有客家话、广州话（粤语）、长来话、北乡话、黄圃话、皈塘话、莲塘话、梅田话、蓝山话、楼下话、连滩话、船民话和瑶族讲的勉语方言等。乐昌宗教主要有佛教、基督教、天主教。依法登记的宗教活动场所8处。其中，佛教场所2处（乐城西石岩寺居士林）有教徒1000多人；天主教3处（廊田镇白山天主堂、楼下圩坪村天主堂和北乡镇黄坌经堂村天主堂），有教徒约1000人；基督教3处（乐城开发区基督教福音堂、另两处分别在乐城大洞和三溪镇），有教徒1000多人。

【资源·物产·环境】 2016年年末，乐昌权属土地总面积2419.28平方千米，全市耕地面积1.93万公顷，粮食播种面积2.26万公顷（含复种面积），粮食产量16.8万吨。林地面积18.4万公顷。森林覆盖率75.1%。活立木蓄积量940.24万立方米。全年水资源总量2.95亿立方米。平均降水量1850.8毫米。农村自来水普及率91.59%。全市平均灰霾天气日数4天，比上年减少2天；全年日照时数1411.6小时，比正常年份偏多289.6小时。重要矿产资源有锑、钨、铅锌、铁、硫铁、萤石矿、煤和石灰石等。土特产有北乡马蹄、张溪香芋、沿溪山白毛尖茶、九峰柑橘、九峰柰李、坪石水蜜桃、秀水布朗、梅花猪、黄圃板栗、白石紫薯等。主要旅游景点有龙王潭生态旅游区、古佛洞天风景区、金鸡岭风景区、后洞生态庄园、杨东山十二渡水生态旅游区、九峰花果园、“7011”工程旅游点、五山梯田、西石岩寺、白水寨生态园等。（陈懿茜）

经济发展

【计划执行情况】 2016年，全市地区生产总值117.38亿元，比上年增长7.1%；人均生产总值2.84万元，增长6.3%；全社会固定资产投资完成37.16亿元，增长15.2%；地方一般公共预算收入5.30亿元，下降7.2%；社会消费品零售总额61.27亿元，增长9.0%；城镇常住居民人均可支配收入22122元，增长9.1%；农村常住居民人均可支配收入12524元，增长9.6%。城镇登记失业率2.47%；人口自然增长率7.98‰。

【经济运行特点】 *农业经济平稳增长* 粮食等主要农产品产量总体稳定，新型农业经营主体不断壮大，农业品牌建设成效明显，全年农林牧渔业总产值38.92亿元，增长3.8%。

工业经济蓄势趋稳 全市规模以上工业增加值15.40亿元，下降0.5%，降幅较2015年收窄5.5个百分点；工业固定资产投资13.11亿元，增长136.0%；南方阳光节能新材料等重大工业项目进展顺利。

第三产业蓬勃发展 旅游开发加快推进，全年接待游客391.84万人次，增长13.8%，实现旅游综合收入25.69亿元，增长18.1%；消费市场持续旺盛，社会消费品零售总额61.27亿元，增长9.0%；房地产业持续回暖，商品房销售面积49.18万平方米、销售额15.93亿元，分别增长23.6%和25.5%。

【产业结构调整】 第一、第三产业增加值分别完成24.62亿元、65.37亿元，分别增长3.8%和12.0%，第二产业增加值完成37.39亿元，下降0.6%；三次产业结构调整为21.0∶23.3∶55.7。

【固定资产投资】 全市统计施工项目183个，其中新开工项目105个；全年固定资产投资完成额37.16亿元，增长15.2%，其中年度重点项目完成投资23.89亿元。（杨　平）

政治建设

【推进法治创建】 围绕法治乐昌建设，推进法治市、镇（街道、办事处）、村（居）“三级联创”和依法行政示范单位、诚信守法企业等基层法治创建活动，促进“平安镇村”“平安机关”“平安社区”和“平安校园”等创建活动的开展。2016年12月19日，经韶关依法治市办公室检查评定并报广东依法治省办公室审核批准，乐城、坪石、长来、北乡、廊田、九峰、云岩和梅花8个镇（街道）为全省法治镇（街道、办事处）创建达标单位。

【推进依法治市】 组织开展《中华人民共和国气象法》《中华人民共和国道路交通安全法》等执法检查。听取和审议市人民检察院关于惩治和预防职务犯罪工作的报告，督促市人民检察院积极履行检察职能，严肃查处和预防职务犯罪，深入推进惩防腐败体系建设，加强对新任干部的职务犯罪预防教育。组织代表旁听市人民法院庭审，见证法律的执行，提出意见和建议。落实向宪法宣誓制度，从市十五届人大常委会第一次会议起，组织新任干部向宪法宣誓，鞭策新任干部在工作中严格依法行政、强化责任担当。

【按法治框架解决基层矛盾工作】 组织开展2016年“法治宣传下基层”文艺活动。开展基层社会矛盾纠纷大排查，推进基层治理法治化，从源头上预防和减少基层矛盾的产生。初步搭建市、镇（街道、办事处）、村（社区）三级法治平台，打造解决基层矛盾的枢纽，化解社会矛盾积案。

【法律顾问工作】 2016年4月28日，市政府举行法律顾问聘任仪式，聘请广东秦唐律师事务所沈明星、张朝星两位律师为市政府常年法律顾问，并建立市政府法律顾问团队，为政府提供法律服务，提高决策的科学性和合法性。

【深化行政审批制度改革】 截至2016年年底，取消和调整政府审批事项140项，清理非行政许可审批事项40项，承接23项上级下放的事项。完成乐昌市2015年度行政许可实施和监督管理情况年度报告工作，确保26个具有行政许可事项单位严格依照法律法规规定的权限、程序、条件实施行政审批，并制定实施有关监管措施。完成乐昌市行政许可事项目录更新工作，目录包含行政许可事项278项。开展清理规范行政审批中介服务事项工作，共清理中介服务事项30项。分三批次组织全市32个相关部门开展行政许可标准化集中录入工作。乐昌市行政许可标准化工作完成合规性、合法性审查，进入到部门最终确认阶段。

【推进阳光政务】 全面深化政府信息公开工作，重点推进重点领域信息公开专栏的应用，做好乐昌市财政拨款单位的财政预、决算和“三公”经费公开工作，公开率达100%。2016年，全市纳入政府信息公开统计范围的行政机关62个，开通政府（含部门）网站34个，实体办事大厅审批或其他服务事项334项，设置政府信息公开查阅点数236个，主动公开政府信息总数6231条。

精神文明建设

【社会主义核心价值观宣传】 2016年，在市区河堤广场建成一个社会主义核心价值观主题公园，全市17个乡镇均建成至少一个社会主义核心价值观主题公园（广场或示范点）。开展“社区里的价值观”“乡村里的价值观”“机关里的价值观”“企业里的价值观”等主题实践活动。着重突出未成年人核心价值观建设，开展“校园里的价值观”主题实践活动，让青少年学生成为倡导、传播社会主义核心价值观的使者和实践者。

【文明镇街创建工作】 2016年6月，在全市启动文明镇街创建工作，计划三年内，全市乡镇按照30、30、40比例分批次完成文明镇街创建任务。内容涵盖五大板块：突出农村社会主义核心价值观建设、突出乡间邻里的道德建设、突出农村人居环境整治、突出农村文化建设、突出农村社会综合治理。截至2016年年底，乐城、坪石、长来、廊田、北乡、九峰6个镇初步完成文明镇街创建工作。

【未成年人思想建设】 2016年，制定《乐昌市建立和完善学校、家庭、社会“三结合”教育网络实施方案》，通过搭建学校、家庭、社会“三结合”工作平台，完善“三结合”工作机制，创新“三结合”活动载体，营造有利于未成年人健康成长的良好环境。

社会建设

【推进民生建设】 2016年，全市财政民生支出完成22.74亿元，占全市一般公共预算支出的

83.82%。其中，基本公共服务支出14.3亿元，同比增长20.94%，省十件民生实事支出1.69亿元、底线民生保障支出0.22亿元，分别比上年增长9.79%、35.32%。推进基本公共服务向基层延伸，投入1594万元推进基层公共服务综合平台建设工作，建成1个县级公共服务中心、17个镇级公共服务中心和215个村级公共服务站，实现基层公共服务村级全覆盖。

【推进社会组织发展】 指导成立韶关市县级首家社会工作服务社——乐昌市文杰社会工作服务社。截至2016年12月，全市登记注册的社会组织共有205家，比上年度增加11家，增长5.7%。建立市社工委牵头，登记管理机关、行业主管部门以及相关职能部门各司其职、协调配合的综合管理服务体系，成立乐昌市社会组织评估委员会。

【社会保障】 2016年年末，全市城镇职工参加基本养老保险（含离退休）人数69107人，比上年增长2.39%，其中，参保职工（包括企业职工）37808人，比上年增长5.84%；参加城乡（镇）基本医疗保险422583人，比上年增长3.56%，其中，参加城镇职工基本医疗保险43017人，比上年增长0.01%；参加城乡（镇）居民基本医疗保险379566人，比上年增长3.98%。参加失业保险20332人，比上年增长0.64%；参加工伤保险23501人，比上年增长0.01%；参加生育保险23709人，比上年增长46.02%。全年累计领取失业保险金的人数6142人次，同比增长30.09%。

【民生事业】 2016年，城乡居民人均可支配收入18438万元，同比增长9.4%。其中，城镇居民人均可支配收入22122元，同比增长9.1%；农村居民人均可支配收入12524元，同比增长9.6%。2016年年末，在册低保对象8950人，其中，城镇3131人，农村6929人。低保资金（含各类补贴）支出2883.37万元；城镇、乡村低保平均标准分别为每人每月485和335元，分别比上年增长18%和29%。年末在册“五保”对象1110人，其中，分散“五保户”747人，集中“五保户”363人。“五保”资金（含各类补贴）支出761.9万元；“五保”平均标准分别为每人每月572元。全年支出医疗救助金311.9万元，比上年增加9万元，救助1605人次。全市城镇新增就业人数3247人，城镇失业人员再就业人数3048人，困难人员实现就业人数283人，促进创业164人。城镇登记失业人员2098人，城镇登记失业率2.48%。年末拥有社会福利机构18所，床位1058张，在院人数497人。

生态文明建设

【营林绿化】 2016年，全市完成6258公顷造林任务。建成广乐高速公路生态景观林带56千米、面积224公顷，碳汇造林471.3公顷，新建森林公园4个。完成中幼林抚育面积8450.8公顷，中幼林抚育完成率、抚育合格率均达到100%。义务植树90万株，参加义务植树25.2万人次。全市规划实施封山育林面积12.87万公顷，其中全封区10.2万公顷，半封区2.07万公顷、轮封区6000公顷。完成24个乡村绿化美化示范点建设，其中3个省级示范点、21个市级示范点。

【林业生态保护】 开展打击破坏野生动物资源违法犯罪专项行动、打击破坏林地资源违法犯罪专项联合行动、打击非法占用林地等涉林违法犯罪异地执法行动。全年查处种类森林案件99宗，其中立刑事案件41宗，刑事拘留10人，取保候审12人，批准逮捕7人，移送起诉16人，立治安案件5宗，林业行政案件58宗，处罚违法人员61人，为国家挽回经济损失46万余元。

【污染物减排】 2016年，化学需氧量比上年削减47吨/年，氨氮削减5吨/年。完成对乐昌市长迳生态猪场和邓茂全猪场2家规模化养殖场配套污染治理工程建设及农业源减排台账资料的上报送核工作。全年检查排污企业281家（次），对辖区范围内的4家国控企业，24家其他重点企业及建设项目环保设施运行、达标排放、环境应急工作开展等情况开展现场监察。全年排污费征收入库额280多万元。

中共乐昌市委员会

综　　述

【重要会议】 2016 年 1 月 23 日，中国共产党乐昌市第十二届委员会第五次全体会议在市政府礼堂二楼会议室召开。会议听取陈向新就乐昌市“十三五”时期经济社会发展有关工作所作的专题讲话和代表市委常委会所作的工作报告，通过《中共乐昌市委关于制定全市国民经济和社会发展第十三个五年规划的建议》。

2016 年 10 月 19 日至 21 日，中国共产党乐昌市第十三次代表大会在市政府礼堂二楼会议室召开。会议听取并审议通过陈宏宇代表市委常委会所作的《决胜全面建成小康社会，为实现振兴发展而不懈奋斗》工作报告。

2016 年 10 月 21 日，中国共产党乐昌市第十三届委员会第一次全体会议在市政府礼堂一楼会议室召开。会议选举产生新一届市委常委和书记、副书记。

【重要决策】 中国共产党乐昌市第十二届委员会第五次全体会议提出，“十三五”时期乐昌经济社会发展的主要目标是：地区生产总值年均增长 10% 以上，人均地区生产总值年均增长 9% 以上，到 2018 年提前实现地区生产总值和城乡居民人均收入比 2010 年翻一番，到 2020 年人均地区生产总值与全国平均水平差距显著缩小，各项短板指标实现程度明显提高，全市小康指数达到 91% 以上，实现发展的质量效率更加高、经济结构更加合理、体制机制更加完善、人民生活更加美好、人与环境更加和谐。

中国共产党乐昌市第十三次代表大会指出，发展不足是乐昌市当前最大的不足，加快发展是破解当前乐昌市各种问题的关键所在。今后五年，乐昌市必须正确研判发展形势，树立必胜信心，贯彻新的理念，坚持主动融入珠三角战略，紧紧扭住发展第一要务，以舍我其谁的气魄担负起加快乐昌振兴发展这一光荣使命。

附：中共乐昌市委领导班子成员名单

市委书记：陈向新（　—9 月）
　　　　　陈宏宇（9 月—　）
市委副书记：陈宏宇（　—9 月）
　　　　　　沈河民（9 月—　）
市委副书记、政法委书记：刘祥锋（　—12 月）
　　　　　　　　　　　　邬贤有（12 月—　）
市委常委、宣传部部长：邓红红（女，　—8 月）
　　　　　　　　　　　夏　娟（女，8 月—　）
市委常委、常务副市长：高　忠（　—9 月）
　　　　　　　　　　　宋在军（10 月—　）
市委常委、副市长：王丽莹（　—11 月）
市委常委兼坪石镇党委书记：刘允曾
市委常委兼乐城街道党工委书记：万广平
市委常委、组织部部长：陈继平
市委常委、武装部政委：雷红江
市委常委、纪委书记：刘　峰（　—8 月）
　　　　　　　　　　邹有胜（8 月—　）
市委常委、市委办主任：宋在军（　—10 月）
　　　　　　　　　　　林柏居（10 月—　）

中共乐昌市委办公室

【概况】 市委办公室为市委工作部门机构，编制 30 人，工勤编 3 人。其中，主任 1 人（由市委常委兼任）、副主任 3 人。内设秘书科、政策研究室、督查室、信访局、机要局（密码管理局）、保密局、党史研究室、信息科和改革办。主要工作是围绕市委中心工作，督促检查上级党委重要工作的贯彻落实，传达、催办、落实市委指示，承办、协办市委各类会议和重要活动，综合协调办文、办会、办事工作，建立健全审核、校对、印发文件制度，严格把握好政策、法律、格式和文字关，提高公文质量。统筹协调做好秘书、政策研究、督查、信访、保密、党史研究、信息工作。

附：市委办公室领导班子成员名单

主　任：宋在军（　—10 月）
　　　　林柏居（10 月—　）
副主任：陈孝生　罗虹萍（女）
　　　　彭祥林（12 月—　）

秘书工作

【办文办会】 2016 年，共审核编号文件 113 份，会议通知近 1 万份，印发文件通知 2 万多份。做好会务工作，保障好常委会议室召开会议时的后勤服务。全年主办和协助 489 个会议。印发《工作通报》《常委会议纪要》《信访维稳》及各类文件材料近 5 万份。

【日常事务】 2016 年，及时处理领导交办事项，及时处理各种文件材料，呈送领导批阅文件及信件材料 2652 件（次），发电话通知 495 个 19000 人件（次），做好财会和后勤保障工作。

【档案管理】 2016 年，做好《市委大事记》编写工作。加强对文件材料的管理，对各类文件材料的分类作进一步完善，配齐各类登记簿，做好文件整理归档工作。

【综合协调】 2016 年，市委办协调组织老干部座谈会、市领导参加慰问调研、军民迎春联欢晚会会演等活动 6 次。（龚国梅）

附：秘书科领导班子成员名单

科　长：龚国梅
副科长：李静文

政策研究工作

【综合材料撰写】 完成市十三次党代会报告、省委巡视整改报告及续报、在韶关市委常委会上专题汇报县域经济发展等重要文稿和市十三次党代会、市“两会”、全市干部大会、抓落实大会、扶贫开发工作会议等重要会议的领导讲话、汇报、文件的撰写工作，共 200 余篇，近百万字，其中《市委常委会议纪要》21 期，编辑出版《乐办通报》5 期。

【调研活动开展】 联合市政府办开展市委十三届二次全会专题调研，深入各镇（街道、办事处）和有关部门了解情况，听取意见建议，为起草好全会报告打下坚实基础。积极配合上级部门开展好各种专题调研活动，并形成相关调研报告报送上级部门。

【党委信息报送】 先后报送《乐昌聚精会神打基础凝心聚力抓落实努力实现“十三五”发展良好开局》《乐昌市“七突出”发力新时期精准扶贫》《乐昌“五个强化”为乡镇换届工作保驾护航》等信息，信息报送的内容覆盖面更广，立意更高、取材更有深度，及时反映全市各方面的创新性举措，为上级党委全面了解情况、准确作出决策提供重要依据。全年共上报信息 63 篇，其中《韶关信息》采用 24 篇。（范锦标）

附：政策研究室领导班子成员名单

主　任：彭祥林
副主任：彭彰茂

党史工作

【出版《乐昌市党的活动大事记资料（2012—

2014)》】 及时总结2012—2014年全市各项工作和基本经验，收集、编写党的活动大事记资料，共收集市直各单位各镇（办事处）2012—2014年大事记资料60多万字，编辑、整理大事记资料30多万字。《乐昌市党的活动大事记（2012—2014)》于2016年下半年出版发行。

【编辑《乐昌党史》（红军长征胜利80周年专刊)】 党史研究室编辑第44至46期《乐昌党史》（红军长征胜利80周年专刊)。该刊主要登载市委、市政府主要领导的重要讲话，选编红军长征经过乐昌的革命斗争史，有关专题研究的史料、文章等，约10万字，预计2017年出版发行。

【出版《乐昌革命老区历史图片选》】 为保存乐昌革命老区的红色印记，党史研究室收集全市各地的历史图片，结集出版《乐昌革命老区历史图片选》，收录大革命时期红军在乐昌市活动留下的革命标语、文物、建筑遗址等珍贵图片。（黄旭滔）

保密工作

【概况】 中共乐昌市委保密委员会办公室与乐昌市国家保密局实行一个机构、两块牌子，是市委保密委员会的办事机构，又是市政府保密行政管理部门，由市委保密委员会领导，市委办公室代管，主要负责指导协调全市保密工作，监督检查《中华人民共和国保密法》及其他保密法规、制度的实施，参与（组织）查处重大泄密事件。

【保密工作“三大”管理】 推进涉密人员管理，核准确定全市涉密人员和涉密岗位。推进网络保密管理，经核查全市共有20台备案在册的涉密计算机；加强互联网信息发布、传输平台的保密管理，完成全市93个单位的官网、政务微博、微信公众号、OA系统、互联网政务邮箱、IP地址段的登记工作；对重点骨干网络进行涉密属性、覆盖范围、网络类型等方面的专项检查。推进定密管理，指导涉密单位明晰定密权责、规范定密程序。

【依法行政】 2016年，完成36项保密权责清单的制定和完善，其中行政许可1项、行政处罚4项、行政强制2项、行政检查1项、行政确认2项、行政奖励1项、其他25项；完成“信用乐昌”行政许可和行政处罚“双公示”目录；完成行政许可事项确认和标准化录入工作；收缴涉嫌泄密硬盘4个；与纪委联合办案，查处保密严重违规事件1宗；加大对各类考试的检查督促，参与高考、粤东西北事业单位公开招聘、市纪委选调工作人员、安监员、残疾人专员等考试的保密管理，保证考试的顺利进行。

【会议及培训】 5月24日，召开市委保密委全体会议暨全市保密工作会议，传达学习习近平总书记关于保密工作的重要讲话精神和省、韶关保密工作会议精神，总结全市保密工作，部署保密新任务。8月31日，组织161名领导干部前往韶关观看由广东省国家保密局主办的保密技术演示。

【宣传教育】 在全市“纪律教育学习月”活动中同步开展保密形势、保密法制、保密纪律、保密警示教育，充分利用有线电视、报纸、杂志、政府网站等宣传媒体，宣传报道全市保密工作开展情况和各种保密活动。2016年，全市征订保密宣传教育图文视频资料212份、《保密工作》152份、《保密科学技术》10份。

【技术防范】 2016年，配备涉密、非涉密计算机终端保密技术检查专用工具（升级版）1套、移动信息通信干扰器2台；市委常委会议室、市政府常务会议室各配备1个手机存放柜；全市配备电脑密码保密柜9个；移交7个工作硬盘到韶关涉密载体临时销毁基地进行消磁。（曹晓霞）

附：保密委员会办公室（国家保密局）领导班子成员名单

主　任：刘祥锋

副主任：高　忠（　—10 月）
陈嘉强（　—11 月）
宋在军（11 月—　）
林柏居（11 月—　）
陈孝生
局长、专职副主任：陈良发

组织工作

【概况】　中共乐昌市委组织部是市委管理乐昌市党的基层组织建设和干部队伍建设的职能部门，承担着乐昌市的党员教育管理、党费收缴和管理使用、党员组织关系接转、党的基层组织建设调研、科级干部的调整配备、干部培养和选拔任用和市、镇、村三级换届的组织领导等工作任务。内设办公室、干部组、组织组、调研信息组、干部教育（人才）监督组、党员电教组。机关总编制 23 名，其中行政编制 21 名，后勤服务人员编制 2 名，2016 年年末实有公务员 18 人、后勤服务人员 1 人；下属事业单位乐昌市农村党员干部现代远程教育中心，事业编制 3 名，2016 年年末实有人员 2 人。

【“两学一做”学习教育】　2016 年，全市组织集中学习 1461 次，开展专题讨论学习 891 次，送学上门 1051 人次，共有 20232 名党员参加了知识测试竞赛，2458 人参加图片展。各级领导班子成员到联系点开展活动 871 次，上专题党课 649 次。严格落实“三会一课”等基本组织生活制度，全市共召开组织生活会 643 次、民主生活会 482 次。全市共排查出失联党员 422 人，经查找取得联系有 204 人，无法取得联系 218 人；排查清理出党代会代表和党员违纪违法未给予相应处理 18 人，未按期换届的基层党组织共有 47 个；全市 36 个党（工）委 419 名党员补缴党费 37.078 万元，经批准少补交和不补交党费的党员人数 20 人。

【市、镇换届工作】　镇级换届中，共提拔干部 122 名，其中新提任镇党委书记 9 名、提任镇长 10 名、提任镇人大主席 16 名、提任镇党委副书记 27 名、提任班子副职 63 名。镇级换届人事方案中，与换届前在职乡镇 162 名班子成员相比较，继续在乡镇任职的有 130 人，占 80.2%，退出班子不再安排 7 人，调出市外的 2 人，涉及镇级换届交流的干部 92 人。换届人选配备后的女干部配有 36 名，占 18.2%，比上一届换届时配有的 31 名增加 5 名；35 岁以下年轻干部配有 61 名，占 30.8%，比上届配有 42 名增加 19 名；党外干部配有 6 名，比上届换届时配有的 5 名增加 1 名；16 个镇 198 名镇级换届人选中，具有 2 年以上乡镇工作经历的干部 185 名，占 93.4%，达到不少于 2/3 的要求。乐昌市在“三类人员”中选拔产生 19 名人选，其中在事业编制干部中产生 17 名，在村（社区）党组织书记中产生 2 名，确保全市 16 个镇每个镇至少配备 1 名“三类人员”人选。超额完成“三类人员”选拔工作任务。

严格把好“两代表一委员”提名关、审查关和结构关。乐昌市第十三次党代会 361 名党代表中，各级领导干部 200 名，占党代表总数的 55.4%；各类专业技术人员代表 78 名，占 21.7%；各条战线先进模范人物 77 名，占 21.3%；解放军和武警部队代表 6 名，占 1.7%。妇女代表 95 名，占 26.3%；非公有制经济组织和社会组织代表 17 名，占 4.7%；少数民族代表 2 名，占 0.55%。加强对镇级党代会、人代会选举工作的指导，在乐昌市 16 个镇的两次大会选举中，组织提名人选全部顺利当选，百分之百实现组织意图。由市委组织部负责的市党代会、人代会和政协会选举工作，制定严密的工作方案、切实可行的措施以及科学的选举办法，认真细致地安排好换届会议的日程和选举事项，切实发挥组织部门的统筹把关和协调作用，确保换届选举工作有序进行，圆满完成各项选举任务。

【换届纪律】　通过乐昌市电视台、政府信息网、乐昌党建网、乐昌政务微信等平台广泛宣传“九严禁”和“九个一律”的换届纪律要求，按照应谈、应训、应看范围，全覆盖落实好三个“四必”工作，全市共组织培训 3087 人次，观看警示教育片

《镜鉴——韶关市党员干部违纪违法案件警示录》3111人次，开展谈心谈话1261人次。完成三轮换届风气督查工作，发现和处理1个换届风险隐患。畅通信访举报渠道，完善“12380”信访举报平台，安排专人负责值守，确保平台24小时畅通，及时受理违反换届纪律问题举报。

【基层党建】 *基层党建“书记项目”* 围绕加强基层服务型党组织建设选题立项，把“三联三建”（即广泛联系，建民情数据库；部门联动，建民智汇集堂；上下联治，建民困疏导网）、“三个规范”建设（即规范岗位权责、规范队伍建设、规范民主管理）、“小小社工站、解开千千结”（在乐城街道11个社区建立“社工站”，组织社工利用业余时间到社区开展为民服务活动）列入2016年“书记项目”。

推广“抓党建促扶贫”工作模式 在全市推广北乡镇黄坌村“党组织引领、党员带领、党员致富能手结对帮扶贫困户，让贫困户找准一条发展路子、掌握一门种植技术、确立一项增收致富产业”的“抓党建促扶贫”工作模式。全市有600名党员致富能手结对帮扶贫困户1860多户，有300多户贫困户在党员致富能手的帮助下确立致富项目。

推动党组织重心下沉 选取两江镇开展创新党组织设置试点工作，在5个党员人数超过50名的村设立党总支，并以自然村、村民小组和集体企业为单位，设置10个党支部，进一步扩大党的覆盖面。

推动公共服务重心下沉 利用全市、镇、村三级社会综合服务平台，在全市行政村或片区探索建立便民服务机制，在行政村一级建立片区社会综合服务站，为群众提供党政事项全程代办服务，实现市镇村三级网络服务平台有效衔接和协调运转。各服务站实行代办员制度，集中开展便民利民的全程代办服务，为农民提供农村基本公共服务，解决服务群众的“最后一公里”问题。选取长来镇和村作为试点，采取“服务站+供销社+农村经济合作社+村民”的股份合作模式，以“实体店+电子商务”的模式运作，“一站式”为当地群众解决办事和生产、生活上的问题。

落实激励保障机制 落实村干部补贴逐年增长机制，2016年全市建制村干部补贴增长到月均2200元，村级办公经费提高到每村6万元。全市投入村级组织办公经费、在职村干部补贴、在职村干部参加养老保险补助、离任村干部补贴、城乡困难老党员生活补贴、在职村干部参加学习教育补贴资金共计4250万元。安排资金50万元推进“书记项目”建设，下拨180万元用于基层组织建设、慰问老党员和困难党员。为全市204名50年以上党龄的老党员颁发“南粤‘七一’纪念奖章”。广泛开展党内集中捐赠党员互助金活动。全市共计收到538个党组织的12526名党员捐赠的党员互助金37.2万元。继续做好村社区两委正职政府奖励津贴申报、审核及发放工作，2016年对5名对象审核发放省政府奖励津贴1.8万元。

【驻点普遍直接联系群众工作】 全市19个镇（街道、办事处）共组建驻点团队225个，1120人，辅助团队225个，1148人。覆盖联系全市19个镇（街道、办事处）的195个村、20个社区、10个居民区14.26万户住户。实行市四套领导班子成员挂点联系镇（街道）驻点联系群众工作制度、“三固定”制度和三级问题解决机制，活用“互联网+”思维，推行微信签到制度，利用智能手机网络信息技术打造“驻点联系群众工作”微信工作平台，对各驻点团队走访工作进行实时跟踪，确保团队成员定时定点入户走访。2016年，共走访户数14.1万户，入户率为98.88%；收集涉及国土城建、医疗社保、农业生产等方面的问题3088宗，解决3002宗，占97.21%。

【软弱涣散村（社区）党组织整顿工作】 2016年，乐昌市按照建制村（社区）党组织8%的比例，共排查出18个软弱涣散村党组织进行整顿。实施由市领导和镇委书记挂点联系、整顿工作组帮扶、示范党支部结对帮扶、“第一书记”蹲点指导的工作推进机制，全力推进整顿工作。全市18个软弱涣散党组织完成整顿事项88项，全部完成整顿工作。投入整顿转化工作资金413万元，镇、村召开整顿工作专题会议179次，与党建示范点开展结对活动55次，化解矛盾纠纷172件，维修、硬化公路18.722千米，维修水圳、水渠等设施8647米，开展农业技能培训1266人次，开展党员干部培训2025人次，为群众代办事项719项。

【基层治理工作】 组织各镇（街道、办事处）和相关职能部门开展涉农不稳定问题、劳资纠纷问题、涉环保不稳定问题、涉众型金融不稳定问题、房地产领域不稳定问题等5个专项治理活动，化解基层矛盾纠纷、查处违纪违法案件，维护社会稳定。完成解决拖欠被征地农民的征地补偿款82.5786万元，完成率100%；整治农村土地“三乱”问题41宗，整治完成率100%；农村集体“三资”清理率100%；落实解决被征地农民养老保障滞留资金分配1831.92万元，完成率100%；完成基层公共服务综合平台场所改造（含牌匾标识制）累计215个，完成率100%；配备村（社区）党组织书记后备干部93名。

【“两新”组织党建工作】 开展以“服务党员群众、服务‘两新’组织，推动党组织和党的工作覆盖、推动党组织生活创新、推动单位健康发展”为主要内容的“两服务三推动”活动，不断提升“两新”组织党建工作科学化水平。对全市“两新”组织进行“拉网式”排查，全市确定“两新”党组织49个，党员790名，安排党建工作指导员41名。确立8个“两新”党建工作示范点，培育2个创新项目，排查整顿一批软弱涣散“两新”组织党组织。大力推进园区非公有制企业党建工作，2016年新发展党员7名。落实“两新”组织党建工作经费保障制度，共下拨2015年度经费48.42万元。建立健全“两新”组织党费返拨制度，对“两新”组织上缴的党费按100%的比例进行返拨，2016年共返拨党建工作经费3.24万元，为“两新”组织党建工作开展提供有力支持。2016年，乐昌市春燕齿轮厂党支部、乐昌市中英文学校党支部被评选为韶关市“两新”组织党建工作示范点，乐昌市庆云镇华翔木业有限公司党支部被评选为韶关市“两新”组织党组织“十佳”组织生活创新项目。

【党员队伍建设】 基层党组织书记队伍建设 2016年对全市215名村（社区）党支部书记进行为期5天的全员集中培训，选派31名党支部书记参加省、韶关支部书记培训班。鼓励村干部参加大专及以上学历教育，村（社区）党组织书记中，有37人参加大专班学习，1人参加本科班学习。针对基层组织后备人才紧缺的现象，注重选拔村（社区）党组织书记后备干部。2016年，选拔162名村级党组织书记后备干部。其中，年龄35岁以下的74名，大专以上的64人（本科8人），致富能人36名，企业管理人员9名，退伍军人10名。

党员教育管理 拓宽发展党员渠道，不断优化党员队伍的知识、年龄、性别等结构。注重在农村致富带头人、青年外出务工人员、优秀农村妇女、村后备干部、农村大学生中发展党员，建立党章知识考核制度，培养考察一年以上的入党积极分子并经支委会集体讨论确定的计划发展对象必须参加测试。2016年，全市共发展党员248名。

【干部教育培训】 积极选送干部参加上级举办的各类培训班，共培训处级干部10人次、科级干部21人次。发挥乐昌市各类培训资源的职能作用，培训村（社区）书记和主任245人次、公务员2120人次。在系统内部开展具有鲜明行业特色的业务培训，鼓励各类人才参加相关专业的继续教育学习，进一步提高全市干部队伍的整体素质。

【人才培育引进】 加强与市人社局、教育局、卫计局等部门的协调，整合全市人才资源，加强对乐昌市拔尖人才的管理和服务，以“粤北名优特农产品特色产业人才培育工程”为内容，申报省委组织部2016年度“扬帆计划”竞争性扶持县级重点人才项目，通过韶关市级评审，并将参加全省的项目评审。继续督促“人才公寓”“强师工程”等重点人才工程的实施，加强乐昌市高层次人才的培养、管理和引进工作。

【组工调研信息】 围绕全年组织工作的总目标，谋划推进组工调研信息宣传工作，策划110多个约稿选题供组工通讯员写作参考。注重重点稿件的采写和提炼，有针对性地提高稿件质量和上稿率，出版6期《乐昌组工通讯》，在《广东党建》发表1篇，《韶关组工通讯》发表11篇。开展本部各项调研工作，撰写调研报告。充分利用报刊、网络、电视等媒体，在《韶关日报》发表6篇党建工作专题报道，加强组织工作创新、创优、创品牌的宣传力度。（谢权旺）

附：市委组织部领导班子成员名单

部　长：陈继平

副部长：陈晓霞（女，　—6月）

陈东旺　蔡立新

李正恒（12月—　）

宣传工作

【概况】 中共乐昌市委宣传部行政编制14名，事业编制2名，行政工勤编2名。内设5个职能股室，分别为办公室、理论股、宣传股（挂外宣办、国防教育办牌子）、新闻文艺股和市精神文明建设委员会办公室。市委宣传部讲师团为部直属单位，副科级建制，与理论股合署办公；市舆情监控中心为部直属单位，副科级事业单位建制；市文联和市社科联均为正科级事业单位（参公管理），挂靠市委宣传部。2016年，在职干部职工15人。其中行政干部12人，事业编制1人，行政工勤编2人。

【理论学习】 抓好各级党委中心组对党的十八大和十八届三中、四中、五中、六中全会精神的学习，把习近平总书记系列重要讲话精神作为学习的主要内容，认真学习贯彻省委十一届八次全会、韶关市委十一届九次全会、韶关市第十二次党代会以及乐昌市第十三次党代会精神。制定《市委中心组2016年理论学习意见》，确立12个学习专题。围绕“四个全面”战略布局和市委、市政府中心工作及重大战略部署，结合“两学一做”学习教育，突出抓好全面从严治党、全面深化改革、经济提速增效、社会民生改革、法治乐昌建设等重点工作学习宣传。向中心组成员发放《学习活页》《全面小康热点面对面》《习近平总书记在文艺座谈会上的重要讲话学习读本》等理论书籍和学习资料一批。成立学习贯彻党中央治国理政新理念新思想新战略宣讲团和学习贯彻党的十八届六中全会精神宣讲团，深入基层宣讲72场次，4万多名干部群众接受教育。

【新闻宣传】 新闻宣传重点以党报党刊及网站为主，并以微博、微信等多种渠道加以辅助。对乐昌市的产业集聚，重点项目建设、“一市两城”建设、园区发展、精准扶贫工作、农村综合改革工作、重大节庆集会活动、党风廉政建设等进行重点宣传。2016年，在中央和省、市党报党刊发表稿件435篇。利用《韶关日报》重点版，刊发12期关于乐昌市经济社会发展各个方面取得的成就和经验做法，省《源流》杂志刊登乐昌精准扶贫工作专版。邀请南方卫视《我爱返寻味》走进马蹄之乡，南方卫视《城事特搜》栏目组到乐昌市拍摄坪石天堂姜。配合中宣部、中央电视台、新华社在内的中央、省、韶关市宣传部门和媒体到乐昌开展“重走长征路活动”近20次。举办的2016年乐昌桃花节、电商水果节、香芋美食节，中新社、广东电视台、广东电台、《南方日报》《羊城晚报》《广州日报》等众多媒体进行专题报道。2016年，由市委宣传部组织策划的大型电视栏目《魅力乐昌美丽村镇》，在“乐昌政务”微信公众号上同步发布，收到近100万次阅读量，其中单篇最高阅读量超60000人次。

【精神文明创建】 在全市企业开展《爱岗敬业，梦圆南粤——“车间里的价值观”主题教育实践活动》，确定乐昌供电局北乡供电所、欧亚特电子制品有限公司为创建示范点。在全市小学生中开展以“扣好人生第一粒扣子”主题教育实践活动。在全市范围内继续开展道德讲堂，由市各承办单位轮流宣讲，每月一堂。乐昌第二中学肖维代表乐昌市参加由韶关市委宣传部和韶关市文明办举行的“践行价值观，共圆中国梦”演讲比赛获得一等奖。乐昌市中等职业技术学校、乐昌市国家税务局被评为韶关市学习雷锋活动示范点，幸立峰评为韶关市岗位学雷锋标兵。2016 年，乐昌市坪石镇河丰管埠村被评为“广东省文明村镇”。梅花镇大坪杨家寨被确定为韶关市农村文明创建示范点。市文明办印发《乐昌市开展文明镇街创建八大行动方案》。在全市启动文明公厕创建活动，确定竹林公园公厕、文化广场公厕、人民公园公厕为创建示范点，在武江河堤广场打造乐昌市社会主义核心价值观主题广场。

【文化建设】 2016 年，送电影下乡 2340 场，送书下乡共 8 万册，送戏下乡 100 场。全面实行博物馆、图书馆、文化馆“三馆”免费开放。举办“迎新春”系列活动、“开心广场 · 百姓舞台”——乐昌市第二届原创舞台作品展示活动、“我们的价值 · 我们的成长路”“廉洁广东行”千人书法大赛等系列群众性文化活动。开展“农家书屋”图书轮换试点工作。完成广播电视无线覆盖工程，解决乐昌市有线电视网络未通达的边远山区农村 7 万多户农户不能收视、收听广播电视节目的难题。组织的《思 · 传承》《花鼓戏》获韶关市 2016 年“九龄风度”国庆群众文化活动暨韶关市首届音乐舞蹈花会舞蹈类银奖；《武江雅韵》获舞蹈类铜奖；市文化馆排演的九峰山歌表演唱《武江边上对山歌》荣获 2016“两岸暨港澳地区”客家山歌（东莞 · 凤岗）邀请赛银奖。欧伦彬创作的渔鼓表演唱《社区书记老方》获广东省业余文艺作品评选三等奖；在第三届“全国安心和平绘”暨国际狮子会第 28 届国际和平海报比赛获奖，乐昌市 1 人获一等奖，2 人获优秀奖。在第一次全国可移动文物普查工作中，“乐昌湘南暴动遗址”和“西京古道”2 处 11 个文物点被列为乐昌市第六批市（县）级文物保护单位。在非物质文化遗产保护方面，三溪镇被评为省民间文化艺术之乡，省级非物质文化遗产保护基地正式揭牌；五山纸马被评为韶关市第六批非物质文化遗产名录项目；“三馆一站”建设进一步完善，市文化馆被评为国家一级馆。全市 71 家文化市场经营单位全部通过年度核验，通过审批新增出版物发行单位 3 间。2016 年，共出动执法检查人员 2386 人次，巡查文化市场经营单位 776 间次，及时处理 3 件涉及民生问题的投诉。深入开展“扫黄打非”专项行动，依法取缔 2 个“黑广播”电台、1 家黑网吧，收缴违禁、非法出版物 2405 册。

【舆论引导】 全年共监测到各类舆情 17 宗，成功处理 17 宗。其中反映社会救助民生问题 11 宗，贪污腐败 1 宗，权益维护 5 宗。积极运用微博、微信、手机客户端等新兴媒体，加强网络正面宣传，传递正能量，截至 2016 年年底，“乐昌发布”微博发布信息 2122 条；“乐昌政务”微信发布信息 548 期，订阅量（粉丝）6000 人，平均每期阅读量在 1600 人次至 2000 人次之间，在韶关 7 县 3 区当中位于前列。

（钟嘉慧）

附：市委宣传部领导班子成员名单

部　长：邓红红（女，　—8 月）
　　　　夏　娟（女，8 月—　）
副部长：罗忠德（兼任市文联主席）
　　　　王　卫（兼任市社科联主席）

社会工作

【概况】 乐昌市社会工作委员会成立于 2011 年 12 月，与市委政法委“一个机构、两块牌子”，既是市委的工作机构，又是市政府的工作机构。行政编制 6 名。其中主任 1 名（由市委领导兼任），副主任 5 名（其中 3 名副主任由市领导兼任；另外 2 名为专职副主任，其中 1 名为正科级、1 名为副科级）；正股级领导职数 2 名。后勤服务人员职数 1 名。

【推进社会组织发展】 指导成立韶关市县级首家社会工作服务社——乐昌市文杰社会工作服务社。截至 2016 年 12 月，全市登记注册的社会组织共有 205 家，比上年度增加 11 家，增长 5.7%。建立市社工委牵头，登记管理机关、行业主管部门以及相关职能部门各司其职、协调配合的综合管理服务体系，成立乐昌市社会组织评估委员会，举办社会组织政策法规学习班。开展重点社会组织专项治理工作，对全市社会组织进行摸底排查，有效治理社会组织管理乱象。

【建立乐昌市首家社区家庭服务中心】 结合乐昌社会发展实际，争取项目资金32万元，在乐城街道大昌社区百信花苑建立创新基层社会治理试点，高标准建立乐昌市首家社区家庭服务中心。乐城街道大昌社区百信花苑免费提供小区内20栋架空层500多平方米的场地作为创新社会治理试点项目场地，建立了党员活动室、知识讲堂、图书（电子）阅览室、老人活动室、亲子活动室、青少年活动室、健身活动室、棋牌室等功能室，购买添置办公设备、功能室硬件设备一批。于2016年11月10日举行揭牌仪式，正式向小区居民开放，为广大居民提供社区发展、居家养老、医疗康复、娱乐休闲、教育、就业等方面的社区服务，满足社区居民多元化需求，提高社区服务水平。

【社会建设宣传】 2016年，通过韶关市社会工作网、乐昌广播电视台、乐昌市政府信息网、乐昌市社会工作网、乐昌市社会工作简报等宣传媒体，发布社会建设报道信息近300条。大昌社区百信花苑创新基层社会治理试点项目作为80个入选项目之一，参加由人民网和国家行政学院政治学部联合主办的2016全国“创新社会治理典型案例”征集活动，展示了乐昌加强社会建设，创新基层社会治理干事创业的新风貌。

2016年11月10日，乐昌市乐城街道百信花苑家庭服务中心举行揭牌仪式 （市社工委 供）

【人才队伍建设】 鼓励支持机关事业单位人员参加社会工作职业资格考试，2016年全市通过社会工作职业考试80人，其中初级社会工作师67人、中级社会工作师13人。 （张雨灵）

附：社会工作委员会领导班子成员名单

主　任：刘祥锋（　—12月）

副主任：宋在军

专职副主任：杨洪金

何君梅（女，　—11月）

统战工作

【概况】 中共乐昌市委统一战线工作部是市委主管统一战线的职能部门，内设办公室、党政股和台湾工作办公室。民族宗教事务局与统一战线工作部合署办公，2016年有编制人数6人，其中部长由乐昌市委常委兼任。

【多党合作事业】 进一步完善党外代表人士的培养选拔工作，规范党委统一领导、统战部门牵头负责、各有关部门和社会团体密切配合的工作格局。抓好党外干部的安排配备特别是党外干部在各级领导班子的配备，抓好党外代表人士后备队伍建设，注重发挥党外特约人员作用。五个民主党派代表人士深入乐昌市景区景点就旅游业发展问题开展联合调研，到湖南郴州市北湖区、汝城县、江西婺源县交流学习，提出《关于加快乐昌市旅游产业发展的调研报告》。

【非公有制经济统战工作】 深入非公有制经济会员企业，广泛听取会员对乐昌市工商联换届及人选推荐工作的意见建议，做好非公有制经济人选的规划和考察工作。2016年，乐昌市工商联换届工作圆满完成。

【港澳台及海外统战工作】 加强与香港乐昌同乡会、乐昌市海外联谊会的联系、交流。香港韶关同乡联谊总会——“启航计划”义工团和香港坪原友社会义工团爱心人士到乐昌市开展捐资助学活动，共为乐昌市中小学生捐助物资25.6万元。不断发动爱国爱港力量，加大力度扩大香港同乡会队伍，开展寻亲工作。乐昌市台办增强与台胞台属交流联系，开展春节慰问活动。接待由台湾真理大学陈信佑一行的农业参访团。协助广东省委台办开展扶贫工作，先后5次协助其到乐昌五山镇小山村开展调研指导新时期精准扶贫工作。

【民族工作】 4月，乐昌市召开2016年统战、民族宗教工作会议。加强少数民族村建设，市民族宗教事务局争取上级少数民族发展资金19万元，为北乡镇下西坑瑶族村委会新增太阳能节能路灯30盏。争取上级少数民族发展资金25万元，完成五山镇沙田村委会长老坑等村前“最后一千米”道路硬化工程及新增照明节能灯项目。依法依规为乐昌市少数民族聚居区13名考生办理中考加分工作，为3名新入和在校少数民族大学生申请资助资金1万元/人。开展涉及民族因素的矛盾纠纷和可能诱发的各种不安定隐患的排查，防范和应对涉及民族因素突发事件。10月，乐昌市民族宗教事务局配合韶关市妥善处理“10·7”发生在广乐高速公路（大瑶山一号隧道）涉疆交通事故善后工作。

【宗教工作】 加强对宗教场所、教职人员、宗教活动的依法管理。组织各宗教界人士开展宗教政策法规学习月活动。组织乐昌市各宗教活动场所负责人到韶关参加《中华人民共和国国家安全法》学习培训。引导宗教界积极参与社会慈善公益活动，在2016年“6·30广东扶贫济困日”活动中，各宗教教职人员和广大信教共捐得善款1万元。（李君仪）

附：市委统一战线工作部领导班子成员名单

部　长：夏　娟（女，10月—　）

副部长：毛志鹏　孔丽霞（女）

民宗局局长：毛志鹏

副局长：李志红（女，12月—　）

老干部工作

【概况】 中共乐昌市委老干部局内设办公室、老干部活动中心、老干部大学。人员编制10人，其中局长1名、副局长2名、主任2名、科员1名、工勤人员4人。

【落实老干部政治待遇】 完善各项制度，在政治上尊重老干部，市里召开重大会议均邀请老干部代表参加。市委、市政府每半年向老干部通报一次工作情况。2016年，为老干部订阅《秋光》杂志1242份、《中国老年报》21份，老干部活动中心阅览室订阅各类党报党刊和文娱杂志80多份。

【落实离休干部生活待遇】 着重抓好离休干部“两费”（离休费、医药费）的落实和兑现。全年慰问住院老干部85人次。对全市离退休干部及居住外地的原四套班子离退休老领导进行春节慰问。对全市新中国成立初期参加革命工作的22名退休干部给予补助。组织全市副处级以上退休干部到市人民医院进行身体健康检查。

【开展各项活动】 6月30日，与市关工委联合组织市老干部大学学员和秋光艺术团，在市老干部活动中心举办纪念中国共产党成立95周年暨中国工农红军长征胜利80周年文艺演出；8月23日，成立乐昌市老干部乒乓球协会，8月30日至9月1日举办第一届乐昌市老干部乒乓球比赛；重阳节，组织离退休老干部登高活动；9月19日至23日，组织离退休干部开展第三十一届运动会，设有象棋、天九、麻将、扑克、飞镖等项目；11月30日至12月1日，组织开展第三十一届老干部门球赛；12月7日，举办老干部游园活动，设置飞镖、趣味钓鱼、猜谜语等活动项目；12月20日，组织全市离休干部和副处级以上待遇退休干部参观京广高铁乐昌东站建设项目。

【关心下一代工作】 全年共筹得助学款108万元，资助大学生87人、高中生278人、初中生66人，小学生30人。 （何立琪）

附：市委老干部局领导班子成员名单

局　长：陈华山

副局长：李建凤（女，　—6月）

　　　　邓广明

　　　　李　慧（女，6月—　）

机构编制

【概况】 乐昌市机构编制委员会办公室单独设置于2010年5月21日，正科级单位，既是市委工作部门，又是市政府工作部门，列市委机构序列，办公地址位于市政府大院办公楼二楼。2010年7月14日，市委办《印发〈乐昌市机构编制委员会办公室主要职责、内设机构和人员编制规定〉的通知》，内设3个股室：综合股、机构编制和体制改革股、监督检查股。设直属行政机构1个：事业单位登记管理局，副科级。核定行政编制12名，后勤服务人员数2名。2016年年末，在职人员11人（含后勤服务人员1名）。

【深化行政审批制度改革】 做好上级取消、下放行政审批事项承接工作，印发《关于做好检查评估取消下放行政审批事项实施情况的通知》，2012年以来，共取消和调整政府审批事项140项，清理非行政许可审批事项40项，承接23项上级下放的事项。完成乐昌市2015年度行政许可实施和监督管理情况年度报告工作，确保26个具有行政许可事项单位严格依照法律法规规定的权限、程序、条件实施行政审批，并制定实施有关监管措施，2015年度各单位共受理行政审批办理业务90881件，按时办结90881件。完成乐昌市行政许可事项目录更新工作，印发《乐昌市行政许可事项目录（2016版）》，目录共包含行政许可事项278项。开展清理规范行政审批中介服务事项工作，印发《乐昌市人民政府第一批清理规范的市政府部门行政审批中介服务事项目录》，共清理中介服务事项30项。基本完成行政许可标准化工作，印发《乐昌市人民政府办公室关于开展行政许可标准化工作的通知》《乐昌市关于开展行政审批标准化工作计划和进度安排的通知》《关于开展行政许可标准化集中录入工作的通知》，分三批次组织全市32个相关部门开展行政许可标准化集中录入工作。乐昌市行政许可标准化工作完成合规性、合法性审查，进入到部门最终确认阶段。

【推进政府效能建设、综合行政执法体制改革和专项改革】 推进“一门式”“一网式”政府服务模式改革，制定《乐昌市推行一门式一网式政府服务模式改革工作实施方案》，印发《2016年乐昌市推进简政放权放管结合优化服务转变政府职能的工作要点》。继续深化综合行政执法体制改革，整合市农业局及所属事业单位涉及农业生产安全、农产品质量安全、畜牧水产执法等行政执法职责，设立乐昌市农业局农业综合行政执法股；撤销市劳动监察大队，设立市人力资源和社会保障局劳动保障监察综合执法大队。顺利完成乐昌市国有林场改革工作，印发《乐昌市机构编制委员会关于将市龙山林场调整为公益一类事业单位的通知》《乐昌市机构编制委员会关于将市大瑶山林场调整为公益一类事业单位的通知》，将乐昌市龙山林场、大瑶山林场调整为公益一类事业单位。组织制定《中共乐昌市委办公室、乐昌市人民政府办公室关于印发〈乐昌市推进坪石镇“扩权强镇”事权下放工作实施方案（试行）〉的通知》，深入推进坪石镇“扩权强镇”工作

【机构编制管理与监督检查】 开展2016年控编减编等工作专项督查。严格按照“减一撤一”“增一减一”进行机构设置和编制调整。在农业综合执法改革和劳动保障监察综合执法改革过程中，实现机构编制有增有减；根据单位职能任务变化要求，新设立乐昌市水库移民工作办公室、乐昌市水利水电工程质量安全监督站等事业单位，所需编制从职能

弱化或空编较多的事业单位中核减，实现事业编制增减平衡。全年收回事业编制共46名，各类编制均没有突破控编基数。从源头上有效控制编制和财政供养人员增长，对2017年招录公务员用编计划进行严格审核，下达2017年全市公务员（参照管理人员）招录用编计划共179名，其中，机关109名，乡镇街道42名，参照公务员管理单位28名。做好机构编制实名制日常管理工作，严格审核数据，加强系统维护，确保实名制系统正常运行。加强机构编制培训指导，举办全市机构编制业务培训班，全面提高机构编制规范化、管理化水平。

【事业单位登记管理】 2016年，完成新版事业单位法人证书换发工作，做好乐昌市事业单位公示信息抽查工作，印发《关于开展2016年乐昌市部分事业单位法人公示信息抽查工作的通知》。并开展实地检查。完成事业单位年度报告提交工作，全面公开年度报告，并对未按时提交年度报告的事业单位在事业单位登记管理信用信息平台进行披露。推进事业单位法人治理结构试点工作，跟踪指导乐昌市文化馆法人治理结构后续管理工作，促进理事会在该馆申报国家一级馆工作中发挥积极作用，2016年9月，乐昌市文化馆代表韶关市在全省事业单位法人治理结构建设工作培训班上发言。推进市直机关、群团统一社会信用代码赋码发证工作及政务和公益中文域名全覆盖工作，印发《关于开展市直机关群团统一社会信用代码赋码及抓紧办理机关事业单位自建网站加挂网站标识等工作的通知》。2016年，共44个单位办理统一社会信用代码证书，10个单位进行了证书内容变更；423个党政机关事业单位成功注册政务和公益中文域名，完成党政机关事业单位自建网站加挂网站标识工作。（白臻韵）

附：机构编制委员会办公室领导班子成员名单

主　任：黄发祥

副主任：周　欢（女）　温智强

事业单位登记局局长：温智强（兼）

信访工作

【概况】 乐昌市信访局，编制隶属乐昌市委办公室，机构级别正股级，挂乐昌市信访局牌子。2016年在编人员6人，其中局长1名（正科级）、副局长2名（信访督查员，副主任科员）、科员3名（副股级）。

2016年，乐昌群众进京正常上访10批13人次；进京非正常上访5批6人次；到省上访19批33人次；到韶关上访16批36人次；到乐昌上访81批197人次，其中集体访11批101次。国家网上信访受理23件，省网上信访受理73件，韶关网上信访受理67件。省信访局交办的督查案件3宗，均办结。全年未发生重大群体性事件、严重暴力犯罪事件、极端恶性事件、危害国家安全的政治性案（事）件及影响现实社会的重大网络舆情事件。

【完善领导接访制度】 严格执行市领导接访制度，确保每个工作日都有四套班子领导亲自接待上访群众，亲自调处重大信访问题。2016年，市四套班子领导接访群众101批192人次。市四套班子领导到各自的驻点单位开展下访、约访和包案调处工作，共约访下访26次。

【敏感时期信访工作】 2016年，建立并下发《乐昌市敏感节点时期非正常上访处置联动机制》，在红军长征胜利80周年、党的十一届六中全会、珠海航展重点防护期间，非正常上访处置联动机制充分发挥作用，稳控购票拟上访人员15人，劝返8人。

【积案化解】 2016年，全市共排查社会矛盾429宗，化解401宗，化解率93.5%。市四套班子领导包案84宗，化解50宗，化解率60%。

【健全完善工作机制】 建立“乐昌应急微平台”微信群，有关部门通过微信群及时汇报紧急信息，市领导第一时间对突发紧急情况作出安排部署，全市应急工作形成无层级、扁平化的信息传递模式，提升应急处突效率。严格落实《中共乐昌市委组织部关于选派新提拔副科级领导干部到信访部门挂职锻炼实施方案》，选派一批新提拔副科级干部到市信访局挂职锻炼，提高其解决复杂问题、化解各类矛盾和做好群众工作的能力。（曾令芳）

附：信访局领导班子成员名单

局　长：罗虹萍（女）

副局长：李泉辉　廖清寿

市委党校、市电大

【概况】 中共乐昌市委党校、市广播电视大学地处乐城街道西石岩路14号。2016年，中共乐昌市委党校在编人数13人，主要职能是举办干部的培训教育；市广播电视大学在编人数16人，主要职能是举办成人、高等学历教育和各类非学历培训教育。2016年年末，学校在职教职工31人，其中专职教师16人，行政人员9人，工勤人员3人，编外（临时工）3人。

【办学状况】 党校办学以干部培训为主；电大办学以学历教育为主，有中央电大的开放教育本、专科的学历教育，及中央电大的奥鹏远程学习中心的本、专科学历教育。2016年，有国家开放大学开放教育本、专科的学历教育招生190人（专科121人，本科69人），在校生846人，其中应届毕业生229人；中央电大奥鹏远程学习中心的本、专科学历教育招生232人，在校生312人，其中应届毕业生34人。

【培训工作】 4月，举办初任公务员培训班，95人参加，培训时间15天。6月，举办市直属机关入党积极分子培训班，100人参加，培训时间2天。8月，举办全市村（社区、居民区）党组织书记培训班，220人参加，培训时间6天。12月，协助市人社局举办"创新、协调、绿色、开放、共享五大发展理念专题公务员全员培训班"，共6期，2300多人参加培训。学校派出欧三养、丘国强2名教师参加中国人民大学举办的"深入学习贯彻党的十八届六中全会精神专题培训班"，并参加市委宣讲团，到部分单位宣讲十八届六中全会精神，培训人数2000多人。

【党建工作】 2016年11月，学校党支部完成换届选举工作。学校有党员39名，其中在职党员20名，离退休党员19名。

【电教工作】 中共乐昌市委党校、市电大电教处负责远程教育网站、学校网站等电教设施设备和音像教材的建设、管理与维护。2016年，学校做好日常的办公、教学用计算机和网络管理、维护工作，保证教学与考试的需要。（欧三养）

附：市委党校（市电大）领导班子成员名单

市委党校常务副校长、市广播电视大学校长：

石志雄（　—7月）

周建明（10月—　）

党校（电大）副校长：丘山田　黄明秀（女）

李建青

机关党建

【概况】 中共乐昌市直属机关工作委员会是市委的派出机构，内设有纪律检查工作委员会和办公室，2016年有在编人员6人，其中行政编5人、工勤编1人。截至2016年年底，市直属机关党工委所辖党总支15个，党支部111个，党员2743名。

【基层党组织建设】 抓好基层党（总）支部换届选举工作，确保基层党组织工作的正常运转。全年共有20个党（总）支部进行换届选举或支委改选，新成立市场监管局、民政局、检察院3个党总支部；撤销个体协会、长线局、接待办、工商局机关和质监局5个党支部。按照《乐昌市机关党建工作目标管理责任制》要求，做好基层党组织制度建设，通过对所辖基层党组织进行全面检查和量化考核，将考评结果纳入党内评先评优的重要依据，不断提高机关党建工作的科学化、制度化、规范化水平。

【党建主题实践活动】 制定并印发市直机关开展“双争双促”、创建“红星机关党支部”“红星闪闪随手拍”手机摄影大赛、参观“韶关市纪念建党95周年图片巡回展”、迎“七一”手抄党章比赛活动等党建主题实践活动。2016年，工委所辖各基层党组织共开展“双争双促”主题实践活动100多个，收到“红星闪闪随手拍”手机摄影大赛作品247幅，“双争双促”主题实践活动中，市国土资源局的姜亮被评为韶关市“双争双促”活动岗位标兵。

【党员干部教育和管理】 在入党积极分子的培养教育、发展对象考察、预备党员转正等程序上严把党员准入关，保证党员质量。全年共培训入党积极分子91名，审批发展新党员28名，预备党员转正48名。加强党员干部党纪政纪法纪知识的学习和培训，在组织党员观看警示教育片的基础上不断加强集中学习和培训，强化政治思想和党务业务知识水平。2016年，开展入党积极分子培训班和党务干部培训各1期。

【党员组织关系排查】 2016年3月至7月，督促所辖各基层党组织对党员名册、党员人事档案、党员交纳党费和参加党支部活动情况、组织关系介绍信存根、党员的现实表现情况和有无违纪违规问题等方面开展全面、系统的排查，重点对失联、空挂、流动等问题党员进行重点排查和治理，全面完成下辖14个党总支、118个党支部、原在册2633名党员的信息梳理、登记和备案造册工作。

【党费收缴管理】 督促所辖各党（总）支部按时收缴党费，并指定专人负责保管，按时上交。6月，组织广大党员开展党员互助金捐赠和扶贫济困活动。2016年，市直属机关工委共收缴党费627741.5元，比2015年增加200965.4元，党员互助金100680元。全面开展党费收缴工作专项检查工作，督促基层党组织建立健全党费收缴管理制度，严格按标准收缴党费，共有106个党支部开展党费收缴工作专项检查，补交党费65237.1元。

【党风廉政建设】 全面落实党风廉政建设责任制，积极推进惩防体系建设，并督促所属党（总）支部各负其责，认真履职尽责。继续开展纪律教育学习月活动，通过组织集中学习《反腐倡廉教育读本》《领导干部违纪违法典型案例忏悔录》《利剑高悬——韶关市党员干部违纪违法案件警示录》等正反两面廉政教材、组织观看换届纪律宣传片《镜鉴——衡阳、南充违反换届纪律案件警示录》等警示教育专题片，参加上级举办的“三纪”教育培训班、到廉政教育基地观摩学习等方式，增强党员干部的廉洁自律意识和防腐拒变能力。2016年，工委受理和查处党员违法违纪信访案件5宗，其中受党内警告处分2人、党内严重警告处分1人。恢复党员权利5人，开除党籍1人。

【民主评议政风行风】 制定并印发《2016年民主评议政风行风工作方案》，明确市国土局、教育局、环保局、农业局、水务局、林业局和公安局7个重点评议单位和文广新局等25个手机短信测评单位，要求各被评议单位围绕“两学一做”学习教育活动有关情况、落实中央、省、市关于党风廉政建设责任制和遵守中央“八项规定”“六条禁令”情况等五个方面的情况加强领导，健全机制，做到真评真改。督促各受评议单位通过筹划和宣传发动、查找问题、落实整改、群众直评和评议结果通报等四个阶段落实民主评议政风行风工作，以不定期检查督促、民主测评、群众直评、手机短信测评、情况通报等形式，推动各受评议单位解决群众反映强烈的部门和行业作风问题，为全市改进政风行风打下良好的基础。

【“两学一做”学习教育】 采取集中学习与个人自学、专题讨论与党课辅导、主题征文与知识测试、拓展活动与培训教育、正面引领与反面警示相结合等方式，将学习教育融入日常，将党员教育管理严在经常。围绕“讲政治、重信念”“讲规矩、守纪律”等专题开展学习讨论，并及时加强纸质和网上考学。市直机关党员“两学一做”知识测试的参与率和合格率均为100%；网上考学1458人，参考率为71%；参加省市县三级机关“两学一做”知识网络竞答邀请赛265人，有201人通过第一轮比赛，27人进入第二轮比赛，2人进入第三轮比赛。

【党代会代表候选人推选】 组织召开党员代表会议，通过差额选举和无记名投票方式，选举产生50名工委出席中共乐昌市第十三次代表大会代表，其中各级领导干部代表33名（含市委提名20名），专业技术人员代表8名，先进模范人物代表9名。全额推荐48名工委出席中共韶关市第十二次代表大会代表初步人选，其中各级领导干部30名、各类专业技术人员12名、各条战线先进模范6名。完成推荐广东省出席党的十九大代表候选人的工作，推荐出79名广东省出席党的十九大代表候选人，其中各级党员领导干部49人，生产和工作第一线党员30人。（杨小霞）

附：直属机关工作委员会领导班子成员名单

书　记：姚建来

副书记、纪工委书记：邓拥军

副书记：向秀珍（女）

2016年5月31日，乐昌市直机关党务干部培训班在市政府礼堂举行　（杨小霞　摄）

乐昌市人民代表大会

综　述

【概况】　乐昌市人民代表大会常务委员会是市人民代表大会的常设机关，对市人民代表大会负责并报告工作。在市人民代表大会闭会期间，依法对市人民政府、市人民法院和市人民检察院的工作实施监督。市人大常委会机关内设5个机构，分别为办公室、内务司法工作委员会、经济工作委员会、教育科学文化卫生工作委员会和选举联络人事任免工作委员会，机关行政编制16名，2016年在编人数16名。

2016年，乐昌市共有各级人大代表1130人，其中省代表1人、韶关代表43人、市代表212人、镇代表874人。

重要会议与决议、决定

【十四届人大六次会议】　1月25日至27日，乐昌市第十四届人民代表大会第六次会议在市区召开，市人大代表197人出席。大会议程有：听取和审议乐昌市人民政府工作报告；审查和批准乐昌市国民经济和社会发展第十三个五年规划纲要；审查和批准乐昌市2015年国民经济和社会发展计划执行情况与2016年计划（草案）的报告；审查和批准乐昌市2015年预算执行情况与2016年预算（草案）的报告；听取和审议乐昌市人大常委会工作报告；听取和审议乐昌市人民法院工作报告；听取和审议乐昌市人民检察院工作报告；其他事项。该次会议代表提出建议、批评和意见12件。

【十五届人大一次会议】　10月25日至28日，乐昌市第十五届人民代表大会第一次会议在市区召开，市人大代表212人出席。大会议程有：听取和审议乐昌市人民政府工作报告；听取和审议乐昌市人大常委会工作报告；听取和审议乐昌市人民法院工作报告；听取和审议乐昌市人民检察院工作报告；选举市第十五届人大常委会主任、副主任、委员；选举市人民政府市长、副市长；选举市人民法院院长、选举市人民检察院检察长；选举乐昌市出席韶关市第十四届人民代表大会代表；其他事项。该次会议代表提出建议、批评和意见43件。

【市人大常委会会议】　2016年，召开常委会会议10次。会议审议和通过的主要事项有：听取和审议市人民政府关于乐昌市2015年国民经济和社会发展计划执行情况与2016年计划（草案）的报告，关于乐昌市2015年预算执行情况与2016年预算（草案）的报告，关于乐昌市2015年市本级财政决算的报告，关于乐昌市2015年度财政预算执行和其他财政收支的审计工作报告，关于乐昌市职业教育发展情况的报告，关于乐昌市2016年上半年国民经济和社会发展计划执行情况的报告，关于2016年上半年财政预算执行情况的报告，关于实施南部8镇（街道）垃圾集中清运项目工作情况的报告，关于乐昌市张滩闸坝枢纽重建工程建设情况的报告，关于乐昌市2016年为民办实事工作情况的报告，关于乐昌市十四届人大六次会议代表建议办理情况的报告，关于2016年全市禁毒工作情况的报告；市人大常委会执法检查组关于乐昌市实施《中华人民共和国道路交通安全法》情况的报告，关于乐昌市贯彻实施《中华人民共和国气象法》有关情况的报告；市人民检察院关于惩治和预防职务犯罪工作情况的报告。审议和通过关于乐昌市2016年地方政府债务限额的报告，关于乐昌市上级补助结余结转资金收回本级财政统筹安排（2016年第一批）的报告，关于提请审议调整已列入市本级财政预算的政府购买服务建设项目资金的议案，关于提请审议调整在财政预算中安排高铁乐昌东站站房和进站道路项目建设资金的议案，乐昌市人大常委会2016年工作计划安排，关于乐昌市市、镇人民代表大会换届选举时间的决定，关于成立乐昌市选举委员会的决定，关于各镇第十七届人大代表名额的决定，关于设立乐昌市第十五届人民代表大会常务委员会代表资格审查委员会的决定，关于提请审议在财政预算中安排高铁乐昌东站站房和进站道路项目建设资金的议案，关于将政府购买服务建设项目资金列入市本级财政预算的报告，关于提请审议2016年债券置换政府存量债务的议案，关于提请审议调入预算稳定调节基金的议案，关于提请审议乐昌市2016年结余结转资金收回本级财政统筹安排（第二批）的议案，关于提请审议乐昌市2016年财政收支预算调整方案的议案，关于提请审议乐昌市2017年财政收支预算和2017年部门预算的议案，关于提请审议调整2016年国民经济和社会发展计划部分指标增长目标的议案，关于调整乐昌市市镇两级人大换届选举时间安排的决定，关于召开乐昌市第十五届人民代表大会第一次会议的决定，乐昌市第十四届人民代表大会常务委员会代表资格审查委员会关于乐昌市第十五届人民代表大会代表资格审查报告，人事任免事项。

【决议、决定】 市人民代表大会作出决议11项 乐昌市第十四届人民代表大会第六次会议关于政府工作报告的决议，关于乐昌市国民经济和社会发展第十三个五年规划纲要的决议，关于乐昌市2015年国民经济和社会发展计划执行情况与2016年计划的决议，关于乐昌市2015年预算执行情况与2016年预算的决议，关于乐昌市人大常委会工作报告的决议，关于乐昌市人民法院工作报告的决议，关于乐昌市人民检察院工作报告的决议。乐昌市第十五届人民代表大会第一次会议关于政府工作报告的决议，关于乐昌市人大常委会工作报告的决议，关于乐昌市人民法院工作报告的决议，关于乐昌市人民检察院工作报告的决议。

市人大常委会作出决议、决定25项 关于批准乐昌市2016年地方政府债务限额的决议，关于接受余永灵辞去代表职务请求的决定，关于批准乐昌市2015年市本级财政决算的决议，关于批准乐昌市上级补助结余结转资金收回本级财政统筹安排的决议，关于成立乐昌市选举委员会的决定，关于乐昌市市、镇人民代表大会换届选举时间的决定，关于各镇第十七届人大代表名额的决定，关于批准市政府在财政预算中安排高铁乐昌东站站房和进站道路项目建设资金的决议，关于接受唐永华辞去职务请求的决定，关于许细桥为市人民检察院代理检察长的决定，关于接受刘坚辞去职务请求的决定，关于李芳为市人民法院代理院长的决定，关于接受高忠、张盛福辞去职务请求的决定，关于接受陈宏宇辞去职务请求的决定，关于沈河民为市人民政府代理市长的决定，关于召开乐昌市第十五届人民代表大会第一次会议的决定，关于批准市政府将政府购买服务建设项目资金列入市本级财政预算的决议，关于批准市政府调整已列入市本级财政预算的政府购买服务建设项目资金的决议，关于批准市政府调整在财政预算中安排武广铁路客运专线乐昌东站站房和进站道路项目建设资金的决议，关于批准乐昌市2016年债券置换政府存量债务的决议，关于批准乐昌市2016年调入预算稳定调节基金的决议，关于批准乐昌市2016年结余结转资金收回本级财政统筹安排（第二批）的决议，关于批准乐昌市2016年财政收支预算调整方案的决议，关于批准乐昌市调整2016年国民经济和社会发展计划部分指标增长目标的决议，关于设立乐昌市第十五届人民代表大会常务委员会代表资格审查委员会的决定。

主要工作和活动

【监督工作】 加强经济监督 先后听取和审议市政府的各项计划、财政报告，就稳定经济增长、优化发展环境、着重改善民生、规范财经秩序、提高财政资金使用绩效等方面提出审议意见，确保财政预算资金依法有序运行。为盘活存量资金，审议批准市政府将结转结余资金收回财政统筹安排的报告，把盘活的资金统筹用于民生保障等急需领域。批准政府债务限额、武广高铁乐昌东站建设资金、政府购买服务建设项目资金的报告，支持政府加强融资工作。密切关注经济运行动态，依法审查国民经济和社会发展计划完成情况，针对存在问题，督促政府加强经济运行调控，积极培育新的经济增长点，促进经济平稳发展。

关注社会民生　8月，组织开展南部8镇垃圾集中清运工作的视察，深入到北乡镇五星松山村和廊田镇白屋村实地视察项目的进展情况。12月，组织部分韶关、乐昌两级人大代表，对近年来备受广大市民关注的武广高铁乐昌东站建设项目进行视察，实地察看站场建设，听取工作推进情况报告并开展座谈活动。探索增强人大信访工作实效的途径，对人大代表及人民群众来信来访认真阅处，全部进行及时转办，对部分重大信访案件进行跟踪督办，促进一批群众深感“急、难、愁、盼”问题的解决。

推进依法治市　组织开展《中华人民共和国气象法》《中华人民共和国道路交通安全法》执法检查，实地查看并听取专项工作报告，提出切合实际的意见和建议。听取和审议市人民检察院关于惩治和预防职务犯罪工作的报告，督促市人民检察院积极履行检察职能，严肃查处和预防职务犯罪，深入推进惩防腐败体系建设，加强对新任干部的职务犯罪预防教育。组织代表旁听市人民法院庭审，见证法律的执行，提出意见和建议。落实向宪法宣誓制度，从市十五届人大常委会第一次会议起，组织新任干部向宪法宣誓，鞭策新任干部在工作中严格依法行政、强化责任担当。

【代表作用】　提升建议办理成效　坚持常委会领导牵头督办、工作委员会全程督办、常委会会议审议督办等制度。先后听取和审议市政府《关于乐昌市2016年为民办实事工作情况的报告》和《关于乐昌市十四届人大六次会议代表建议办理情况的报告》。市十四届人大六次会议期间代表提出的12件建议全部按期答复完毕，答复率100%。

完善“双联系”制度　加强与代表和群众的密切联系，完善常委会组成人员联系市人大代表制度，通过走访代表、接待选民、受理群众来信来访等形式，全面开展常委会组成人员联系代表、代表联系选民的“双联系”活动，使代表履职从被动接访群众向主动走访群众转变，从反映民情向推动问题解决转变。积极配合省人大代表密切联系群众、反映群众意见“一键通”平台的推广运用，实现“线上”与“线下”遥相呼应的新模式，确保代表“一机在手、全天在线”，让人民群众感受到人大代表就在身边。

丰富代表履职活动　坚持以主题活动为有效形式，组织发动全市各级代表开展调研、视察、监督等活动，保障代表知情知政，凝聚代表智慧和力量。部分代表结成活动小组，就乐昌市青少年毒品预防工作开展专题调研。加强人大代表履职培训，先后组织开展韶、乐人大代表培训班和市人大常委会组成人员任职培训班，提高代表和常委会组成人员的履职能力。

【宣传联系】　加强与新闻媒体的联系沟通，利用《人民之声》《韶关人大》《韶关日报》及韶关、乐昌人大、政府的网站、广播电视等平台，加大宣传报道力度，扩大人大工作影响力。在第25届韶关人大新闻奖评选中，乐昌市1篇电视新闻作品获三等奖，市人大办被评为2016年度韶关市人大宣传信息工作先进单位。2016年年底，“乐昌人大网”改版上线，人大新闻宣传工作焕发新的活力。

【换届选举】　举办市镇人大换届选举骨干培训班，始终坚持把选举程序的合法性和换届纪律要求贯穿于指导选举工作的全过程，通过深入乡镇、选区调查研究、指导工作，顺利完成市镇两级人大代表换届选举工作。依法选举产生乐昌市第十五届人民代表大会代表212名、新一届镇级人大代表874名。

（吴国林）

附：乐昌市第十五届人大常委会主任、副主任名单

主　任：许新华（10月—　）

副主任：周素岚（女，　—10月）

　　杨剑云（女）

　　孔少川

　　徐国秀（10月—　）

　　王昭良（10月—　）

　　邹志忠（10月—　）

　　陈　雄（10月—　）

乐昌市人大机关办公室、各工委正副主任名单

办公室主任：郑成永

办公室副主任：谢群娣（女）

　　吴国林

内务司法工作委员会主任：张　芳（女）

内务司法工作委员会副主任：张捷军

经济工作委员会主任：李小伟（女，　—1月）

　　李敏瑶（1月—　）

经济工作委员会副主任：李森林（　—7月）

　　刘宏伟（12月—　）

教科文卫工作委员会主任：许玲辉

教科文卫工作委员会副主任：陈　源

选举联络人事任免工作委员会主任：李小伟（女，1月—　）

选举联络人事任免工作委员会副主任：余梅秀（女）

依法治市

【概况】　乐昌市依法治市办公室成立于1996年12月，是中共乐昌市委为贯彻落实“依法治国，建设社会主义法治国家”的基本方略批准设立的正科级单位，是市委领导下的议事协调常设办事机构，由人大常委会管理，对全市的法治工作具有指导、检查、监督的作用。行政编制4人，2016年年末在职4人。

【法治宣传教育】　编印《弘扬宪法精神建设法治乐昌》《乐昌市法治创建宣传手册》和《法治广东建设第二个五年规划（2016—2020年）》等法治宣传手册和读本。2016年1月20日，“法治宣传到基层文艺表演活动”在长来镇启动，活动历时一年。12月4日，由依法治市办与普法办、创平办等单位联合举办的“乐昌市2016年全国宪法日法律宣传咨询活动”在市职工文化广场举行，活动中，发放《中华人民共和国宪法》单行本、《法治广东建设第二个五年规划》等法治宣传手册和宣传资料1.2万份，前来观摩学习、法律咨询和法律服务6000多人次；现场还进行“法治宣传暨平安创建文艺会演”活动。

2016年12月4日，乐昌市2016年“12·4”国家宪法日暨全国法制宣传日宣传活动在市职工文化广场举行

（市依法治市办　供）

【法治镇创建工作】　12月19日，经韶关依法治市办公室检查评定并报广东依法治省办公室审核批准，乐城、坪石、长来、北乡、廊田、九峰、云岩和梅花8个镇（街道）为全省法治镇（街道、办事处）创建达标单位。（李俊明）

附：依法治市办公室领导班子成员名单

主　任：周素岚（女，　—11月）

　　徐国秀（12月—　）

副主任：邓光平

乐昌市人民政府

重要会议

【市政府常务会议】 2016年，共召开市政府常务会议17次。

市政府常务会议

期号	议题
乐府十四届六次〔2016〕1号	一、关于调整教育创强建设项目及资金概算的议题 二、关于调整乐昌东站配套基础设施设计方案的议题 三、关于武广高铁乐昌东站新征土地征收标准的议题 会议审议并原则通过《关于拨付污水处理设施专项资金的请示》和《关于要求拨付市产业园基础设施建设项目（BT）工程余款的请示》
乐府十四届六次〔2016〕2号	一、关于解决乐广高速公路乐昌段历史留用地问题的议题 二、关于转让东方家园“地块二”土地的议题 三、关于审议《乐昌市创建广东省推进教育现代化先进市实施方案》的议题 四、关于解决廖培生工伤死亡民事赔偿金的议题 五、关于审议乐昌市廊田镇农贸市场地块出让方案、改造方案、补交出让金计算表的议题 六、关于处置市区经适房（清华园）首层非住宅房产的议题 七、关于佛山三骏投资置业有限公司请求退回代垫付征地补偿款的议题 八、关于做好乐昌市机关、事业单位等财政全额供养在职人员（不含社区、乡镇卫生院）参加生育保险工作的议题 九、关于收购龙山三家温泉资产的议题 十、关于扶持农业企业发展的议题 会议通报了武广高铁乐昌东站建设项目预付款和进度款支付情况。会议明确邱才郁分管市代建局
乐府十四届六次〔2016〕3号	一、关于研究武广高铁乐昌东站建设相关事项的议题 （一）关于项目融资的问题 （二）关于站前广场规划设计方案的问题 二、关于审定2016年乐昌市人民政府督办项目的议题 三、关于研究周塘岭土地征收相关事项的议题 四、关于研究市体育馆场馆管理相关事项的议题 （一）关于市体育馆日常管理和收费的问题 （二）关于雅石馆展厅搬迁的问题 会议还研究关于加强审计成果运用的相关事项

<table>
<tr><th>期　号</th><th>议　题</th></tr>
<tr><td>乐府十四届
六次〔2016〕
4号</td><td>一、关于实施城区地下管线普查工作的议题
二、关于推进乐昌市互联网+城乡环卫一体化PPP项目的议题
三、关于确定人才公寓租金基数标准的议题
四、关于工业企业技术改造事后奖补的议题
五、关于实施山东义和诚（韶关南方阳光）12万吨新型材料项目东南面边坡工程的议题
六、关于审议武广高铁乐昌东站项目建设相关事项的议题
（一）关于补征约50亩建设用地的问题
（二）关于站前广场设计合同及其费用的问题
（三）关于铺设供水管道的问题
（四）关于站前广场北侧边坡临时防护的问题
七、关于增加沙坪镇中心学校教育创强建设资金的议题
八、关于市政府车队留用车辆的议题
九、关于将湘南暴动乐昌遗址和西京古道（乐昌段）列为我市第六批县级文物保护单位的议题
十、关于审议《广东省韶关乐昌市林业生态红线划定成果报告》的议题
十一、关于审议《乐昌市推进基层公共服务综合平台建设工作方案》的议题
十二、关于审议《乐昌市开展农村普惠金融试点方案》的议题
会议还审议并原则通过《关于加快发展大旅游的实施意见》《关于进一步加强招商引资工作的意见》《关于进一步优化乐昌投资营商环境的实施办法》《乐昌市招商引资奖励办法》《关于促进民营经济加快发展的若干措施》。会议通报将武广高铁乐昌东站项目列为乐昌市城镇化建设重点项目，并明确市铁投公司为武广高铁乐昌东站项目实施主体等内容</td></tr>
<tr><td>乐府十四届
六次〔2016〕
5号</td><td>一、关于实施韶关南方阳光节能新材料项目10千伏双回线路工程的议题
二、关于注册成立乐昌市国有资本投资运营公司的议题
三、关于实施武广高铁乐昌东站至市产业园道路建设项目补充征地及道路排水的议题
（一）关于补充征地的问题
（二）关于道路排水的问题
四、关于审议《乐昌市2015年财政综合支出考核情况的报告和抓好2016年财政支出的意见建议》的议题
五、关于确定大东街第一农贸市场改造项目投资方案的议题
六、关于处置乐昌驻澳门办事处房产的议题
七、关于审议《乐昌市2015年、2016年村务监督委员会成员补贴方案》的议题
八、关于确定市农业资源循环利用处理中心建设项目选址的议题
九、关于坪石青山自来水有限公司等三宗已建土地办理用地手续的议题
十、关于奖励创名牌农民专业合作社和农业企业的议题</td></tr>
</table>

期　号	议　题
	十一、关于解决市检察院技侦大楼建设借款的议题 十二、关于划拨韶关市公安局交警支队高速三大队（乐广高速大队）业务用房中队执勤用房用地的议题 十三、关于调整人民警察警衔津贴标准的议题 十四、关于审议《乐昌市网上办事大厅办公业务系统云平台应用服务托管方案》（以下简称《托管方案》）的议题 会议审议并原则通过《乐昌市2016年村（社区）、居民区办公经费及干部补贴测算方案》
乐府十四届六次〔2016〕6号	一、关于审议《乐昌市河内船舶清理整治工作实施方案》的议题 二、关于审议《关于加快我市农业品牌建设的实施意见》的议题 三、关于审议《乐昌市石子坑（二）期地块收储整改方案》的议题 四、关于审议《关于坪石屠宰场申请加快供地需要解决问题的请示》的议题 五、关于办理廊田镇在实施中心镇扩容建设期间已建住房国有土地使用证的议题 六、关于乐昌市S248线环城路段节能照明工程的议题 七、关于广东省储备物质局七三三、三五三处储备库扩建工程的城市基础设施配套费的议题 八、关于调整乐昌新城建设工作领导小组的议题 九、关于武广高铁乐昌东站至产业园道路建设等四个政府项目融资的议题 十、关于解决乐昌市铅锌矿业有限责任公司被拖欠工资工人临时生活困难的议题 十一、关于支持乐昌市明珠实验幼儿园发展的议题 十二、关于审议《乐昌市农村卫生站规范化建设实施方案》的议题 会议审议原则通过《乐昌峡·九泷十八滩省级风景名胜区总体规划（2013—2030）》《关于2015年度全市人口与计划生育目标管理责任制考评情况的通报》《关于2015年人口与计划生育目标管理责任制考核奖励方案》
乐府十四届六次〔2016〕7号	专题学法（PPP）
乐府十四届六次〔2016〕8号	一、关于加强新形势下行政监察工作的议题 二、关于恢复科技三项费用和专利资助财政预算资金的议题 三、关于征收周塘岭集体土地的议题 四、关于实施市产业园农民创业就业基地项目的议题 五、关于规范农村集体土地征收程序的议题 六、关于乐昌城市广场项目完善规划调整和办理用地手续的议题 七、关于实施乐昌市城南农贸市场有关项目的议题 八、关于建设跨部门公务用车服务平台综合用房的议题 九、关于政府向社会力量购买投融资服务解决乐昌东站项目建设资金有关问题的议题

期　号	议　题
	十、关于帮助解决武警乐昌中队新建营房建设资金的议题 十一、关于乐昌市福园房地产开发有限公司偿还借款的议题 十二、关于审议《乐昌市水污染防治行动计划实施方案》的议题 会议审议并原则通过市商务局提交的《关于报送招商引资项目信息的通知》
乐府十四届六次〔2016〕9号	一、关于调整清华园经济适用房未使用土地出让方式的议题 二、关于收购龙山两家温泉资产的议题 三、关于组建乐昌市新区投资发展有限公司的议题 四、关于做好PPP项目上报入库的议题 五、关于预拨高标准基本农田建设项目和村村通自来水工程建安费的议题 六、关于乐昌市城区防洪排涝工程规划的议题 七、关于核实市农业资源循环利用处理中心项目建设地块费用的议题 八、关于贯彻落实陈向新对近期重点工作部署的议题 会议审议并原则通过《乐昌市2016年庆祝教师节暨高考总结表彰大会会议经费的请示》《乐昌市人民政府常务会议工作制度》
乐府十四届六次〔2016〕10号	一、关于审议《乐昌市农村集体土地征收与拆迁工作流程》的议题 二、关于审议《乐昌市电网改造征地拆迁及青苗附着物补偿标准》的议题 三、关于审议《乐昌市乡村道公路养护管理实施细则》的议题 四、关于研究将乐昌市农村公路建设项目纳入农发行抵押补充贷款资金项目库的议题 五、关于审议《乐昌市行政许可事项通用目录（2016年版）》的议题 六、关于研究乐昌市国有资本投资运营有限责任公司相关事项的议题 （一）关于公司章程 （二）关于注册资金及办公费用 （三）关于公司人事任免 七、关于审议《乐昌市科技企业孵化器建设实施方案》的议题 八、关于审议《乐昌市区市容环境及道路交通秩序专项整治活动月实施方案》的议题 九、关于实施长岭头公租房1、2、3号楼和廉租房3、4号楼水电安装项目的议题 十、关于审议《乐昌市党政领导班子招商引资常态化工作方案》 十一、关于加快乐城一市场改造建设的议题 十二、关于完善《乐昌市中小微企业贷款风险补偿基金管理办法》的议题 十三、关于审议《乐昌市妥善解决乡镇（公社）老放映员历史遗留问题的实施方案》的议题 十四、关于建设梅花镇政府专职消防队的议题

期　号	议　题
乐府十四届六次〔2016〕11号	一、关于审议《乐昌市安全生产“十三五”规划（2016—2020年）》的议题 二、关于审议《乐昌市国有（集体）企业出清重组“僵尸企业”促进国资结构优化的实施方案》的议题 三、关于审议《关于请求批准实施周塘岭西南面土地平整工程的请示》《关于请求批准实施产业园福润南面次干道西延伸道路工程的请示》的议题 四、关于审议《关于解决碧桂园眼镜塘地块历史遗留问题》的议题 五、关于审议《关于申请解决长来镇和村村自来水工程项目资金来源的请示》的议题 六、关于审议《关于要求移交乐昌市武江河饮用水源置换工程项目业主单位的说明》的议题 七、关于审议《关于请求预拨九峰镇环镇旅游公路项目建设征地拆迁补偿费的请示》的议题 八、关于审议《乐昌市推进坪石镇“扩权强镇”事权下放工作实施方案》的议题
乐府十四届六次〔2016〕12号	一、关于省道248线坪石段改道项目建设的议题 二、关于免收2017年至2019年市广播电视台20%收视费调剂金的议题 三、关于市广播电视台向乐昌农信社申请贷款的议题 四、关于市法院和市检察院配备劳动合同制司法辅助人员的议题 五、关于审议《乐昌市人民政府第一批清理规范的市政府部门行政审批中介服务事项目录》的议题 六、关于审议《政府工作报告》的议题
十五届1次	一、关于加快推进乐昌教育现代化工作的议题 二、关于乐昌市第一中学校园基础设施维修改造项目的议题 三、关于乐昌市人民政府与中国电力工程顾问集团投资有限公司合作开发风电项目的议题 四、关于乐昌市人民政府与广州发展新能源投资管理有限公司合作开发农业光伏发电项目和风电项目的议题 五、关于编制乐昌市旧城区控制性详细规划方案的议题 六、关于乐昌市乐广高速引线节能照明工程项目的议题 七、关于调整机关事业单位工作人员遗属生活困难补助标准的议题 八、关于审议《乐昌市城区防洪排涝工程可行性研究报告》的议题 九、关于实施市产业园边坡防护工程的议题 十、关于为乐昌市张滩水电站出具相关环保证明的议题

期　号	议　题
十五届 2 次	一、关于调整乐昌市市区自来水价格的议题 二、关于调整乐昌市污水处理收费标准的议题 三、关于审议《乐昌市精准扶贫开发资金筹集和使用监管细则》的议题 四、关于研究武广高铁乐昌东站建设相关问题的议题 （一）关于路灯设计的问题 （二）关于进站道路绿化景观的问题 （三）关于依法征收土地的问题 （四）关于市铁投公司人员调整的问题 五、关于成立乐昌市旅游开发投资有限公司的议题 六、关于筹建岭南落叶果树研究所的议题 七、关于审议《乐昌市农业资源循环利用处理中心示范项目特许经营实施方案》（以下简称《实施方案》）的议题 八、关于审议《乐昌市 2016 年度本级财政扶贫配套资金分配方案》（以下简称《分配方案》）的议题 九、关于实施“规划五横路”道路工程的议题 十、关于听取乐昌市 2016 年社会保险法执法检查和社保扩面征缴工作情况的议题 十一、关于乐昌市原造纸厂地块一期项目的“三旧”改造方案、协议出让用地方案、出让金补缴计算表的议题 会议还研究关于国有资产管理的相关事宜
十五届 3 次	一、关于审议《乐昌峡・九泷十八滩旅游框架协议书》的议题 二、关于市政府坪石招待所继续转贷的议题 三、关于传达国家、省、韶安全生产电视电话会议精神的议题 四、关于审议《乐昌市 2017 年财政收支预算和 2017 年部门预算的报告》的议题 五、关于审议《关于调入预算稳定调节基金的报告》的议题 六、关于审议《乐昌市 2016 年政府收支预算调整方案的报告》的议题 七、关于审议《关于 2016 年债券置换政府存量债务的请示》的议题 八、关于审议《乐昌市 2016 年结转结余资金收回本级财政统筹安排（第二批）的报告》的议题
十五届 4 次	一、关于审议《乐昌市信息基础设施建设实施方案（2016—2018 年）》的议题 二、关于推进产业园路网建设的议题 三、关于在乐昌市体育馆旁新建五人制足球场的议题 四、关于九峰镇环镇旅游公路项目采用设计施工总承包方式招标建设的议题 五、关于通过政府购买服务的方式融资建设交通项目的议题 六、关于 2014 年灾毁农田垦复工程财审工作的议题 七、关于回购乐昌市顺易房地产开发有限公司持有的原乐昌棉纺厂资产包的议题

期　号	议　题
	八、关于与乐昌市乐桂房地产开发有限公司解除乐昌市“畔尾田”土地合作收储协议的议题 九、关于乐昌市档案局馆舍扩建工程建设的议题 会议审议并原则通过《乐昌市征地补偿标准》《关于进一步加强城市规划建设管理工作的实施方案》和乐昌市拟与广州发展新能源投资管理有限公司签订的《广东省乐昌市新能源项目开发框架协议书》 会议通报了乐昌市旅游交通公路项目申报的相关情况
十五届 5 次	一、关于审议《乐昌市金鸡岭风景区旅游产业合作开发框架协议》的议题 二、关于审议《乐昌市政府投资非经营性项目代建管理办法》的议题 三、关于回购粤北顺华农特产品专业交易市场有关事项的议题 四、关于实施乐昌市村村通自来水工程水厂建设工程的议题 五、关于乐昌市张滩水电站办理国有划拨土地抵押登记手续的议题 六、关于调整乐昌市城区防洪排涝工程估算总投资的议题 七、关于将恒发纺织企业有限公司 10 千伏双回线路、产业园四回韶瑞专线供电线路移交给乐昌供电局统一管理的议题 八、关于解决乐昌庆云锑矿拖欠职工工资的议题 九、关于推进乐昌产业转移工业园路网建设工程的议题 十、关于审议《乐昌市新能源项目合作框架协议书》的议题 会议审议并原则同意市监察局提交的《关于按期解除杨新明行政撤职处分的请示》

【市政府办公会议】　2016 年，共召开市政府办公会议 100 次。

市　政　府　办　公　会　议

期　号	议　题
一	专题研究被征地农民养老保障资金分配办法相关事宜
二	专题研究乐昌市廊北灌区东北干渠水毁渠道应急抢修工作相关事宜
三	专题研究乐昌市城区汽车客运站功能定位方案制订工作相关事宜
四	专题研究原水泵厂至供电新村市政道路建设项目议题的相关事宜
五	专题研究乐昌市机动车辆路桥通行费年票制相关工作
六	专题研究 2013 年度（坪石标段）、2014 年度（廊田标段）高标准基本农田建设增加施工费的相关事宜
七	专题研究武广高铁乐昌东站项目建设协调推进工作相关事宜

期　号	议　题
八	专题研究新时代学校后勤社会化住宿费缺口问题
九	专题研究义和诚 12 万吨新型绝热隔音材料生产项目建设推进工作
十	专题研究乐昌峡库周公路建设工作、大源镇集镇迁建工作的相关事宜
十一	专题研究 2016 年八件民生实事项目
十二	专题研究长来镇罗村硫铁矿矿山环境治理工程项目相关事宜
十三	专题研究乐昌峡库周公路 25 千米硬底化建设项目的相关事宜
十四	专题研究乐昌市涉重金属行业环境综合整治工作相关事宜
十五	专题研究广乐高速 T5 标段大源镇黄泥坑 2#弃渣场安全隐患问题的相关事宜
十六	专题研究推进 2016 年全市三防工作
十七	专题研究原教育职工安置退休人员张桂珍等 5 人退休待遇问题
十八	专题研究乐昌市铅锌矿业有限责任公司涉重金属环境整治工作事宜
十九	专题研究部署市产业园近期重点工作
二十	专题研究广州善同科技服务有限公司提交的《2016 年度乐昌经济产业规划》相关事宜
二十一	专题研究乐昌永业纸制品有限公司请求增加贷款授信额度的相关事宜
二十二	专题研究乐昌峡库周公路因大范围强降雨导致多处塌方的相关事宜
二十三	专题研究讨论乐昌市碧桂园片区学校（第一期）建设及乐城三小扩建工作责任落实与任务分解的相关事宜
二十四	专题研究乐昌市中嘉电子科技有限公司申请贷款事宜
二十五	专题研究乐昌市梅花风电场项目核准工作的相关事宜
二十六	专题研究申报国家开发银行政策性贷款项目的相关事宜
二十七	专题研究高标准基本农田建设工作的相关事宜
二十八	专题研究异地新建乐昌市第四中学的相关事宜
二十九	专题研究人民防空工作相关事宜
三十	专题研究离休干部病故一次性抚恤金差额问题的相关事宜
三十一	专题研究关于深化改革工作的相关事宜
三十二	专题研究关于乐昌产业转移工业园标准厂房建设项目的相关事宜
三十三	专题研究乐昌新城建设工作相关事宜

期　号	议　题
三十四	专题研究乐昌市2016年九年级外省籍和本省外市籍学生在我市报名参加中考的相关事宜
三十五	专题研究乐昌市辖区内河道“三无”船舶清理整治及日常监管工作的相关事宜
三十六	专题研究黄圃镇下东村水坝受损文物修复工作的相关事宜
三十七	专题研究建设原水泵厂至供电新村市政道路项目第一期工程（华祥雅居路段）的相关事宜
三十八	专题研究关于S248线乐昌市区至长来段路面维修工作的相关事宜
三十九	专题研究乐昌永乐城项目竣工备案报批手续办理的相关事宜
四十	专题研究乐昌永乐城工程配套市政道路建设的相关事宜
四十一	专题研究推进政府公益性项目申报政策性贷款的相关事宜
四十二	专题研究“十三五”时期高标准基本农田建设工作相关事宜
四十三	专题研究沙坪镇中心小学学生宿舍楼建设工程的相关事宜
四十四	专题研究解除原乐昌市棉织厂与乐昌市顺泰棉织厂签订的租赁合同的相关事宜
四十五	专题研究大源镇新镇区规划及建设的相关事宜
四十六	专题研究推进乐昌新城项目的相关事宜
四十七	专题研究乐昌市健康主题公园和健康步道建设的相关事宜
四十八	专题研究龙山水库出现蓝藻污染现象的相关事宜
四十九	专题研究2014年度和2015年度未完成的市政府为民办实事项目的相关事宜
五十	专题研究梅花镇关春村委会进村道路塌方的相关事宜
五十一	专题研究张滩大桥建设及其存量资金使用问题的相关事宜
五十二	专题研究左岸公路至工区项目存量资金使用问题的相关事宜
五十三	专题研究乐昌市公路水毁路段应急抢险修复的相关事宜
五十四	专题研究乐昌市明俊铸造有限公司等5家企业是否纳入本基金担保范围等相关事宜
五十五	专题研究乐昌市基层公共服务综合平台建设项目招标前期准备工作的相关事宜
五十六	专题研究乐城街道练塘村委会西瓜地村小组村民生活用水问题和练塘村小组600亩农田生产用水问题
五十七	就近期市产业园工作进行研究部署
五十八	专题研究龙山水库环境综合整治工作

期　号	议　题
五十九	专题研究京港澳高速公路粤北超限检测站建设的相关事宜
六十	专题研究乐昌市武江河饮用水源置换工程——张溪水取水工程超中标价工程量的相关事宜
六十一	一、关于乐昌高端家具生态产业园项目的相关事宜 二、关于乐昌智慧旅游电商平台项目的相关事宜 三、关于研究贯彻落实江凌7月5日到乐昌调研重要指示精神的相关事宜
六十二	专题研究廊田镇白岗岭、牛角水龙山岭山地权属纠纷案件处理工作的相关事宜
六十三	专题研究加快乐昌市工业项目落地审批事项的相关事宜
六十四	专题研究乐昌市城区市政路网升级改造项目和村镇污水处理设施建设项目的相关事宜
六十五	专题研究市产业园园区生活配套设施德金乐项目（以下简称“德金乐项目”）的相关事宜
六十六	一、关于增加2013年度、2014年度高标农田建设项目延期监理费的议题 二、关于实施坪石、廊田、三溪三镇项目区2014年度高标农田建设项目斗沟加固工程的议题 三、关于修建梅花镇大坪村水渠的议题
六十七	专题研究全市打击治理电信网络新型违法犯罪工作的相关事宜
六十八	研究三龙谷项目推进事宜
六十九	专题研究乐昌市粮食购销有限公司储备粮仓库扩建项目的相关事宜
七十	一、关于乐昌市2015年城镇基准地价更新成果的问题 二、关于研究三方合作打造广东北大门、中国有机示范县新名片的问题 三、关于原坪石监狱土地及地上资产移交的问题 四、关于公安警辅人员编制及保障经费投入的问题 五、关于加快入园项目落地建设的问题 六、关于280套长岭头电梯公租房配备简单装修的问题 七、关于65户长岭头廉租房临时过渡安置户的问题 八、关于增加城市管理协管人员及执勤经费的问题 九、关于完善市代建局机构编制方案和增加人员编制的问题
七十一	专题研究加快推进乐昌市南岭矿区关春一区煤矿矿山地质环境治理工程项目的相关事宜
七十二	专题研究乐昌市原第一水泥厂“三旧”改造项目地块权属人申请配套建设公益性休闲广场和新建市政道路的相关事宜
七十三	专题研究乐昌市旅游公路建设前期工作的相关事宜

期　号	议　题
七十四	协调武广高铁乐昌东站建设项目的相关事宜
七十五	专题研究韶关高尔德防雷科技有限公司申请贷款事宜
七十六	一、关于审议《关于要求进一步推进和完善农特产品批发市场项目建设的报告》的议题 二、关于审议《关于请求给予乐昌新城核心区基础设施工程建设项目相关支持的请示》的议题 三、关于审议《关于请求划拨廊田种养场剩余征用土地作为廊田镇中学教育用地的请示》的议题 四、关于审议《关于对〈乐昌市教育质量奖励办法〉部分条款修订的请示》的议题 五、关于审议《关于重新审定乐昌市 2016 年庆祝教师节暨高考总结表彰所需经费的意见》的议题 六、关于审议《关于请求解决中职学校生源贡献奖的请示》的议题 七、关于审议《关于要求拨付农房改建和沼气工程建设档案保管及沼气维护工作经费的请示》的议题 八、关于审议《韶关市坪石发电厂有限公司（B 厂）关于申请减收水资源费的报告》的议题
七十七	专题研究处置利生纺织项目闲置土地的相关事宜
七十八	与珠海九洲控股集团共同研究筹建合资公司的相关事宜
七十九	研究 2017 年乐昌市桃花节筹备及九峰区域旅游资源开发的相关事宜
八十	专题研究关于依法取缔坪石镇“老坪石托老院”无证经营行为的相关事宜
八十一	专题研究乐昌市新农村公路路面硬化改造工程相关基建程序
八十二	专题研究乐昌市交通建设项目（PSL）融资工作的相关事宜
八十三	专题研究沙坪镇烟站项目用地前期相关事宜
八十四	专题研究大源镇右岸公路黄泥坑路段改路、大源镇茶园头隧道上方的谢钦华户房屋拆除等相关事宜
八十五	专题研究武广铁路客运专线乐昌东站铁路隔离栏栅内站前广场建设的相关事宜
八十六	专题研究乐昌市加快推进三龙谷旅游项目前期工作的相关事宜
八十七	专题研究乐昌新城新建学校的相关事宜
八十八	专题研究推进“三旧”改造工作的相关事宜
八十九	专题研究乐昌市沙坪镇中学运动场工程增加工程量及投资的相关事宜
九十	专题研究乐昌市林达实业总公司办理土地使用权证的相关事宜
九十一	专题研究解决企业拖欠农民工工资问题

期　号	议　题
九十二	专题研究杨东山十二渡水自然保护区内6家矿山企业的关停整改工作
九十三	专题研究市老干部活动中心大楼建设工程结算问题的相关事宜
九十四	专题研究坪石镇坪南小学扩建工程
九十五	专题研究乐昌市水运有限公司经济适用住房历史遗留问题
九十六	专题研究加强县域医疗卫生服务能力建设以及加快建设卫生强市等事宜
九十七	专题研究韶关南方阳光节能新材料有限公司等4家企业申请中小微企业贷款支持的相关事宜
九十八	专题研究新建市第二人民医院的相关事宜
九十九	专题研究新城实验小学、实验中学建设的相关事宜
一百	专题研究乐昌市中嘉电子科技有限公司欠薪问题的相关事宜

【市政府工作例会】 2016年，共召开市政府工作例会8次。

市　政　府　工　作　例　会

期　号	议　题
〔2016〕第1期	会议传达学习陈向新在全市开工动员会暨抓落实提高执行力工作大会上的讲话精神，听取各分管市政府工作领导汇报2016年的工作思路和计划
〔2016〕第2期	一、听取市政府办汇报关于做好韶关市政府主要领导调研乐昌经济工作汇报材料的相关情况 二、听取梅花镇汇报关于梅花镇自来水问题处置的相关情况 三、听取市畜牧兽医水产局汇报关于农业资源循环利用处理中心选址的相关情况 四、听取市政府办汇报关于《乐昌市开展农村普惠金融试点方案》的相关情况
〔2016〕第3期	一、增强工作的主动性 二、高度重视防汛工作 三、启动专题调研工作 （一）关于库周公路硬底化和大源新集镇建设工作 （二）关于城区防洪工程 （三）关于乐昌桃花节工作 （四）关于政府融资工作 （五）关于产业园区建设工作 （六）关于乐昌新城建设工作 （七）关于粤湘开放合作试验区建设工作

期 号	议 题
	（八）关于应急管理工作 （九）关于三防工作 （十）关于教育工作 （十一）关于市场监管工作 四、认真做好县域经济发展工作 五、扎实开展精准扶贫工作
〔2016〕 第4期	一、听取市经信局汇报关于乐昌市国有（集体）企业改革的相关情况 二、听取市住建局汇报《乐昌市海绵城市专项规划编制工作方案》的相关情况 三、听取市商务局汇报《乐昌市推进农村电子商务工作实施方案》的相关情况 四、听取市发改局汇报关于加快推进我市梅花风电项目核准工作的相关情况 五、听取乐昌市投资实业有限公司汇报关于公司发展的相关情况，研究下一步相关工作 （一）关于无偿变更企业投资者的相关事宜 （二）关于探索建立投融资政府项目模式的相关事宜 （三）关于乐昌市投资实业有限公司与部分事业单位合作的相关事宜 六、听取市旅游局汇报关于2016年乐昌桃花节工作总结及下一步工作计划的相关情况 七、听取市教育局汇报关于2016年中小学校受灾及灾后重建工作的相关情况 八、听取市信息中心汇报关于暂停使用我市镇级会议系统的相关情况 九、听取市应急办汇报关于我市应急管理工作的相关情况 十、听取市食药监局汇报关于开展农贸市场食品安全快速检测工作的相关情况 十一、听取市三防办汇报关于做好防汛工作的相关情况 十二、听取市疾控中心汇报关于健康主题公园和健康步道建设选址的相关情况 会议还听取市教育局、市卫计局、市旅游局汇报关于进一步规范和加强学校、医院食堂及农家乐管理工作的相关情况
〔2016〕 第5期	一、听取市政府办汇报《乐昌市人民政府常务会议工作制度（修订稿）》的相关情况 二、加强对近期重点工作的研究和落实 （一）农业农村方面 （二）工业发展方面 （三）城市扩容提质方面 （四）其他工作方面 三、听取市教育局汇报关于《乐昌四中迁址建设初步方案》的相关情况 四、听取市旅游局汇报关于“乐昌智慧旅游电商平台”建设工作的相关情况 五、听取市水务局汇报关于《乐昌市防汛防旱防风防冰冻应急预案》的相关情况
〔2016〕 第6期	专题研究开展夏季消防检查工作、落实《韶关市消防基础工作“补短板”三年行动计划（2016—2018年）》的相关事宜。

期　号	议　题
〔2016〕第7期	一、陈宏宇就当前一个时期市政府工作提出意见 二、听取市公共资产管理中心汇报关于项目融资工作的相关情况，研究下一步工作措施 三、听取市商务局汇报关于《市党政领导班子招商引资常态化工作方案》的相关情况 四、听取市交通运输局汇报关于《乐昌市乡村道公路养护管理实施细则》相关情况
〔2016〕第8期	传达学习韶关市县域发展工作现场会精神，并提出贯彻落实会议精神的工作要求

【市政府党组会议】 2016年，共召开市政府党组会议7次。

市政府党组会议

期　号	议　题
乐府组〔2016〕1号	听取市安监局汇报《关于对京广铁路张滩武水桥船只侧翻挂卡事件的调查报告》
乐府组〔2016〕2号	专题研究京广铁路张滩武水桥船只侧翻挂卡事件调查处理的相关事宜
乐府组〔2016〕3号	专题研究政府职能部门关于省委巡视工作反馈意见整改落实情况的相关事宜会议审议并原则同意乐昌市纪委提交的《关于对赖芳永停职检查的建议》
乐府组〔2016〕4号	一、听取陈宏宇传达省委十一届七次全会和韶关市委十一届九次全会精神，研究市政府贯彻落实意见 二、会议审议并原则同意乐昌市监察局提交的《关于给予卜海宣开除公职处分的请示》
乐府组〔2016〕5号	一、研究讨论《政府工作报告》 二、部署近期政府重点工作 （一）筹备第三季度经济分析会 （二）加快城市扩容提质 （三）做好园区相关工作 （四）推进精准扶贫工作 （五）做好投融资工作 （六）加强政府作风建设 （七）及早谋划2017年工作 （八）抓好国企改革前期摸底工作 会议还研究关于完善市政府议事制度的相关事宜

期　号	议　题
乐府组〔2016〕6 号	一、学习《中国共产党党组工作条例（试行）》 二、传达学习党的十八届六中全会精神
乐府组〔2016〕7 号	一、听取沈河民传达韶关市委十一届十一次全会精神，研究市政府贯彻落实意见 二、听取市教育局汇报乐昌市推进教育现代化建设工作的有关情况 三、听取市住建局汇报关于乐昌市城市提升工作的有关情况 四、听取市卫计局汇报关于乐昌市建设卫生强市工作的有关情况 五、听取市环保局汇报关于乐昌市重金属治理工作及饮用水水源保护区整治工作的有关情况 六、听取市林业局汇报关于乐昌市杨东山十二渡水省级自然保护区矿山清理整治工作的有关情况 七、听取市农业局汇报关于农村综合改革工作的有关情况 八、听取市经信局汇报关于国有“僵尸企业”出清重组工作的有关情况

【市政府专题工作会议】　2016 年，共召开市政府专题工作会议 7 次。主要研究处理以下事项：处置京广铁路张滩武水桥船只侧翻挂卡事件；研究市妇幼保健院医疗纠纷信访案件；广乐高速公路建设遗留问题处理；教育工作相关事宜；新城建设项目相关事宜。

【市政府其他重要会议】　10 月 31 日，市政府召开第三季度经济形势分析会，总结前段全市经济工作情况，分析当前形势，针对存在问题，研究对策和措施，部署下一步工作，确保全年经济发展预期目标实现。（徐璐璐）

附：市政府领导班子成员名单

市　　长：陈宏宇（　—9 月）
　　　　　沈河民（10 月—　）
代理市长：沈河民（10 月）
常务副市长：高　忠（　—8 月）
　　　　　　宋在军（10 月—　）
副市长：王丽莹（女，　—12 月）
　　　　邱才郁　邓洪炜
　　　　张盛福（　—8 月）
　　　　彭桂珍（女）　李桂平
　　　　谭桂明（10 月—　）

乐昌市人民政府办公室

【概况】　市人民政府办公室位于市区公主上路 23 号，内设人秘股、调研综合股、督办协调股、建议提案股、政务公开股、应急管理办公室、市政府金融工作办公室、行政复议股和行政执法监督股。挂牌单位 3 个：市外事侨务局、法制局和人民防空办公室。2016 年年末，在职干部 32 人（其中行政编制 25 人、老工勤 1 人、工勤人员 6 人）。

【文会工作】　市政府办公室全年撰写公文 1000 余份。坚持当天收文、当天阅办，全年收各类文件 6061 多份，均无积压、误办、漏办和失密、泄密现象。在会务工作上，坚持少开会、开短会，严格控制会议数量、会期和规模，严谨办会、规范办会。

【调研综合工作】　2016 年，在调查研究方面，注重有效性和针对性，按照市政府主要领导要求，联合市直部门，共同开展城镇扩容提质、项目建设与资产管理、发展大工业、农村改革与发展、民生事业发展、破解历史遗留问题等七个方面的专题调研工作。在文稿综合方面，坚持语言精练，表述准确，符合领导要求，扎实做好各类文稿的撰写起草工作，全年共撰写各类文字综合材料326篇，编印各类会议纪要139篇，向韶关报送信息共43条。撰写《2016年政府工作报告》（换届）、《关于进一步加强招商引资工作的意见》等综合材料，重点完成县域经济发展、粤湘开放合作试验区环境保护工作、党政领导班子招商引资常态化、乐昌峡水利枢纽“垃圾围坝”情况汇报、京广铁路张滩武水桥船只侧翻挂卡以及上级领导莅乐调研检查全市性总结汇报和全市性会议领导同志讲话稿等涉及面广、情况复杂、业务性强的综合材料。

【督办协调工作】 2016年，市政府督办室以市政府年初确定的41项示范项目和8件民生实事为督办重点，采取每月一报的形式，加强对项目的督促检查，紧密跟进项目进展情况，每月将进展情况向市政府汇报，供市领导参考决策。（徐璐璐）

附：市人民政府办公室领导班子成员名单

主　任：陈嘉强（　—10月）
　　　　邹坚峰（12月—　）
副主任：石贵兴
　　　　邹坚峰（　—12月）
　　　　吴章继

行政服务中心

【概况】 乐昌市行政服务中心（以下简称“中心”）成立于2004年12月，是市政府直属参照公务员法管理的正科级事业单位，中心编制10名，内设1室3股（综合办公室、业务股、政务股和协调股）。2016年年末，在编人员8名。办事大厅面积约1000平方米，设窗口18个，进驻部门18个，共有工作人员41人。

【推进“一门式一网式”政府服务模式】 6月，出台推行“一门一网式”政府服务模式改革工作实施方案。全面梳理和公开公共服务事项目录，按照应进必进的原则，全部进驻实体办事大厅和网上办事大厅。制定行政许可和服务事项的统一申办受理标准。建立前台综合受理、后台分类审批、统一窗口出件的服务模式，将各部门行政许可和服务事项的咨询导办、预约办事、接件受理、进度跟踪和结果信息反馈等前台服务，集中到实体综合服务窗口或网上统一申办受理平台实施；事项的审查、决定等仍由各部门在后台开展。在实体办事大厅设置综合咨询服务窗口，建立前期导办工作制度。

【规范窗口管理】 按照服务公开标准化、接待服务标准化、办件质量标准化、人员配备标准化、文档管理标准化的要求，深化行政服务标准化运行模式。2016年，受理各类审批服务事项46285件，业务咨询83546人次。

【推进阳光政务】 全面深化政府政务公开工作，重点推进行政权力清单、财政资金、公共资源配置、公共服务、监管执法、重大项目、精准扶贫等重点领域信息公开，深入推动简政放权和“互联网+政务”工作，积极回应社会关切，着力构建阳光政务体系建设。2016年，全市纳入政府信息公开统计范围的行政机关62个，开通政府（含部门）网站34个，实体办事大厅审批或其他服务事项334项，网上办事大厅审批或其他服务事项629项，设置政府信息公开查阅点数236个，通过政府信息公开平台主动公开政府信息总数6231条。

【基层公共服务综合平台建设】 整合资源，构建市、镇（街道）、村（居）三级公共服务平台。2016年，在便民服务中心（站）基础上，设立19个镇（街道）、225个村（居）公共服务中心（站）。市、镇（街道）两级公共服务办事大厅结合自身实际，设立自助终端服务区，把涉及办证、缴费、查询、金融、信息公布等公共服务事项的自助终端纳入公共服务平台，具备条件的村（居）放置自助终端机，2016年全市安装自助终端机120台。

【网上办事大厅建设】　加强网上办事大厅与省、韶关市网上办事大厅的互联互通，完成重点领域上线单位的确认和全市19个乡镇225个行政村（居）网上办事站点的调研工作，初步形成“资源集约、信息集中、业务集成”的三集成模式，进一步突出政府网站信息公开、公众参与、在线办事的三大服务职能。2016年，全市网上办事大厅进驻服务事项623项，受理业务量8558项，提前办结8204件，提前办结率98.63%。（陈　芬）

附：行政服务中心领导班子成员名单

主　任：叶志坚

副主任：朱国松　张小坚（女）

公共资源交易中心

【概况】　乐昌市公共资源交易中心（以下简称中心）是由市建设工程交易中心、市政府采购中心、市国土资源交易所、市产权交易中心、市森林资源资产交易中心整合组建而成，于2013年12月13日正式挂牌成立。为市人民政府直属事业单位，公益一类正科级，编制23名。其中，主任1名、副主任3名；内设机构领导职数正职5名、副职5名。2015年9月，乐昌市机构编制委员会将市公共资源交易中心机构规格由正科级调整为副科级，中心内设6个副股级机构：综合服务部、信息服务部、政府采购服务部、国土资源交易服务部、建设工程交易服务部、产权资产交易服务部。核定事业编制23名，其中，主任1名、副主任3名，内设机构领导职数6名。后勤服务人员数1名。主要受理市属范围内各类公共资源交易申请，依法组织公共资源交易活动，见证公共资源交易全过程，为行政监督及其他相关机构提供公共资源交易的监管平台，保存交易过程的相关资料，及时报告场内交易活动的违法违纪行为并协助调查。2016年6月29日，中心举行韶关市公共资源交易中心乐昌分中心挂牌仪式。

【阳光交易】　中心承担交易各方和中介机构进场的交易活动。2016年共完成各类交易项目282宗，成交金额145171.43万元，节支4352.88万元，溢价44.06万元。

【公共资源网络交易平台建设】　完善公共资源网络交易平台。网站、诚信库、专家语音通知系统上线。政府采购、工程建设、产权业务网上报名（包含网上支付、保证金缴纳）全面启动。完成电子开评标所需资料范本，整个电子交易系统运行情况良好。

【政府采购工作】　完善采购程序、采购过程及采购管理制度。2016年，共完成政府采购项目116宗，成交金额91203.04万元，节约资金2828.25万元，节约率为3%。

【产权资产交易】　将涉及国企改革以及行政事业单位房屋、土地使用权、车辆处置、一般设备处置、集体资产产权交易的业务，统一采取公开拍卖的转让方式，交易过程中注重规范运作，广泛公开转让信息，拍卖过程全程监控。杜绝贱卖国有资产行为的发生。配合有关单位组织拍卖69宗产权交易业务，其中成交55宗，成交交易总额为181.55万元，增值44.06万元，增值率32.04%。

【建设工程交易】　在降低工程交易成本上下功夫，保持信息渠道畅通，信息及时、准确、真实，从“进场”到“出场”，每一个环节都实现标准化。2016年，完成建设工程项目招投标77宗，成交金额39834.04万元，节约资金1524.63万元，节约率为3.69%。

【国土资源交易】　严格按法律法规开展经营性土地使用权及工业用地、采矿权的拍卖挂牌网上交易工作。2016年，挂牌、网上交易出让国有土地使用权20宗，成交15宗，成交额13952.8万元。

【信息服务】　每月交易项目报表按时向市采购办、市监察局、市协税护税办、市地税局报送。根据交易系统建设需要，信息服务部承担交易平台诚信信息库入库资料核对工作。截至2016年年底，共完成824个注册用户（单位）入库及资料核对（每个单位存在同时具有多个身份的情况），其中：供应商身份435家，施工单位身份408家，设计单位身份49家，勘察企业身份40家，招标代理身份34家，监理企业身份37家，家拍卖机构身份3家。

（何建培）

附：公共资源交易中心领导班子成员名单

主　任：王小林

副主任：郑昌兴

孙显光（3月—　）

石　彬（3月—　）

2016年6月29日，韶关市公共资源交易中心乐昌分中心举行挂牌仪式　　　（市公共资源交易中心　供）

外事、侨务

【概况】 乐昌市外事侨务局挂牌市政府办公室，正科级行政机关，行政编制3人，2016年年末，在职人数2人。

【因公出访审核、呈批工作】 2016年，因公赴港澳报批29人次。在外事工作中，严格证照管理，未发生涉密和违纪事件，未发生出国赴港澳人员叛逃或违法乱纪现象。

【落实侨务政策】 坚持“以人为本，为侨服务”的宗旨，以信访维权为抓手，依法维护归侨侨眷和海外侨胞的合法权益。积极做好扶贫济困，为侨界群众排忧解难。通过走访慰问、信访接待，主动深入归侨侨眷中体察侨情、倾听呼声，落实各项侨务政策。

（黎志琼）

附：外事侨务局领导班子成员名单

局　长：邹坚峰（乐昌市政府办主任兼）

副局长：黎志琼（女）

机关事务中心

【概况】 乐昌市政府机关事务中心是管理市委、市政府机关大院事务的机构。1994年4月，县行政科改为市行政科，1996年改为市政府机关事务管理处，2001年机构改革更名为市政府机关事务中心，属市政府正科级事业单位。定编16名，2016年年末，实际人数13名。

【财务管理】 实行水电费催缴制度，杜绝欠缴水电费的不良现象。实行分户核算财务管理制度，解决市政府机关大院各部门财务人员缺少问题，并方便为上级部门提供财务信息及审计部门查账。加强部门预算工作，实行电脑平台操作、公务卡管理系统操作，加强公务卡的运用，减少现金支付。代缴市政府机关大院各单位人员个人所得税，代发市政府大院各单位在职、退休人员的节日补贴、在职人员的公务交通补贴。开展单位2014—2015年度预决算的信息公开和津贴补贴发放情况自查自纠工作。开展行政事业单位内部控制基础性评价工作。

【安全保卫】 做好重大会议、活动的安全保卫工作，协助信访局维护上访秩序。开展安全隐患排查和整改工作，由保安配合消防部门开展安全检查，与韶关市安达消防工程有限公司签订协议，开展政府机关大院消防系统维护、培训等工作。强化机关大院安全监管，市政府机关大院及办公大楼部分通道实行封闭管理，工作人员采用IC卡通行。车辆管理系统对录入的车牌号码自动识别，自动放行。市政府机关大院实现全高清摄像头监控。2016年，市政府机关大院内没有发生一起安全生产事故和重大的刑事案件。

【后勤保障】 机关大院办公区和所管辖住宅区绿

化、美化、节能减排、维修、维护等都做到严格管理，严格监督。春季，对大院内需补种植物进行补种，实行分类管理和定时跟踪，加大养护、修剪和提档力度，做到绿化管护精细化。开展大院环境整治活动，加大对重点楼层、重点时段的清扫频次。请专业保洁公司，对办公大楼外墙进行全面的清洗。制定设备保养计划，安排落实设备保养工作，减少故障和停机时间，保证正常运行。及时巡查空调系统、消防系统、水电系统、电梯等特种设备维保和年检工作，确保办公区设备安全、平稳运行和水电暖的正常供应。坚持快速反应机制，通过值班制和公布服务电话，确保大院设施设备高效顺畅。配合市供电部门做好110千伏乐昌站10KVF17市府线市政府低压台区改造项目协调工作，配合市政府办公室、市人大、市委组织部等单位的会议室改造修缮工作。提高会场布置要求、提升服务标准、规范服务流程、加大培训力度，保障会议顺利召开。着重提高党代会、人大会议、政协会议等市一级会议服务质量档次，重点做好党委、人大、政府、换届会务工作。2016年9月，中心将7套未房改的家属房移交给市公共资产管理中心管理。（黄辉明）

附：机关事务中心领导班子成员名单

主　任：李永忠（女，　—10月）
副主任：邬建华　连细云（女）
　　　　唐良庆（6月—　）

信息化建设

【概况】 乐昌市信息中心成立于2002年，2015年9月由乐昌市人民政府办公室下属副科级事业单位调整为市政府直属副科级事业单位。编制10名（其中主任1名、副主任2名、专业技术人员7名），2016年年末，在职干部7名。

【乐昌市政府公众信息网发布管理】 乐昌市政府公众信息网围绕市委、市政府中心工作，积极做好宣传发布和政务公开工作。网站开设政务公开、结果公开、办事服务等类型栏目，全面实现基础公开、决策公开、执行公开、管理公开、服务公开、结果公开等民生关注的政府信息公开，及时回应社会关切的各类热点问题。建设政声传递专栏，围绕重要政策及规范性文件开展解读，并即时转载上级相关政策内容。2016年，发布各类信息5000多条。

【政务信息化建设】 加快推进网上办事大厅建设，探索“一门一网”式技术服务；科学规划乐昌市基层电子政务外网建设，以高质量的光纤网络服务支撑乐昌市基层公共服务综合平台建设；推进全市政务服务“云办公”业务系统，初步形成“政务云”，为乐昌市政务大数据建设打下基础。

【信息化技术服务】 全面升级乐昌市协同办公（OA）系统，提升乐昌市机关事业单位公文流转信息化服务水平。对网上办事大厅、政府信息公开系统、党风廉政信息公开系统等各类电子政务平台提供技术支撑服务，通过各种形式举办政务系统应用能力培训，进一步提升乐昌市“互联网+政务”的服务水平。对全市19个政府部门网站的普查提供技术支持。（赖丽英）

附：信息中心领导班子成员名单

主　任：唐清发
副主任：何会中

政协乐昌市委员会

综　述

【概况】 中国人民政治协商会议乐昌市委员会于1980年9月成立，由中国共产党、各民主党派、无党派人士、人民团体、各民族和各界的代表，台湾同胞、港澳同胞和归国侨胞的代表以及特别邀请的人士组成。2016年政协乐昌市第九届委员会任期届满，于10月25日召开政协第十届乐昌市委员会第一次会议顺利换届，10月27日选举产生政协第十届委员会领导班子。2016年年末，实有政协委员198人。

政协机关内设办公室、宣传（提案）科、组联科等机构，公务员编制（不包括领导班子）11名，后勤编制1名，2016年年末，政协机关（不包括领导班子）实有在职人数13人（其中公务员11人、事业编制“老工勤”1人、后勤人员1人）。实有领导班子成员6人，其中，主席1人，驻会（专职）副主席3人，非驻会副主席2人。

重要会议

【政协第九届乐昌市委员会第六次会议】 2016年1月25日至26日，中国人民政治协商会议第九届乐昌市委员会第六次会议在乐城市区举行。会议审议通过朱作华代表常务委员会所作的政协工作报告和周越成代表常务委员会所作的提案工作报告。会议选举李锡洪为政协第九届乐昌市委员会副主席。

【政协第十届乐昌市委员会第一次会议】 2016年10月25至27日，中国人民政治协商会议第十届乐昌市委员会第一次会议在乐城市区召开。市政协党组成员、副主席李锡洪代表政协第九届乐昌市委员会常务委员会向大会作工作报告。市政协副主席黎跃飞代表政协第九届乐昌市委员会常务委员会向大会作提案工作报告。市政协社会法制委员会、市政协提案委员会、市政协科教文卫体委员会分别作专题发言。

周素岚当选为政协第十届乐昌市委员会主席；黎跃飞、周越成、李锡洪、朱锋麟、孙俊华当选为副主席；郑荣生当选为秘书长。

【乐昌市政协常委会议】 *九届委员会第十四次常委会议*　1月6日，市政协九届委员会召开第十四次常委会议。会议传达学习中央、省和韶关市委有关会议精神，分别听取市政府、市发展和改革局、市财政局关于2015年相关工作的情况汇报。会议讨论决定召开政协第九届乐昌市委员会第六次会议有关事项，审议常委会工作报告和提案工作报告。会议协商人事任免事项，决定同意马森超、陈志刚、陈建明、朱志胜等人辞去政协常委、委员职务，决定同意潘国雄、王洪华、赖强等人辞去政协委员职务。

九届委员会第十五次常委会议　3月23日，市政协九届委员会召开第十五次常委会议。会议传达学习全国政协第十二届四次会议精神，审议通过《乐昌市政协九届委员会2016年工作要点》。一致同意邓细优辞去乐昌市政协副主席、乐昌市政协九届委员会常委、委员职务。

九届委员会第十六次常委会议　10月10日，市政协九届委员会召开第十六次常委会议。会上，市委组织部副部长陈东旺代表市委宣布周素岚任市政协党组书记。政协常委审议通过政协第十届乐昌市委员会第一次会议日程、议程及政协九届常委会工作报告、提案工作报告等内容，听取市委统战部关于政协第十届委员会委员人选安排的情况通报，

政协第十届乐昌市委员会分为24个界别，共205名委员，其中政协常委29名（其中中共党员10名、非中共党员19名）。

十届委员会第一次常委会议　12月29日，政协第十届乐昌市委员会召开第一次常委会议。会议传达学习中共十八届六中全会、省委十一届八次会议以及韶关市第十二次党代会精神，听取市政府、市纪委、市人民法院、市检察院市、市发改局、市财政局、市禁毒委员会2016年工作情况通报。会议经讨论、表决，一致同意叶新、谭宏达、刘耀明、曹民、许嘉猷、罗朝楷、张沃辉、邓三招8名香港委员辞去乐昌市政协委员职务。

重要活动和主要工作

【政协换届工作】　政协第十届乐昌市委员会第一次会议安排委员205名，其中，中共党员81名，占委员总数的39.5%，非中共党员124人，占委员总数的61.5%，符合“委员中的中共党员名额最多不超过40%，非中共党员名额不低于60%”的规定。委员中，继续提名的58人，占委员总数的28.3%，新提名的147人，占委员总数的71.7%，妇女委员55人，占委员总数的26.4%。政协第十届委员共设24个界别，其中，中共53人，民革7人，民盟7人，民建7人，民进7人，农工7人，工商联18人，无党派人士6人，台联2人，宗教3人，妇联1人，总工会1人，共青团1人，教育5人，医卫5人，农业5人，科技3人，社科8人，经济31人，体育2人，文化艺术2人，新闻出版2人，少数民族2人，特邀20人。市政协十届一次全会，协商产生新一届市政协常委会及领导班子，周素岚当选为政协第十届乐昌市委员会主席；黎跃飞、周越成、李锡洪、朱锋麟、孙俊华当选为副主席；郑荣生当选为秘书长；杨忠荣、李正恒、罗忠德、毛志鹏、孔丽霞、罗邦壮、尹树根、邱殷洪、吴永恩、邓忠超、华瑛、王俊、王广隆、周国松、朱兰镇、陈辉强、何国志、刘翠岩、王莹、陈洪鸣、陈清发、余志荣22名同志当选为政协第十届乐昌市委员会常务委员，圆满完成乐昌市政协班子的新老交替和政治交接。

【提案工作】　2016年，政协第九届乐昌市委员会常务委员会共收到提案36件，立案15件，涉及经济、社会、文化和生态建设各方面。提案办复满意或基本满意的达到100%，实现提案办理由“答复型”向“落实型”转变。在该年度提案交办工作中，市政协完善党政主要领导和政协领导督办提案工作机制，对事关大局、社会关注的重点提案，由市委书记、市长和政协主要负责同志领衔督办，提高督办层次，增强办理效果。2016年，党政主要领导领衔督办《关于建设省道248线环城路照明工程的建议》《关于加快乐城一市场改造的建议》，相关工作得到较好的落实。

【调研、视察、专题协商】　2016年，市政协成立调研组考察学习始兴、南雄、连州等地农村电子商务发展情况，并深入基层调研座谈，剖析存在的问题和困难，谋划今后乐昌市农村电子商务发展举措；组织开展南部8镇农村生活垃圾治理专题视察，提出加强宣传教育、强化监督管理、落实经费保障、推进城乡环卫一体化建设等建议；围绕全市重点建设项目京广高铁乐昌东站这一重大民生工程，组织开展专题视察，提出加快工程建设、规划公交线路、完善停车场规划等可操作性的意见建议，为市政府研究制定相关措施提供重要参考；组织相关部门和政协委员考察学习湖南省郴州市北湖区、汝城县等地旅游发展情况，并深入乐昌市各景区及相关单位、镇（街）调研座谈，广泛听取意见建议，撰写《加快乐昌市旅游产业发展的调研报告》，就提升旅游业发展水平，推动旅游业转型升级，发展壮大旅游经济提出意见建议；针对乐昌市房地产快速发展导致库存量上升的情况，组织开展专题调研，撰写《消化房地产库存，促进房地产平稳健康发展》的调研报告，提出加快城市基础设施建设、吸引农民进城购房、有效控制新增库存等意见建议；围绕教育工作，在考察学习周边县（市）成功经验基础上，召开专题协商座谈会，撰写《办好人民教育，再创教育事业辉煌》调研报告。

【民主监督】 2016年，市政协先后邀请市政府、市纪委、市法院、市检察院、市发展和改革局及市财政局等有关单位向政协常委会通报工作情况，常委们根据参加社会实践和自己所掌握的情况及社会各界反映的一些问题，从履行民主监督职能的角度和对党对人民高度负责的态度出发，向通报工作单位提出积极的意见和建议。选派部分委员担任有关职能部门特约监督员，加强在党风、政风以及司法部门公正执法、职能部门依法行政等工作中的监督作用。组织部分委员参与市里的年度民主评议政风行风和年度绩效考评工作。组织委员参加市法院民事案件公开审判旁听及市检察院在市人民法院开展的职务犯罪庭审活动。

【团结联谊】 5月15日，香港韶关同乡联谊总会义工团到乐昌市开展“启航计划”捐资助学活动。义工团分别在乐昌一中、乐昌二中举行捐赠仪式，共捐资10万元，资助乐昌市贫困学生69名。5月21日，香港原坪友社团长欧燕山率团友30人到秀水镇开展“与善同行2016”慈善助学活动，向秀水镇铭源希望小学师生捐赠教学、办公和学习用品等共计69350元。

【维稳工作】 2016年，市政协充分发挥政协界别多、包容性强的特点，配合市委、市政府有针对性地防范和化解各种突发事件，协调化解产业转移工业园、粤北示范牧场征地矛盾纠纷以及原坪石矿棚户区改造不稳定因素等工作。 （梁　敏）

附：市政协领导班子成员名单

一、政协班子成员名单

主　席：周素岚（女，10月—　）

副主席：邓细优（　—2月，主持全面工作）

朱作华（2月—10月，主持全面工作）

黎跃飞　周越成

朱兰高（　—10月）

李锡洪

孙俊华（10月—　）

朱锋麟（10月—　）

二、政协秘书长名单

郑荣生

三、各专委会正副主任名单

1. 文史和学习委员会

主　任：邓细优（　—2月，兼任）

李锡洪（2月—　，兼任）

副主任：许海治　郑荣生

2. 经济委员会

主　任：黎跃飞（兼任）

副主任：陈良茂　刘国奇　王　卫

3. 社会和法制委员会

主　任：周越成（兼任）

副主任：李敏瑶　高立新　陈嘉强

4. 民族宗教委员会

主　任：朱作华（兼任）

副主任：杨洪金　王增通

5. 台港澳侨联络委员会

主　任：朱作华（兼任）

副主任：罗邦壮　丘伟健　黄育雄

6. 科教文卫体委员会

主　任：朱兰高（兼任）

副主任：朱招桃（女）　谢　衡　谭繁胜

7. 提案委员会

主　任：周越成（兼任）

副主任：陈庆声　温桂华　杨会标　邓小茹（女）

8. 农业与人口环境资源委员会

主　任：黎跃飞（兼任）

副主任：刘允曾　周德辉　李龙彪

四、机关各科室正副职领导名单

1. 办公室

主　任：郑荣生

副主任：王献栋（　—7月）

肖全招（12月—　）

2. 宣传科（提案科）

科　长：邓小茹（女）

副科长：李国平

3. 组联科

科　长：黄育雄

副科长：罗发强（　—7月）

谢勋燕（女，7月—　）

纪检监察

综　　述

【概况】　乐昌市纪委机关、市监察局行政编制32名。其中，市纪委常委7名（书记1名、副书记2名），市监察局局长1名（由纪委副书记兼任），副局长3名（2名由纪委常委兼任、1名为党外副局长）；室主任9名，为副科级领导职务；副主任9名。后勤服务人员3名。内设9个机构：办公室、干部监督管理室、宣教调研室、党风政风监督室（市政府纠正部门和行业不正之风办公室）、信访室（举报中心）、第一纪检监察室、第二纪检监察室、第三纪检监察室（案件监督管理室）和案件审理室。

市纪委、监察局实行派驻机构管理体制，在全市设立5个纪检监察派驻组，核定5个纪检监察派驻组行政编制18名，其中核定第一、二、三纪检监察派驻组行政编制各4名，第四、五纪检监察派驻组行政编制各3名。其中组长（正科级领导职务）各1名，副组长（副科级领导职务）各1名；监察室主任（正股级）各1名。

重要会议

【市纪委十二届六次全会】　2016年2月29日，中共乐昌市第十二届纪律检查委员会第六次全体会议召开，韶关市委副书记、乐昌市委书记陈向新出席全会并讲话。全会总结2015年全市党风廉政建设和反腐败工作，部署2016年任务，审议并通过市委常委、市纪委书记刘峰代表市纪委常委会所作的《严肃纪律规矩，聚焦执纪监督，坚定不移推进党风廉政建设和反腐败工作》的工作报告。听取4个镇（街道、办事处）和单位党委（党组）主要负责同志的述责述廉述德报告并进行评议。

【市纪委十三届一次全会】　2016年10月21日，中共乐昌市第十三届纪律检查委员会第一次全体会议召开，选举邹有胜为新一届市纪委书记；曾培伟、杨忠荣为新一届市纪委副书记；邝德根、段定刚、黄继祥、何君梅为新一届市纪委常委。

【党纪政纪法纪教育培训班】　2016年11月14日，举行市领导干部党纪政纪法纪教育培训班，市委副书记、市长沈河民主持会议，市委常委、市纪委书记邹有胜作《强化党章意识彰显责任担当全面推进党风廉政建设和反腐败工作》辅导课，市委书记陈宏宇作专题辅导，市委副书记、政法委书记刘祥锋作保密工作专题辅导。

2016年11月14日，乐昌市召开2016年领导干部党纪政纪法纪教育培训班　（黄贵华　摄）

主要工作

【推动全面从严治党“两个责任”落到实处】　乐昌市委将党风廉政建设工作要求纳入市委常委会2016年工作要点。全市63个单位制定出台主体责任清单。把谈话提醒工作做成抓早抓小、落实全面从严治党要求的有力措施。2016年，共开展咬耳扯袖式谈话提醒314人次，对有轻微违纪问题的党员干部开展红脸出汗式谈话提醒16人次。强化责任追究工作，积极探索实践“一案双查”，对其直接责任人和负有重要领导责任人进行责任追究。

【严明换届工作纪律】 通过印发通知、设置换届纪律宣传栏等方式广泛宣传换届纪律“九个严禁、九个一律”规定要求。派出23名业务骨干对换届纪律进行监督检查。建立换届投诉举报快速查核机制，对反映违反换届纪律问题优先处理、快查快结。全年共发现和信访了结换届问题线索6条。

【强化扶贫领域监督】 提出“八个严禁”工作纪律。建立由市纪委监察局牵头，市检察院、市公安局、市审计局、市扶贫办、市信访局等单位参加的乐昌市扶贫领域监督执纪问责工作协作机制。2016年，全市纪检监察机关共排查出扶贫领域违纪违法问题线索25条，立案查处6件，给予党纪政纪处分6人。

【作风纪律建设】 2016年，共开展明察暗访25次，谈话提醒11人，查处违反中央“八项规定”精神问题22个，给予党纪政纪处分23人；对4起“为官不为”典型问题进行问责和通报。

【教育预防工作】 加强党风廉洁教育宣传，组织100余人次领导干部及其配偶到省、韶关、乐昌廉政教育基地参观学习，接受警示教育；出具党风廉政情况意见48批次，涉及375个党组织和3287人次，开展任前廉政谈话、廉政考试廉政知识测试、廉政教育5批次168人。强化领导干部个人有关事项报告制度，2016年，共审批婚丧喜庆事宜报告28宗，审批办理因私出入国（境）证件14件，审批因私出入国（境）24人次。强化权力运行监督制约，组织4个党（工）委“一把手”在市纪委全会上进行“三述”。

【强化线索处置】 2016年，受理信访举报194件，实名举报88件。配合省委巡视组开展工作，调查核实巡视组转办的68件信访件，其中诫勉谈话3人，立案10件。全年共诫勉谈话6人，立案17件。

【突出审查重点】 坚持把“三类人”作为纪律审查的重点，紧盯“三个后”、群众身边“微腐败”、违反中央八项规定精神问题和换届纪律问题。全年立案77件，结案75件，给予党纪政纪处分74人（其中：副科级干部以上5人）。深入开展农村基层党员干部违纪违法线索排查，2016年1月至11月，全市共排查出农村基层党员、干部违纪违法线索375条（其中七类问题线索215条），重大线索2条，处置线索375条，了结302条。坚持正确的执纪导向，既严肃处理违纪行为，又积极履行保护职能，为126名受到诬告、错告的党员干部澄清问题。

【乐昌市廉洁教育基地正式投入使用】 2016年1月，乐昌市廉洁教育基地正式投入使用。该廉政教育基地占地面积25000平方米，分为5个功能区：廉洁文化主题公园、党员干部教育中心、市民廉洁文化学习中心、青少年教育活动中心、市民康体导向中心。分别分布在竹林公园、老干活动中心、图书馆、青少年宫、游泳场等区域。 （杜利雷）

廉洁文化长堤 （市纪委 供）

附：市纪委（监察局）领导班子成员名单

纪委书记：刘　峰（　—8月）
　　　　　邹有胜（8月—　）
纪委副书记：曾培伟
　　　　　　杨忠荣（10月—　）
纪委常委：邝德根　段定刚
　　　　　黄继祥（10月—　）
　　　　　何君梅（女）（10月—　）
监察局局长：杨忠荣（12月—　）
监察局副局长：黎跃飞　黄继祥　邝德根

民主党派·工商联

民革乐昌市总支部

【概况】 民革乐昌支部成立于1984年11月，2013年10月25日成立民革乐昌总支，2016年有民革党员29人，年内，发展2名入党积极分子。党员中有韶关市第十三届人大代表1人，政协韶关市第十一届委员1人，乐昌市第十四届人大代表1人（其中常务委员1人），政协乐昌市第九届委员5人（其中常务委员1人）。2016年10月换届后，韶关市第十四届人大代表2人，乐昌市第十五届人大代表1人，政协乐昌市第十届委员会委员8人（其中常务委员2人）。

【参政议政】 2016年，民革乐昌总支在经济建设、城市规划、文化教育等方面积极献言献策，民革中的人大代表提交建议4个，政协委员提交提案9个。

【社会服务】 2016年，主委刘国奇捐资6万多元帮助学校购买文具，出资6000元帮助一名大学生。党员刘翠炎捐款9万多元支助6名学生完成学业，并荣获广东省优秀女企业家称号。（邓忠超）

附：民革乐昌总支领导班子成员名单

主　委：刘国奇

副主委：韩德香（女）　邓忠超

委　员：谢　冲　张少斌　王笑芳（女）　孙显光

民盟乐昌市总支

【概况】 中国民主同盟于1985年9月在乐昌市建立基层组织，1997年11月发展为民盟乐昌市总支。2016年有盟员32名，分别来自文化、艺术、教育、科技、司法、医卫、企业等不同领域。

【参政议政】 2016年，民盟乐昌市总支在乐昌市人大、政协“两会”上提交提案4篇，其中，政协乐昌市第九届六次会议上，盟员提出的《关于进一步加快第一市场改造工作的建议》被列为重点提案进行督办。10月召开的乐昌市第十五届人大一次会议、政协乐昌市第十届一次会议上，盟员提交建议2份、提案4份，包括吕眉洁提出的《关于我市城关中学运动场整体工程整治的建议》《关于对红岭路城关中学路口路段占道经营现象进行整治的建议》，肖永来提出的《关于公办学校对公众开放体育设施的建议》，华瑛提出的《关于在市区武江河堤设置临时移动厕所的建议》等。曾德利完成盟市委交办的调研文章《优化法治环境，全面融入珠三角》，李敏瑶参与并完成乐昌市政协社会法制委员会《关于消化房地产库存，促进房地产平稳健康发展》的调研报告。

【社会服务】 总支各盟员在本职工作岗位上取得优异的成绩。刘慧琪被市委、市政府评为优秀校（园）长，吕眉洁被市委、市政府评为优秀教科研工作者，邓美菊被评为优秀教练，曾忠培养的学生在2016年G20杭州峰会上参加演出，周丽萍被韶关市委宣传部评为中青年文艺带头人，被选为韶关市“育鹰”工程培养对象，其导演的节目获得省、韶关市的各奖项等。在扶贫济困日活动中，总支和盟员共捐出善款5000多元。（吕眉洁）

附：民盟乐昌总支领导班子成员名单

主　委：李敏瑶

副主委：邓美菊（女）　彭记伍

支　委：华　瑛　周丽萍（女）
吕眉洁（女）　曾德利

民建乐昌市支部

【概况】 中国民主建国会乐昌支部成立于1994年4月6日，2016年有会员22人，乐昌市人大代表2人（其中：人大常委1人），乐昌市政协委员7人（其中：政协副主席1人，政协常委2人）。

2016年7月，王海玲在民建广东省委会2015年度参政议政工作评比中荣获优秀个人奖。12月，王海玲被乐昌市人民法院聘为人民陪审员。12月5日，会员吴超、林斌被评为韶关民建2016年度优秀会员。

【参政议政】 2016年，民建乐昌支部递交乐昌政协提案11个：《关于修建长来罗村红军渡口纪念碑的建议》（吴伟）、《关于修建毛泽东（义仓）演讲纪念碑的建议》（吴伟）、《关于对外宣传乐昌马蹄、香芋等农产品的意见和建议》（陈国雄）、《创建〈广东北大门欢迎你〉界牌，定位乐昌市公安局老坪石（交警中队边）治安检查站107国道三岔路口》（张宜山）、《关于在我市中小乡镇建设公共广场的建议》（王俊）、《关于在乐昌产业转移工业园增设红绿交通灯的建议》（王俊）、《关于加快维修铅锌矿至和村段下沉公里的建议》（王广隆）、《关于加强管理临街商铺“圈占”公共车位的建议》（林斌）、《整合全市旅游资源，加快景区景点开发建设的建议》（王海玲）、《关于佗城路段河堤铺设广场砖的建议》（欧阳春）、《巩固卫生城市，加强公众卫生教育管理，加大环境卫生综合整治力度，改善城乡整体环境卫生面貌等方面的建议》（高文学）。

【社会服务】 主委黎跃飞联系佛山南海区爱心人士为乐昌市关工委捐款28000元资助12名贫困学生。陈国雄资助12名学生共12000元。6月30日，民建乐昌支部在广东扶贫济困日捐款2200元。

（林　斌）

附：民建乐昌支部领导班子成员名单

主　委：黎跃飞
副主委：吴　伟　李家繁　王　俊
委　员：林　斌　陈国雄　王海玲（女）

中国民主促进会乐昌市支部

【概况】 中国民主促进会（简称民进）是以从事教育文化出版工作的高中级知识分子为主的、具有政治联盟性质的、致力于建设中国特色社会主义事业的政党，是同中国共产党通力合作的参政党。乐昌民进于1986年11月成立小组，次年成立支部。2016年有会员25人，其中副高级职称4人、中级职称16人，企业家会员2人，担任乐昌市第十五届人大代表、常务委员会委员1人，政协第十届乐昌市委员会委员6人、常务委员1人。2016年，被评为民进广东省委参政议政工作先进基层组织。

【参政议政】 2016年，中国民主促进会乐昌市支部向乐昌市政协提交集体和个人提案7件，内容涉及教育、旅游、城市管理等多个领域。

【社会服务】 积极开展多种形式的社会服务活动，会员爱心助学、扶贫济困等捐资近20万元。

（朱金鹏）

附：民进乐昌支部领导班子成员名单

主任委员：温桂华
副主任委员：李红梅（女）　王红新
朱金鹏　周国松

农工党乐昌总支委员会

【概况】 2016年，农工党乐昌总支新发展党员3人，为一支部张娟花、黄海辉，二支部雷计养。年末有党员44人，其中在职39人、退休5人。下设一支部（成员来自市人民医院，共25人），二支部（成员来自市中医院、中英文学校、廊田镇卫生院、坪石镇卫生院、市卫生监督所、乐昌监狱医院、关春中学、文化馆等单位，共19人）。

【参政议政】 2016年，在“两会”期间，共提出或参与提出人大建议1件、政协提案2件。提交《关于推进粤湘开放合作区建设的建议》（梁松茂）、《优化整合医疗资源，助力乐昌经济社会发展》（党派总支）、《关于加强对市区泥沙等运输车辆卫生监管的建议》（戴厚永）。朱兰高组织专委会开展教育改革专项调研视察；梁松茂被推选为农工党韶关市委委员，出席省党代会。并参与多项政协专项视察，先后会同韶关市委委员到郴州、乐昌市政府等单位开展专题调研，撰写专题调研报告《关于推进粤湘开放合作区建设的建议》，被农工党韶关市委确定为韶关市政协专题发言报告；朱兰镇参加《关于加快乐昌旅游产业发展》调研会，并到郴州调研。全年共报送反映社情民意信息报道5篇，其中一支部1篇、二支部4篇。

【服务社会】 协助做好省、农工党韶关市委对乐昌市廊田镇卫生院的对口帮扶工作，由省、市党委派出专家每月进行网络教学，累计举办网络教育42期；对廊田镇卫生院、乐城社区卫生服务中心的医务人员进行医学继续教育和培训4000余人次。总支副主委罗积广创办的乐昌市中英文学校，2016年教育教学成绩九年级中考总分进入全市前十名8人，前六十名29人。其中600分以上的61人，500分以上的202人。上省重点北江中学、韶关市一中线69人，上线率22%。上乐一中正取线214人，上线率67.7%；普高上线率97.8%。中考总平均分516.48分，位居全市前列。

【开展义诊和免费送医送药活动】 2016年11月26日，农工党乐昌总支到三溪镇开展义诊和免费送医送药活动，由乐昌市人民医院、中医院、卫生监督所、廊田镇卫生院、坪石镇卫生院等单位的农工党员组成义诊队伍，开展内科、外科、妇科、儿科、中医科、五官科等义诊科目，并提供测血压、快速检测血糖等服务，共接诊100多人次，免费派发药品1万多元。 （梁松茂）

2016年11月26日，农工党乐昌总支到三溪镇开展义诊和免费送医送药活动 （农工党乐昌总支 供）

附：农工党乐昌总支领导班子成员名单

总支主委：梁松茂

副主委：罗积广 朱兰镇

委 员：李发根 戴厚永

一支部主委：朱兰镇

副主委：李发根 杨关云

委 员：张 莹（女） 孟凡琦（女）

二支部主委：罗积广

副主委：戴厚永 雷本儒

委 员：杨凌青 郭建兵（女）

工商业联合会

【概况】 乐昌市工商业联合会（总商会）简称市工商联。2016年，在职机关干部4人，下设办公室1个；有专职党组书记、秘书长1人，主席（会长）1人，副秘书长、副主席（副会长）1人，兼职副主席（副会长）21人，兼职常委37人，兼职执委56人。其主要职责是：联系非公有制经济人士，做好党委、政府管理非公有制经济的助手；科学发展乐昌市民营经济。

【建立驻会及联系会员企业制度】 2016年，乐昌市工商联建立驻会干部与会员企业联系制度，每个干部职工负责联系10个以上会员企业。每个干部每周至少用一天以上的时间下基层走访企业，了解民营企业的实际情况，倾听民营企业的意见建议，随时掌握企业的生产经营情况。及时为企业带去新的政策信息、经济信息、技术信息。

【对外交流联系】 7月，工商联组织总商会、基层商会60多人到乳源丽宫大酒店联谊，双方就投资环境和办公情况等进行交流互动，达到共同提高的目的。10月，韶关广州商会举行成立庆典暨招商引资报告会，市工商联派出部分代表前往参加活动。11月，工商联派出2位代表到深圳，与当地知名乐昌籍企业家就有关成立乐昌深圳商会的具体事宜进行协商。

【召开工商联第十二届会员代表大会】 2016年9月27日，市工商联（总商会）召开第十二届会员代表大会。大会听取和审议乐昌市工商业联合会（总商会）第十二届会员代表大会上作的题为《全面建设社会主义和谐新乐昌努力实现民营经济跨越式发展》的工作报告，选举产生第十二届执行委员会主席（会长）、副主席（副会长）、秘书长、副秘书长、常委、执委。

【“五好”县级工商联申报工作】 12月1日，市工商联将创建省“五好”县级工商联的申报材料送到省工商联，由省工商联进行评定，同时向全国工商联申报2016年全国“五好”县级工商联。

【筹集资金助力精准扶贫工作】 6月29日，工商联组织开展“6·30”广东扶贫济困日募捐活动，发动会员企业和社会热心人士筹得善款共13.3万元。

（白深兰）

附：工商联领导班子成员名单

党组书记、秘书长：袁新玲（女）

党组成员、副秘书长：左世平

党组成员：白深兰（女）

2016年9月27日，市工商联（总商会）第十二届会员代表大会在市府礼堂一楼召开　　（陈广俊　摄）

社团组织

乐昌市总工会

【概况】 乐昌市总工会内设机构有办公室（含财务部）、组宣部、维权部（含女职工部）和经审办。下属事业单位有市工人文化宫。机关编制15名，其中行政编制14名、后勤服务人员编制1名；工人文化宫编制5名。2016年，总工会在职11人，退休20人；工人文化宫在职6人，退休16人。

【打造工会品牌】 打造“文化品牌” 通过搭建舞台、提供平台，激发职工的主动性、积极性和创造性，使职工真正融入文化建设中。1月16日，市总工会在欧亚特电子制品有限公司开展送春联到企业活动；“五一”、国庆期间在河堤广场组织开展“欢庆节日，排舞大家跳”活动；10月，开展“道德讲堂”活动。

2016年10月14日，乐昌市总工会举办工会系统道德讲堂活动 （市总工会 供）

打造“竞赛品牌” 开展“践行新理念、建功‘十三五’”劳动竞赛和职工技术创新活动，面向从业人员较多、通用性较广的工种群体开展职业技能竞赛活动；与市旅游局、厨师协会联合举办厨师烹饪比赛；与庆云镇政府合作举办古村讲解员技能比赛。

【组织建设】 召开十二届十二次全委会会议，市人大常委会副主任、市总工会党组书记邹志忠当选为市总会主席；开展党支部换届工作，选举出邓小兰、陈立坚、黄忠强三名同志成为新一届支委委员；对全市社会组织组建工会情况进行摸底，督促4家工会任期届满的企业进行选举换届，督促11个乡镇工委会机构进行调整，并指导其下属工会组织完善换届改选工作。推进农民工入会工作，针对乐昌市部分非公有制企业没有建会问题，加大对其帮扶力度，促进非公有制企业工会组建。2016年，分别为24个单位办理或变更工会社团法人资格证。

【劳模管理工作】 加强对劳模的管理服务工作，健全困难劳模帮扶机制，帮助劳模解决工作和生活中的困难，促进劳模示范作用更好发挥。2016年，开展为劳模送温暖活动，慰问帮扶各级劳模37人，慰问帮扶金额195000元。

【工会帮扶体系建设】 春节临近期间，开展“冬送温暖”活动。2月3日，市总工会联合公路、公安交警等部门，在107国道坪石收费站设立“情暖外来工”服务点，为在返乡旅途的人们提供便民服务。2月26日，联合人社局等部门组织开展“帮会员找岗、帮企业招工”行动，举办就业创业政策宣传月活动暨企业用工招聘会，帮助下岗失业人员或农民工实现再就业。3月4日，联合市妇联、乐城街道工委会、乐城街道社区卫生服务中心举办第十届“健康直通车”活动，为80多名乐城村、居委会女职工、困难职工提供免费妇检。4月29日，启动“夏送清凉”活动，活动持续4个月，以“送物资、送安全、送健康”为主题，为从事高温作业、户外作业、建筑施工等的一线职工送去夏日的清凉。8月23日，主办“金秋助学”活动启动仪式，共资助28名成绩优异、家境困难的学生，其中，本科生20名、每人3000元，专科生8名、每人2500元，共用资金8万元。10月，开展救助活动，医疗救助22人，每人3000元，共用资金6.6万元；生活救助76人，每人1500元，共用资金11.4万元。

2016年4月29日，乐昌市总工会开展“夏送清凉”活动（市总工会 供）

【职工维权服务工作】 健全受理、交办、督办、回复职工、群众信访事项等工作制度，规范信访工作行为，2016年，接待来信来访45人次。配合乐昌市人力资源和社会保障局做好仲裁的开庭审理和调解工作，参加协调劳资纠纷、工伤赔偿等仲裁工作。建立健全纠纷调处机制，为职工提供免费的法律咨询及援助。参与成立乐昌市劳资纠纷专项治理工作领导小组，制定乐昌市劳资纠纷专项治理工作实施方案，并配合治理行动。对乐昌市个体劳动者协会工资集体协调工作进行调研，签订乐昌市个体劳动者协会工资集体协商合同。做好职工医疗保险、女职工安康、在职职工住院保险工作。2016年，参加职工医疗互助保险、女职工安康保险和在职工住院医疗保险共1481人，其中职工医疗互助保险437人，女职工医疗保险503人，在职工住院医疗保险541人。年内，理赔女职工安康保险3人（理赔金额4.5万元），职工医疗保险理赔1人（理赔金额1万元），在职住院医疗28人（理赔金额3.66万元）。

（李　靖）

附：市总工会领导班子成员名单

主　席：许新华（　—12月）

　　　　邹志忠（12月—　）

副主席：邓小兰（女）　余秀芬（女）

　　　　余树晗（　—5月）

　　　　刘细坤（7月—　）

共青团乐昌市委员会

【概况】 共青团乐昌市委员会（简称团市委）机关内设1室1部。行政编制5名，设书记1人、副书记1人、正部长（主任）2人。2016年，在职人数3人，书记1人，副书记1人，科员1人。

【团建工作】 2016年，团员总数11715人，其中学生团员10045人。结合纪念建党95周年和红军长征胜利80周年，开展“追寻红色记忆·传承革命精神”——乐昌市少先队“开学第一课”活动；围绕创业就业、新媒体运用等方面内容，推荐优秀青年典型制作“五·四”宣传片展播，通过现场活动、电视、网络等渠道覆盖青年2万多人次。在广东省团校举办乐昌市基层团组织骨干培训班，乐昌市直机关、乡镇（街道、办事处）、省、韶关驻乐昌单位、学校、非公有制企业等单位团组织共计70余名团干参加。到大源镇小滩村开展结对帮扶、精准扶贫工作，借助“青春乐昌”微信公众平台助力贫困户卖蜂蜜，并将下单支付订单和收到的订单付款送到贫困户手上。12月4日，团市委组织青年志愿者在市河堤广场开展法制宣传志愿活动，派发《中华人民共和国未成年人保护法》和青少年外出或在公共场所自我防范知识，为青少年提供法律咨询和引导服务。

【开展各类主题活动】 联合教育、体育、文化等部门，举办“千人书画大赛”“供电杯”象棋大赛等文体活动；“五四”期间，举办“乐昌市凝心聚力抓落实·青春主力勇担当”主题演讲比赛；2016上半年举办“珍爱生命，远离毒品”青少年禁毒宣传教育活动，下半年在全市各学校开展“珍爱生命，远离毒品”青少年禁毒校园巡展教育活动，历时2个月，近7000学生参与，中学巡展覆盖率100%。在各中学开展“与人生对话”主题团日活动、在各小学开展“飞扬的红领巾”“红领巾心向党”“爱心压岁钱捐赠”“开学第一课”等少先队队日活动。

2016年5月4日，乐昌市“凝心聚力抓落实·青春助力勇担当”演讲比赛决赛在市政府礼堂二楼会议室举行（雷云龙 摄）

【青年志愿者工作】 2016年，全市共有注册青年志愿者13400余名。组织550余名志愿者参与“爱卫微行动”环保宣传、义务植树活动；举办“韶关福彩育苗计划”——乐昌育苗班，为100余名留守儿童提供免费课外辅导；开展“青春情暖”春运志愿活动、“爱连你我·情满中秋”志愿助残慰问等服务活动。

【青年就业创业培训工作】 针对青年创业初期资金紧缺、经验欠缺、技能不强等创业难题，联合农信社、邮储银行为创业青年提供贴息贷款，开展“展翅计划”“农村青年致富带头人”等活动，2016年，共为70余名青年提供见习岗位。

【希望工程事业】 2016年，共募集到各类救助资金100多万元，用于救助贫困学生、维修校舍、增添教学设备等。争取省青基会项目援建长来和村希望小学、长来中学、西联希望小学等学校。联系东莞拓展志愿服务队、瓦蓝栈助学、狮子会等民间组织，结对帮扶困难青少年23对，为乐昌市贫困青少年家庭积极争取“点燃心希望”先天性心脏病救助项目。挑选、组织申请希望工程助学金的贫困学生参加“韶城会亲”和“南粤会亲”。协助广东省青年联合会第八组到乐昌市长来镇前溪小学开展“春暖童心，情暖南粤”亲青公益季系列活动，给前溪小学送去空调、暖气机、书包以及水杯、雨伞、牛奶等8万元的急需物资和慰问金，惠及前溪小学149名留守儿童。（白 玲）

附：共青团乐昌市委员会领导班子成员名单

书　记：赵平平（女）

副书记：吴曙光

妇女联合会

【概况】 乐昌市妇女联合会（以下简称市妇联）是负责妇女儿童工作的群众团体，是党和政府联系妇女群众的桥梁和纽带。内设综合部和权益部，市妇女儿童工作委员会办公室设在市妇联。2016年有在职干部职工7名。

2016年，大源镇永济桥村巾帼联兴造林专业合作社负责人罗唐娣荣获全国“绿化”奖章及荣誉证书；市第一幼儿园荣获“2015年度广东省巾帼文明岗”；市妇联在平安创建暨综治工作中表现突出，被市委、市政府评为优秀等次。

【主题教育活动】 2016年，组织开展形式多样的“巾帼心向党”群众性主题教育活动；在纪律学习教育月活动期间，与市纪委联合开展家庭助廉教育活动，组织25名拟任政府组成部门主要领导及其配偶到乐昌市廉政教育基地参加廉洁教育活动；在省级“妇女之家”廊田镇岩前村委会打造廉政文化长廊。

【维权活动】 利用“三八”妇女节、母亲节、国际禁毒日等时间节点，大力宣传普及法律、禁毒、反邪、防拐卖、防艾滋病等知识。做好信访维稳工作，发挥特邀陪审员作用，参与案件审理3宗，为困难妇女提供法律援助。受理来信、来访、来电咨询等79人次，处理79宗，结案率100%。3月8日，组织妇女参与开展妇联主席“12338”热线接听日活动，利用热线为广大妇女儿童提供各种法律咨询服务；在市职工文化广场举行“妇女维权宣传日”活动，开展男女平等基本国策及《中华人民共和国妇女权益保障法》《中华人民共和国未成年人保护法》《中华人民共和国婚姻法》《中华人民共和国人口与计划生育法》等法律法规的宣传。在市第一幼儿园、市明珠试验幼儿园举办“感恩母亲节”“感恩父亲节”主题活动；在市河堤广场、市第五中学、市政府广场等地举办5场防毒防艾宣传活动。

【创建示范基地】 2016年，创建韶关市“巾帼文明岗”3个、“巾帼种养示范基地”1个；乐昌市“巾帼文明岗”2个、“巾帼种养示范基地”3个；举办下岗女工培训班，市妇联依托韶关市乐昌文杰职业培训学校，举办月嫂、烹饪、美容、美发等下岗女工技能培训班，培训100多名下岗女工，为他们再就业创造条件。

【妇女小额担保贷款】 深入开展农村妇女创业小额担保贷款工作，2016年，全市发放妇女创业小额担保贷款23笔，共109万元，推动城乡妇女增收致富。

【创建“儿童友好社区”“儿童之家”】 2016年，创建省儿童友好社区1个——市碧桂园儿童友好社区（明珠实验幼儿园）；创建韶关儿童友好社区2个——长来镇和村村委会儿童友好社区和廊田镇平富村委会儿童友好社区。发展“妇联+社工”“妇联+社会团体”的合作模式。完善“儿童友好社区”“儿童之家”的建设，为儿童健康快乐成长提供良好服务。

【送温暖活动】 春节期间，慰问单亲特困母亲家庭68户，送出慰问金3.4万元；“六一”儿童节，配合韶关、乐昌两级市委、市政府深入到乐昌的学校、幼儿园和家庭开展“六一”儿童节慰问活动，送上慰问金3万元；关爱留守儿童、困境儿童。联系社会各界人士资助贫困儿童54人，资助金额15.23万元。开展“关爱妇女”博爱基金援助贫困妇女“两癌”项目，为3名贫困妇女发放“两癌”慰问金0.9万元。争取中国妇女发展基金会10个“母亲邮包”，为廊田镇王屋村10名贫困妇女解决生活中的困难。做好孤儿、贫困家庭先天性心脏病救助工作。沙坪镇、黄圃镇的2位患病儿童得到救治。

【推动“妇女之家”项目实施】 加强“妇女之家”建设，培育和树立示范典型。成功创建长来镇和村村委会和廊田镇平富村委会为韶关市“妇女之家”示范点。

【村（社区）妇代会改建妇联工作】 将《村（社区）妇代会改建妇联工作指引》下发到各基层妇联，指导开展试点村（社区）妇代会改建妇联工作。2016年，完成乐城街道练塘村、大昌社区妇代会改建妇联的试点工作。

【教育培训】 2016年，市妇联选派11批共139名农村女能手到北京农家女学校参加创业班、养老护理班、在职民办教师班免费参加培训学习。组织农家女、乐昌残障孤儿艺术康复项目的3名同志到河南省参加“扶助心智障碍者成长”项目基础班课程培训；参加韶关市妇儿工委举办的妇儿发展规划监测统计工作培训班；组织乐昌市3名女领导干部参加韶关市妇联举办的浙江大学·韶关市女领导干部综合能力提升高级研修班；组织6名女村委主任、“两委”干部女性后备人选参加韶关市妇联举办的全市基层妇女参政议政培训班；组织相关人员参加省妇联在从化举办的“妇女之家”示范点优秀项目管理人员培训班。 （邝积莲）

附：市妇联领导班子成员名单

主　席：黄紫鹰（女，　—6 月）
　　　　陈晓霞（女，6 月—　）
副主席：毛亮英（女）　苏佩颖（女）

乐昌市文学艺术联合会

【概况】　乐昌市文学艺术界联合会（以下简称乐昌市文联）是群众文艺社团组织，为正科（局）级单位（参公管理），与乐昌市委宣传部合署办公，编制 2 人（设主席、专职副主席兼秘书长各 1 名）。辖下有书法、作协、美术、戏剧、音乐、摄影、诗社、舞蹈和曲艺 9 个协会，会员共 300 多人。

【主要工作】　与市文广新局组织召开全市业余文艺创作会；召开 2016 年文联工作座谈会；出版第七期、第八期《乐昌文艺》杂志；争取省文化消费补贴 15 万元，为各协会开展文艺活动及《乐昌文艺》杂志出版提供基本保障；配合韶关市美协到九峰镇开展艺家下基层活动；成功推荐周丽萍、欧伦彬为韶关市文艺带头人；组织书画家到秀水镇开展文艺扶贫送书画下乡活动，该活动共送出精准扶贫为主题的书画作品 100 多幅，其中已装裱的画 20 多幅、字 30 多幅；与市委宣传部、文广新局、教育局、曲艺协会、舞协等部门联合主办各种文艺活动 10 多次；做好广东省作家协会“走进广东北大门——乐昌”文学采访团组织到乐昌市开展采风创作的服务工作。

【文艺活动】　2016 年，文联辖下各协会开展文艺活动 70 多场（次）。其中，市美协开展 2016 年乐昌市千人书画大赛、乐昌市美术协会写生活动、2016 年韶关市纪念红军长征 80 周年美术书画展等 10 多次活动；市曲协开展 2016 年曲协新春茶话会、“美丽中国梦”快乐乐昌人——迎国庆文艺晚会、“美丽中国梦”——快乐乐昌人——重阳敬老文艺会演、“最美夕阳红九九情最浓”——重阳敬老文艺演出等 15 次活动；市摄影协会开展“庆元旦·迎新春·颂乐昌”摄影协会会员作品展、“美丽乐昌文化旅游摄影大赛颁奖仪式”活动、“美丽乐昌文化旅游摄影大赛”获奖作品在九峰巡回展览、邀请广州寻梦天下刘建立摄影老师到乐昌市进行摄影学术讲座、“红色印记——纪念中国共产党成立 95 周年暨红军长征胜利 80 周年摄影大展”征稿活动、“美丽乐昌——文化旅游摄影大赛”获奖作品展览、乐昌市“纪念建党 95 周年暨红军长征胜利 80 周年摄影大展”等 11 次活动。

【艺术成果】　2016 年，各协会共有 60 多人次获奖。其中，戏剧协会王超杰的《修缘》（编导主演）荣获“第九届全省残疾人艺术会演”小品类铜奖；欧伦彬的散文《美丽田园——五山上黎梯田》发表于广东省《源流》杂志；欧伦彬的渔鼓表演唱《社区书记老方》获广东省文化厅、广东省教育厅、中共广东省直属机关工委、广东省人民政府国有资产监督管理委员会、共青团广东省委员会联合主办的 2015 年度广东省群众文艺作品评选曲艺类三等奖。冯春华、欧伦彬的传说《乐昌之“石头”的传说》发表于《韶关日报》；摄影协会获省级入选的摄影作品 5 人九幅（组），地级市以下获奖入选摄影作品百余幅。获韶关市年度先进单位、3 人获优秀先进工作者、1 人出席广东省摄影家协会第十次会员代表大会；书法协会刘月星的书法作品入选“全国第八届新人新展”等。

【新增会员情况】　2016 年，各协会共新增会员 30 多人，其中曲协 10 多人、诗社 3 人；摄影协会加入国家级会员 1 人、省级会员 9 人。

【书籍出版】　2016 年，戏剧协会的杨宝英出版 25 万字的长篇小说《姹紫人生》，王超杰出版剧本《谁在动我们的幸福》。　（肖文桥）

附：市文联领导班子成员名单

主　席：罗忠德
副主席：肖文桥（专职）　王锦标　陈良茂
秘书长：肖文桥（兼）

乐昌市社会科学联合会

【概况】 乐昌市社会科学学会联合会成立于1986年11月15日，是中共乐昌市委和乐昌市人民政府领导下的群众性学术社团组织，是市委、市政府广泛联系和团结全市社会科学工作者的桥梁和纽带，由全市各群众性社会科学学术团体联合组成，拥有哲学、教育学、税务学等16个学会（研究会）830多个会员。乐昌市社会科学学会联合会为正科（局）级单位（参公管理），与乐昌市委宣传部合署办公，编制2人，设主席、副主席兼秘书长各1名。

【主要工作及活动概况】 联合相关单位在新时代学校举办"2016年中科院老科学家科普韶关行"科普巡讲活动。"5·12"防灾减灾日，与市地震局、市经信局等单位联合开展活动，在宣传活动现场陈列众多在灾害来临之际的科学应对措施和一些与灾害息息相关的科普知识。与市委宣传部共同完成社会主义核心价值观主题广场的内容设计、校对工作。向韶关市韶文化研究院推荐欧伦彬、黄锦良2名同志为韶文化研究院兼职研究员。

【各学会（研究会）活动情况】 教育学会与乐昌电视台联合开设《走进校园》电视栏目，栏目分设《校园动态》《才高八斗》《校园观察》三个板块。税务学会举办"关注财税热点，普及税收知识"为主题的税收知识竞赛。图书馆学会到长来镇、廊田镇开展送书下乡惠民活动。涉及农业科学、医药卫生、文化娱乐等各个门类，共4000余册。地方税收研究会做好2015年国家税收总局税官论税改革征文和韶关市地方税收研究会年度调研总结表彰工作。张国良撰写的论文《对广东地税系统绩效管理的难点分析和建议》获三等奖。医学会多次组织医务人员参加科技下乡、送医送药下乡活动，上半年共义诊1000多人次，咨询1100多人次，健康教育1500多人次，发放宣传资料、健康小册子1000多份，免费送药3000多元。哲学学会把工作落实到阵地管理之中，守好学校网站、宣传橱窗、展板等各类宣传平台，强化微信群、QQ群、手机短信等网络新媒体新技术的监管，发挥舆论引导作用。

（陈祝容）

附：市社科联领导班子成员名单

主　席：王　卫

副主席兼专职秘书：陈祝容

残疾人联合会

【概况】 乐昌市残疾人联合会是市政府下辖的一个正科级部门，办公地址位于乐昌市工业大道30号，是代表、服务、管理全市各种残疾人的独立法人机构，内设办公室、下设残疾人综合服务中心。负责乐昌市残疾人的康复和预防、教育培训、劳动就业、社会保障、精准扶贫、文化体育、无障碍环境建设、维权、组织建设、二代残疾证换发等工作。2016年定编参公事业编制4名，实际在编6名，设理事长1名、副理事长2名；事业编制5名，实际在编5名。经《乐昌市机构编制委员会关于增加市残联事业编制的通知》（乐机编委〔2016〕11号）文批准，乐昌市残疾人综合服务中心增加事业编制1名。

【康复工作】 2016年，完成残疾人假肢装配、用品用具供应和"十三五"彩票公益金贫困重度残疾人辅助器具适配项目评估筛查工作，为74名各类残疾人免费配备辅助器具，为63名视力残疾人开展助视器评估适配工作，通过韶关爱尔眼科医院为220名白内障患者免费做手术，使他们重见光明。完成残疾儿童康复救助"七彩梦行动计划"的筛查和上报工作，全市共筛查34人，其中肢体和脑瘫14人、智力儿童17人、听力儿童3人。康复中心接收13名残疾儿童进行康复训练。为130名贫困精神障碍患者发放6.5万元的药物资助，协助相关部门做好严重精神障碍患者救治救助工作。

【教育和就业工作】 加大安置力度，多渠道帮扶残疾人就业创业，全年接受推荐残疾人就业求职登记人数28人，共安置残疾人就业62人。通过定点培训基地，选送18人次参加韶关举办的SYB创业、西式糕点制作、养蜂、灵芝种植、毛绒编制等各类型专业培训班。举办1期乡镇农村残疾人种养技术培训班，免费培训农村残疾人91人。对乐昌市镇村两级残疾人专职委员186人进行业务知识培训和轮训。提高残疾人生活津贴、重残护理补贴标准。2016年发放重度残疾人护理补贴2772人，金额489.675万元；残疾人生活津贴2074人，金额247.48万元。完成南粤扶残助学金的统计申报工作，其中中等教育13人、高等教育18人，为4名应届残疾人大中专生申报发放扶残助学金。做好未入学适龄残疾儿童少年（7～15周岁）调查工作。

【第二代残疾人证换发工作】 乐昌残联修订残疾人证管理办法公开办证程序，逐步建立残疾人基本情况数据库，使二代残疾证的办理逐步规范，2016年共办证829人，总换证人数8973人。

【残疾人社会保障工作】 把残疾人特别是贫困残疾人纳入社会救助体系之中，实现农村残疾人新型农村合作医疗全覆盖，减免手续费、卡费等。2016年乐昌市参加新型农村合作医疗的残疾人有5867人，城镇重度残疾人养老保险339人。

【残保金年审和征收】 开展残疾人就业保障金的年审征缴工作，对73家机关、企事业单位进行残疾人就业保障金征收年审工作，审核应征就业保障金103.58124万元。

【残疾人服务状况和需求动态更新专项调查】 对全市残疾人服务状况和需求动态更新进行信息核查、现场调查、数据录入和上报，共调查19个镇（街道、办事处）195个村（居委会、社区），完成全国残疾人服务状况和需求动态更新专项调查工作。

【信访维稳工作】 2016年，共函复市委纠风办转办函4份，回复群众来电330人，接待残疾人来访14人次，帮助外来求助的困难残疾人20人次。

【残疾人专门协会和文艺体育工作】 联合韶关市肢残协会举办“湖南郴州东江湖联谊游”活动。在乐昌市第十四届运动会中，乐昌市残疾人获得扑克牌比赛团体亚军和个人季军的成绩。文艺作品《修缘》荣获“广东省第九届残疾人艺术会演”戏剧小品类表演与创作铜奖。（邓文峰）

附：市残联领导班子成员名单

理事长：罗新和（　—10月）

　　　　宁芝花（女，10月—　）

副理事长：骆　辉　邓永安

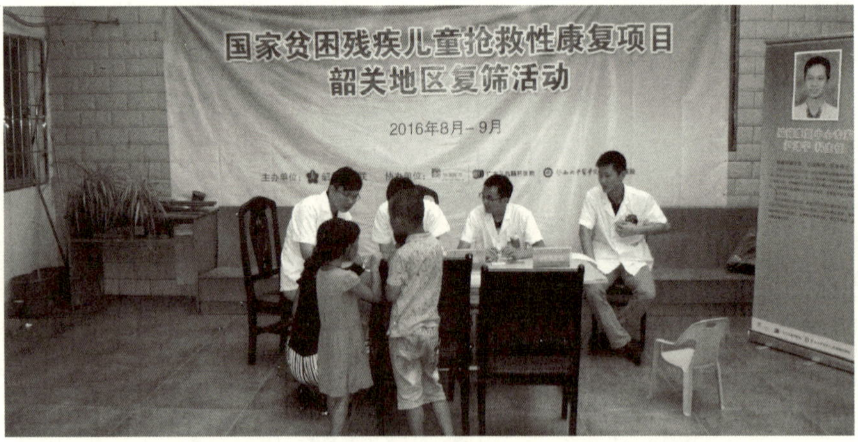

2016年8月至9月，韶关市残联率领暨南大学医学院附属脑科医院、广东三九脑科医院、华润医疗和市残疾人康复中心的医务工作者到乐昌市开展“国家贫困残疾儿童抢救性康复项目韶关地区复筛活动”（邓文峰　摄）

国　防

乐昌市人民武装部

【概况】 乐昌市人民武装部（以下简称乐昌市人武部）的前身为乐昌县武装大队，于1950年2月成立，隶属于中国人民解放军广东省北江军分区。1952年6月，成立乐昌县人武部，隶属北江军分区。1952年10月，北江军分区扩编为粤北军区（副军级），乐昌县人武部隶属粤北军区。1954年8月，改称为乐昌县兵役局。1956年3月1日，粤北军区缩编为韶关军分区，乐昌县兵役局隶属韶关军分区。1959年1月，恢复乐昌县人武部。1986年6月，县人武部改归地方建制，为副县级单位，县人武部干部实行集体转业。移交后，县人武部仍是县委的军事组织，又是县政府的兵役机关，接受县委、县政府和韶关军分区的双重领导。1994年7月16日，乐昌撤县设县级市，县人武部改称市人武部。1996年4月1日，按照中央军委的统一部署，乐昌市人武部恢复军队建制。收归军队建制后，市人武部的基本职责和任务未变。2005年年末，乐昌市人武部迁至乐昌市公主下路72号，至2016年，乐昌市人武部机构编制人员未变。

【思想政治工作】 2016年，市人武部坚持把思想政治建设摆在各项建设首位。突出学习习近平主席强军系列重要论述和中共十八届五中、六中全会精神，继续巩固深化“三严三实”教育整顿成果，开展改革强军主题教育和“两学一做”学习教育活动，组织党委中心组专题学习，领导带头讲党课，广泛开展谈心交心活动，主动做好排忧解难工作，强化干部职工的大局意识、服从意识，确保以高度的自觉性保证改革顺利实施。结合“两项教育”活动，开展全面停止有偿服务、违规占用住房和违规开支等专项清理政治活动；组织全体干部职工开展“重温入党誓词”和手抄习近平主席系列强军重要论述活动；开展“新体制、新职能、新使命”和“坚定理想信念、明确政治方向”大讨论。党委班子成员注重用党的最新理论成果武装头脑、指导实践，对上级的指示要求做到坚决贯彻落实，不打折扣。扎实开展“三严三实”专题民主生活会，围绕“五查五看”和《意见》规定的领导干部12个方面，党委班子成员认真反思，深入对照检查，开展批评与自我批评，作风建设不断加强。

【动员战备工作】 国防动员建设稳步推进　邀请特战学院专家作《中国国家安全环境》辅导报告，各级领导国防意识得到强化。组织国动委成员单位领导参加上级开展的国防动员理论辅导，2次召开本级国动委成员单位工作会议，进一步完善相关机构和机制，严密组织国民经济、交通战备和拥军支前潜力数据调查。开展民兵整组工作，编实建强民兵专业分队和应急分队。

兵役登记和征兵工作圆满完成　逐户上门完成6500余名适龄青年的兵役登记任务，登记率达到90%以上。精心组织征兵工作，开展精准征兵宣传试点，推进阳光征兵、廉洁征兵，顺利完成兵员征集任务，其中大学生比例创历年新高。

战备训练水平不断提升　扭住作战能力这一主线，以检验评估和国防动员演练为抓手，全面抓好干部职工、专武干部和民兵营、连骨干军事训练落实，完善战备库室建设和修订各类战备方案。组织专武干部、民兵应急连、民兵营长和民兵轻舟分队等集训，民兵队伍平时应急、战时应战的能力素质得到提升。2016年，市人武部组织协调驻军官兵出动人员百余人次、冲锋舟10余艘次，参与被撞的武江河铁路桥抢修、城市内涝救援等任务。

【安全管理】 坚持定期分析安全形势，传达上级指示精神，筑牢安全思想根基。落实“全员额管理、全时制落实、全过程跟踪”措施，加强人员管控。严格军车使用管理，控制长途车辆派遣，杜绝车辆事故发生。加强仓库检查监控，周密组织燃爆危险品清理清查，全面整治安全隐患问题。常态化运行集中文印室，集中清理绝密文件、销毁报废涉密载体、文件资料等，从源头上减少失密泄密隐患。开展安全隐患大排查，明确防范重点、安全事项逐个筛查，及时召开部党委会，研究制定整改措施。对办公楼、仓库安防设施进行全面检查整修，升级改造安全设施设备，加强安全防范措施。着眼应急处突，修订完善各级应急处突预案。多次组织人武部干部职工、武警二大队部分官兵和公安人员，进行防冲撞、防袭击演练，强化军警民联防和情报通报机制。先后组织20名应急队员参加治安检查，集中120名应急队员开展应急处突针对性训练和教育，2次出动人员协助公安、武警维护社会秩序。

【后装保障】 修订完善各种后勤保障方案，尤其是参加抢险救灾等非战争军事行动后勤保障方案。结合民兵整组，进一步完善民兵应急队伍中的后勤要素，重点抓民兵医疗救护分队和运输保障分队等后勤力量建设，编齐编实人员和物资装备，做到方案要素齐全，符合实际。通过建立以地方政府为主体的军地联合调查机构，由地方经济动员部门主导，着力解决潜力数据统计上不来、上报数据不规范、运行难以常态化等问题。开展财务大清查，统计完善营房、绿化和水电设施等信息。完成民兵武器装备实力数据统计上报和通用装备潜力调查摸底。狠抓民兵武器装备仓库正规化建设，民兵武器装备仓库管理不断加强。

【“双拥”共建】 2016年，市人武部先后在乐城街道和供电局成立复转退军人之家。协调地方政府开展春节、“八一”慰问驻韶关、驻乐昌部队和伤残军人等活动；驻乐昌部队组成医疗小分队，为市民免费看病，上门为孤寡老人送医送药；积极做好复、转、退军人和随军家属的就业安置工作。

（段金亮）

附：市人民武装部领导班子成员名单

部　长：雷红江

政　委：伍胜喜

副部长兼军事科科长：刘明珠

政工科科长：方少波

后勤科科长：张　刚

人民防空

【概况】 乐昌市人民防空办公室设在市政府办公室内，属行政机关，行政编制3人，2016年年末，在职人数5人。

【业务建设】 加强人防主管部门与规划、建设、房管等相关部门的联审制度，按照“以建为主，以收促建”的原则，宣传、鼓励依法修建人防工程。全年人民防空窗口业务开展顺利，在行政审批和行政执法过程中，未出现一例行政诉讼和行政复议案例，未接到任何相关投诉。

【机关“准军事化”建设】 按照“准军事化”建设的要求，从政治思想、个人素质、团队作用、工作作风、办公秩序等方面狠抓机关作风转变。与广东物资管理局七三三处员工、武警中队的武警共同进行应急疏散演练，取得很好效果。

【人民防空宣传教育】 组织9月18日的防空警报试鸣，提高群众对人防工作的关注度。

【人防执法与“结建”工作】 加强人防执法，抓好人防工程易地建设费收缴工作。所征易地建设费全额纳入市财政专户，实行“收支两条线”管理，把工作重点放在落实结合民用建筑修建防空地下室方面，做好“以收促建”工作。（林宪海）

附：市人民防空办公室领导班子成员名单

主　任：邹坚峰

消　防

【概况】 乐昌市公安消防大队始建于1965年，位于乐昌市乐城镇榴村开发区，下设2个中队（乐昌公安消防中队和坪石公安消防中队）。肩负市区和辖1个街道、2个办事处、16个乡镇的消防保卫、抢险救援、社会救助等任务。

2016年，全市发生火灾75起，消防队伍接警238起，出动238次（含增援），出动消防车324辆次，消防人员1740人次，抢救被困人员61人，疏散人员365人，抢救财产价值118.2万元。

2016年，乐昌大队乐昌中队成功续评省级“青年文明号”；谢一锋、陈伟创两名同志荣立三等功。

【队伍管理】 规范办公秩序，严格值班执勤制度，大队领导干部每月至少参加中队的一次队务会，每周至少参加中队的一次早操、一次查铺查哨和一次晚点名；大队每月定期组织一次日常工作督导和全面检查。定期开展队伍形势分析，及时掌握安全制度落实、“八小时”以外官兵管理、业务训练、车辆管理、灭火救援等安全工作形势，强化官兵网络安全教育，消除各种安全隐患。重点抓好新兵和退伍老兵管理教育，建立新兵个人思想档案，开展退伍老兵思想调查和摸底，干部分人包干，训练跟踪到位，确保队伍形势安全稳定。

【宣传教育】 在乐昌市人民政府网站建立消防专栏，社区依托综合服务措施建立消防安全教育场所，新建微信公众平台，定时定量推送优质消防知识与发布消防工作信息。在机关单位定期开展消防安全宣传教育制度培训；促使所有的中小学校将消防知识纳入教育教学内容，做到有教材、有课时、有师资；协助学校高中开展消防知识“进军训”活动，促使街道社区建立消防安全宣传教育制度和推选1名消防宣传大使；对辖区60%的企业员工开展消防安全培训。2016年，大队共举行消防培训35余次，培训人员3000余人，对学校宣传10余次、对社区宣传5次、组织开展灭火逃生演练25次、开展消防教育培训28次、发放宣传单页8万余张，教育群众数万人。

【消防监督】 2016年，消防大队检查各类单位1498家，发现火灾隐患1236处，督促整改火灾隐患1235处，临时查封10家，责令“三停”11家，提请市政府挂牌重大火灾隐患1家，罚款33.1万元。全年无特大火灾。（秦　卓）

附：公安消防大队领导班子成员名单

大队长：范　奇
教导员：王业辉
副大队长：周正乾
防火参谋：易鹏化　李儒龙
乐昌中队指导员：谭　琨
乐昌中队中队长：曹　卿
乐昌中队副中队长：王　均
秦　卓（6月—　）
坪石中队指导员：徐文涛
坪石中队中队长：刘何佳
坪石中队副中队长：胡永恒

2016年4月23日，广乐高速上一货车起火，乐昌中队消防官兵现场扑救（彭国德　摄）

法　　治

政法委及综治工作

【概况】 乐昌市委政法委是市委领导全市政法工作的职能部门，又是党委的主要职能部门。政法工作在党委及其政法委的统一领导下，由公安、检察、法院、司法行政等部门分工合作，共同执行国家刑事、民事、诉讼、国家安全等基本法律工作。乐昌市委政法委与综治办、“610”办合署办公，是同级党委加强政法工作的参谋和助手。市委政法委下设办公室、执法督查室2个内设机构。机构编制12人（含事业编1人、工勤编1人），2016年实有人员11人。

【维稳工作成效显著】 全年未发生重大群体性事件、严重暴力犯罪事件、极端恶性事件、危害国家安全的政治性案（事）件及影响现实社会的重大网络舆情事件。群众到省进京访上升势头得到有效遏制，信访总量持续下降。全年共排查社会矛盾416宗，化解401宗，化解率96.4%。市四套班子领导包案共84宗，化解50宗，化解率60%。

【执法情况】 2016年，市公安机关开展打击突出刑事犯罪“飓风2016”专项行动，严厉打击各类违法犯罪活动，全市受理治安案件3182宗；立刑事案件1689宗，破案1001宗。市法院共受理各类案件2779件，办结2238件。同比分别上升38.7%和20.6%，人民群众满意度得到有效提升。市检察机关受理审查逮捕案件235件302人，经审查，批准逮捕198件259人，不批准逮捕37件43人；共立案查办涉农领域职务犯罪3件3人。

【社区矫正工作】 2016年，市司法局共接收社区矫正人员128人，期满解除矫正131人，未出现因监管不到位导致的涉及社区服刑人员的重大案（事）件。

【严重精神障碍患者排查及救治救助工作】 2016年，乐昌市开展严重精神障碍患者排查及救治救助工作，对在册和疑似严重精神障碍患者进行“地毯式、全覆盖”排查，摸清严重精神障碍患者的基础信息，并重新评估诊断，逐一登记建档。截至2016年年底，共排查在册患者2650人，完成资料登记的严重精神障碍患者2474人、完成评估分级的严重精神障碍患者2474人；发现疑似严重精神障碍患者362人，完成资料登记的疑似严重精神障碍患者282人，完成诊断和评估分级的疑似严重精神障碍患者疑似患者2474人。3级及以上重性患者共87人。公安机关按照“一人一档、一人一警、一人一策”的要求，录入全国重性精神病人信息管理系统进行日常管控。残联部门共办理精神残疾证86人，并以每人500元的标准补助130名贫困精神障碍患者药费，37名涉嫌危害公安全、流浪乞讨严重精神障碍患者送精神病医院进行治疗，落实监护人2474人，协助监护人174人。

【防范处理邪教问题工作】 组织公安机关、各镇（街道、办事处）落实各项防控措施，加强对邪教重点人的跟踪控制。积极打击查处“法轮功”、全能神等邪教组织违法活动。侦破何某红（女）组织、利用邪教组织破坏法律实施案，抓获犯罪嫌疑人何某红，缴获“法轮功”书籍、光碟、传单、资料一批。并移送司法机关公诉。全年社会面帮教邪教人员7人。

【社会治安综合治理网格化管理】 全面推进社会治安综合治理网格化管理实现“中心+网格化+信

息化”工作模式。乐昌市确定北乡镇、廊田镇为综治信访维稳中心目标管理和综治网格化管理试点单位，制定综治网格定格、定人、定制度，在农村社区按村民小组或自然村划分为一个或多个网格，落实一格一员或一格多员。截至2016年年底，乐昌市19个镇（街道、办事处）225个村（居）级有2079个村民小组2854名网格员。

【社会治安防控体系建设】 乐昌市立体化治安防控体系建设思路基本形成。截至2016年年底，乐昌市社会治安视频监控系统建设一类点270个、高清卡口12个、二类点1730个，19个镇街（办事处）225个村（居）主要路段装有225个高清视频监控。

【体制改革工作】 推进市委政法委、市社工委、市依法治市办融合一体办公机制。制定乐昌市政法委、社工委、依法治市办三部门融合办公、合并运行的工作机制方案，出台《中共乐昌市委政法委员会机关主要职责、内设机构和人员编制规定》。推进司法体制改革，组织统筹协调乐昌市司法体制改革试点工作。3月，市人民法院、市人民检察院按照市委政法委总方案分别制定司法体制改革试点子方案；4月底，完成审判组织和办案组织的组建和人员人类；5月，按照新的司法权运行机制运行。

（肖 云）

附：市委政法委领导班子成员名单

书 记：刘祥锋

副书记、综治办主任：沈家辉

副书记、“610”办主任：黄学斌

副书记：龚绍芳（女）

综治办副主任：肖 云

“610”办副主任：李根泉

法治政法建设

【概况】 乐昌市法制局挂牌市人民政府办公室，正科级行政机关。行政编制5名，2016年在职人数3人。市人民政府办公室内设机构行政复议股（加挂市人民政府法律顾问室牌子）和行政执法监督股归口市法制局管理。

【政府法律顾问】 4月28日，乐昌市举行政府法律顾问聘任仪式，聘请广东秦唐律师事务所沈明星、张朝星两位律师为市政府常年法律顾问，并建立市政府法律顾问团队。

2016年4月28日，乐昌市政府与广东秦唐律师事务所签订常年法律顾问合同 （市法制局 供）

【市政府常务会议学法】 印发《乐昌市2016年度市政府常务会议专题学法计划》。邀请广东洛亚律师事务所管委会执行主任黄建球律帅作《政府实施PPP项目的主要法律风险概述》法律专题讲座，市政府法律顾问、广东秦唐律师事务所主任沈明星律师作《法治政府建设实施纲要（2015—2020年）》解读法律专题讲座。

【重大行政处罚备案】 印发《关于认真做好重大行政处罚备案工作的通知》，加强重大行政处罚备案工作，规范重大行政处罚行为，提高行政执法水平和质量。2016年度，乐昌市法制局完成重大行政处罚案件备案12宗。

【行政执法人员清理】 全面落实行政执法人员持证上岗制度，规范行政执法行为，坚决杜绝合同工、临时工执法。2016年，清理出从事行政执法工作的合同工7人，临时工1人。

【行政复议】 2016年，共收到行政复议申请14

宗，受理 13 宗，办结 13 宗，依法履行行政复议职责。

【建议提案】 市十四届人大六次会议和市政协九届六次会议期间共收到人大代表建议 12 件、政协委员提案 36 件。全部建议、提案均按时限要求办理完毕，答复率 100%。（刘　翠）

附：市法制局领导班子成员名单

副局长：谢城美（　—7 月）

公　安

【概况】 1949 年 10 月，乐昌解放，乐昌县人民政府接管原国民党乐昌县警察局。1950 年，改组县公安局机构，组建秘书室、调查股、执行股和公安队。乐昌市公安局位于碧桂路 1 号，是乐昌市的治安行政和刑事执法部门，受韶关市公安局和乐昌市委、市政府的双重领导。市公安局有内设、派出机构 39 个。2016 年，市公安局有 3 个单位、10 名民警立功受奖，68 名民警受到各级表彰，廖锦荣被南方日报社、南方法治报社评为 2016 年度优秀通讯员，张黛虹被评为“韶关好警察”。

《中华人民共和国反恐怖主义法》大型主题宣传活动现场（廖锦荣　摄）

【抓源头保稳定】 乐昌市公安局围绕山林水土、劳资纠纷、医患纠纷等重点，依法做好矛盾化解和调处工作，引导群众在法律框架内解决争端，先后化解重大矛盾纠纷 32 起。结合《中华人民共和国反恐怖主义法》实施，举办大型反恐主题宣传，做好反暴恐工作。

【抗冰保畅通】 2016 年 1 月，京澳港高速乐昌段，省道 249 线梅花、云岩路段，省道 248 线九峰山、狮子山路段出现路面结冰，乐昌市公安局投入 200 多名警力到各冰封路段，全力保畅通。

【严打保平安】 2016 年，乐昌市公安局侦破各类刑事案件 1000 多宗，查处治安案件 1200 多宗，打掉各类犯罪团伙 36 个，抓获犯罪嫌疑人 400 多人，查处违法人员 1400 多人。推进“雷霆扫毒”，先后查处吸毒人员 650 多人，强制戒毒 150 多人，刑事拘留，提请逮捕嫌疑人 190 多人，打掉涉毒团伙 3 个。严打盗抢犯罪，对盗窃、抢劫、抢夺等多发性侵财犯罪出重拳，侦破涉盗抢案件 900 多宗，提请逮捕、公诉 90 余人，打掉李某等人盗窃通信电缆犯罪团伙、许某河等人敲头抢劫犯罪团伙、李某成等人盗窃保险柜犯罪团伙、华某等人跨区盗窃摩托车犯罪团伙等多个犯罪团伙，追捕涉盗抢在逃嫌疑人 7 人。严打电信网络诈骗和金融领域犯罪，打掉涉电诈犯罪团伙 2 个，刑事拘留 7 人，提请逮捕 6 人，移送起诉案件 40 多宗。侦破金融领域案件 5 宗，提请逮捕 8 人。

【禁毒宣传】 结合“6·26”国际禁毒日等时机，禁毒委组织公安、教育等成员单位，入校园、进社区、上街面，大力推进禁毒宣传“6·27”工程，先后到乐城一小、城关中学、工商技校、梅花中学等学校，及乐城镇、坪石镇各大广场、社区，开展大型禁毒宣传活动 30 多场（次），党政领导与禁毒民警共同发放宣传资料 1.5 万份。

【加强巡逻防控】 特巡警、派出所全年投入巡逻警力 8000 余人次，以视频监控等科技手段构筑成全方位、全时段、全覆盖的治安防控网“天网”，有效震慑违法犯罪。先后盘查可疑人员 700 多人，协助破案 60 多宗，抓获违法犯罪嫌疑人 180 多人，解救跳楼、跳水轻生者 7 人，送回走失老人、儿童 9 人。

【安全保卫】 圆满完成九峰“桃花节”、秀水“印象八岭”、迎新年环城跑等大型安保任务40余次，投入警力2300多人次。做好“护校安园”工作，全面排查全市中小学校，开展法制进校园宣传活动，派发宣传资料1.5万份，法制讲座100多场（次）。

【窗口服务】 公安交警窗口单位为群众提供机动车入户、年检，驾驶证补、换、发、审验清分等服务1.68万笔；出入境户政窗口为群众提供出生入户、迁移、项目变更、恢复户口、数据补录审核、二代身份证申领换发、出国（边）境证件申领、签注等业务18.65万笔。

【安全监管】 交警、消防严格做好道路交通、消防安全监管工作。交警部门全年查处道路交通违法行为4.61万起，治安、刑事拘留30余人，道路交通事故、伤亡、经济损失均有所下降，交通安全形势平稳。消防部门检查各类单位1500多家，排查并整改火灾隐患1300多处，对部分问题突出的单位采取查封、挂牌整顿、罚款等处罚，全市火情平稳。（廖锦荣）

附：市公安局领导班子成员名单

局　长：李桂平
政　委：刘　洪（　—8月）
　　　　李　洋（12月—　）
党委委员：廖　英
纪委书记：马森聪
副局长：李　洋（　—12月）
　　　　薛会林　李福根（8月—　）
　　　　陈红兵（8月—　）
党委委员、政工办主任：李飞龙

检　察

【概况】 乐昌市人民检察院内设机构有政工科、办公室、案件管理中心、侦查监督科、公诉科、反贪污贿赂局（侦查一科、侦查二科）、反渎职侵权局、职务犯罪预防科、民事行政检察科、控告申诉检察科、监所检察科、法警大队、派驻坪石检察室和未成年人检察工作办公室（以下简称未检办）。人员编制数55人，2016年在编人员45人。

2016年，在韶关市检察机关量化考核中，乐昌市人民检察院排名第九，检察长许细桥被评为优秀基层院检察长，钟翔鹰、刘玉仙记个人三等功，控告申诉检察科荣立集体二等功；全年乐昌市人民检察院受市级嘉奖3次，受省级嘉奖1次。

【刑事诉讼】 全面贯彻宽严相济刑事政策，全年受理审查逮捕案件235件302人，审查批准逮捕198件259人，受理审查起诉案件285件381人，审查决定起诉268件352人。

严厉打击毒品犯罪 2016年，乐昌市人民检察院公诉部门共办理毒品犯罪案件106件121人，办理一批社会影响较大的毒品团伙犯罪案件。在办理毒品案件中严格把关，不放过任何一个罪犯，不遗漏任何一单犯罪事实，追漏犯23件25人、漏罪4件4人。

严厉打击破坏环境资源犯罪 2016年，乐昌市人民检察院对破坏环境资源犯罪案件提起公诉16件19人。办理一批严重破坏森林资源案件。

依法尊重和保障人权 严格落实疑罪从无、非法证据排除等法律规定，严把案件事实关、证据关、程序关和法律适用关，不批准逮捕37件43人，不起诉9件12人。全面推行未成年人犯罪案件专门办理机制，成立未成年人检察工作办公室，集捕诉监防为一体，受理审查逮捕未成年人案件17件27人，受理移送起诉未成年人案件18件25人，不批准逮捕未成年人3人，不起诉未成年人3人，对未成年人法律援助17件。对犯罪未成年人教育为主、惩罚为辅，实行教育、感化、挽救的方针，在乐昌市多所中小学校开展法制宣传教育，探索与社会各界联动工作机制，形成社会合力，共同推动未成年人犯罪预防和权益保护工作。

【查办和预防职务犯罪】 *惩治职务犯罪* 2016年，反贪部门受理职务犯罪线索26件，立案5件5人，涉案金额近300万元，其中，受贿案3件3人，行贿案1件1人，单位行贿案件1件1人。反渎部门受理职务犯罪线索7件，在涉农惠农领域渎职犯罪立案3件3人。立案查处全市影响较大的案件有：乐昌市发改局原局长谢某汉受贿案、经韶关市院指定管辖查办的新丰县公安局梅坑派出所原所长潘某力玩忽职守案。

更加注重预防　全年开展职务犯罪警示教育活动34场，撰写预防调查5篇，开展案例分析7次，召开案例剖析会8次，撰写检察建议并被采纳7份，开展行贿犯罪档案查询1137次，接受预防咨询44人次，录入行受贿犯罪案件信息5条。规范专项资金管理，预防涉农扶贫领域职务犯罪。乐昌市人民检察院与市扶贫办共同研究制定《关于在扶贫开发领域预防职务犯罪工作中加强联系配合的实施方案》。深入乡镇调研，开展“法律进乡村”预防宣传活动，对全市232名村（社区）党支部书记开展2场廉洁履职教育。制定《乐昌市人民检察院服务和保障换届选举专项预防工作实施方案》，开设换届选举预防犯罪宣传栏，发放预防换届选举职务犯罪宣传手册400余册，鼓励群众监督举报换届选举中出现的违法违纪问题。在换届选举过程中积极配合纪检、组织部门和选举机构对换届选举各个环节的监督，对拟提拔干部是否存在违法行为提出审查意见，防止干部“带病提拔”“带病上岗”。

【诉讼监督】　刑事侦查活动监督　纠正漏诉漏罪及追加起诉38人；监督公安机关立案9件10人；监督撤案3件3人；发出纠正违法通知书6份；发出检察建议书21份；发出侦查活动监督通知书25份。在“破坏环境资源和危害食品药品安全犯罪专项立案监督活动”中立案监督1件2人。在“两法衔接”（行政执法与刑事司法衔接）工作中，组织成员单位操作培训，推进网上移送涉嫌犯罪线索。侦查监督科、检察室开展对定点派出所刑事侦查活动监督，定期到定点派出所开展巡查和专项检查，对其办理的刑事案件卷宗进行抽查，对“110”出警记录进行监督检查，特别是对审讯监控录像、留置室使用、扣押物品、强制措施变更等执法环节中的常发、易发问题进行监督，及时了解派出所执法办案相关数据，掌握派出所工作基本情况。

审判活动监督　向审判机关发出检察建议1份，提请抗诉1件1人，再审抗诉1件1人，韶关市院支持抗诉1件1人。加强民事行政检察监督。民行部门受理各类民事行政检察监督案件13件，办理韶关市人民检察院交办案件5件，息诉4件。在开展公益诉讼试点工作方面，依法保护国家、集体和社会公共利益，办理行政公益诉讼案件3件，其中，完成诉前程序发出检察建议2件，提起公益诉讼案件1件。

刑罚执行和监管活动监督　对犯罪嫌疑人被告人收押、出所是否符合法律规定进行法律监督，确保不超期羁押。保障在押人员通信、会见权利，及时掌握在押人员思想动态，约谈在押人员100多人次。2016年，开展羁押必要性审查，发出变更强制措施检察建议7份，被采纳6份；对监管活动提出检察建议2份；对刑罚执行情况提出检察建议7份。加强对监外刑罚执行情况监督，与司法局建立罪犯监外执行情况共享机制，重点监督有无脱管漏管和重新违法犯罪现象，建议将重新犯罪的罪犯撤销缓刑1件。

【信访工作】　排查化解社会矛盾　2016年，控申科共处理群众来访来信189件次。受理控告、举报、申诉、民行监督28件。受理刑事申诉案件1件，办结2件。受理司法救助案件1件，救助被害人家属款项2万元。坪石检察室接待群众来访11件18人次；妥善化解纠纷2件；受理群众举报线索2件，主动收集职务犯罪线索1件。

开展法律调研宣传　开展“举报宣传周”和“破坏环境资源和危害食品药品安全犯罪专项监督宣传”等活动，散发检务宣传资料100多份，接受人民群众法律咨询20多次，到各单位、乡镇、社区发放阳光检务手册200多本。在检察调研与宣传方面，提起的公益诉讼案件、精准扶贫工作被最高人民检察院作新闻报道，全年在省级以上新闻媒体、期刊发表文章17篇。依托互联网信息技术，开通乐昌检察微博、微信、客户端，传播检察好声音，推动检察工作创新发展。

2016年6月20日，乐昌市人民检察院在市河堤广场开展以“加强举报人保护，惩治群众身边腐败”为主题的宣传活动　（市检察院　供）

【阳光检务】　乐昌市人民检察院全面推行“阳光检务”，增强检察工作透明度，确保检察权在阳光下运行和正确行使。检务大厅设立阳光检务公开宣传栏，张贴检务公开常识；向社会公布来信来访工作流程，在乡镇、街道办事处设立检察工作联络站；开通案件查询系统，在该院的互联网网站上公布在检察环节可以公开的案件信息，保障公众对案件办理的知情权、监督权；建立与人大代表、政协委员长效联络机制，听取人大代表、政协委员及社会各界人士的建议和意见，执行人大及其常委会的决议，办好人大代表的建议和政协委员的提案。全年邀请50多名人大代表、政协委员、人民监督员参加“检察开放日”、公开观摩法庭庭审、视察和评议检察工作。在案件信息公开网上导入案件信息989件，公开法律文书364篇。接待律师阅卷68次，接受律师电话查询案件信息24次。落实人民监督员制度，对拟作不起诉的职务犯罪案件启动人民监督员监督程序5件5人。

落实检务督察制度，继续执行“一案三卡”和“执法档案”等内部监督措施，抓好案前、案中和案后监督。案件管理中心严把案件进出口关，对法定程序和办案期限进行及时跟踪监控，全年受理案件554件732人，发出案件预警通知书15份，评查案件9件。加强检委会建设，提高检委会民主决策能力，全年召开检委会23次，审议、决定重大、疑难、复杂案件18件，讨论决定重大事项4项，组织检察业务学习6次。

【队伍建设】　2016年12月，选举报批产生乐昌市人民检察党总支部，下设机关一、机关二、老干部3个党支部。注重干警素能提升，全年组织检察人员参加业务培训，参与市级培训84人次、省级培训21人次。

深入实施科技强检战略，推进信息化建设。投入100多万元建设移动办公平台、远程接访系统，升级改造会议系统、监控系统。从严治警方面，将分散在各部门的法警全部收归法警大队，实现统一管理。法警大队共履行职责94次，派出警力188人次，未发生一宗违纪违规事件和安全事故。

【司法体制改革】　2016年，完成资产清查，初步实现财和物由省统一管理。分两批遴选出17名品行兼优、办案经验丰富的员额检察官，招录18名司法辅助人员。

【典型案例】

惩教并举挽救涉罪未成年少女

2016年9月30日，乐昌市人民检察院未检办在六楼会议室首次举行“附条件不起诉宣告仪式”，对涉嫌容留他人吸毒罪的未成年少女任某宣告附条件不起诉。宣告仪式邀请公安机关的承办人代表、司法局的代表、辩护律师、任某的法定代理人和家属以及任某到场。

在宣告附条件不起诉决定前，乐昌市人民检察院未检办做了大量的前期工作，包括对任某的社会调查、征询公安机关和辩护律师的意见，多次与法定代理人沟通并征询其意见，借助提审与任某进行深入的交流并征询其意见。通过前期工作，评估对任某实施帮教的可行性，结合任某的实际情况，制定详细的考察实施方案，具体列举在考验期内任某及其法定代理人应履行的义务，以便后期考察和实施帮教。

宣告仪式分为两个环节，第一环节是对当面对任某宣告附条件不起诉决定，告知其在六个月的考验期内应当遵守的规定，附条件不起诉的法律后果等；第二环节是沟通教育环节，在场的人对任某进行思想、人生、交友、行为习惯等方面的教育，引导其消除内心阴影，养成良好习惯，端正思想态度，树立正确的人生观价值观和世界观。

宣告仪式起到良好的教育效果，任某及其法定代理人对乐昌市人民检察院未检办坚持惩罚与教育并举的做法非常感激，公安局和司法局的代表也对乐昌市人民检察院未检办在教育挽救涉罪未成年人工作中的创新之举充分肯定。（刘玉仙）

附：市人民检察院领导班子成员名单

党组书记、检察长：刘　坚（　—8月）

许细桥（8月—　）

党组成员、副检察长：邓文生

党组成员、副检察长：胡远峻

党组成员、反渎局局长：刘志伟

党组成员、政工科科长：曾　波

法　院

【概况】 乐昌市人民法院位于乐昌市乐城镇公主下路74号。有政法编制81名，地方工勤编11名，2016年实有干部职工69人。内设机构11个，分别是：政工科、执行局、办公室、立案庭、刑事审判庭、审判管理办公室、民事审判第一庭、民事审判第二庭、行政审判庭、研究室和纪检监察室；派出中心法庭3个，分别是：乐城人民法庭、坪石人民法庭和梅花人民法庭；直属行政单位1个，为司法警察大队。

乐昌市人民法院负责审理乐昌市辖区内一审民商事、刑事、行政、执行等案件以及法律规定的其他案件，2016年，该院共受理各类案件2645件（不含274件旧存案件），结案2591件。

年内，乐昌市人民法院被乐昌市委、市政府分别评为2013—2016年扶贫开发“规划到户、责任到人”工作优秀单位、2015年平安创建暨综治工作优秀单位，该院民一庭被韶关市中级人民法院授予集体三等功，该院天平志愿者服务队被团市委评为乐昌市志愿者先进集体，杨涛被广东省高级人民法院记个人二等功，李细龙、邱强生被韶关市中级人民法院记个人三等功，李细龙家庭被评为韶关市“五好文明家庭”。

【刑事审判】 2016年，共受理各类刑事案件306件，审结295件，判处罪犯371人。依法严惩危害人民群众生命财产安全犯罪，审结故意伤害、抢劫、绑架、强奸、盗窃等犯罪案件77件；依法打击危害公共安全犯罪，审结交通肇事、危险驾驶等犯罪案件43件；依法惩治毒品犯罪，净化社会环境，审结毒品犯罪案件97件；依法打击破坏市场经济秩序犯罪，审结合同诈骗等犯罪案件2件。加大对贪污、贿赂、渎职等犯罪的打击力度，审结乐昌市发改局原局长谢某汉受贿一案。严格贯彻宽严相济刑事政策，对罪行十分恶劣、社会危害性极大的罪犯，从严处理，判处十年以上有期徒刑8人，重刑率为2.16%；对具有从轻、减轻处罚情节或未成年的罪犯从宽处理，依法对83名被告人适用缓刑，免予刑罚3人，未成年罪犯非监禁刑适用率达36.84%；积极做好刑事附带民事诉讼案件调解工作，审结刑事附带民事诉讼案件11件，调解9件，调解率为81.8%，为当事人挽回经济损失57.6万元。

【民商事审判】 2016年，共受理各类民商事案件1888件，审结1654件，解决争议标的3.83亿元。关注民生需求，力促定分止争，审结婚姻家庭、损害赔偿、相邻矛盾、土地承包等案件571件；谨慎审理权属案件，依法维护受害人的合法权益，审结物权保护案件23件；依法保障劳动者合法权益，稳妥调处劳资关系，审结劳动争议案件31件。平等保护各类市场主体的合法权益，维护市场公平交易秩序，审结各类买卖、借款纠纷等各类商事合同案件918件，解决争议标的额3.28亿元。继续坚持“能调则调、当判则判、调判结合、案结事了”的原则，促使当事人自愿达成协议，全年民商事案件调解撤诉结案663件，调撤率达40.1%。

【行政审判】 2016年，共受理各类行政诉讼及非诉审查案件36件，审结28件。监督规范公权力行使，维护行政相对人合法权益。受理行政诉讼案件20件，审结12件，其中，维持行政行为的2件；撤销行政行为、判决履行法定职责、确认行政行为违法等案件5件；裁定驳回起诉案件3件；撤诉2件；受理行政非诉审查案件16件，其中裁定准予执行案件16件。继续推行行政首长出庭应诉制度，全年行政机关负责人出庭应诉的案件5件。

【执行工作】　2016年，共受理执行案件674件，同比增加251件；涉案标的额3.14亿元；结案581件，执行到位标的额1.99亿元。落实上级法院关于用两到三年基本解决"执行难"的工作要求，深入推进基本解决执行难工作，开展以清理执行存案、向"老懒"宣战、向执行难宣战为主要内容的"夏季执行大会战"活动。对历年来执行到位未发放的标的款进行集中清理，共清理执行款653万元，发放执行案款615万元；利用网络执行查控系统及乐昌市银行、房地产等部门信息管理平台查控被执行人财产，冻结金额1442万元，扣划金额680万元，拍卖、变卖或以物抵债涉案资产975万元；司法拘留被执行人22名，并对4名涉嫌拒不执行判决、裁定罪的被执行人移送公安机关立案侦查。强化执行联动，化解疑难案件，坚持党委领导、人大监督、政府参与、政协支持、各界配合、法院主办的执行工作联动机制，化解一批重大、疑难案件。

【司法为民】　继续完善窗口服务功能，推行诉讼引导、立案审查、咨询解答、诉前调解、案件查询、信访接待等"一站式"便民服务；丰富法院门户网站的诉讼指引、案件查询、网上信访等功能，为群众提供"网对网"服务；开展巡回审判，达到"审理一案、教育一片、稳定一方"的社会效果，全年共开展巡回审判16次；推行使用裁判文书电子送达系统，方便当事人接收法律文书，提高送达效率；落实立案登记制度，全年登记立案1271件，其中当场登记立案1267件。规范司法救助金的申请和发放程序，确保最需要的群众依法得到及时救助。全年共为经济确有困难的13件案件当事人缓、减、免交诉讼费9.09万元，为符合司法救助条件的申请执行人共发放救助款9.03万元。落实最高院信访远程视频预约接访平台制度，方便来访群众依法向最高院表达诉求，全年共接受当事人预约接访2人次；执行初信初访排查化解、案件风险评估、领导接访与带案下访、判后答疑等工作机制，积极回应当事人诉求，促使当事人服判息诉，全年共接待来信来访群众1006人次，处理申诉案件5件。推进涉诉信访法治化改革，依法实现诉访分离、规范办理流程、完善退出机制。

【司法改革】　2015年11月，乐昌市人民法院被确定为广东省第二批司法体制改革试点单位。2016年，该院启动司法改革工作，完成法官等级套改、资产清查等工作，制定"1+2"司改方案。在韶关市中级人民法院的组织下，开展报名入额法官笔试、面试、业务考核、组织考察等工作，首批19名拟入额法官由广东省高级人民法院审核批复。乐昌市委、市政府通过该院的司改议题，落实劳动合同制司法辅助人员编制及待遇标准，第一批劳动合同制司法辅助人员21人于11月10日开始向社会公开招聘。

2016年5月29日，乐昌市人民法院组织开展法官入额选任面试工作　　（市法院　供）

【典型案例】　原告、被告双方均有过错时，"恢复原状"诉讼请求的处理——原告温某才诉被告周某文相邻损害防免关系纠纷一案

要点提示：

被侵权人就其财产损害，提出要求侵权人恢复原状的诉讼请求，如果被侵权人对其财产损害自身也存在过错，人民法院应释明相关的诉讼风险，并询问被侵权人是否将恢复原状的诉讼请求变更为要

求侵权人进行金钱赔偿，若被侵权人经人民法院释明后仍坚持原有诉讼请求，人民法院对其恢复原状的诉讼请求应当予以驳回。

简要案情：

原告于2012年在乐昌市某镇河边兴建一栋五层框架结构住宅，2013年10月，被告经报建审批在原告房屋的南侧建房施工。后原告的房屋首层出现墙体开裂、地基基础下沉的损坏现象，原告认为这种损坏是被告在原告房屋的南面建房施工造成的，被告认为原告房屋首层出现的这种损坏现象在被告建房施工前就已经有了，是原告建房时未按施工图纸施工造成的。2014年3月，原告委托广州仲恒房屋安全鉴定有限公司对其房屋进行房屋结构可靠性检测鉴定，在该次鉴定中，原告提供了其房屋的设计图纸，该设计图纸为手绘图，绘制出图时间为2010年7月，无会签栏及出图专用章。2013年3月26日，广州仲恒房屋安全鉴定有限公司作出《房屋结构可靠性检测鉴定报告》，该报告的房屋损坏原因分析第二点内容为：该房屋墙体出现裂缝，与地基基础不均匀沉降有关，与未按原图施工、减少桩基础有因果关系。该报告的鉴定结论第一点内容为：该房屋墙体出现裂缝，与未按原图施工、减少桩基础致地基基础不均匀沉降有因果关系。2014年4月，原告委托广州仲恒房屋安全鉴定有限公司对其房屋进行房屋安全鉴定，在该次鉴定中，原告未提供该房屋的原始设计图纸及相关资料。2013年4月14日，广州仲恒房屋安全鉴定有限公司作出《房屋安全鉴定报告》，该报告的原因分析内容为：根据检查情况分析，该房屋上部主体结构发现有因地基基础不均匀沉降或因承载能力不足而引起的损坏迹象，目前房屋首层出现的反应主要表现为：1. 首层南面墙体的裂缝；2. 首层南面墙体与柱交接处的裂缝；3. 外围南面泥土层的下沉开裂现象，上述损坏现象为乐昌市坪石镇共建路毛巾厂河边温某才房屋南侧建房施工过程中土方开挖造成的地基土层下沉所致。该报告的鉴定结论内容为：该房屋的损坏除自身原因外与乐昌市坪石镇共建路毛巾厂河边温某才房屋南侧建房施工有一定的因果关系。

裁判结果：

广东省乐昌市人民法院作出〔2014〕韶乐法坪民初字第298号民事判决，判决：一、被告周某文应于本判决生效后十五日内支付原告温某才鉴定费人民币4000元；二、驳回原告温某才的其他诉讼请求。一审宣判后，原告不服，向广东省韶关市中级人民法院提起上诉，广东省韶关市中级人民法院作出〔2015〕韶中法民一终字第622号民事判决，判决：驳回上诉，维持原判。

评析：

本案涉及的主要问题是：当被侵权人对其物权损害自身也存在过错时，对其提出的要求侵权人恢复原状的诉讼请求应如何处理。在司法实践中，物权受到侵害时，一般要首先考虑恢复原状，而后才考虑金钱赔偿，但如果侵权人的侵权行为不是造成物权损害结果的唯一原因，被侵权人自身对其物权损害结果的发生也存在过错时，则不宜主张恢复原状请求权。当物权损害结果的发生是多种原因造成时，侵权人的侵权行为仅是损害结果发生的原因之一，让侵权人独立承担恢复原状的责任，对侵权人来说显然有失公平。物权应当受到保护，但民事活动的公平原则也应坚持，被侵权人的损失应当得到赔偿，但被侵权人不能因此得到额外的利益，在本案中双方对房屋损害结果的发生都有过错的情况下，被侵权人坚持恢复原状的诉讼请求，从公平原则的角度出发，人民法院应不予支持。

司法实践中遇到类似本案的情形，为了填补被侵权人受到的损失，人民法院应引导当事人正确行使诉权，人民法院可以向当事人释明相关法律规定、法律原则以及坚持恢复原状诉讼请求的诉讼风险，告知金钱赔偿相对于恢复原状更具可执行性的益处，可以转向通过要求金钱赔偿来弥补自己的损失。人民法院在做到上述释明工作后，当事人仍坚持恢复原状的诉讼请求的，表明当事人愿意承担由此带来的诉讼风险，从公平原则的角度出发，应驳回当事人恢复原状的诉讼请求。当然，驳回恢复原状的诉讼请求并不代表当事人财产的损失不应得到赔偿，当事人在恢复原状的诉讼请求未得到法院支持后，另案提起诉讼要求被告进行金钱赔偿的，金钱赔偿为内容的诉讼请求属于与恢复原状独立的诉讼请求，人民法院应当受理。

（李细龙　李　鑫）

2016年10月29日，最高人民法院副院长景汉朝（右三）到乐昌市人民法院调研指导工作

（市法院　供）

附：市人民法院领导班子成员名单

党组书记、院长：唐永华（　—8月）

李芳（女，8月—　）

党组成员、副院长：罗　红（女）

彭志斌　罗忠铭

党组成员、纪检监察室主任：苏　桦

党组成员、政工科科长：邓培权

司法行政

【概况】　乐昌市司法局内设机构7个，分别是政工科、办公室、宣传教育股、基层工作管理股、社区矫正股、公证律师管理股和计财装备股；派出驻镇（街道、办事处）司法所19个；直属事业机构4个，分别是广东百姓信律师事务所、广东易达律师事务所、乐昌市公证处和乐昌市法律援助处（乐昌市公职律师事务所）。2016年实有在编人员（含基层司法所、直属机构人员）68人。

【法制宣传】　乐昌市普法办利用电视台、手机短信、互联网、宣传栏、电子荧屏、法律咨询、标语横幅、法制文艺演出等宣传方式开展“法律六进”（进机关、进乡村、进社区、进学校、进企业、进单位）等相关法治宣传活动。制订乐昌市“七五”普法规划，启动“七五”普法工作。围绕“法治广东宣传教育周”“12·4”国家宪法日暨全国法制宣传日开展系列宣传活动。

【人民调解】　举办人民调解员业务培训班和《广东省林地林木权属争议调解处理条例》宣讲培训班，提高人民调解员的法律意识和调解能力。积极开展矛盾纠纷排查调处专项工作。2016年，乐昌市司法局各司法所参与调解案件784宗，调解成功767宗，调解成功率97.83%。大力推进镇（街、办事处）、村人民调解委员会规范化建设。

2016年9月28日，乐昌市司法局在市文化广场开展《中华人民共和国人民调解法》宣传活动　（张海珠　摄）

【公共法律服务实体平台建设】　乐昌市司法局投入28万元用于公共法律服务实体平台建设，2016年3月，完成乐昌市公共法律服务中心及19个镇（街、办事处）公共法律服务中心的建设，9月底，完成225个村（社区）公共法律服务站的建设任务。在每个镇选出两个村（居）委会确定为示范点，积极配合乐昌市平安乐昌建设和法治镇创建工作。

【社区矫正和安置帮教】　乐昌市司法局与组织部、团市委联合举办“乐昌市社区矫正、安置帮教志愿者参与社区矫正、安置帮教工作培训班”；与团市委共同开展社区矫正心理咨询志愿者结对帮教活动。2016年，市司法局多次组织各司法所联合当地派出所及村（居）委会对辖区内的社区矫正人员进行集中走访、摸排，最大限度减少不稳定因素。加强对社区矫正及刑释解教各系统的操作使用，及时录入、核实、反馈社区矫正及安置帮教人员信息，强化对社区矫正人员电子监控的管理，与联通、电信合作，提高工作效率。2016年，乐昌市司法局接收社区矫正人员128人，期满解除矫正131人。截至2016年年末，乐昌市有在册社区矫正人员185人。

【法律援助】 乐昌市法援处积极促进法律援助工作与“一村一法律顾问”工作对接，在韶关地区率先推行律师进驻人民法院、看守所制度的实施，做到应援尽援。2016年，韶关市司法局下达给乐昌市司法局的法律援助案件任务数为164宗，乐昌市法援处受理各类法律援助案件344宗，超额完成任务数的109%，比上年全年办理案件多173宗，案件增长率为101%。

【律师工作】 2016年，乐昌市司法局完成全市律师事务所及律师的年审工作。提请市编办恢复乐昌市公职律师事务所。年内，乐昌市司法局下属国资所承办民事案件2宗，刑事案件3宗，非诉案件1宗，行政案件2宗，法援案件11宗，担任7家企事业单位法律顾问，共收费8.65万元。

【公证工作】 对居住在偏远山区又年老体弱行动不便的办证人员，乐昌市司法局派专门公证人员实行上门服务。针对经济困难的群众，予以减免公证费用。规范办证程序，系统办证率在全省居于较高水平。2016年，乐昌市公证处受理公证案件1713件。

【一村（社区）一法律顾问】 2016年，乐昌市司法局积极推进一村（社区）一法律顾问工作，乐昌市35名法律顾问接访咨询1147件、出具法律意见书244件、参与调解122起、参与法律援助36宗、开展法治宣传939场、提供其他法律服务1729件。

（张海珠）

附：市司法局领导班子成员名单

党组书记、局长：邓新建（　—10月）
　　　　　　　　周毅（12月—　）
党组成员、副局长：周　毅（其中，10—12月，主持全面工作）
　　　　　　　　　钟洪雯（女）
　　　　　　　　　丁海锋（6月—　）
党组成员、政工科科长：邓回荣

广东省乐昌中山地区人民检察院

【概况】 广东省乐昌中山地区人民检察院于1986年10月成立，作为韶关市人民检察院的派出机构，为科级建制，行使县一级人民检察院职权，下设机构有办公室、公诉科、侦查科。2016年，人员编制15人，实有在编人员14人，其中：检察长1人，副检察长1人，检察员7人，助理检察员1人，书记员1人，新录用公务员3人。

【刑事执行检察工作】 2016年，广东省乐昌中山地区人民检察院全面落实对减刑、假释、暂予监外执行案件逐案逐人审查的规定，共审查乐昌监狱普通罪犯4批次共计1548件报请减刑、假释案件。以检察监督意见书的形式，建议暂缓提请减刑或从严掌握减刑幅度90件，监狱采纳72件，法院采纳55件。受理移送审查起诉案件1件1人。参加乐昌监狱召开的狱情分析会议12次，召开各类座谈会6次，找罪犯谈话了解情况191人次，向监狱提出检察建议7次，其中书面检察建议2次。通过设立在广东省乐昌监狱各个监区的控告、申诉检察信箱，共收到各类罪犯的各种信件47封。

【预防和警示教育】 2016年6月，与广东省乐昌监狱纪检联合在狱内开展针对新投犯的法制宣传教育活动。结合举报宣传周活动的主题，阐明服刑人员入监后认罪服法，积极改造的重要性，同时也让新投犯充分认识到自己所享有的举报权利，调动其举报积极性，依法惩治狱内的腐败，共同维护狱内秩序的稳定；与广东省乐昌监狱纪检监室联合组织两批监狱干警共100人，到韶关市人民检察院预防职务犯罪教育基地开展反腐倡廉警示教育活动。

【司法体制改革】 贯彻落实《广东省检察机关2016年检察改革工作要点》。组织召开入额检察官选任工作动员会，经过公布选任工作方案、自愿报名、笔试、面试、公示等程序，完成两批共5名入额检察官的选任工作；配合上级检察院做好检察机关财物省级统管工作。2016年4月，完成财物省级统管资产清查、上划工作。2016年8月，按照财政部的统一部署，完成行政事业单位国有资产的上报工作。

【教育培训】 组织干警参加《全国政法干部学习讲座》4次；参加《广东省干部网络培训》8人、参加《广东省国家公职人员学法用法》网络培训11人；参加高检、省检、市检组织7天以下的脱产培训9人。

【典型案例】 刑罚执行监督案件。广东省乐昌中山地区人民检察院派驻广东省乐昌监狱检察室在刑罚执行同步监督过程中，对该监狱2016年第三批普通罪犯提请减刑、假释案件的呈报工作依法进行同步监督时发现，在拟呈报假释的案件中，罪犯萧某某因犯抢劫罪、抢劫枪支罪，数罪并罚，决定执行有期徒刑十二年，从生效判决认定的事实来看，该罪犯抢劫的对象系其贩卖毒品的上家，驻监检察室认为，该罪犯因涉嫌毒品违法犯罪行为，再犯的风险较大，根据《关于审理减刑、假释案件实施细则》的相关规定，对其不宜适用假释；罪犯黄某某生效判决书认定其与李某某连带赔偿附带民事诉讼原告人损失共计84383.2元，一审宣判后，李某某的家属赔偿附带民事诉讼原告人经济损失共计165000元，黄某某则分文未履行，驻监检察室认为，虽然同案犯已代为履行完毕附带民事赔偿义务，但黄某某与同案犯李某某对民事赔偿系互负连带责任，黄某某应提供材料证明李某某是否自愿放弃对其行使负有连带责任的追偿权，否则，将难以认定黄某某是否具有积极履行民事赔偿义务的情节，对其暂时不宜适用假释。为此，驻监检察室在列席乐昌监狱提请减刑、假释评审委员会时，发表对上述两件案件暂缓提请假释的监督意见。会上，评审委员会成员高度重视，并对这两宗案件展开充分讨论，最终一致同意暂缓对罪犯萧某某、黄某某提请本次假释。（邓丽华）

附：乐昌中山地区人民检察院领导班子成员名单

检察长：陈奕荣（　—8月）

　　　　潘全民（8月—　）

副检察长：何泳川（女）

广东省乐昌监狱

【概况】 广东省乐昌监狱位于乐昌市人民北路55号，始建于1951年11月，占地面积314.5公顷，机关设7个部室、2个中心，有15个监区、22个分监区，是广东省的一所大型监狱。2016年，乐昌监狱顺利实现连续第20年监管安全、第16年生产安全的目标，年内，被省局评为先进单位。

【队伍建设】 评选“最可敬的人”“向上向善好青年”“巾帼之星”“巾帼文明岗”，激励广大党员发挥先锋模范作用，监狱党委被省局评为2015—2016年度先进基层党委。强化队伍履职管理，部署“模范部门”建设工作，开展监区警务实战技能竞赛，十一监区获“全国工人先锋号”荣誉。加强警营文化建设，组织参加各类文化活动，男生合唱《乡间的小路》《欢乐的那达慕》获省局二等奖，舞蹈《盛世腾飞》获省局三等奖。开展志愿服务20余次、捐资助学1.7万元，慰问警察103人次，发放慰问金36318元、救助金10.4万元，监狱工会被省总工会评为“模范职工之家”。

【安全管理】 开展互监组规范管理、监管大门规范管理工作，逐步落实狱政管理精细化；强化安全综合保障，建成监舍空气能热水供应系统，投入约445万元改造完善监管基础设施，投入23.74万元解决驻监武警部队值勤设施，组织开展各类应急演练48次；加强狱内伙食精细化管理、物资供应，落实医疗卫生保障工作，全面保障监狱安全。

【教育改造】 推进“因何而服刑、为谁而服刑、如何服好刑”主题教育活动，不断壮大改造正能量；完成5期470人的职业培训，提升罪犯职业技术教育水平；成立出监监区，规范出监教育工作，与地方司法部门建立多角度、多层次、多方位的社会帮教体系，组织监区开放日和亲情帮教活动，推进教育改造社会化；深化狱务公开，建成狱务公开系统，依法规范办理减刑1932宗、假释12宗、保外就医13宗、特赦罪犯27名，全年实现“零错案”。

【党风廉政】 开展监检联防、明察暗访和现场监督活动，及时收集研判队伍廉情状况；对重要部门领导和重要岗位人员开展廉政提醒谈话41人次；从严监督执纪问责，对减假保案件办理、病亡罪犯处理、政府采购、生产经营等重大事项进行跟踪监督106次，全年没有发生警察职工违规违纪案件。

【综合保障】 推进功能监区创建工作，完成员工训练场建设，推进员工宿舍、警体馆、跨路人行天桥等企业自筹项目，大安防工程通过初验并投入使用，“十二五”基础设施建设项目正式开工；改进和优化宣传方式，监狱被省局评为2016年度信息调研和门户网站工作“双项”先进单位；推进节约型监狱建设，公务接待、公务用车支出同比减少53.1万元，下降50%；加强警察食堂管理，开展“最美服务员”评选活动，全面保障警察职工的日常工作和生活。

（廖志刚）

附：乐昌监狱领导班子成员名单

监狱长：欧阳伟光

政　委：陆上辉

纪委书记：黄玉庭

企业总经理：张惠明

副监狱长：李炜煌　李金应　于启林　邓学成

政治处主任：黄岳钢

经 济 管 理

发展和改革

【概况】 乐昌市发展和改革局位于乐昌市公主下路70号，为乐昌市人民政府的工作部门，其前身为乐昌市计划委员会。1996年，乐昌市计划委员会改称为乐昌市计划局，2001年，乐昌市计划局更名为乐昌市发展计划局，2004年，乐昌市发展计划局改为乐昌市发展和改革局。该局核定行政编制26名，后勤服务人员2名。2016年，有在职在编人员22名，其中行政编制20名、后勤服务人员2名。乐昌市发展和改革局内设11个机构，并设下属事业单位乐昌市价格认证中心。

【投资审批服务】 做好项目立项工作，全年审批、备案、核准固定资产投资项目252个，其中审批190个，备案62个，总投资额471758万元，其中审批201042万元，备案270716万元。做好项目申报工作，大力争取上级资金支持，截至2016年年末，通过投资股上报中央预算内投资的社会领域项目15个，上报申请专项建设基金项目16个，申请到专项建设基金6000万元。

【价格行政管理】 核准收费标准，按照价格管理权限和价格程序，调整市区管道燃气价格、市麒麟山陵园管理所公墓收费价格、市污水处理费收费标准及市自来水价格。做好物业管理服务收费价格备案工作。完成商品（农副产品）价格的市场监测。

【价格监督检查】 整顿和规范价格市场秩序，开展春季教育收费专项检查、住宅小区机动车保管服务收费明码标价专项检查、清明节期间殡葬服务收费价格检查、医疗服务价格检查及在重大节假日期间对全市范围内及重要景区开展市场价格检查。加快推进“三项建设”（蔬菜大棚、平价商店和冷藏设施），落实“菜篮子”工程，保障春节期间肉菜市场价格的基本稳定。

【价格认证工作】 做好价格认定、成本监审、农本调查各项事务性工作。为司法机关及行政机关办理各种案件提供价格认定标的作为价格参考依据，2016年价格认定、涉税价格争议认定、公务用车定点维修价格认定的总宗数为2891宗，价格标的金额4976万元。

【推进重点项目建设】 加强重大项目前期工作的指导及对重点项目的调研，适时召开项目调度协调会，充分整合各方资源，协调各部门解决项目存在问题。2016年，共实施重点建设项目32项，计划总投资103.51亿元，其中2016年计划投资29.84亿元，实际完成23.89亿元，完成计划80.06%。武广客运专线乐昌东站按期完成主体工程，计划2017年5月开通；教育创强、原坪石矿棚户区改造、南方阳光乐昌12万吨新型材料生产、乐昌市粮食购销有限公司储备粮仓库扩建项目等多个项目顺利完成年度任务；碧桂园、百信花苑等房地产项目稳步推进，有效拉动乐昌市投资增长。（吴素琴）

附：市发展和改革局领导班子成员名单

党组书记、局长：杨忠荣（　—11月）
　　　　　　　　张超球（12月—　）
党组副书记、粮食局局长、粮食储备中心主任：
　　　　　　　　丁振华（10月—　）
党组成员、副局长：向　明　蓝伟华
　　　　　　　　肖红涛（女）
党组成员、市政府重点建设项目办公室主任：
　　　　　　　　廖援扬
党组成员、主任科员、公共资源交易中心主任：
　　　　　　　　王小林

统　计

【概况】 乐昌市统计局内设3个机构，分别为办公室、农业财贸股和工业投资股。机关行政编制数13名，后勤服务人员数2名，2016年年末，实际在职人员12人。乐昌市普查中心，为市政府直属公益一类事业单位，副科级，归口市统计局管理，核定事业编制3名，其中主任1名。

2016年，市统计局在2013—2015年扶贫“双到”工作中，被市委、市政府评为“先进集体”，毛宇建被评为“优秀个人”；在2015年度平安创建暨综治工作中，被市委、市政府评为“优秀单位”。

【经济发展概述】 2016年，乐昌市地区生产总值累计完成117.38亿元，同比增长7.1%。其中，第一产业增加值24.62亿元，增长3.8%；第二产业增加值27.39亿元，下降0.6%；第三产业增加值65.37亿元，增长12%。

【依法统计】 利用“12·4”法制宣传日宣传《中华人民共和国统计法》，发放各种统计宣传资料，增强企业、公民依法履行统计义务的法律意识。开展统计执法检查，全面了解各镇（街道、办事处）、“四上企业”（规模以上工业企业、资质等级建筑业企业、限额以上批零住餐企业、规模以上服务业企业）贯彻执行《中华人民共和国统计法》和其他统计法规情况，发现和梳理当前依法统计工作存在的突出问题，特别是在联网直报工作中存在的突出问题，提出改进措施，推动统计改革和发展。2016年，共对39家单位（企业）进行统计执法检查。

【统计服务】 开展2016年经济增长潜力调研，测算各行业经济增长目标，为市委、市政府提供决策依据；加强月度、季度、年度监测，及时整理重点企业的信息，形成精细化经济运行材料，报市党政主要领导、市有关部门主要领导。及时编发《乐昌统计月报》11期，编印《乐昌统计年鉴》200册，全年撰写统计信息55篇，统计分析35篇，其中9篇统计分析受到市领导的批示。

【人口变动情况抽样调查工作】 圆满完成人口变动情况抽样调查工作，该次调查共抽中6个调查小区，涉及6个镇（街道办事处）。调查对象为抽中调查小区内具有中华人民共和国国籍的人。调查以户为单位进行，既调查家庭户，也调查集体户。调查项目分为按户填报的项目和按人填报的项目。主要有户基本情况、居住本户人员基本情况、教育、参保情况等。调查的标准时间为2016年11月1日0时。

【第三次全国农业普查】 第三次全国农业普查试点入户调查点定在北乡镇茅坪村委会，10月12至13日在北乡镇完成农普试点工作；11月14日，召开全市第三次全国农业普查工作；11月底前完成小区的划分及小区图的绘制；12月，完成农普的摸底调查。

2016年11月14日，乐昌市召开第三次全国农业普查动员大会　　（市统计局　供）

（凌晓山　卜剑媚）

附：市统计局领导班子成员名单

局　长：谭　辉（　—5月）

易丘文（10—　）

副局长：凌晓山（女）刘美玲（女）

普查中心主任：姚文盛

审　计

【概况】 2016年，乐昌市审计局在职人员16人，其中行政管理人员6人、审计业务人员8人、后勤人员2人。设置5个职能股（室）：办公室、经济责任审计办公室、经贸审计股、财税审计股和行政事业审计股。全年完成审计任务23项，查出主要问题金额87223万元，其中：管理不规范金额87071万元，违规金额145.3万元，非金额计量问题13个，提出建议36条，出具各类审计报告（调查报告）24份，作出审计处理决定2项，提交审计信息22篇。

【上级审计机关安排或授权审计】 2016年，开展上级审计机关统一部署审计项目5项，市委市政府临时交办各项审计任务3项，审计中对某单位虚报完成任务套取资金的违规行为做出收缴违规资金的审计处理决定。开展稳增长促改革调结构惠民生防风险政策措施落实情况跟踪审计（审计署项目）、精准扶贫精准脱贫政策落实情况跟踪审计（审计署项目）、全国城镇保障性安居工程跟踪审计（审计署项目）、基本医疗保险基金及医疗救助资金审计（审计署项目）。

【财政预算执行审计】 2016年，开展2015年度财政预算执行情况审计，审计内容较以往增加国有资本经营情况、社保基金预算执行情况。2015年全市上级转移支付资金20.98亿元，占财政总收入的64.06%，是一般公共预算收入的3.51倍，上级补助收入仍是乐昌市财政收入的重要来源。

【经济责任审计】 2016年，开展经济责任审计13项，在审计中对部分单位存在违规收费、白条支出等违规行为作出罚款的审计决定，督促被审计单位完善各项管理。协助开展乡镇党政主要领导干部经济责任异地同步审计。

【党风廉政和反腐败】 2016年，协助省巡视组提供2宗2人次审计档案资料；协助纪检监察局查办案件1宗；清理乐昌市审计局参与议事协调机构70项，其中保留15项、退出55项；编制审计机关权责清单共56项，其中行政处罚19项、行政强制3项、行政检查6项、其他28项；通过韶关市党风廉政建设平台公开政府信息65条，在“信用乐昌”专栏公开行政处罚信息1条。

【审计干部培训教育】 2016年，市审计局全体审计人员参加江西财经大学继续教育学院举办的“财审系统干部培训班”；派出1名审计人员参加审计厅举办的主审培训班；动员干部职工开展审计干部网络学院、行政学院网络学习培训工作。（陈炜靖）

附：市审计局领导班子成员名单

局　长：陈　雄（　—11月）

副局长：邹晓燕（女）　梁群英（女）

市场监督管理

【概况】 乐昌市市场监督管理局为正科级建制单位，设党组。机关设13个内设机构：办公室、政策法规股、市场规范管理股（网络商品交易监管股）、企业监督管理股、登记注册股、商标广告管理股、质量股、标准化股、计量股、特种设备安全监察股、人事监察股、经济检查股（消费者权益保护股）和经济检查大队；3个社（群）团组织：乐昌市消费者委员会、乐昌市个体劳动者协会和乐昌市私营企业协会。6个副科级建制市场监管所派出机构：城北市场监管所、城南市场监管所、坪石市场监管所、河南市场监管所、梅花市场监管所和廊田市场监管所。2016年有在职干部职工116人，其中行政编制111人，行政执法编制12人，事业编制1人，工勤编制5人。机关在职人员59人、市场监管所在职人员57人。

【体制调整和机构整合】 推进体制调整（由省以下垂直管理改为地方政府管理）和机构改革（整合市原工商、质监部门的职责合并组建乐昌市市场监督管理局）。1月，财经制度管理归属地方管理。4月，乐昌市市场监督管理局举行揭牌仪式，完成13个内设机构股长的任命。7月，完成王锋等49名同志从原工商、质监局科员过渡为乐昌市市场监督管理局科员，完成6个市场监管所副所长的任命及13个内设机构的副股长的任命。

【商事制度改革】 2016年10月1日起，正式实施“五证合一、一照一码”改革，以“三证合一”改革工作为基础，企业不再另行办理社会保险登记证和统计登记证，取消社会保险登记证和统计登记证的定期验证和换证制度，原有验证和换证要求企业报送的事项经整合后纳入企业年度报告内容，由企业自行向工商部门报送年度报告并向社会公示，工商行政管理部门在每年度年报报送截止后将相关年报信息批量推送给人力资源社会保障部门和统计部门。对于已领取社会保险登记证的企业，不再收缴原社会保险登记证。2016 年，共颁发 153 份“五证合一”的营业执照。全面推进个体工商户“两证整合”登记制度改革。2016 年 11 月 1 日起，正式实施个体工商户“两证整合”登记制度改革，严格执行一表登记、一窗受理、一户一码、一网互通的工作标准，对于自 2016 年 11 月 1 日起新开业的个体工商户，颁发加载统一社会信用代码的营业执照；对于 2016 年 11 月 1 日之前成立的个体工商户，其申请办理变更登记或换照时，换发加载统一社会信用代码的营业执照。2016 年，颁发 168 份“两证整合”的营业执照。支持扩权强镇工作，下放企业登记受理权限。做好坪石市场监管所企业登记试点的准备工作，对所里的业务工作人员进行登记业务培训；做好坪石市场监管所受理的企业登记业务的指导工作，对所里受理的企业登记材料扫描件当天审核并告知结果，对系统录入的受理业务 3 个工作日内核准与否。截至 2016 年年底，全市有内资非私营企业 612 户，注册资金 19.75 亿元；私营企业 1649 户，注册资金 53.47 亿元；个体工商户 18604 户（实际存有个体户约 8535 户），资金数额 9.45 亿元（实际存有个体户资金数额无法统计）；农民专业合作社 532 户，成员出资总额 5.72 亿元。

【服务当地经济发展】 开展“暖企行动”，搭建银企沟通桥梁，建立“动产抵押登记绿色通道”，支持企业以动产抵押，股权出质等形式融资，拓宽企业融资渠道，积极帮助小微企业融资解困。2016 年，办理动产抵押登记 32 份，被担保主债权金额 11.559 亿元。办理股权出质登记业务 33 宗，出质股权数额 2.03 亿元，帮助企业融资 4.03 亿元。

【法治市场监管建设】 普及法制教育，组织工商干部法制培训，举办、参与“3·15” “4·26” “12·4”等纪念日法律宣传咨询活动。督办案机构及时把行政处罚案件录入“两法衔接”信息共享平台，按规定录入符合条件的行政处罚案件 1 宗。成立乐昌市市场监督管理局案件审理、听证委员会。在案件的核审过程中，法规股严格把好核审关，发现问题及时指出纠正，指导办案部门拾漏补缺，确保案件的质量。为符合条件的 108 名执法工作人员向乐昌市法制局申领省人民政府颁发的“行政执法证”。圆满完成“六五”普法工作，启动“七五”普法工作。

【市场主体监督管理】 开展市场主体年报公示、校园周边环境、无照经营、黑网吧、扫黄打非、违法广告、商标侵权专项整治；加强安全生产监管；开展打私、打假专项行动，及“红盾护农进村入户”行动。企业公示 1700 户，公示率 84.75%；农民专业合作社年报 470 户，年报率 93.25%。开展安全生产执法行动 237 起，出动执法人员共计 536 人次，排查治理安全隐患市场主体 267 户。在清理整顿危爆品寄递物流专项行动中，检查相关市场主体 48 户，发出《预警通知书》8 份、《责令改正通知书》4 份，立案查处 1 宗。在“三小场所”（小档口、小作坊、小娱乐场所）和电动自行车市场专项整治行动中，出动执法人员 56 人次，检查相关经营户 113 户，检查电动车经营户 45 户，查封 2 辆超标电动自行车。建立企业经营异常名录库，2016 年，企业被列入“企业经营异常名录”357 户，移出“企业经营异常名录”59 户；农民专业合作社被列入“企业经营异常名录”36 户，移出“企业经营异常名录”4 户；个体工商户被标记为“经营异常状态”11846 户，移出“经营异常状态”1149 户。全年查处各类案件 22 宗。在打击走私专项行动中，出动执法车辆 131 车（次），执法人员 928 人次，检查各类商铺 1389（次），联合食药监、公安等部门查获 8 宗走私贩私案，查扣涉嫌无合法来源证明、未经检验检疫的进口冻品约 211 吨。在打假专项行动中，市场监督管理局、食药监、经信、烟草专卖、农业、盐务、公安等出动执法人员 5879 人次，出动车辆 479 车（次），检查生产、销售场所 19469 家（次），立案 31 宗，移交公安机关 1 宗。在红盾护农专项行动中，出动执法人员 243 人

（次），车辆68台（次），检查集贸市场79个（次），检查农资生产经营户733户次。

【商标战略管理】 2016年，乐昌商标共687个，有效商标582个，“雾翔”等著名商标3个；北乡马蹄等地理标志3个，乐昌市九峰镇绿峰果菜专业合作社的九峰山牌水晶奈李等名牌产品7个；1至11月咨询商标业务26件，申办商标业务12件。

【质量监督与管理】 推进“质量强市”工作，明确乐昌市质量工作目标并报韶关市强市办备案。2016年，乐昌市13家企业获得工业产品生产许可证，其中对履行产品质量主体责任的保障能力较强和实现程度较好的良好自律的8家A类企业实施责任监管方式；对具有基本的履行产品质量保障能力的5家B类企业实施常态监管方式。

【标准化工作】 推进乐昌市沿溪山茶场有限公司“广东省沿溪山白毛尖标准化示范区”项目。5月23日至24日，省专家考察组对“广东省沿溪山白毛尖标准化示范区”项目进行考核验收，以90.90分的成绩通过省级农业标准化示范区验收。完成乐昌市梅云油茶专业合作社和乐昌市九峰镇绿峰果菜专业合作社申报韶关市2016省级农业标准化示范区工作。推动企业采标工作，引导乐昌市汇力水泥有限公司等3家企业采用国际先进标准资料收集。办理企业标准备案2宗，企业标准复审备案8宗，办理企业产品执行标准登记9宗。

【计量工作】 完成乐昌市2016年集贸市场和基层医疗卫生单位等34家基层单位计量器具免费检定工作，检定计量器具2796台，免收检定费近11万元；与卫计局联合发文部署乐昌市医疗单位强检计量器具工作，加强医疗单位计量器具建档造册和监督管理，提高计量器具检定率。组织对市区部分企业、超市、饭店、加油站、眼镜制配店、液化气站、集贸市场等的在用计量器具开展民生计量专项监督检查，督促落实计量器具强检制度，依法查处计量违法行为。开展定量包装商品计量监督检查，检查市区超市、液化气充装站、肥料厂等共抽检定量包装商品15批次，合格13批次。开展“5·20”世界计量日宣传活动，在商场超市、加油站、液化气站、眼镜店等人流密集场所张贴“动态世界中的计量”为主题的计量宣传海报13份；通过局电子屏滚动播放宣传标语的形式开展计量宣传活动；通过微信积极转发广东计量协会微信公众号“答题闯关”计量知识竞赛活动。

【特种设备安全监察】 2016年，在册特种设备（生产）使用单位476家（监察网数据），注册特种设备1456台，在用特种设备1041台；出动安全监察人员528人次，检查使用单位133家（次），检查安装单位20家（次），填写现场检查记录表145份，检查特种设备202台（套），发出特种设备安全监察指令书24份，组织使用单位举办应急救援演练活动3次，发现一般隐患设备4台，全部落实完成整改，发现严重隐患设备4台，跟踪整改消除严重隐患设备4台。

【创建无传销城市】 联合政法委、文明办、公安局组成考核小组，完成全市17个乡镇（街道）、2个办事处创建“无传销镇（街）”考核工作。截至2016年年底，发放各类宣传资料1.8万多份，悬挂30余条宣传横幅，设置34个宣传栏，张贴450张宣传挂画，发送宣传打击传销公益短信11万多条。

【消费者权益保护】 2016年，受理消费者来电、来访、咨询2630余人次，调处消费投诉63宗（其中网络问政40宗），调处率为100%，为消费者挽回经济损失44.2万元。有关消费维权网络问政的宗数与上年同期相比，上升170%，消费者维权意识增强。

【网络市场监管】 建立和完善网络经营主体数据库。依托省局的网络商品市场监管综合信息平台，全面搜索辖区网络经营主体信息。以市场主体年报涉网信息为基础，坚持网上搜查和实地检查相结合，充分运用网监平台集中开展网络经营主体建档工作。2016年，建库网络经营主体46户，核查已登记的网络经营主体46户，核查登记的网店57个。进一步加强网络监管执法工作，畅通与公安等部门的刑事司法衔接，建立与通信管理部门的经营性网站监管协作机制，加强与物流快递、金融支付等行业监管部门的沟通协调，配合相关职能部门做好专项监管工作。加大查处违法案件力度，集中整治市场乱象。（邓彰洪）

附：市市场监督管理局领导班子成员名单

局　长：周建元（　—10 月）
　　　　李卫东（10 月—　）
副局长：欧　标　符和平　刘三志
　　　　崔　福　廖典香

国土资源管理

【概况】　乐昌市国土资源局于 2001 年 12 月 15 日由原乐昌市国土局和乐昌市地矿局合并成立，为市人民政府主管土地资源、矿产资源和测绘事业的工作部门。2016 年，该局内设办公室、人事监察股、土地利用管理股、土地规划和耕地保护股、地籍测绘管理股、地质环境与矿产资源管理股、行政审批股、执法监察大队、不动产登记局 9 个职能股室；下辖乐城、北乡、长来、廊田、五山、大源、九峰、两江、庆云、黄圃、白石、坪石、三溪、云岩、秀水、梅花、沙坪 17 个国土资源所；主管乐昌市土地储备中心、乐昌市土地开发整理中心、乐昌市国土资源局测绘队、乐昌市国土资源信息中心、乐昌市不动产登记中心、乐昌市坪石金鸡岭地质公园管理处 6 个事业单位。

【土地规划和耕地保护】　开展土地利用总体规划调整与永久性基本农田划定工作，截至 2016 年年底，基本完成乐昌市区周边土地利用规划调整与永久性基本农田划定。落实耕地保护责任制，督促各乡镇、村委会签订《年度耕地保护目标责任书》近 100 份。会同农业局完成 2014 年 2133.3 公顷建设和验收任务、2015 年 1066.7 公顷建设任务以及 2016 年 2346.7 公顷选址、规划设计任务。完成乐昌市第三批城乡建设用地增减挂钩试点长来镇项目市级验收工作，新增耕地 67.2 公顷；乐昌市 2014 年灾毁农田垦复工程项目通过竣工验收，垦复水田 13.3 公顷。

【土地利用管理】　科学制定乐昌市年度国有建设用地供应计划，开展农村宅基地和产业园低效用地清理工作，在全市范围内进行节约集约用地评价，及时更新基准地价，摸清建设用地“家底”，引导市场优化配置土地资源。拟定《征收农村集体土地工作流程》，进一步规范乐昌市土地征收补偿工作，维护被征地农村集体经济组织、农民及其他权利人的合法权益。拟定乐昌市新征地补偿标准，拟于 2017 年 1 月颁布实施。

【土地收储和供应】　完成收储土地 123.3 公顷。其中城区土地约 24.87 公顷，包括乐昌市东环南路地块二（练塘村）3.4 公顷、乐昌市石子坑二期地块 12 公顷、乐昌市环城路加油站地块 1.07 公顷、乐昌市健身广场地块 3.4 公顷、乐昌市原磷肥厂（人民南路）地块一 4 公顷、乐昌市氮肥厂三期 1 公顷。城区外土地 98.5 公顷，绝大部分为政府无偿收回原坪石、梅花矿务局的划拨土地。在土地出让方面，全年挂牌出让土地九宗，成交总面积 32.4 公顷，成交总额 4802.8 万元（其中，储备土地为 3 宗，成交总额 2358 万元，净利润 1725.8 万元）。利用新区土地整治 210 公顷，融资 4.9 亿元；产业园土地整治 254.3 公顷，融资 4 亿元。

【土地批后监管】　2016 年，完成 9 宗疑似闲置土地的实地核实工作，协议收回乐昌市利生纺织有限公司所属的 4 宗土地。督促 5 宗闲置土地开工建设。

【不动产登记局成立】　2016 年 6 月 30 日，乐昌市不动产登记局成立，为市国土资源局正股级内设机构。7 月 15 日，乐昌市不动产登记局揭牌仪式在市国土资源局举行，标志着乐昌市不动产登记工作全面启动。根据《乐昌市机构编制委员会关于整合不动产登记职责的通知》，整合市国土资源局的土地登记、市住房与城乡规划建设局的房屋产权登记、市农业局的农村的土地承包经营权登记、市林业局的山林权证登记等四个单位的登记职责到市不动产登记局。2016 年，共发出不动产权属证书 1800 多本、不动产登记证明 1200 多份。

2016 年 7 月 15 日，乐昌市不动产登记局揭牌仪式在市国土资源局举行　　（市国土局　供）

【矿产资源管理】　严把矿权审批关，严禁在生态功能区、基本农田保护区、水源地保护区、自然保护区内新设采矿权，对粗放开采、存在严重安全隐患的矿企一律不予延续，严查越界开采行为，提升矿业权人依法采矿的意识。争取上级矿山地质环境治理恢复资金 800 万元，梅花关村、秀水八字岭 2 个项目勘察设计方案经韶关市评审通过。

【地质灾害防治】　争取上级地灾治理资金 878 万元，其中地灾点治理及金鸡岭地质遗迹保护资金共 758 万元，地质灾害调查项目资金 120 万元。国土资源局根据轻重缓急，合理安排项目资金，其中庆云下黄腊石头、乐城鲤鱼岭等地灾点先期开展应急处置，完成坪石镇连心路 47 号崩塌点、秀水西河新村滑坡等四个地质灾害隐患点的施工工作。

【执法监察】　结合 2016 年度省厅每季度下发遥感监测图斑情况，对辖区内违法用地频发区域、重点区域，加大巡查频率和力度，与国土资源所开展联合执法巡查，确保违法行为能够及时被发现和制止。2016 年前三季度卫片执法，乐昌市检查违法建设用地 7 宗，面积为 22.96 公顷，其中耕地面积 6.57 公顷，均启动立案查处。

【信访维稳和依法治理】　2016 年，受理来信来访 38 件次，其中上级交办信访件 10 件，每月按时上报到韶关市局；受理各类网上问政留言、问帖 17 件，均做到按时办结和答复，办结率 100%。利用“4·22”地球日、“6·25”土地日及“12·4”法制宣传日，大力宣传国土资源法律、法规，营造学法、守法、用法的良好氛围。　（周娣华）

附：市国土资源局领导班子成员名单

党组书记、局长：廖桂英（　—12 月）

副局长：黄　宇　李永湘　林璞玮

纪检组组长：李艳霞（女）

食品药品监督管理

【概况】　乐昌市食品药品监督管理局位于乐昌市公主下路，为乐昌市人民政府工作部门，内设办公室、政策法规股、食品生产安全监管股、食品流通安全监管股、食品餐饮安全监管股、综合业务股和稽查局；下设 6 个镇食品药品监督管理所。行政编制 47 个，2016 年在编人员 37 人。

截至 2016 年年底，乐昌市有药品零售企业 127 家，各类医疗机构 389 家，餐饮服务企业 1027 家，保健食品生产企业 1 家，保健食品经营企业 149 家，食品流通企业 1639 家，食品生产企业 32 家，食品生产加工小作坊 56 家，化妆品专营兼营使用企业 1220 家。

【食品安全综合协调工作】　协调落实和督促检查市政府和市食品安全委员会各项决定的执行情况。在元旦、中秋、国庆、春节等节日期间组织各职能部门开展联合检查行动，规范食品生产经营秩序。加强农村食品安全综合治理。组织各部门开展食品安全宣传周活动。开展有毒野生菌食物中毒防控宣传工作。

【食品药品企业许可证换发工作】　2016 年，受理“食品经营许可证”申请 1073 家，其中核发“食品经营许可证”942 家、变更 22 家、注销 13 家、不予许可 96 家；核发“药品经营许可证”（零售）14 家、变更 35 家、换证 44 家、注销 6 家；完成 40 家药品经营企业的 GSP 认证工作、2 家药店的 GSP 复检工作，38 家药店“第二类医疗器械经营备案凭证”发放工作、5家药店“第二类医疗器械经营备案凭证”变更工作。

2016年12月，乐昌市食品药品监督管理局执法人员开展夜间食品摊贩清查整治工作　　（蔡海龙　摄）

【日常监管】　落实食品药品安全监管职责，不断优化全市食品药品生产经营环境。2016年，累计出动执法人员3125人次，出动执法车辆1205辆（次），检查各类食品药品生产经营企业3078家（次），累计下发监督意见书1800余份，责令整改通知书320余份。抽检食品及相关产品、药品、保健食品及化妆品共计758批（次），其中合格737批（次），不合格21批（次），合格率为97.2%。同时，严格做好不合格产品的后续处理工作。

【节假日和重大活动食品安全保障工作】　春节、“两会”、九峰“桃花节”、高考等节假日和各项重大活动中，组织执法人员全面检查辖区内各类餐饮服务单位和食品流通单位，深入排查风险隐患，重点加强对节假日期间人流量较多的场所、学校周边、学校食堂的监管，并对承担重大活动餐饮服务接待单位进行全程驻点监管，严保食品安全。全年全市重大活动中未发生食品安全事故。

【平安学校食堂创建】　联合教育局推进乐昌市学校食堂规范建设，各学校食堂硬件建设和软件管理进一步改善。全市18家平安学校食堂创建单位顺利通过考核验收。

【餐饮服务食品安全量化分级管理工作】　对餐饮服务单位进行量化分级管理等级评定。2016年，完成餐饮服务单位量化分级710家，占全市应评餐饮单位总数92.3%，其中A级单位27家、B级餐饮单位303家、C级餐饮单位380家。

【农贸市场快速检测工作】　制定《乐昌市开展农贸市场快速检测工作实施方案》，落实3家农贸市场快速检测室建设场地、建设方案、快速检测相关设备设施的采购及快检人员的培训工作。7月1日起，3家农贸市场食用农产品快速检测工作全面开展。

【药品、药械不良反应监测报告】　与卫生和计划生育局联合发文《关于开展2016年药械不良反应/事件监测工作的通知》，加强药品、药械不良反应监测工作的力度。2016年，完成药品不良反应监测报告179例，医疗器械不良事件报告完成10例，有效防止药害、械害事件的发生。

【教育宣传工作】　举办食品安全管理员培训班、明确药品零售企业处方审核人员配备问题会议、农村餐饮食品安全专业知识培训班等相关食品药品教育培训，累计培训食品药品从业人员600余人次；把食品药品安全科普宣传融入日常工作中，利用“3·15”消费者权益日“5·15”打击和防范经济犯罪宣传日、“食品安全知识进社区”“全国食品安全宣传周”等活动向广大群众普及食品安全科普知识，累计接受群众咨询1500余人次，发放食品药品安全宣传资料10000余份。

【专项整治】　开展打击保健食品非法添加违法行为“蓝剑行动”、打击食品非法添加违法犯罪“清源行动”、打击药品违法犯罪“雷霆行动”、打击走私冻肉品专项整治和走私专项“国门利剑2016”行动、农村食品安全“扫雷”专项行动、学校食堂及周边食品经营单位专项检查行动，以及疫苗专项检查、化妆品专项整治、中药饮片专项整治、猪肉市场“私宰肉”排查等一系列食品药品安全专项整治行动。全年累计立案查处食品药品违法案件64宗，罚没金额10.6万余元。

【医疗机构药房药库规范化建设】　从组织机构、制度建设、人员及服务、设施与设备、进货验收、陈列与贮存等方面对医疗机构药房管理做规范引导，引导医疗机构严格落实各项标准，加强整改提高。年内，完成7家规范化药房药库试点建设工作。

【创建“省级食品安全示范镇”】 创建省级食品安全示范镇是乐昌市2016年度示范项目，乐昌市以廊田镇为创建对象，开展“省级食品安全示范镇”创建工作。通过一系列举措，规范镇辖区内各餐饮服务单位食品安全管理水平，全面提升服务质量，示范创建处于备检阶段。

【核发首张食品加工小作坊登记证】 2016年11月9日，乐昌市食品药品监督管理局向乐昌市德财烧腊加工场核发“食品加工小作坊登记证”，这是乐昌市核发的首张食品加工小作坊登记证，标志着乐昌市食品生产加工小作坊正式迈入“持证时代”。

（谢思敏）

附：市食品药品监督管理局领导班子成员名单

局　长：李卫东（　—10月）

　　　　连旷怡（女，10月—　）

副局长：李首魁　黎晓岚（女）　徐建彬

食安办副主任：蒋翠英（女）

党组成员：龚　鹏

安全生产监督管理

【概况】 乐昌市安全生产监督管理局为市人民政府工作部门，是市人民政府主管全市安全生产综合监督管理的直属机构。内设办公室、监督管理一股、监督管理二股、职业安全健康监督管理股、安全生产应急救援指挥中心办公室、执法监察大队6个职能股（室）。有工作人员15人，公务员12人，后勤服务人员3人，其中正局长1人，副局长2人。全市19个镇（街道、办事处）全部建立安监站，有安监站工作人员90人。

【安全生产情况分析】 2016年，全市共发生各类生产安全事故109起，死亡22人，受伤188人，直接经济损失85.61万元，与2015年同期相比，事故起数上升2.8%，死亡人数下降35.3%，受伤人数上升12.6%，直接经济损失上升48.8%。其中：道路交通发生事故27起（其中一次性死亡3人的事故发生1起），死亡22人（生产经营性道路交通死亡人数0人），受伤188人，直接经济损失42.61万元，与2015年同期相比，事故起数下降34.1%，死亡人数下降29%，受伤人数上升13.3%，直接经济损失上升21.2%。消防火灾发生事故82起，无人员伤亡，直接经济损失43万元，与2015年同期相比，事故起数上升26.2%，死亡人数和受伤人数下降100%，直接经济损失上升92.2%。工矿商贸领域和水上交通未发生生产安全事故。2016年，全市未发生较大以上生产安全事故。

【队伍建设】 2016年，乐昌市积极推进安全生产专职安全员队伍建设。4月，市安监局完成67名镇（街道、办事处）、工业园区专职安全员公开招聘工作，并全部到岗。6月，市安委会下发《乐昌市镇（街道、办事处）、工业园区专职安全生产监督检查员管理办法（试行）》和《乐昌市镇（街道、办事处）、工业园区专职安全生产监督检查员行为规范（试行）》。8月，市安委督查组对19个镇（街道、办事处）和工业园区专职安全员队伍建设情况进行专项督查。

2016年3月14日，韶关市安委会对乐昌市节后复产复工安全生产工作进行专项检查　（罗　莹　摄）

【执法监察】 2016年，全市监督检查各类生产经营单位238个、346次，监督检查覆盖率为100%，职业卫生监督检查用人单位12家，实施行政处罚

20 次，其中经济处罚 1 次，罚款 0.5 万元，罚款收缴率为 100%，全市共使用各类安全生产监督执法文书 172 份。

【安全生产行政许可】 2016 年，市安监局办理行政审批事项 9 件，其中：非煤矿山方面，审批发放非煤矿山企业（不含尾矿库）安全生产许可证 4 件；危险化学品方面，受理危险化学品（甲种）经营许可证初审 3 家，危险化学品（乙种）经营许可证初审 2 家。

【安全生产大检查】 2016 年，乐昌市先后组织开展元旦、春节安全生产大检查，节后复产安全生产专项检查，“五一”期间安全生产大检查，安全生产隐患排查专项整治工作和城市风险点、危险源排查整治专项行动工作。大检查期间，党政领导班子带队督查安全生产工作 40 余次；全市先后出动执法人员 3524 人次，检查企业 3672（次），发现隐患 2016 处，责令停产停业整顿 18 家，新闻报道 153 条，登记城市风险点危险源 67 个，其中红色等级 2 个、橙色等级 9 个、黄色等级 25 个、蓝色等级 24 个、其他风险 7 个。

【重点行业领域专项整治】 在非煤矿山监管方面，先后开展非煤矿山节后复产安全生产检查工作，非煤矿山风险分级工作，汛期非煤矿山隐患治理和预防性安全检查工作，非煤矿山安全生产专项整治工作。危险化学品和烟花爆竹监管方面，先后开展全市危险化学品生产经营企业隐患大排查，危险化学品生产储存专区隐患整改专项行动，危险化学品和烟花爆竹领域风险点危险源排查工作，烟花爆竹销售旺季“打非治违”专项清查行动和烟花爆竹安全隐患排查治理等专项行动。吸取天津港区瑞海国际物流有限公司“8·12”特别重大火灾爆炸事故教训，市安监局持续开展危险化学品和易燃易爆物品安全生产大检查工作。职业健康监管方面，督促企业开展作业场所职业危害因素申报工作，2016 年，完成对全市 278 家企业网上数据录入工作，企业申报率为 100%；截至 2016 年年底，全市正在履行职业卫生安全防护设施“三同时”企业 2 家，履行职业卫生现状评价的企业 5 家，完成职业健康检查人数 460 人，完成职业病危害因素检查重点行业 9 家，重点行业企业职业病危害因素检测率为 100%；重点行业企业劳动防护用品发放和使用率为 100%，重点行业企业职业病危害警示标示与作业岗位告知卡设置率为 100%，企业主要负责人与职业卫生管理人员培训率为 100%。

【安全生产宣传和教育】 组织开展安全生产咨询日活动，“安全生产宣讲队”主题宣讲活动，安全生产执法警示活动，生产安全事故应急救援演练活动应急预案演练活动，“平安校园”活动，安全生产警示标语征集活动，“法治乐昌宣传教育周”暨“12·4”全国法制宣传日活动等活动。全年组织 707 人次参加新安法、应急管理知识和非煤矿山、危险化学品主要负责人、安全管理人员、特种作业人员的安全培训。

【应急管理】 2016 年，完成应急预案备案企业 52 家，开展综合性应急演练 7 场（次）。加强对重大危险源的普查、登记、建档工作，截至 2016 年年底，登记建档的重大危险源共 4 处，监控率为 100%。（罗　莹）

附：市安全生产监督管理局领导班子成员名单

局　长：何毅华（　—10 月）
　　　　邓新建（10 月—　）
副局长：骆仕斌　丁海锋（　—8 月）
　　　　丘永建（8 月—　）

2016 年 6 月 22 日，韶关市非煤矿山安全生产主题宣讲会在乐昌市举行（罗　莹　摄）

农业·林业·水利·气象

农业农村工作

【概况】 乐昌市农业局属市人民政府工作部门，办公地址位于乐昌市河南大昌路52号。内设办公室、人事监察股、发展计划股、政策法规股、农村经济体制与经营管理股、市场经济信息与科技教育股、种植业管理股、农业机械化管理办公室、综合行政执法股和农产品质量安全监管股10个机构。机关行政编制24名，2016年在编23名，综合行政执法股另有行政执法专项编制12名。市委农办在市农业局挂牌，内设综合协调股和市扶贫开发领导小组办公室2个股室，不单设财政账号，业务相对独立，编制人事仍由市农业局统筹。市委农办机关行政编制6名，2016年在编5名。

2016年，全市实现农林牧渔业总产值38.92亿元，同比增长3.8%；实现农业产值30.19亿元，同比增长3.8%；实现农林牧渔业增加值24.62亿元，同比增长3.8%。农村人均纯收入12337元，同比增长9%。

【贯彻落实国家强农惠农富农政策】 落实国家耕地地力保护补贴政策，2016年，乐昌市耕地地力保护补贴面积18350.52公顷；全面完成政策性水稻和玉米种植参保工作，全市水稻种植参保面积19078.18公顷，玉米参保面积4046.02公顷；落实渔业柴油补贴、禁渔补贴政策，发放2014年渔业油价补贴清算资金和2015年渔业油价补贴预拨资金共1567080元，发放2016年度省级和乐昌市级禁渔补贴共198825元；落实农机购置补贴政策，2016年，省级下达乐昌市中央财政农机购置补贴资金275.18万元（其中2015年补贴结余资金47.18万元），乐昌市落实农机购置补贴资金257.384万元，国补资金使用率为93.53%，拉动农民投入购买农业机械资金800多万元，受益1645户，补贴推广各类农机具2038台（套）。

【农业生产情况】 全年种植农作物5.29万公顷，同比增长1.02%，其中粮食作物种植面积2.47万公顷，经济作物2.82万公顷，粮经比为47：53。全年种植水稻1.57万公顷，其中优质稻1.53万公顷，预计产量10.07万吨，蔬菜种植面积1.47万公顷（含设施蔬菜0.23万公顷、马蹄0.09万公顷、香芋0.17万公顷），水果0.78万公顷；油料0.77万公顷，其中，花生0.31万公顷；优质玉米0.44万公顷；烟叶0.12万公顷；薯类0.29万公顷（含冬种春收马铃薯0.08万公顷），大豆0.14万公顷，茶叶0.04万公顷，药材0.002万公顷；其他农作物0.46万公顷，其中，绿肥0.15万公顷，青饲料0.23万公顷。全年生猪饲养量61.9万头，其中出栏39.2万头，同比增长2%，存栏23.3万头，同比增长2%。全年畜牧畜禽肉产品产量31743吨，水产品产量5048吨，同比增长2.5%和2.5%。

【科技兴农】 围绕全国基层农业技术推广体系改革与建设补助项目建设，确定水稻、水果、蔬菜、生猪等具有乐昌特色的主导产业，筛选和推广13个主导品种；推广测土配方施肥技术、农药安全使用技术等14项主推技术；全市遴选71名技术指导员；积极培育科技示范户，遴选780户示范户，聘请专家培训科技示范户2500人次；建设乐昌市绿通果菜流通专业合作社示范基地、云岩镇农业技术推广站蔬菜生产示范基地、廊田镇茂林农产品贸易有限公司示范基地3个农业科技试验示范基地；依托广东省农业科学院果树研究所的人才、成果和技术等优势，与省农科院共建乐昌市岭南落叶果树研究所；在九峰镇创建互联网农业小镇的试点，用“互联网+”开展电子商务进农村综合示范与推广，引导农民依托电商创业就业。开展水稻新品种的试验示范，选择早稻示范品种“五优 1121”和晚稻品种“裕优 9822”“五优 116”。“五优 1121”理论亩产 638.8 千克，实收亩产 600 千克，属高产品种。

【新时期精准扶贫精准脱贫工作】 2016 年，全市累计到位帮扶资金 1.06 亿元，实施贫困村帮扶项目 141 个，举办农科实用技术培训班 56 期，组织农民参加劳动技能培训约 2800 人次。实现 4538 个相对贫困人口脱贫，其中 1729 个有劳动能力的贫困户人均可支配收入达到 7627 元，2809 个无劳动能力的相对贫困人口纳入低保，通过社会保障兜底实现稳定脱贫。

【农业安全生产】 2016 年，全市共认证无公害农产品 14 家单位，28 个品种；绿色认证 3 家单位，7 个品种；有机认证 2 家，3 个品种。抽检生产基地、农贸市场、超市的蔬菜、水果等农产品 2828 批（次），合格 2825 批（次），合格率 99.9% 以上。抽取瘦肉精监测样品屠宰场 2871 份、养殖场 1142 份，全部呈阴性。强化畜禽防疫、检疫工作，全年禽流感免疫注射 260.38 万羽，鸡新城疫注射 221.32 万羽，猪瘟免疫 42.84 万头，猪蓝耳病免疫 42.84 万头，猪口蹄疫免疫注射 42.84 万头，牛口蹄疫免疫注射 3.36 万头，羊口蹄疫免疫注射 1.38 万头，羊小反刍兽疫免疫注射 1.38 万头，狂犬病免疫注射 0.34 万只；全市屠宰检疫生猪 5.0875 万头，产地检疫生猪 18.896 万头、家禽 5.6195 万羽。加强检疫、病死猪无害化处理工作，全市监督屠宰场病死害猪无害化处理 67 头，养殖场监督无害化处理病死畜禽 22888 头（只）。开展农产品质量安全监管和农资产品打假专项整治，全年共组织执法人员 6880 人次，检查农资批发企业、农资经营门店、规模农产品生产基地及农民专业合作社 822（次），立案查处案件 9 宗，全部顺利结案，罚没款 1.87 万元。

【农村综合改革工作】 开展农村集体“三资”（资产、资源、资金）清理工作，2016 年，清理共涉及 195 个经济联合社、2264 个经济社。通过清理核实，在广东省农村“三资”平台上完成录入填报 100%，建立台账数 2264 份。全市村级集体总资源总面积 30.68 万公顷，非农用地资源 1606.83 平方米，物业资产原值和实物资产总额 43033.59 元，共清查出账面金额 4205.49 万元，库存现金 1212.58 万元。长期投资金额 7554.60 万元，投资收益累计数 1161.71 万元，债权应收金额 744.89 万元，债务应付金额 446.56 万元。

【农业产业化发展】 截至 2016 年 12 月底，全市有省级农业龙头企业 2 家、市级 10 家、县级 19 家；登记注册的农民专业合作社 543 家，其中国家级示范社 5 家、省级 19 家、韶关市级 25 家、乐昌市级 32 家。推动品牌战略，培育乐昌市农业品牌。乐昌市昌盛香芋生产流通专业合作社的“炮弹香芋”和乐昌市梅花镇百臻有机种养专业合作社的“鱼稻山泉米”被广东省农业名牌带动战略委员会认定为“广东省名牌产品（农业类）”，乐昌市昌盛香芋生产流通专业合作社的“炮弹香芋”和乐昌市沿溪山茶场有限公司的“雾翔白毛尖茶”被评为广东省第二届“十大名牌”系列农产品。

【高标准基本农田建设】 截至 2016 年 12 月底，完成 2014 年度 2133.3 公顷高标准基本农田建设项目单项工程验收、县级验收、工程复核、韶关市级竣工验收工作；完成 2015 年度 1666.7 公顷高标准基本农田建设项目主体工程竣工，长来标段单项工程验收工作；完成 2016 年度 2333.3 公顷高标建设前期规划设计和韶关市级评审工作。

【农村土地确权工作】 2016 年，全市完成测绘指界 141 个行政村、1443 个经济社，完成测绘面积 1.5549 万公顷，占比 80.6%。指界地块 47.3859 万块，涉及农户 5.7467 户。落实补助资金 133.1016 万元，其中，中央 218.8906 万元，省级 260.2 万元，市级 87 万元，县级 765.011 万元。开展互换并地解决承包地细碎化问题改革试点工作，试点面积 72.87 公顷、地块 1342 块，通过互换并地后，完善路、渠等基础设施建设，公摊土地面积 4.85 公顷，互换并地后实测面积 70.5 公顷，地块 1126 块，试点前后对比增加土地面积 2.478 公顷，增加 3.4%，减少地块 216 块，减少约 16%。 （沈　敏）

附：市农业局领导班子成员名单

局　长：徐国秀（　—10 月）

　　　　华癸莲（女，10 月—　）

副局长：张增文　黄慧康

　　　　刘永明（兼畜牧兽医水产局局长）

党委副书记、纪委书记：黄邦辉

党组成员：黄连生　罗　东

扶贫工作

【概况】　2016 年，乐昌市扶贫办荣获“广东省 2013—2015 年扶贫开发‘双到’考核结果优秀单位”称号。新时期精准扶贫工作，乐昌市有 39 个相对贫困村，分别由省直、东莞市和韶关市帮扶，157 个非贫困村（居）贫困户由乐昌市自身帮扶。全市 196 个村（居）有相对贫困户 5263 户 14462 人（有劳动能力 3198 户 11351 人、无劳动能力 2065 户 3111 人），其中 39 个相对贫困村中，有贫困户 1464 户 4448 人（有劳动能力 1053 户 3808 人、无劳动能力 411 户 640 人），157 个非贫困村（居）中，有贫困户 3799 户 10014 人（有劳动能力 2145 户 7543 人、无劳动能力 1654 户 2471 人）。

2016 年，全市累计到位帮扶资金 1.06 亿元，实施贫困村帮扶项目 141 个，举办农科实用技术培训班 56 期，组织农民参加劳动技能培训约 2800 人次。实现 4560 个相对贫困人口脱贫，其中 1123 个有劳动能力的贫困户人均可支配收入达到 7627 元，3437 个无劳动能力的相对贫困人口纳入低保，通过社会保障兜底实现稳定脱贫，全市贫困发生率从 2015 年的 4.07% 下降到 2.85%。

【产业帮扶】　因地制宜制定各镇（街道）农业产业扶贫发展规划及措施，建立一批特色种植业和养殖业，强化“造血”扶贫。团省委依托廊田镇“粤北粮仓”优势，联合省商务厅、京东集团和当地专业合作社，培育打造“廊田优质米”品牌，推出“我在粤北粮仓有一亩田”项目。北乡镇联合该镇各村马蹄（香芋）专业合作社“抱团发展”，成立北乡农副产品专业联合社，引进广西“桂蹄一号”马蹄组培苗和槟榔芋优良种苗，形成“一乡一品”产业化生产格局，“六村联动”打造万亩产业扶贫基地，走“合作社 + 基地 + 农户”的产业帮扶新路子，辐射带动该镇黄坌等 6 个村 118 户贫困户、290 个贫困人口参与生产经营，增强村、户长效“造血”功能。

【推行“合作社 + 基地 + 农户”扶贫模式】　长来镇和村村成立蔬菜水果专业合作社，吸纳 22 户相对贫困户参与生产；坪石镇贫困村引进发展有机蔬菜种植基地，以“公司 + 基地 + 农户”方式，组织相对贫困户参与蔬菜种植，提高村集体及相对贫困户收入。

【电商扶贫】　与京东集团建立农村电商精准扶贫战略合作关系。加快基层信息网络体系建设，大力培养农村电商人才，建设高质量的农村电子商务平台，促进农民、农业、农村和农产品“上线上网”，拓宽农产品销售渠道，带动贫困人口增收脱贫致富。

【金融扶贫】　安排 1000 万元专项扶贫资金用作扶贫贷款基金，通过撬动金融机构放大 10 倍，对有劳动能力贫困户提供“5 万元以下、3 年以内、免担保免抵押、基础利率放贷、扶贫资金贴息”信用贷款，通过无抵押无息贷款，支持贫困户发展生产。

2016 年 6 月 23 日，广东省扶贫办主任梁健（左三）到长来镇和村村调研督查精准扶贫工作　（市扶贫办　供）

【统筹扶贫】　统筹专项扶贫资金入股投资建设光伏发电项目，实现贫困户按股分红。截至 2016 年年底，在乐城街道等11个镇（街道）共11个村开展试点，每个试点投资10万元建设10千瓦光伏发电项目，预计每个试点年收益可达1万元以上。

【农村危房改造】 2016年，全市农村危房改造任务数为343户，全部为建档立卡贫困户，全部采取拆除重建方式改造。截至2016年12月底，343户农村危房改造户全部竣工，完成投资总额1881.1万元。（龚有华）

附：市扶贫办领导班子成员名单

主　任：黄邦辉

副主任：张湘权　郑军英（女）

畜牧兽医水产

【概况】 乐昌市畜牧兽医水产局为乐昌市农业局直属副科级参照公务员管理事业单位，行使畜牧兽医水产行政管理职能，核定事业编制21名，2016年在职人员16人。办公地址位于乐昌市人民北路7号。

2016年，全市畜牧、渔业生产总产量36791吨，比2015年生产总产量35930吨增加861吨，增长2.4%。畜牧、渔业总产值88640万元，比2015年总产值82774万元增加5866万元，增长7.1%。生猪饲养量61.9万头，比2015年增加1.2万头，增长2%，存栏量23.3万头，比2015年增加0.5万头，增长2%，出栏量39.2万头，比2015年增加1.3万头，增长3.5%；家禽饲养量374.1万羽，比2015年增加10.9万羽，增长3%，存栏量89.5万羽，比2015年增加2.6万羽，增长3%，出栏量284.8万羽，比2015年增加8.5万羽，增长3.1%。

【落实强农惠农政策】 2016年参加投保能繁母猪14021头。全市理赔死亡能繁母猪402头，向养殖户支付理赔款40.2万元。2016年11月，乐昌市正式启动政策性家禽生猪保险试点工作。

【畜禽养殖】 2016年6月，乐昌市开展畜禽养殖“三区”规划的编制工作。12月，《乐昌市畜禽养殖“三区”规划（初稿）》编制完成。2016年，全市生猪存栏100头以上有286户（场），牛存栏10头以上有15户，羊存栏50头以上有26户，家禽存栏1000羽以上有34户（场）。年内，乐昌市有2家畜禽养殖场列入污染减排任务。

【动物防疫】 2016年，乐昌市禽流感免疫注射260.38万只、鸡新城疫免疫注射221.32万只、猪口蹄疫免疫注射42.84万头、牛口蹄疫免疫注射3.36万头、猪瘟免疫注射42.84万头、猪蓝耳病免疫注射42.84万头、犬狂犬病免疫注射0.34万只；生猪产地检疫18.9万头，生猪屠宰检疫5.1万头，检出病死猪16头，全部作无害化处理。

【渔业管理】 发展稻田养鱼，开展水产种苗产地检疫工作，开展养殖企业动态管理数据库数据更新与现场核查工作。2016年8月19日，韶关市水产养殖协会乐昌分会成立。

【种苗繁育】 2016年，乐昌市有鱼苗繁育场4个，主要以繁殖和培育四大家鱼为主。加强四大家鱼的提纯与复壮工作，繁育鱼苗1.83亿尾。

【成鱼养殖】 池塘养殖：2016年全市池塘面积605公顷，产量3398吨，池塘平均公顷产量5617千克，池塘养殖主要以四大家鱼为主，采用混养方式，搭配罗非鱼、鲤鱼、鲫鱼等品种；大水面增养殖：2016年全市山塘水库面积1115公顷，产量1152吨，每公顷产量1033千克。

【水产养殖方向项目】 2016年，申报水产养殖方向项目资金50万元，其中乐昌市基层快速检测点体系建设专项资金30万元，在乐昌市北乡镇畜牧兽医水产站建立基层快速检测点，乐昌市水产养殖规范用药示范区建设项目专项资金20万元。

【无害化处理中心项目建设】 2016年4月，乐昌市农业资源循环利用处理中心建设项目实施方案通过省专家评审，正式启动乐昌市农业资源循环利用处理中心示范项目建设工作。（李井华）

附：市畜牧兽医水产局领导班子成员名单

局　长：刘永明

副局长：朱　勇　周咏梅（女）

总畜牧兽医师：李振山

渔政管理

【概况】 广东省渔政总队乐昌大队为市农业局直属行政执法机构，办公地址位于大昌路37号。核定行政执法专项编制8名，2016年在编4名。

【国家渔业油价补贴政策】 落实渔业油价补贴政策，做好渔业柴油补助对象申请资格申请、受理、审核、数据录入、公示、汇总上报等各阶段工作，确保渔业柴油补助发放工作公平、公正、公开进行。2016年发放柴油补贴的渔船122艘，发放2014年渔业油价补贴清算资金1285441元和2015年渔业油价补贴预拨资金281639元。

【禁渔工作】 2016年禁渔期间，乐昌大队开展禁渔专项检查28次，出动执法车辆28车（次），执法人员84人（次），检查渔船483艘（次）。出动宣传车28次，发放禁渔宣传资料362份。

【增殖放流】 2016年10月18日，渔政大队在乐城府前桥底水域开展增殖放流活动，投放鲮鱼、草鱼、鳙鱼、光倒刺鲃4种鱼苗15万尾。（陈华祯）

附：乐昌渔政大队领导班子成员名单

大队长：彭振兵（—6月）

副大队长：黄　鑫（—4月）

林　茵（女）

农业机械管理

【概况】 乐昌市农业机械管理局是参照公务员法管理的事业单位，内设办公室、科技推广股、农机安全监督管理股3个股室，人员编制7人。下辖农机安全监理站，人员编制3人。局领导班子设正副局长各1名。局下属有1个公益三类事业单位——农业机械技术学校（简称“农机学校”），编制6人。农业机械管理局主要工作任务是履行农机管理、安全监理、推广和培训等职责。

【农机购置补贴】 2016年，省财政厅、省农业厅下达乐昌市中央财政农机购置补贴资金为275.18万元（其中2015年补贴结余资金47.18万元）。乐昌市落实农机购置补贴资金257.384万元，国补资金使用率为93.53%，拉动农民投入购买农业机械资金800多万元，受益1645户，补贴推广各类农机具2038台（套）。

【农业机械化发展】 2016年，农业机械总动力达到25万千瓦，比2015年增长7.72%；全市农业机械总值达到1.944亿元，比2015年增加640万元；农副产品加工和畜牧水产养殖等农业机械得到快速发展，拥有拖拉机3747台，水稻联合收割机262台，插秧机205台，排灌机械6364台。

【农机安全】 制订《乐昌市2016年农机安全生产工作计划》和《乐昌市开展2016年农机“安全生产月”活动实施方案》。与镇（街道）农机管理服务站、市农机安全监督管理站和市农机学校等责任人签订《2016年农机安全生产目标管理责任书》。市农机安全监理站在办理农机牌证业务时，与农机户或农机驾驶操作员签订《农机安全生产责任状》。继续开展创建“农机安全村”和“平安农机、促进新农村建设”活动，进一步完善“农机安全村”“平安农机示范户”和农机学校等宣传阵地；开展农机安全检查，消除事故隐患，实现全年农机安全生产“零事故”。

【“打非治违”专项整治工作】 2016年，市农机局多次协助配合公安交警、农业执法股在乐城、坪石等地上路执法，共查处拖拉机非法改装等违规行为8人次，指出不安全因素16件次，对20多名农机手现场进行安全教育。此次行动重点查处拖拉机、联合收割机无牌行驶、无证驾驶、未按规定参加年度安全技术检验、非法改装拼装、违法载人、超载滥载；酒后驾驶、未按时换证、使用假牌假证等严重违法行为，并在当地电视台新闻栏目播放，起到较好的震慑和教育效果。全年乐昌市无一起农机重大事故发生。

【农机技术培训】 2016 年，结合实施农机购置补贴政策和农机“打非治违”工作，共举办拖拉机、收割机和插秧机驾驶操作及农机维修技能培训班 4 期，培训各类农业机械驾驶操作人员 159 人，全面完成农机化培训任务。（高文俊）

附：市农业机械管理局领导班子成员名单

局　长：邓传有

副局长：丘梓青

林　业

【概况】 乐昌市林业局是市人民政府组织、协调、管理、指导全市林业工作的职能部门。设 8 个内设机构，1 个直属行政单位，31 个直属事业单位，2 个直属林场。2016 年，龙山林场、大瑶山林场两个国有林场由公益三类事业单位改制为公益一类事业单位。龙山林场年末人员编制 77 人，人数 120 人，其中在职 51 人、退休 69 人；大瑶山林场年末人员编制 42 人，人数 62 人，其中在职 25 人、退休 37 人。年内，乐昌市龙山林场（国家杉木良种基地）被国家林业局授予“全国生态建设突出贡献先进集体”荣誉称号。

2016 年年末，全市林业用地面积 183628.5 公顷，占国土面积 77.4%；全市森林覆盖率 75.1%，森林蓄积量 940.24 万立方米，年度进阶乔木蓄积量为 5.31 万立方米。

【造林绿化】 2016 年，全市完成 6258 公顷造林任务。林业重点生态工程建设如期完成，全面完成广乐高速公路生态景观林带 56 千米、面积 224 公顷建设任务和 2016 年度碳汇造林 471.3 公顷的建设任务。省下达 4 个森林公园建设任务全部完成。乐昌市乡村绿化美化计划任务量为 24 个，实际完成 24 个，任务完成率 100%。完成中幼林抚育面积 8450.8 公顷，中幼林抚育完成率、抚育合格率均达到 100%。义务植树 90 万株，参加义务植树 25.2 万人次。全市规划实施封山育林面积 12.87 万公顷，其中全封区 10.2 万公顷，半封区 2.07 万公顷、轮封区 6000 公顷。

【林政资源管理】 严格执行森林采伐限额，全年办理审批林木采伐申请 1559 份、采伐面积 1035.27 公顷、蓄积 103488.8 立方米、出材量 70971.26 立方米。办理木材运输 30000 立方米，检查过站木材 3571 车、木材 33270.87 立方米，薪柴 120.5 吨。行政处罚 24 宗、没收无证木材 63.58 立方米，为国家挽回经济损失 4.91 万元，未发生公路三乱现象和经营企业投诉情况。加强征占用林地管理工作，省厅审核批准乐昌市华昇农业发展有限公司办公楼、茶叶加工厂房工程项目、乐昌市社会福利院老年公寓改扩建工程项目、乐昌市乐茗源茶叶有限公司茶叶加工厂房及员工宿舍项目共 0.92 公顷征占用林地的审核工作，征收森林植被恢复费 24 万元。

【林业执法及案件查处】 2016 年，开展打击破坏野生动物资源违法犯罪专项行动、打击破坏林地资源违法犯罪专项联合行动和打击非法占用林地等涉林违法犯罪异地执法行动。查处种类森林案件 99 宗，其中立刑事案件 41 宗，刑事拘留 10 人，取保候审 12 人，批准逮捕 7 人，移送起诉 16 人，立治安案件 5 宗，林业行政案件 58 宗，处罚违法人员 61 人，为国家挽回经济损失 46 万余元。

【森林防火】 2016 年，全市发生森林火灾 2 宗，过火面积 19.3 公顷，受害森林面积 11.3 公顷。乐昌市山火发生次数和受害森林面积均达到森林防火责任书“双控”指标的要求。

【林业有害生物防治】 全面完成林业有害生物普查工作，加强对松材线虫病、食叶害虫的监控和防治，组织开展“绿盾 2016”林业植物检疫执法检查行动。2016 年，乐昌市林业有害生物成灾率为零，林业有害生物防治率为 100%。

【林业投资】 2016 年，全市争取中央和省级林业项目资金共3404.63万元。其中，林业发展及保护专项资金林业有害生物防控方向27万元，乡村绿化美化方向60万元，森林资源二类调查方向66.79万元，森林碳汇抚育方向383.23万元，森林碳汇重点生态工程方向566万元，防护林工程中央投资省级配套方向6万元，生态景观林带建设方向321万元，林业种苗方向50万元，种苗示范基地方向400万元，木森林公园方向300万元，专职护林员补助（一般性转移支付）143.74万元，中央林木良种补贴220万元，中央造林补贴320万元，中央森林抚育补贴316.8万元，中央森林公安补助22万元，中央财政林业科技推广示范补贴100万元，中央贫困林场扶贫资金56万元，中央降低育林基金征收标准后财政减收补助42.07万元，中央级部门预算4万元。

【为民服务】 2016年，受理山林纠纷案件14宗，裁决11宗，调解率78.6%。调处山林纠纷涉及林地面积70.6公顷。接待群众来访18批78人次，全年接到各类来信、来访案件33宗，答复来信33件，群众满意率高，全年没有涉林案件越级上访或非正常上访现象发生。林业局窗口服务质量提升，全年办理审批林木采伐申请1559份、采伐面积1035.27公顷、蓄积103488.8立方米、出材量70971.26立方米，办理木材运输30000立方米。

【科技兴林】 引导乐昌市龙山林场由原来传统的、单一的林业生产经营转变为三大重点林业科技项目基地的重要建设和试验示范经营，承担生态林和防护林建设项目的试验示范，收集和保护种质资源、林木良种的培育和生产、林业科学试验等工作，提高现代林木培养的科技含量。2016年，龙山林场杉木良种基地杉木良种获丰收，球果产量为30550千克，种子产量1250千克。继续研究开发粤北地区油料植物和药用植物的收集、保存、利用及各项试验工作。

【基层林业站、林场、林科所】 全市设有17个林业工作站（每个镇、街道有1个林业站）、5个木材检查站、1个林科所、2个直属林场，合计事业单位工作人员263人，其中林业站在编人员经费由市财政全额核拨；林科所在编人员经费由市财政核补；两个直属林场分别是龙山林场和大瑶山林场，为公益一类事业单位。上述站、场、所属市林业局的派出机构，其人、财、物全部由林业局管理。在职职工中大学本科17人，大学专科58人，中专87人。获得初级以上专业技术职称的75人，其中专业技术人员高级岗位1人、中级岗位10人、初级岗位64人。

2016年各基层林业站、林场、林科所领导班子成员名单表

单位名称	正　职	副　　职
大源林业站	林泓	秦晓阳（女）、谢世文
九峰林业站	张仁贵	林　敏
两江林业站	蓝必强	林日标
五山林业站	张树桥	陈秋平、刘卫球
廊田林业站	陈石才	胡建华、丘建勤
乐城林业站	贺广兵	欧超文、朱春华
长来林业站	张阳古	王云华
北乡林业站	—	谢建华、曾国顺、黄本进（负责全面工作）
坪石林业站	张志勇	邹志光、黄国华
三溪林业站	陈　鹰	—

单位名称	正　职	副　　职
梅花林业站	杨永祥	邓忠东
秀水林业站	林梓光	—
云岩林业站	杨永华	周永根（负责全面工作）
沙坪林业站	邓长生	—
黄圃林业站	刘启森	—
庆云林业站	张卫国	—
白石林业站	邱伟雄	—
龙山林场	林军	刘林萍（女）、李彭生、邹卫民
大瑶山林场	乐绪军	张绍勋、张万雄
林科所	张照勋	羿耀华

【省级自然保护区建设】　乐昌市有杨东山十二度水和大瑶山2个省级自然保护区和1个县级自然保护区——八宝山自然保护区，自然保护区面积2.4861万公顷，占国土面积的10.28%。保护区多方筹措资金，增设防火设施设备、聘请管护人员、加强宣传基础设施建设和印发宣传资料、开展科研监测。保护区内全年未擅自批准在自然保护区内进行开发和商业性经营，实现无森林火灾、无森林病虫害、无乱采滥伐、无乱捕滥猎等现象发生。

2016年省级自然保护区领导班子成员名单表

单位名称	主　任	副主任	成立时间
广东乐昌杨东山十二度水省级自然保护区管理处	梁荣华	邝兆勇	2002年8月
广东乐昌大瑶山省级自然保护区管理处	徐国秀	邹　滨	2005年9月

（姚邦益）

附：市林业局领导班子成员名单

党组书记、局长：黄志雄

党组成员、副局长：陈培华　邓良开　谢忠文

邱志勇（兼公安局森林分局局长）

党组成员：林　军

水　　利

【概况】　乐昌市水务局位于乐昌市昌山西路77号，是乐昌市人民政府的水行政主管部门，行政编制数21人，年内有在编人员18人。负责开发、利用、节约、保护、管理水资源、防治水害等的管理。

2016年完成水利固定资产投资超2亿元。“十二五”时期执行最严格水资源管理制度工作考核被评为优秀等次；2013—2015年扶贫开发“双到”工作被乐昌市委、市政府授予先进集体单位称号。

【防汛抗旱】　修订、完善《乐昌市防汛防旱防风防冰冻应急预案》《乐昌市山洪灾害防御预案》及水库防御特大洪水等预案，制定水库度汛方案、汛期调度运用计划，严格执行24小时值班、领导带班和汛期零报告制度，确保政令畅通。

【防洪减灾工程】　广东省山区五市中小河流治理

完成2016年度廊田水、西坑水、九峰水、其他武江一级支流等4宗中小河流治理工程建设。工程批复总投资11024.8万元，治理河道总长56.64千米，其中护岸45.49千米、新建及加固堤防13.416千米、河道清淤55.5千米。

全国重点中小河流治理　乐昌市有九峰水、廊田水、辽思水、田头水、宜章水、南花溪和白沙水7宗中小河流治理工程列入国家规划，涉及乐昌市6个镇。工程计划治理河流总长度59.38千米，保护沿岸3013.3公顷农田及7.4万人的防洪安全，工程总投资1.72亿元。到2016年度累计完成投资8752万元。

张滩闸坝枢纽重建工程　张滩闸坝枢纽重建工程，为乐昌市、韶关市重点工程，并列入广东省民生水利工程。工程概算总投资19404万元。工程于2015年10月18日正式开工建设，到2016年度累计完成投资约4000万元。

【农村水利工程】　农村饮水　村村通自来水工程包括285宗小型集中供水工程和11个镇级标准化水厂建设工程两部分，工程估算总投资11658.56万元。工程于2016年8月开工，2016年度累计完成投资4600万元。

中央小型农田水利重点县建设、小型水库除险加固、中小型灌区改造工程实施　乐昌市中央小型农田水利重点县建设总投资6437.87万元，五宗小（二）型病险水库除险加固工程总投资556.44万元，中小型灌区改造工程总投资12272万元，三个项目均完工，2016年做好项目的验收准备工作。

农村水电增效扩容　乐昌市纳入“十二五”规划农村水电站增效扩容改造的项目共计26宗，工程总概算投资5809.81万元，截至2016年年底，完成投资5279.54万元，21宗水电站改造完成并投入发电（其中8宗水电站完成验收工作）。

【水库移民】　乐昌市水库移民人口有10018人，其中乐昌峡移民5687人（含生产安置人口2264人）、中型水库912人、小型水库3419人。2016年主要做好水库移民计划申报、完成已建项目验收、配合乐昌峡移民办做好水库移民后期扶持等工作。

【水政执法】　结合“世界水日”“中国水周”“12·4”法制宣传日纪念活动，组织开展水法律法规宣传教育活动。加强河道管理及河道巡查力度，2016年，乐昌市水政执法发出责令停止违法行为通知书6份，立案查处涉嫌非法采砂案件1宗，受理举报涉嫌违法采砂案件1宗。

【水资源管理】　严格执行最严格水资源管理制度，合理规划利用水资源，“十二五”时期各年度最严格水资源制度考核均被评为优秀等次。　（吴春兰）

附：市水务局领导班子成员名单

1. 乐昌市水务局

水利系统党委书记、局党组书记、局长：周杏林（女）

水利系统党委副书记、纪委书记、局党组成员、副局长：陈昌树

水利系统党委委员、局党组成员、副局长：钟祥明

党组成员、副局长：陈晓明

副主任科员：李晓东（7月—　）

2. 张滩水电站

水利系统党委委员、电站站长：蔡立新

副站长：李逢学　李大方　丘志平　何胜才

　　　　黄欢珍（女，6—　）

工会主席：刘伟平（8月—　）

3. 月岭水电站

水利系统党委委员、电站站长：张洪根

副站长：陈郁庭　邹国芬　雷国忠

工会主席：廖远志

4. 龙山水库管理处

主　任：李姣丽（女）

副主任：谭庆中　邓福庚

水利系统党委委员：陈　海

5. 廊北灌溉工程管理处

主　任：曾学胜

副主任：谢高英　朱东楷　朱乐成

6. 乐昌市水政监察大队

大队长：张　权

副大队长：黄月玲（女）

7. 乐昌市防洪排涝工程管理处

主　任：李三元

副主任：李钢锤
8. 东洛水库管理处
主　任：杨善明
9. 金鸡水库管理所
主　任：雷永友
副主任：沈章顺
10. 机电排灌管理总站
站　长：朱瑞勇
副站长：郭志军　劳志坚
11. 梅花灌区水利联合管理所
主　任：何荣昌
12. 丰收水库管理所
主　任：吴桂标
副主任：杨帮明
13. 水利工程公司
经　理：黄汉华
副经理：石勇泉　王　坚

气　象

【概况】　乐昌市气象局位于乐昌市人民北路387号，建制相当镇正科级机构，实行气象部门管理为主，地方党政领导为辅的双重领导。2016年，乐昌市气象局被韶关市精神文明建设委员会评为“2014—2015年度韶关市文明单位”。

【基本气候概况】　2016年，乐昌市年平均气温20.5℃，偏高0.6℃。年内有9个月出现气温正距平，其中气温明显偏高的月份有：4月偏高1.8℃；10月份偏高1.6℃；12月偏高2.4℃。出现气温负距平的月份为2月、5月和8月，分别偏低0.6℃、0.1℃和0.5℃。年内极端最高气温为39.4℃（7月30日），极端最低气温为-1.1℃（1月25日）；高温天气（最高气温≥35℃）日数为34天，较历年偏多，其中，6月9天，7月13天，8月10天，9月2天。高温天气最早出现于6月1日，最迟出现于9月27日。

2016年，乐昌市年平均降水量1850.8毫米，偏多25%。年内降水分布极不均匀，月降水量最多6月295.3毫米，最少12月15.8毫米；与常年值比较，1月偏多1.9倍、11月偏多1.1倍。2月、7月、9月、12月分别偏少42%、62%、10%、46%。1—3月偏多49%；4—6月偏多33%；7—9月偏少13%；10—12月偏多71%。3月20日，乐昌全市各地均出现首场暴雨，标志着正式进入汛期。入汛时间偏早，比历史同期（3月29日）早9天，比上年早31天。全年乐昌市出现4次暴雨级别以上的强降水过程，分别是：3月19—20日、5月5日、5月20日、6月10—13日。全市平均日照时数1411.6小时，偏多3成。

【主要灾害性天气】　暴雨洪涝　受高空槽、低层切变线和弱冷空气共同影响，5月19日夜间至5月20日夜间乐昌出现暴雨到大暴雨天气过程，且过程伴随短时强降水。统计5月19日20时至20日20时，全市暴雨、局部大暴雨，长来镇前溪村录得最大24小时雨量173.8毫米，长来镇和廊田东洛水库录得次大雨量为161.8毫米，乐昌站录得149.0毫米。多个乡镇遭受暴雨洪涝影响。受西南季风影响，6月10日至6月13日乐昌出现暴雨到大暴雨天气过程，且过程伴随雷电、短时强降水等强队流天气。统计6月10日08时至13日08时，全市暴雨到大暴雨，乐城街道录得最大过程雨量147.7毫米，乐昌站录得次大雨量为132.9毫米。乐城街道和大源镇遭受暴雨洪涝影响。

暴雨冰雹　受高空槽和西南暖湿气流影响，19日夜间到20日夜间乐昌出现强降水天气过程，且过程伴随雷雨大风、局地冰雹等强对流天气。统计3月19日08时至21日08时，全市普降大暴雨，平均雨量137.1毫米，黄圃镇录得最大过程雨量为184.2毫米，次大白石镇180.9毫米。其中，黄圃镇、梅花镇、九峰镇及其北部和西部多地遭遇冰雹袭击。

【业务与气象服务】　2016年，测报质量观测错情率为0.0‰、数据传输错情率为0.0‰，气象电报错情率为0.0%，操作错情率为0.0‰，各项指标均达到上级要求。全年向乐昌市委、市政府、市三防等决策部门提供重大气象信息快报27期，重大气象信息专报7期、天气报告45期、雨情汇报7期、春运专报40期、乐昌桃花节专题预报7期、乐昌水果节专题预报4期、高考天气专报3期，共发布决策天气短信24万余条。通过“乐昌天气”的微博微信向社会公众发布预报预警信息6000余条，微博关注人数2701人，微信关注人数489人。向社会公众发布天气预警信号蓝色46次、黄色67次、橙色36次、红色7次，向公众发布天气预警短信56万余条。

【“三农”气象服务建设】 加强气象防灾减灾标准乡镇（社区）建设，2016年，乐昌市大源镇入选全国气象防灾减灾标准乡镇，韶关市9个入选全国气象防灾减灾标准乡镇中，乐昌市占7个（廊田、乐城、长来、北乡、九峰、坪石和大源）。及时发布三农服务产品，向农户提供农气情报预报9期、农用天气7期、黄烟种植专题气象预报11期。开展特色气象服务工作，在乐昌市黄烟主产区开展针对黄烟生产生育期特色气象服务工作，对产烟乡镇、烟叶合作社、烟农、乐昌烟草公司人员，利用手机短信平台、LED、LCD电子显示屏、传真、微博、网站等手段发送每周一次《黄烟气象服务专报》。

【气象社会化管理】 加强培训，组织防雷从业人员参加多种形式的学习培训。积极参加防雷综合比武，以赛带训，提升人员素质。规范防雷业务流程。与乐昌市委宣传部、社科联、科协、安监局等部门联合开展年度系列科普宣传活动，促进防雷减灾各项工作规范开展，提高防雷社会管理力度。

【气象管理体制改革工作】 主动响应和联动处置机制初步建立。与乐昌市三防办联合推动以预警信号为先导的三防应急预案的修订，进一步完善防灾减灾机制。与民政部门签订防灾减灾合作协议，为民政等部门接入国家预警发布系统做好前期准备工作。与乐昌教育部门联合推广应用停课铃APP，乐昌市大部分中小学和幼儿园负责人安装停课铃APP。建立与教育部门对接机制，将高级别台风、暴雨预警信号纳入“校讯通”规定发布。

（廖　珊）

附：市气象局领导班子成员名单

局　长：陈松林

副局长：姚志文

纪检副组长：邹思为

工　业

综　述

【概况】 乐昌市经济和信息化局（以下简称“经信局”）内设办公室、经济运行与综合信息股、产业技术股、电力与资源综合利用股、国有资产监督管理办公室、工业园区股、无线电与通讯管理股、科技计划股、地震股、知识产权股、人事监察股、中小企业局和数据资源股13个职能股（室），编制33名。

2016年，全市完成规上工业增加值21.12亿元，同比增长0.89%。有企业法人单位2542个，其中工业企业520个，规模以上工业企业39家。

【拓宽融资渠道】 加大中小微企业贷款风险补偿基金落实力度，解决融资难问题。2016年，永业纸业、高尔德等6家企业通过审核获得3810万元的额度贷款。

【协助坪石电厂争取扶贫电量】 4月，向广东省政府和韶关市政府上报《关于请求协调韶关市坪石发电厂有限公司（B厂）2016年扶贫电量指标和直供电量指标的请示》；11月，向省发改委、经信委提交《关于请求增加韶关市坪石发电厂有限公司（B厂）上网电量的请示》。协助坪石电厂争取1.3亿千瓦时发电量，为乐昌市增加产值5300万元，增加值1800万元。

【制定加快民营经济发展措施】 制定并下发《关于促进民营经济加快发展的若干措施》，从企业做强做大、规上企业快速发展、申报成长性企业入库、促进准规模企业上规模、科技进步等方面进行奖励，进一步加大对民营企业的资金扶持力度，全面促进企业快速发展。

【节能工作】 乐昌市通过2015年韶关市政府对各县（市、区）政府节能考核，考核评价是完成等级。2016年，全市单位GDP能耗降低下降1.6%，2016年乐昌市单位GDP能耗降低下降4.13%，顺利完成韶关市政府下达的节能目标。

【循环经济发展加速】 2016年，乐昌市产业园获得“广东省循环化改造试点园区”称号；广东东方锆业科技股份有限公司乐昌分公司清洁生产通过验收。

【乐昌市国有资本投资运营有限责任公司挂牌成立】 2016年6月13日，乐昌市国有资本投资运营有限责任公司举行揭牌仪式。该公司是乐昌市政府出资注册成立的国有独资公司，授权乐昌市经信局履行出资人职责。公司的成立，标志着乐昌市国资监管工作进入一个新的阶段，对稳步推进乐昌市企业改革、促进企业资产保值增值、优化资源配置、增强竞争能力等具有重要意义。

2016年6月13日，乐昌市国有资本投资运营有限责任公司在市经信局一楼举行揭牌仪式

（市经信局　供）

支柱产业

【电力行业】 乐昌市电力企业中属于规模以上企

业的有4家（与2015年持平）。2016年，4家规模以上企业实现工业总产值14.36亿元，同比下降4.1%，骨干企业有韶关市坪石发电厂有限公司（B厂）和广东电网公司韶关乐昌供电局。

【纺织服装产业】　全市纺织服装企业中属于规模以上企业有5家（与2015年持平）。2016年，5家规模以上企业实现工业总产值3.4亿元，同比下降34.35%。骨干企业有乐昌市恒发纺织企业有限公司和乐昌市森隆纺织有限公司。

【建材产业】　全市建材产业企业中属于规模以上企业有8家（与去2015持平）。2016年，8家规模以上企业实现工业总产值9.8亿元，同比下降3.9%，骨干企业有乐昌中建材水泥有限公司、乐昌市安捷铁路轨枕有限公司、乐昌市建强混凝土有限公司和乐昌市闽兴新型建材有限公司。

【新型化工产业】　全市新型化工产业企业中属于规模以上企业的有3家（与2015年比减少1家）。2016年，3家规模以上企业实现工业总产值3.16亿元，同比下降6.02%。骨干企业有广东东方锆业科技股份有限公司乐昌分公司。

【机械铸造产业】　全市机械铸造产业企业中属于规模以上企业有6家（与2015年比减少2家）。2016年，6家规模以上企业实现工业总产值5.47亿元，同比下降26.45%，骨干企业有乐昌市泰邦重型机械制造有限公司、韶关韶瑞铸钢有限公司和韶关欧亚特电子制品有限公司。

【生物保健产业】　全市生物保健产业企业中属于规模以上企业有2家（与2015年持平）。2016年，2家规模以上企业实现工业总产值5.29亿元，同比增长19.84%。骨干企业有中健行集团有限公司和广东利生源生物饲料有限公司。（罗　茵　王惠珊）

附：市经济和信息化局领导班子成员名单

局　长：何毅华（10月—　）
副局长：陈永娣（　—11月）
　　　　管超元
　　　　李伟文（　—6月）
　　　　邓文剑

乐昌供电局

【概况】　乐昌供电局位于乐昌市人民中路20号，是国有中小型企业，隶属南方电网公司旗下的广东电网有限责任公司管辖。负责乐昌南部8镇的电力供应。2016年，有在册职工328人，领导班子成员5人，供电面积1315平方千米，供电人口27.9万人，供电客户10.57万户。年内，荣获“广东省爱国拥军模范单位”称号；连续15年荣获“韶关市模范纳税户”称号。

【经营技术指标】　2016年，乐昌供电局供电量4.84亿千瓦时，与上年同比增长4.64%；售电量4.65亿千瓦时，与上年同比增长6.02%；利润总额902.36万元；增加固定资产3936.47万元。电费回收率100%；综合线损率3.94%。全口径用户供电可靠率99.47%；客户平均停电时间为12.4小时/户，综合电压合格率99.998%，在韶关八县三区中排名第二；新增用户4597户，新增容量26212千伏安。计量终端在线率指标为99.44分，在韶关八县三区中排名第三；计量自动化数据完整率为98.02分。全年综合总指标在韶关八县排名第二。

【安全生产管理】　全年没有发生上级考核的事故事件，截至2016年12月31日，实现年度安全生产3517天。抓好安全生产责任制的传递，层层签订责任书；制定安全文化中期纲要，围绕班组管理规范化、员工行为规范化、风险管控规范化三个方面，建设以长来供电所为试点的标杆班组，推动安全文化深入发展；将安全生产风险管理体系建设融入日常工作的各个业务中，落实风险管控措施，体系年度外审得分78分，在市局排名前茅；加强安全督查和二次许可，全年开展现场安全督察997次，对发现的各类违章、不符合发出违章扣分86次，发出黄牌5张；应急保供电管理更规范有效，汛期发出9次预警、6次响应，开展防风防汛应急演练6

次，7项电网风险预警全部管控到位，完成元旦、春节、国庆等重要节假日及“两会”等重要保供电29次；优化设备运维管控，及时处理紧急缺陷14项，重大缺陷7项，一般缺陷222项，消缺及时率100%，加强负荷监控、错峰用电等措施，实现春节期间配变零烧毁的目标；高度关注高故障线路的故障调查和监察性巡视，发现和处理安健环、图纸、设备缺陷、巡视质量等问题27个，清理超高树、竹等394处。

【电网规划和建设】 协助乐昌市政府召开市新一轮农网改造推进会，促成乐昌市市长与各镇政府签订责任书，落实属地街道、乡镇政府征地青赔责任等具体措施。完成新一轮农网改造升级规划及年度规划滚动修编。完成2016年配网基建项目总投资5557万元，共计59个项目的实施，建设10千伏线路30.47千米，改造配变34台，配变容量11050千伏安，改造0.4千伏低压线路65千米。其中新出10千伏线路7回，新增台区18个。昌山变电站新出富庭线项目、榴村线网架完善项目等重点项目均按期投产。两项工程分别被评为广东电网有限责任公司和韶关市2015年度“安全、优质、文明”样板工程。完成技改修理投资3353.65万元，完成23条线路约360千米共4419基电杆的瓷横担、绝缘子更换及防雷改造专项修理项目，完成39个存在高线损、安全隐患的低压台区整治。进一步完善乐昌市配电网网架，满足电网安全稳定运行和客户用电需求，为精准扶贫提供电力保障。落实五山供电所、两江供电所、大源供电所、乐城供电所、北乡供电所小型基建项目的选址、征地。开展广东电网有限责任公司配网规划技术导则的宣贯培训，持续提升供电所的规划能力和水平。做好基建安全风险管控，重点抓好施工现场安全风险管控和承包商现场管理督查，实现基建安全零事故。做好电力行业扶贫，完成电力精准扶贫示范点工程建设项目。全年申报物资明细2221条，需求计划准确率100%；合同签订及时率100%；七天准时供货率100%；品控计划完成率100%。急救包运作指标优良，物资品类得到进一步优化。

【电力供应和服务】 乐昌电网最高负荷8.04万千瓦（7月26日），未发生强制性错峰或限电，电力供应平稳有序。全面推进配网带电作业，减少用户平均停电时间。通过电压质量事前预控和低电压快速处置，取得指标和用户感受双优的业绩。加快重大、重点项目及大客户的办电效率，实增用户4597户，新增容量26212千伏安。推广客户报装远程渠道“一口受理”，通过微信、网上营业厅和95598客户电话受理和完成用户远程报装4597单。刚性执行业扩报装投资界面延伸，中低压业扩投资界面延伸比例为100%。推进客户资产接收工作，完成10个居民小区、5条专线用户总价值为489万元的资产接收。推进客户全方位服务三项机制，降低客户抱怨率，推行片区“客户经理制”，实施大用户一对一联系服务机制，派发联心卡13820张，直接帮助用户解决问题502个。推广多渠道缴费，非现金缴费率由年初的86.86%提升到91.93%。提升智能电表低压集抄覆盖率，完成30965个智能电表轮换，集抄台区170台、22821户。加强管理线损管控力度，线路异常率0.8%，同比下降0.12%，台区异常率3.31%，同比下降0.32%。开展所长每周台区巡视工作，对111个台区开展现场巡视，发现并处理问题123个。加强计量装置现场管理工作，专变用户和小水电用户现场校验203户。

2016年6月3日，韶关供电局“幸福南网——职工之家”建设现场推进会在廊田供电所召开　（刘尉斌　摄）

【队伍建设】 组织人员参加广东电网有限责任公司领导干部技能大比武，获得人资、内部审计个人三等奖。2016年，乐昌供电局获得中级专业技术资格4人，初级专业技术资格17人，通过技师评审5人，高级工24人，全口径高技能人才比例为50.41%，相比2015年提高10.66%。加大培训力度，共举办培训班30个，培训人员2206人次、14547学时。加强"职工之家"建设，完善局图书室和健身房，完成廊田、长来和北乡供电所"职工小家"的硬件设施建设。6月3日，在廊田供电所召开韶关供电局"幸福南网——职工之家"建设现场推进会。乐昌供电局荣获广东电网有限责任公司"模范职工之家"称号；廊田供电所荣获公司"模范职工小家"称号。

【党建党廉】 2016年，党委下设13个党支部，党员224人。局团委第一团支部被广东电网公司授予"五四红旗团支部"称号。向各支部、部门、供电所发放党风廉政建设主体责任通知书32份。组织全局员工签订《乐昌供电局廉政风险点排查防控表》346份、廉洁承诺书350份。全年举办廉政课6场，观看警示教育片、反腐教育片24场，参观教育基地3批次，共391人参加各类廉洁、党章知识测试。（刘尉斌）

附：乐昌供电局领导班子成员名单

副局长：曾庆堂（主持行政全面工作）

党委书记、副局长：余小华

纪委书记、工会主席：邓世军

副局长：黄华庆　华　瑛（8月—　）

坪石供电局

【概况】 坪石供电局是韶关供电局直属区供电局，下设6个职能管理部门，分别为综合部、配电部、营业部、计划建设部、安全监管部和党群工作部。供电营业区包括乐昌市坪石镇、三溪镇、梅花镇、云岩镇、沙坪镇、秀水镇、黄圃镇、白石镇和庆云镇9个镇，管理区域面积1096.80平方千米。

坪石局管辖维护10千伏公用线路30条，线路长度1239.951千米，其中，架空线路1194.005千米，电缆线路45.946千米；配电变压器1147台，配变容量221250.2千伏安，其中，公用配变871台，容量132805千伏安，专用配变278台，容量88445.2千伏安；接入小水电用户数59个，容量72560千瓦。总用户数87660户。

2016年，坪石供电局被乐昌市政府授予"2013—2015年扶贫双到工作"先进集体称号。

【各项指标完成情况】 安全类主要指标　各项主要安全指标完成情况良好，未发生韶关局考核的各类事故，损工率0%。实现安全生产365天。

效益类主要指标　2016年，售电量7.5868亿千瓦时，比上年同期7.2340亿千瓦时增长4.88%；应收电费（含税、下同）3.0811亿元，比上年同期2.9615亿元增长4.04%；电费回收率连续四年完成100%，0.4千伏线损完成8.33%，同比上升0.55%；10千伏线损完成3.07%，同比下降2.40%；10千伏及以下有损完成8.35%，同比下降0.52%。

服务类主要指标　全口径年户平均停电时间累计19.10小时/户；第三方客户满意度86分；C类电压合格率（南网全口径）99.683%，农村电压（南网全口径）合格率99.831%；供电可靠性指标99.605%。

2016年3月22日，抢修人员在更换变压器

（曹细莲　摄）

【应急管理】 推进安风体系建设，顺利完成年度评审工作。完成“防雨雪冰冻”“防风防汛暨设备事故”应急处置方案的修编，结合预案开展应急演练工作。优先考虑冰区内各镇区主要供电线路融冰，制定各条冰区配电线路融冰方案。11月，开展广东电网公司首次配网主干线交流融冰、支线移动发电车400伏交流和主干线直流融冰演练，通过演练，确定配网线路融冰方式应以主干线交流融冰为主、支线400伏交流融冰为辅的思路，确保各镇区在雨雪冰冻极端天气下不因配网线路覆冰中断供电。针对年初寒潮、台风等恶劣天气及时启动应急响应，出动564人（次），车辆135台（次），对28回配电线路开展巡视、故障排查及处理，圆满完成抗击自然灾害保供电工作。

【安全生产】 加强安全生产过程监控，确保安全管理覆盖到供电所层面及施工班组层面。截至2016年12月31日，到现场督查624次，其中对局班所层面30次，承包商层面594次，对承包商开出整改通知书2份，对整改情况进行跟踪落实，全部按要求进行闭环管理。加强基建工程安全监督，利用微信平台进行实时安全监督。开展安全生产活动月系列活动，对检查存在的问题进行跟踪整改，完成率100%。

【电力保障】 制定各类保供电方案，圆满完成节假日保供电专项工作。加强综合停电和检修计划管理，优化综合停电计划，截至2016年12月31日，更换重过载配变25台，清理线路超高竹木15345棵，有效降低过负荷和外力破坏引发的故障。完成301项设备消缺，其中，紧急缺陷100项、重大缺陷30项、一般缺陷171项，缺陷处理率和及时率均为100%。累计故障发生147次，线路故障率10.7%，超过韶关局下达指标5.5%。公用配变故障率完成情况，29条馈线共878台配电变压器，故障率为0，未超过韶关生技部下达指标0.35%。执行线路第一种工作票218份，线路第二种工作票27份，带电作业票34份，合格率均为100%；执行操作票509份，合格率为100%。

【业扩管理和营销基础管理】 4月起全面推广一口受理，100%实现远程在线受理报装，简化受理报装程序，业扩五个关键环节总的用电时间同比下降5%。落实网公司增供扩销30条举措，增供扩销落到实处。全年累计新装用户1811户，同比增长118.50%，新增容量1.82万千伏安，同比增长547.67%。推进计量集约化管理，截至2016年12月31日，坪石局各类终端的平均在线率为99.76%；数据完整率配变终端为99.85%、负控终端为99.57%，集中器为95.27%，终端在线率、数据完整率等高于市场部、计量中心下达的考核指标，在《韶关供电局计量自动化系统工作月报》三区八县排名中位列第一。

持续跟踪项目执行情况，2016年，坪石局营业部负责的9个营销技改、修理项目及负责实施的1个市场部技改项目，全部完成安装、验收、结算及转固工作，所有项目发票及结算定案表按时、按要求提交财务，项目完成率100%、结算率100%、转固率100%。项目整体落实情况在县区局排名第一。完成6户小区客户的资产接收工作，资产原值约493.46万元，净值约469.22万元，完成资产移交的协议签订工作。

【电网建设】 与政府各级相关部门建立工作协调机制，做好农网规划与经济发展、城镇化、土地利用等相关规划的衔接，及时解决农村电网改造项目的用地审批、青赔标准。按照“基建、生产、营销三线联动”工作模式，完善坪石局“十三五”配电网规划；完成“一所一册”的编制工作；完成新一轮农网升级改造任务的计划编制上报；开展110千伏庆云站35千伏出线建设属地化管理工作；完成35千伏坪北站、35千伏秀水站的前期规划工作和选址选线工作。开展全年108个基建、57个业扩配套项目的建设工作。10千伏关春线新建上村台区配网工程获市局样板工程称号。

2016年，配网基建项目投资3069万元（含业扩项目计划投资的288万元），截至2016年10月31日，完成投资2510.55万元，完成率81.80%；投产项目54项，投产率50%；项目总体进度70.66%。配网修理项目24个，计划投资694.28万元，项目全面完工投产8个项目，项目投产率33%，新增项目91个，计划投资1853.52万元，截至2016年年底，项目实施和结算以及资金支付工作全面完成。

【企业文化建设】 不断创新服务方式，开展一系列的供电服务活动，维护和树立“万家灯火，南网情深”的品牌形象。2016年年初，全局员工奋力抗击寒潮，受到多家媒体关注，被中央、省、市级外部媒体连续报道22次；系列服务活动受到《中国电力报》、《南方电网报》、“中国电力新闻网”、《经济日报》、《韶关日报》等多家媒体关注并刊登。黄圃所再次实现客户零投诉。（余丽群）

附：坪石供电局领导班子成员名单

局长、党委副书记：王　渊

副局长、党委书记：常　源

纪委书记：黄德平

副局长、工会主席：颜　平

乐昌经济开发区（产业转移工业园）

【概况】 广东乐昌经济开发区，于1992年8月筹建，1992年12月获韶关市人民政府批准，1993年5月正式挂牌成立。1995年5月经广东省政府批准为省级经济开发区，2006年通过国家发改委审核。广东乐昌经济开发区管理委员会为乐昌市人民政府派出副处级行政单位。

乐昌产业转移工业园，于2006年9月被认定为省级产业转移工业园。产业园原由东莞市东坑镇与乐昌市联手共建，2013年省委、省政府实施促进粤东西北地区振兴发展战略，安排东莞市大朗镇对口帮扶，2015年12月由合作共建园调整为自建园。乐昌产业转移工业园管理委员会为乐昌市人民政府直属正科级事业单位。

为加强开发区和产业园的领导和管理，形成合力加快发展，2010年12月起，开发区管委会与产业园管委会合署办公，实行“两块牌子、一套人马”模式，负责开发区和产业园建设和管理协调工作，办公地点设于广东省乐昌市乐廊公路6千米处。内设办公室、财政审计局、规划建设局、企业服务局等4个职能部门。核定人员编制25名，2016年年末实际在编人员17名。

【园区建设】 园区规划总面积897.5公顷，其中乐昌市区东郊6千米城东地块700.9公顷，主要发展壮大机械制造、轻工纺织等产业；规划启动建设的乐广高速引线附近河南地块196.6公顷，计划重点培养发展新兴产业和商贸物流业，打造高速高铁空港经济带。截至2016年年底，园区开发建设面积249.8公顷，累计基础设施投入9.32亿元，其中财政资金投入6.9亿元，建成污水处理厂、生活服务区、供水加压站、管道天然气等配套设施，实现“通路、通水、通电、通气、通信、通纳污管网”等“六通”；工业项目45个，其中投产企业31家，规模以上企业15家，2016年完成工业总产值26.82亿元，规模以上工业增加值6.62亿元，税收4786万元，吸纳就业2858人。

【基础设施建设】 2016年，投入园区建设资金1.99亿元，加快完善道路、绿化、供排水、供电、标准厂房、生活服务区等基础设施建设。总投资2.5亿元的京广高铁乐昌东站项目主体工程建成，投资1.45亿元的乐广高速出口—京广高铁乐昌东站—园区连接线建设稳步推进。

【招商工作】 制定《关于进一步优化乐昌市投资营商环境的实施办法》《关于进一步加强招商引资工作的意见》等系列政策文件。全年引进工业项目6个，总投资额17.08亿元，其中东华重工机械、同路血浆制品、科优精密机械、嘉宾葡萄酒业等4个项目落地建设，其余2个项目在做规划设计。

【加大融资力度】 通过园区投资开发公司融资平台，以标准厂房、路网工程和土地收储开发三个项目，向农发行、国开行申报政策性贷款，截至2016年年底，获批贷款6亿元，到位贷款1.1亿元。

【经济运行情况】 2016年，产业园完成税收4786万元，同比增长32%。但由于新引进的项目多数是在2016年下半年才开工建设，尚未投产形成效益，使得固定资产投资和规上企业工业增加值两个考核指标离年度目标有较大差距。其中完成工业固定资产投资10.8亿元，同比增长730.8%，完成年度目标任务20亿元的54%；完成规模以上工业增加值6.6亿元，同比下降7.4%，较2015年度降幅收窄2.9个百分点，未能完成增长25%的任务。

【重点产业】 乐昌产业园有泰邦机械、韶瑞铸钢等机械装备制造项目14个，其中投产企业11家，主要产品耐磨矿山机械和各类型铸造件远销澳洲、中东、东南亚和国内各地，性价比高，广受好评。

（朱全鹏）

附：经济开发区（乐昌产业区）领导班子成员名单

开发区党工委书记、管委会主任兼产业园管委会主任：谭桂明（5月—　）

开发区管委会副主任兼产业园管委会常务副主任：王　俊（10月—　）

开发区管委会副主任：刘贤汉

袁瑞峰（7月—　）

开发区党工委副书记、管委会副主任兼产业园管委会常务副主任：丁振华（　—10月）

开发区管委会副主任兼产业园管委会副主任：易丘文（　—10月）

交　通

交通管理

【概况】 乐昌市交通运输局为政府职能部门，内设机构有办公室、人事监察股、规划基建股、综合运输股、财务审计股和综合行政执法局。2016 年，有干部职工 53 人。下属事业单位有交通管理总站，职工 5 人，地方公路管理站，职工 27 人。2016 年 10 月 17 日，乐昌市交通工程质量监督站成立，为市交通运输局管理的正股级公益一类事业单位。

截至 2016 年年底，乐昌市境内地方公路县道 143.972 千米，乡道 1402.45 千米，村道 1036.366 千米，总里程 2582.788 千米。公路桥梁 216 座，总长 6940.08 米，初步形成以乐广、京港澳高速公路为主动脉，国、省干线公路为骨架，县、乡、村公路为辅的公路网络。交通运输行业有道路客运企业 6 家，设客运站 3 个，客运车辆 169 辆，出租车 11 辆，道路普通货物运输企业 15 家，全市有各类货运车辆 361 辆。维修行业有一、二类汽车维修企业 19 家，摩托车维修业 49 家，机动车驾驶培训机构 2 家，教练车有 186 辆。

【交通基础建设】 加强县乡道次差路改造升级、农村网络公路和安保工程的建设以及旅游公路建设的前期工作。完成县道 329 线龙颈至大源改建工程的前期工作并开工建设；完成乡道 623 线乐昌至王坪段改建工程、乡道 014 线乐昌至鹅湾段改建工程；完成自然村公路硬底化 60 千米；完成村道 759 线北乡至西坑改建工程的前期工作；安保工程全年粉刷护柱 26 根，新增防撞墩 128 座、安全带 403.2 平方米，安装护柱 50 根，防撞墩维修 92 座，修补挡墙 21 米，增设警告标志牌 85 块，设置警示桩 172 根，弯道指示标志 20 块，凸镜 1 块，减速标线 1350.8 平方米（其中，通校车公路安全防护工程，设置警示桩 3977 根，标志牌 267 块）；完成九峰镇环镇旅游公路、乐广高速引线至古佛洞天等 6 条旅游公路的前期准备和计划申报工作。

大源镇县道 329 线路面大修混凝土路面施工现场

（邓天树　摄）

【公路养护】 建立二级管养体系，签订 8 条县道日常养护合同，通过二级管养体系对列养的县、乡、村道日常养护全覆盖。保障乡、村道路的安全畅通，为人民群众的出行提供便利。年底县道、乡道养护工作质量考核，县道年末优良率 79%、年平均优良路面率 76%；乡道年末优良率 82%、年平均优良路面率 79%。

【应急抢险】 2016 年，地方公路发生塌方 270 多处，抢险修复县道 328 线、县道 329 线、县道 331 线、县道 357 线和乡道 768 线等公路水毁 17 处。为加强冬季和春运期间道路的安全畅通，地方公路管理站共计出动人力 260 人（次），车机 23 台（次），撒融雪剂工业盐 30 吨，清扫积雪 72 平方米，清理塌方 15 处。为减少汛期间公路坍塌沉陷等事故的发生，组织技术人员及一线职工对公路桥涵进行检查，发现有病害的桥梁 32 座，设置桥梁信息公示牌 55 座。截至年底，疏通桥梁泄水孔 418 个，清扫桥面 7834.2 平方米。

【乡村道公路养护管理工作】 2016年9月9日，乐昌市交通运输局制定《乐昌市乡村道公路养护管理实施细则》，原由乐昌市地方公路管理站管养的乡道1337.46千米、村道公路546.515千米（线路上的桥梁随线路一并移交），从10月1日起，管养工作权限全部移交各镇（街道）负责。

【交通运输市场监管】 2016年，综合行政执法局出动执法人员2722人次，执法车辆1123辆次，共检查车辆779辆，查处各类违法违章车辆95辆，其中非法营运4辆，出租车51辆，无道路运输证和从业资格证11辆，擅自改装1辆，其他28辆。

【客货车辆运输情况】 2016年，新增客运班线13条，更新客运汽车27辆，报废县内客车14辆，其中，许可更新农村客运班线13条，客运班车27辆。新增道路货物运输经营业户34家，但由于货源不足，营业货运车辆逐年减少。年客运量617.91万人，旅客周转量22874.92万人千米；年货运量5400.63万吨，货物周转量2316086.27万吨千米。

【新建乐昌汽车站正式投入使用】 2016年2月6日，新建的乐昌汽车站正式投入使用。该站位于市人民南路9号（开发区），于2014年12月动工兴建，占地面积16581平方米，总投资约3500万元，为“二级”客运站，站房建筑面积有2949.69平方米，停车场面积6083平方米，最大停车数量150台。候车室面积741平方米，能容纳360名旅客，发车位9个。

【汽车驾驶培训】 截至2016年年底，乐昌市骏通机动车驾驶员培训有限公司教练人数59人，教练车辆85辆，年招收学员2488人，合格率为75%；乐昌市宝通机动车驾驶培训有限公司教练人数80人，教练车辆101辆，年招收学员3949人，合格率为82%。

（林　恺）

附：市交通运输局领导班子成员名单

党组书记、局长：邓昌明（　—10月）

朱长林（10月—　）

班子成员：吴子成　邹日昌

李振建（　—7月）

周满新（7月—　）

党组成员：罗佩明（7月—　）

综合行政执法局局长：罗佩明（12月—　）

韶关市乐昌公路局

【概况】 韶关市乐昌公路局系隶属韶关市公路局的正科级事业单位（机关参照公务员法管理，下辖乐昌公路养护中心为事业编制），主要负责乐昌市南片地区的干线公路（国、省道）、桥梁的建设、养护、路政管理、路桥年票费征收、安全监管、应急抢险等工作任务。办公地址位于乐昌市解放路14号。机关内设7个股室，下辖乐昌公路养护中心。机关参公人员编制25名，养护中心事业编制人员37名，有管理人员、后勤职工、养护技术工人共60多人。拥有各式公路养护机械（包括装载机、挖掘机、压路机、划线机、清扫车、洒水车、养护机车等）一批。

2016年年末，韶关市乐昌公路局管养的公路总里程137.409千米，其中，省道3条（S247线、S248线、S345线）135.007千米，乡道1条（Y010线）2.402千米。一级路10.923千米，二级路32.013千米，三级路28.264千米，四级路66.209千米。桥梁23座865米。

【国道、省道建设】 完成省道247线乐昌金水湾至打禾塘段路面改造工程。该项目全长23.375千米，采用四级公路技术标准，水泥混凝土路面，于2015年5月动工，2016年4月完工，8月9日顺利通过交工验收。完成省道247线乐昌龙山至廊田段路面改造工程。该项目全长4.675千米，采用二级公路技术标准，沥青混凝土路面，于2015年8月动工，2016年4月完工，8月9日顺利通过交工验收。完成省道248线K43—K103段路面中修工程建设。该项目全长60千米，水泥混凝土路面，于2016年11月动工，2016年12月完工。

【公路桥梁与养护】 落实公路小修保养制度，将日常养护和预防性养护有机结合，在日常养护中以巩固和提高路面质量为中心，根据季节、路况、养护重点，结合实际情况合理安排生产计划，及时处置路面病害。以桥梁养护为重点，养护中心每日对桥梁伸缩缝、泄水孔、桥面铺装等部位进行日常检查，每月进行一次经常检查，年终桥梁养护工程师进行定期检查，建立一桥一档桥梁技术档案，推动桥梁的规范化养护管理。自筹30多万元资金购置养护巡查车辆2台、路面清扫机械2套。全年公路巡查50378.34千米，修补坑槽5732平方米，机械清扫路面60462千平方米，人工清扫路面19412千平方米，清理坍方6771立方米，清理水沟558千米，疏通桥涵排水2613道，清灌砼路面裂缝115千米，补种路树7448株，沿线路树刷白117.05千米，翻新公里牌、百尺桩、标志（牌）3064块，翻新防撞栏端头1424米，整理路容修割肩草725.83千平方米，水沟边线修复15.3千米，维修路缘石6.06千米，路面除冰9.85千平方米。

【路政管理】　加强路政法律法规宣传力度，向公路沿线群众发放宣传资料和解说相关法律法规；在网上公开信息栏上开辟路政宣传栏，；利用路政微信和服务窗口LED屏宣传公路法律法规，推行动态宣传模式；对公路沿线原有路政墙体宣传标语进行翻新，2016年新增设3幅墙体标语，悬挂“爱护桥梁、保障安全”为主题的路政宣传标语1幅，开展“路政宣传月”活动，通过各种形式（摄影、摄像等）及时收集活动等宣传资料，建立宣传档案。规范路政许可事项的审批，加强上路巡查，将损坏公路设施、侵占路产路权的违法行为控制在萌芽阶段。对公路两侧没有办理许可手续的非公路标志进行强制拆除清理，共拆除138件非公路标志（非法广告、横幅、牌匾等）。全年路政巡查252天429人次，巡查里程20150千米，清理路障376立方米，清理非公路标志（横幅）149块，路政赔补偿案立案12宗，结案12宗，告知综合执法局案件18宗，办理路政许可1宗，收取公路赔补偿费19.89万元。

【路桥通行费年票征收】　2016年，开通网上缴费，在交警大厅设置自动缴费机，拓宽车主缴费渠道。全年征收年票费384万元。　（赵　播）

附：乐昌公路局领导班子成员名单

局　长：蒋建国

副局长：邝乳明　杨志华

韶关市坪石公路局

【概况】　韶关市坪石公路局成立于1988年，是隶属于韶关市公路局的正科级单位（参照公务员法管理），内设7个股室，下属单位有韶关市坪石公路养护中心。负责国道107线和省道248线的建设、养护、路政管理和代养省道249线。管养总里程60.812千米，其中国道（G107线）19.262千米、省道（S248线）41.55千米、代养省道（S249线）30.74千米，有管理人员、养护技术工人61人，拥有各式养护机械（推土机、装载机、划线机、养护机车等）一批。

2016年5月27日，成立韶关市坪石公路养护中心，属韶关市坪石公路局管理的公益二类事业单位，正股级，主要负责辖区内国、省道公路养护工作，下辖韶关市坪石公路养护中心河西养护所、田头养护所。

【公路建设】　2016年，完成省道249线坪乳公路二号桥维修加固工程、省道248线K11+000~K29+000段路面中修工程、省道248线易结冰路段K38+300~K39+300路面自融冰涂层施工及韶关市公路局下达的水毁修复工程。

【公路养护】　2016年，修补坑槽罩面3495.61平方米，水泥砼缝55.1千米，清挖水沟367千米，整修路肩边坡410750平方米，清理废土5318立方米，疏通桥涵排水1232座，路缘石边线修复11.856千米，维修标志2014块，种植树苗9025棵，护管路树186.95千米，全面完成市局下达的各项路况指标。

【应急抢险】　1月22日至23日、2月1日，管养的省道248线狮子山路段、249线云岩路段出现道路结冰现象。坪石公路局及时启动除冰保畅通应急预案，组织应急抢险队进行抗冰抢险。完成路面除冰18千米、疏导被困车辆320多辆1250多人。进入汛期后，管养路段多次出现路基、边坡塌方，涵洞淤塞，路面过水等水毁灾害，养护所清理塌方300多立方米、刮倒路树78棵、断枝632棵、倒塌高杆标志2块、路牌和单位标识牌3块。

2016年1月23日，应急抢险队在省道249线坪乳公路云岩段抗冰抢险　　（朱丛中　摄）

【抗冰灾保公路畅通应急演练】　12月27日，韶关市坪石公路局应急抢险队圆满完成2016年粤北地区抗冰灾保公路畅通应急演练任务。该演练活动在省道249线坪乳公路开封路段举行，由广东省交通运输厅主导，韶关市交通运输局主办，韶关市公路局（坪石公路局）承办。

12月27日，2016年粤北地区抗冰灾保公路畅通应急演练在省道249线坪乳公路开封路段举行　　（廖群英　摄）

【路政管理】　2016年，完成路政巡查555人次/231天，以路政宣传月为契机集中开展涉路违法专项整治行动，清理路障26立方米，办理路政许可审批2宗；制止各类路政违法案件7宗；处理损坏公路路产索赔案，路产索赔案结案率100%。全年征收年票费128.1万元。

【安全生产】　组织开展各项安全生产大检查、打非治违和隐患排查整治专项行动。对管养的国道107线、省道248线、省道249线辖区路段交通安全进行隐患排查，整改治理8宗大的安全隐患、维修加固2座危桥和砍伐更新国道107线、省道248线两侧老化枯死路树，隐患整改率100%。举办《公路养护安全作业规程》培训，结合实际开展“安全应急机械规范操作演练”和“水毁中断交通应急演练”等全国“安全生产月”活动。

（廖群英）

附：坪石公路局领导班子成员名单

支部书记、局长：谷少峰

支部副书记、副局长：刘熙宾

副局长：黄俊良

乐昌汽车站

【概况】　乐昌汽车站（又称乐昌汽车客运站）位于乐昌市人民南路9号，是乐昌市国有控股最大型运输企业，其行政、人事、业务隶属于广东省交通集团、广东省粤运汽车运输有限公司、韶关市国资委、韶关市粤运汽车运输有限公司。根据新站场建设及配套设施规模，2016年5月，重新由省交通厅、道路运输协会专家组审核评定为国家二级B类汽车客运站（证书编号：粤站级证2016003）。客运站占地面积16581平方米，建筑面积7178平方米，设有8个售票窗口、5个检票口、9个发车位。站场每日发送旅客5000人次。从事经营范围包括客运站经营、省际（跨省班车客运）、市际（跨市）班车、包车客运、县际（市内区域）班车、公交客运、出租客运、普运货运，提供车辆停车保管服务，并可代收货运险、旅客人身意外伤害险业务。有汽车维修保养服务、汽车材料配件、润滑油、五金零售等业务。内设综合财务办（办公室、财务处）、经营安全办（车队、车技、客运）、保修厂、加油站、司机公寓、商店等。功能定位为乐昌市区域中心客运站场，区域内乡镇设为九峰、两江、五山客运售票分站，并承接旅客运输、包车、汽车维修、材料销售、住宿汽车加油、巴士货物品快递（又称网上飞，当日直达）、自助售取票机等服务。

2016年年末，有干部10人、职工44人，运营客运车辆35台，1203座。

【生产经营】 2016年，完成客运量177.52万人，旅客周转量3533.91万人千米，全年总行驶安全千米174.91千米。新站经营长途班线乐昌至广州、东莞、中山、深圳，每天有9个班，经营跨市班次乐昌至连州，每天1班，经营跨省班次，经营市内、乡镇农村班线，乐昌至韶关以及市内3/4/5/6路公交车线路。2016年8月至11月，先后更新营运客车4台115座（其中中型客车36座1台、30座2台，小型客车19座1台），用于乡镇线路班车运营。

【网上飞（巴士快递）粤运交通（03399、HK）**正式开通运营】** 2016年9月13日，由广东省交通集团领投设立的创新物流品牌——网上飞（巴士快递）粤运交通（03399、HK）在乐昌汽车站正式开通运营。该物流服务项目是由省交通集团、省粤运公司通过联合全省客运巴士（长途客车）及客运站场等资源，为商户、顾客零散或物品提供快速、安全、高性价比的速递服务，具有比普通快递时效更快、服务范围更广，快递当日抵达的特点，2016年暂局限于乐昌市至广东省区域内各地、市、县客运站网点服务。

【首台汽车票自助售取票机投入使用】 2016年9月15日，乐昌市区内首台汽车票自助售取票机经试营业后正式投入使用，旅客通过扫描二维码并关注“韶关粤运”公众号或下载“悦行APP”后，即可实时查询交通信息及购买车票。（周少新）

附：乐昌汽车站领导班子成员名单

站　长：黄兴彩

副站长：黄志良　杨亚养

邮政·通信

邮　政

【概况】　中国邮政集团公司广东省乐昌市分公司（以下简称乐昌邮政）于2015年5月由乐昌市邮政局变更现名称。乐昌邮政是一家肩负全市通信通邮、党报党刊征订投递、机要通信等重要服务职能的国有公共事业企业，按照国家规定承担提供邮政普遍服务的义务。分公司管辖16个乡镇支局、邮政所，2个城区支局。2016年年末全市邮政从业人员124人。

【服务项目】　服务项目有邮件寄递，包括普通包裹、快递包裹、EMS快递、机要通信、信函等；金融业务，包括储蓄存款、代理销售保险销售、基金、人民币理财、办理个人网上银行、手机银行、电话银行、代理发行、兑付政府债券证券开户、汇兑等业务；文化创意，包括集邮票品制作、销售、DM“生活快递”、数据库商、账单、新媒体广告发布等。　（张小科）

附：中国邮政乐昌分公司领导班子成员名单

总经理：李志刚

副总经理：廖翼民

电　信

【概况】　中国电信股份有限公司乐昌分公司（以下简称乐昌电信分公司）属国有通信企业，提供移动通信、宽带互联网接入、信息化应用及固定电话等产品和解决方案的综合信息服务提供商，并承担党政专网通信、应急通信、战备通信和抗自然灾害通信保障重任。拥有天翼高清、天翼光宽和天翼4G等主打品牌。2016年，管辖手机城和营业厅23个，企业员工110人，服务网点遍布乐昌市所有乡镇。年内，乐昌电信分公司荣获韶关市消费者委员会颁发的“诚信单位”称号。

【经营理念】　2016年，乐昌电信分公司坚持以市场份额和业务收入为核心，以光纤和4G引领，大力发展光宽和移动业务。积极响应市委、市政府“互联网+”行动计划号召，促进新兴信息技术在政务、商务、生产、生活、教育、文化等各领域的广泛应用，实施“互联网+”各行业的深度融合，协助各行各业的互联网应用系统建设，深化光纤建设进程，加快落实“智慧乐昌”目标。

【网络建设】　2016年，乐昌电信分公司加快“宽带乐昌光网城市”建设，光纤通达城区、乡镇镇区和自然村，满足全市高速光纤宽带和大数据中心建设的需求。加快4G网络及WLAN热点建设，建成一张无缝连接的高速无线宽带网，无线上网速度达到100M。做好装维基础工作管控，利用互联网手段以及工单闭环管理的举措，实现装维服务优质化，提升用户满意度。　（骆有芳）

附：乐昌电信分公司领导班子成员名单

总经理：薛毅强

副总经理：吴兴旺　何学军

移　动

【概况】　中国移动通信集团广东有限公司乐昌分

公司（以下简称乐昌移动公司）成立于2002年，是乐昌市最早提供移动电话服务的移动通信运营商。公司位于乐昌市昌山中路170号乐昌移动综合楼，主要经营移动电话通信、家庭宽带及互联网接入服务等信息化业务。

【市场运营发展】 2016年，乐昌分公司市场份额、渠道份额稳步提升，终端销售迅猛，4G用户、流量用户规模提升，家宽业务高速发展。信息化大项目拓展取得实质性的突破，2016年分别4次中标政府信息化建设大项目。开展“总经理服务日”等活动，贯彻落实用户实名制登记，对新增用户进行人脸识别、实名制登记。

【网络建设服务】 2016年，乐昌移动公司新增开通4G基站198个，4G基站开通总数达到402个，4G用户网络体验感知显著提升。持续加快推进家宽网络的覆盖，落实互联网信息化大项目工程建设，推动ICT、物联网在垂直领域应用实现突破。

（吴世光）

附：乐昌移动公司领导班子成员名单

总经理：王　磊

副总经理：张国庆

联　通

【概况】 中国联合网络通信有限公司乐昌市分公司（以下简称乐昌联通公司），位于人民南路44号雅居大厦二楼，坪石区域办公楼位于坪石群众路8号，分别在乐昌解放西路、昌山西路和坪石群众路设有营业厅，2016年有员工35人。

【“互联网＋”助力政府信息化】 2016年6月21日，乐昌市人民政府与中国联通韶关市分公司签署推进“互联网＋”战略合作框架协议，旨在全面升级4G网络、全面提升服务质量、全面创新业务产品，更好地满足各级政府、企业，以及广大用户个性化、多层次的信息服务需求。

2016年6月21日，乐昌市人民政府与中国联通韶关市分公司签署推进“互联网＋”战略合作框架协议

（乐昌联通公司　供）

【打造卓越服务体系】 推进“越用越放心、越用越便捷、越用越实惠”十大服务举措。在乐昌市区范围内，实行光纤改造摸排调研并启动实施光改，不断提升宽带网速，得到用户的肯定和好评。

【提升网络传输能力】 以大数据分析为手段，提高传输基础网络接入能力。全年新开通4G站点（含室分）140个，实现市区核心价值区域网络感知领先。加快推进各乡镇及中心村的网络覆盖及提升建设。

（周翠珍）

附：乐昌联通公司领导班子成员名单

总经理：张　伟

副总经理：蓝兴上　陈雄峰

城建·环保

住房和城乡规划建设

【概况】 乐昌市住房和城乡规划建设局成立于2010年7月，为市人民政府工作部门。主要负责全市住房和房地产业、城乡规划及建筑业的管理工作。2014年12月31日，根据《中共乐昌市委、乐昌市人民政府关于印发〈乐昌市人民政府职能转变和机构改革方案〉的通知》，设立乐昌市住房和城乡规划建设局（将原市城市综合管理局职责划入市住房和城乡规划建设局），为市人民政府工作部门。内设12个机构：办公室、法规监察股、住房保障和房地产业监管股、用地规划管理股、工程规划管理股、村镇规划建设管理股、建筑业监管股、工程招标投标监管股、市政建设管理股、市容环卫管理股、公用事业管理股、坪石办事处。机关行政编制27名。其中，局长1名、副局长3名；正股级领导职数12名、副股级领导职数6名。后勤服务人员数4名。

2016年，编制完成乐昌市中等职业技术学校地块、乐昌产业转移工业园GL-05-32-01地块等42项控制性详细规划，规划编制面积174.48万平方米。全市完成房地产开发投资额6.6426亿元，开工建设棚户区改造2286套。建成保障性住房920套。办理施工许可39项，建筑面积62.744万平方米，工程造价10.422亿元。

【总体规划】 乐昌市城市总体规划修编年限为2009—2020年。基于《乐昌市城市总体规划（2009—2020）》实施了一定的年限，且因“两规”协调以及乐昌市的对外交通条件将发生极大的变化等原因，经韶关市人民政府同意，对乐昌市《乐昌市城市总体规划（2009—2020）》进行修改。截至2016年年末，总体规划的纲要文本完成，调整规划期限为2015—2030年，规划近期至2020年，远期至2030年，远景展望至2050年；中心城区规划范围为城市中心城区空间增长边界范围，即麒麟山以南、马头山以北、乐广高速公路以东、横岭村以西范围，土地面积合计约62.94平方千米。行政区域上涉及乐城街道、长来镇、廊田镇和北乡镇，其中大部分属于乐城街道辖区。

【建筑业】 2016年，乐昌市有建筑施工总承包二级企业2家，拟升二级企业1家、三级企业6家，拟立三级企业1家，注册资产累计10080万元，流动资金18000万元；专业承包企业2家；劳务分包企业2家，拟立劳务分包公司4家；丙级建筑设计企业1家；建筑材料检测室1所；驻乐监理企业4家；建筑材料企业混凝土搅拌站2家，非黏土烧结多孔砖厂2家，环保灰砂砖厂4家，其他砖厂5家；外来施工、勘察、设计、监理企业进乐从业上升。全年从业人数约3000人；2016年年末，建筑施工面积约50万平方米，建筑竣工面积近49万平方米，竣工验收合格率100%，质量投诉答复率100%，满意率90%以上，在建工程安全生产形势基本稳定。

【房地产业】 2016年，全市具有资质的房地产开发企业51家，注册资本金7500万元。其中三级资质的企业有4家；四级资质的企业有31家；暂定等级的开发企业有16家。企业共有在册职工总数367人，其中有职称的专业人员290人。全市完成房地产开发投资额10.51亿元；在建施工面积161.08万平方米，其中，新开工面积38.58万平方米。对申办商品房销售许可证的项目，进行一房一标，明码标价。2016年共核发预（销）售许可证27项，批准预（销）售面积39.08万平方米，批准预售套数3002套。

【棚户区改造】 2016年，乐昌市棚户区改造项目住房203套分2个项目实施，其中，坪石旧市场棚户区改造100户，大东街棚户区改造103户。

【村镇管理】 2016年，乐昌市坪石、廊田、梅花、黄圃4个中心镇承载能力不断增强，吸引农村人口向城镇集聚，城镇化带动作用明显。坪石镇以广东省新型城镇化“2511”综合试点镇建设为契机，大力推动坪石镇建设，围绕“一主两翼三组团”（“一主”就是以河西新城为依托，打造集旅游、居住、商业为一体的主体功能区；“两翼”就是分别以金鸡文化产业园、老坪石历史文化遗迹一条街为依托，将老城区打造成旅游商贸区，将老坪石打造成具有粤湘文化特色城区；“三组团”就是以河西主城区为中心，按照各具特色、优势互补、竞相发展的规划原则，构建主城区、老城区、老坪石三大组团）发展规划，加紧编制金鸡岭风景名胜区总体规划，打造集工业、旅游、物流为一体的县域副中心城市；廊田镇坚持规划先行，修编中心镇总体规划并编制镇区控制性详细规划，以指导镇区建设有序发展；梅花镇、黄圃镇中心镇的繁荣带动一批农村人口到中心镇区转移就业，也吸引一批边远群众就近发展商业、农产品交易等批发零售，市场经济日趋活跃。

2016年，乐昌市核实确认农村危房改造户343户，截至2016年年底，343户农村危房改造任务全部动工。核实开展80户以船为家渔民上岸安居工程建设，促进渔区社会和谐稳定。

【市容市貌】 2016年，对重点部位、重点路段和重要时段强化管理，市区南北两大出口周边秩序得到规范，人民路，解放路，公主路，站前路等重点路段的市容管理得到加强。9月，开展乐昌市区市容环境及道路交通秩序专项整治活动月，解决占道经营多、车辆乱停乱放严重、标牌设置不规范等市容突出问题。制定马路市场专项整治方案，对严重影响市容交通秩序的市场坚决取缔；对农贸市场周边的马路市场，积极协助物业站将摊点疏导入场经营；对于市民生活需要、暂时不具备取缔条件的支次道路、街巷两侧和城区边缘地带马路市场，予以保留，提高管理标准，进行规范管理或提档升级。

【环境卫生】 2016年5月，乐昌市正式启动南部8镇农村生活垃圾清运项目。南部八镇生活垃圾由各个自然村村民自行放至到村收集点，由企业负责村收集点至各镇区垃圾中转站的运输和中转站到填埋场的运输，企业按照垃圾清运路线，同时与各镇、村协商好垃圾运送的时间，实现无缝对接。整个过程采用全密闭式的运输方式，确保在垃圾运输过程中无滴漏、无二次污染。

2016年，完成乐昌市互联网+城乡环卫一体化PPP项目的可行性研究报告、实施方案、物有所值评价及财政承受能力报告的编制等前期工作，为乐昌市城乡环卫一体化工作奠定基础，建设内容主要包括：主城区环卫一体化建设内容，环卫基础设施升级，环卫作业设备升级，环卫管理系统升级；16个乡镇中心区域的综合清扫保洁服务建设内容。全面投入环卫作业设备，建设乡镇中心区域清扫保洁作业系统；16个乡镇垃圾的收集、运输、处理建设内容。建设乡镇农村垃圾收集清运系统，实现“户收集、村集中、镇转运、市（县）处理”的生活垃圾处理模式；针对全市生活垃圾的终端处理。规划选址建设生活垃圾中转及综合减量站。

【公用事业管理】 2016年，乐昌市住房和城乡规划建设局联合相关部门开展3次安全生产大检查，确保2016年全年燃气供应安全稳定；6月，开展全市燃气经营企业燃气经营许可证的换证工作；分别在南北片组织各气站开展燃气事故应急预案救援演练活动。全年乐昌市燃气购气总量3872吨，销售总量3352吨。做好乐昌市自来水厂的监督管理工作，维护水厂出水水质达标，2016年供水量990万吨；加强对全市污水处理厂的监督管理，确保污水处理厂正常运行，达标处理污水。

（李慧杰　何四成　苏华勇　黄沁园　何境华　张昌梅）

附：市住房和城乡规划建设局领导班子成员名单
党委（党组）书记、局长：陈世军
党组成员、主任科员：陈月明
党组成员、副局长：徐建雄
党组成员、副局长、纪检书记、城市建设管理监察队队长：杨建勇
党组成员、建筑工程质量安全监督站站长：赵政平
党组成员、房管局局长：苏华勇

投资建设项目代建管理

【概况】　乐昌市政府投资建设项目代建管理局成立于2015年9月，于2016年5月挂牌，为市政府直属正科级公益一类事业单位，事业编制12名，经费按财政补助一类拨付。主要工作任务为受市政府委托行使业主职能，负责政府投资建设非经营性工程项目的组织实施和管理工作。内设办公室、规划技术股、合同预算股、工程管理股。该单位为新成立部门，2016年尚处于组建期，年末在编人员3人。

【代建项目实施】　2016年，该局承担的代建工程3个，其中包括韶关市重点建设项目1个，乐昌市重点建设项目1个。韶关市重点建设项目为“乐昌东站站前广场、进站道路工程项目”。广场总占地面积约30000平方米，工程投资总造价1500多万元，主要工程内容为站前广场铺装、边坡支护、绿化、室外给排水、室外照明、公厕等。2016年项目施工进度约完成总进度的50%，除前期受东站施工板房拆除进度滞后影响工期，其他各项工程进展顺利；进站道路总长295米，宽度25米，总建设投资654万元，主要工程内容为道路工程、排水工程、交通工程、照明工程及交通信号灯等，该工程为乐昌东站进站必经之路，2016年按进度完成道路路面改造70%，人行道路改造60%。乐昌市重点建设项目为“乐昌产业转移工业园农民创业就业基地项目”，项目厂房建筑面积28245.73平方米，厂房占地面积23407.2平方米，厂房及宿舍楼共7栋，总建筑面积25441平方米，2016年厂房及宿舍楼主体工程全部封顶，进入装修工程阶段及道路工程等附属工程施工。第三个项目是城南市政道路（原水泵厂至电力新村市政道路）工程项目，该道路工程总长约553米，其中市政道路桥梁长为150.8米，宽21米，工程投资总造价1725万元，2016年市政桥梁部分进场施工，由于道路用地范围房屋拆迁未能全部完成，道路工程仅部分实施。（邱国燕）

附：投资建设项目代建管理局领导班子成员名单
副局长：谢志飞（负责全面工作）

房地产管理

【概况】　乐昌市房地产管理局（加挂乐昌市房产开发中心、乐昌市住房保障中心牌子）为市住房和城乡规划建设局管理的公益二类事业单位。位于乐昌市金融路89号，内设办公室、计财股、房地产中介股、房屋租赁股、档案室、房屋安全管理股、住房保障中心办公室、测绘所、白蚁防治管理股（白蚁防治所）、坪石所10个部门。下设乐昌市房地产交易中心，是房地产管理局归口管理事业单位。2016年，在编人员44名，登记业务划转至登记中心。主要工作职责是房地产交易管理、中介机构业务管理、直管公房（保障性住房）管理等。

【房屋产权产籍交易管理】　2016年，进行房屋产权登记3935宗，面积57.14万平方米；房地产交易3096宗，面积36.98万平方米，标的额10.10亿元（其中商品房2112宗，面积26.17万平方米，标的额7.80亿元；二手房984宗，面积10.81万平方米，标的额2.30亿元）；抵押登记2307件，登记面积40.03万平方米，标的额10.67亿元（其中预购商品房抵押权预告登记1888件，登记面积24.85万平方米，标的额6.93亿元）；商品房确权16宗，确权面积14.57万平方米；商品房合同备案量3713

件，合同备案面积44.40万平方米。

【保障性住房建设和管理】 在大瑶山路（新时代门口）新建二栋人才公寓公租房。该项目建筑总面积约10500平方米，框架结构，12层，共110套。2016年，完成人才公寓电表、水表及天然气管道的安装及检测，电梯电缆的安装和厨房灶台的安装，于10月交付人社局安排入住。

对申请廉租住房申请人的资格进行调查、审核、收表，有80户符合条件，待安排摇珠分配住房。2016年，收缴公房租金414.47万元，房屋维修面积1940平方米。

【房屋测绘】 为房地产产权登记、交易、城市建设规划等提供房地产测绘成果，全年共测绘3728宗，测绘面积90.48万平方米。（谢云红）

附：市房地产管理领导班子成员名单

局　长：苏华勇（7月—　）

副局长：欧先程

陈　薇（女，　—7月）

林新太（　—7月）

党支部书记：陈　薇（女，　—10月）

欧先程（11—　）

环境保护

【概况】 乐昌市环境保护局是乐昌市人民政府主管环境保护工作的直属机构。成立于1987年，位于乐昌市乐城银滩路67号，于2016年8月1日搬迁至原乐昌市质量技术监督局办公大楼办公（乐昌市乐城公主下路100号）。内设办公室、人事股、环境规划与宣教股、监督管理股、环境监察分局，下属事业单位有乐昌市环境监测站、信息中心、广东省地表水质自动监测站坪石子站，在编人员43人。主要的工作职责是对全市的环境保护工作实行统一监督管理。

【污染物减排】 化学需氧量同比2015年削减47吨/年，氨氮同比2015年削减5吨/年；二氧化硫和氮氧化物2016年无减排任务。完成对乐昌市长迳生态猪场和邓茂全猪场2家规模化养殖场配套污染治理工程建设及农业源减排台账资料的上报送核工作。

【窗口服务获好评】 2016年，环保窗口办理环保标志3589件，受理项目审批154项，环保窗口咨询人次超过6000人次，提前办结率100%，多次被评为“优秀窗口”。

【环境管理】 2016年，检查排污企业281家（次），出动1208人次，对辖区范围内的4家国控企业，24家其他重点企业及建设项目环保设施运行、达标排放、环境应急工作开展等情况开展现场监察。全年排污费征收入库额280多万元。收到群众来信来访及污染纠纷115件，其中本级受理案件65件，上级转办件52件，回复率100%。

【环保宣传】 6月5日，在城市广场门口举行“6·5”世界环境日宣传活动。7月2日，联合广东省乐昌峡水利枢纽管理处、广东省乐昌监狱及乐昌零至极限俱乐部举办骑行乐昌峡环保宣传骑行活动。定期更换“广东省环境文化宣传橱窗”宣传资料。配合做好省环境保护厅、共青团广东省委员会联合举办第二届广东省中学生环保演讲比赛。随机发送1万条环保知识手机短信（彩信）。定期更换“广东省环境文化宣传橱窗”宣传资料。

【环境监测】 监测数据显示，2016年乐昌市整体环境质量保持良好。空气优良率达到100%。每月严格按照要求对国控三溪河、省控坪石断面、重金属黄圃河、三溪河、坪石监测断面、县控断面进行监测。对饮用水源乐昌、坪石断面每月分上下半月进行监测，每季度进行一次包括有机物等64项目分析。完成1次饮用水源地全分析109项指标监测。

【环境网格化管理】 以行政区域为主要依据，划分为市政府、镇（街道）两级网格。其中，市政府根据辖区内的监管任务和监管力量，以镇（街道）为基本单元将各区域合理划分为若干基层网格，明确具体任务和职责，每个基层网格落实监管责任人至少2名、网格责任领导1名，全市按行政区划分划分为17个网格区域。通过明确网格员监管职责与工作程序，建立巡查发现问题、分类分级处理和及时上报反馈等制度，把责任落实到网格，解决在网格，并定期将相关信息向社会公开。（黄禧清）

附：市环境保护局领导班子成员名单

党组书记、局长：黄常春

党组成员、副局长：杨建中　肖远雄

党组成员：曹海雄

商贸·旅游

商　　务

【概况】　乐昌市商务局前身是乐昌市对外贸易经济合作局，办公地址位于乐昌市公园路17号，是乐昌市人民政府主管市场管理、对外经济合作、口岸管理和经济技术协作的工作部门。内设办公室、投资促进股、外资管理股、贸易发展股、口岸管理股和商贸流通股，机关行政编制15名，后勤服务人员2名。对外同时挂乐昌市口岸局和乐昌市招商引资工作领导小组办公室牌子。2016年，有在职在岗工作人员13人。

【招商引资】　2016年是乐昌市“招商引资攻坚年”，利用东莞大朗与乐昌市对口产业帮扶的有利契机，积极开展招商引资活动，重点引进新材料、机械制造、生态文化旅游等。全年引进各类项目154个，内联到位资金13.4657亿元，外资到位资金117万美元；新签约招商引资项目10个，其中超亿元项目6个，合同投资总额38.68亿元，超额完成韶关市政府下达的25亿元目标任务；落地新开工项目9个。

【吸收外资】　2016年，引进合同外资1280万美元，同比增长5995.24%；外资到位资金117万美元，同比下降31.58%。受地理环境和取消引进外资项目优惠政策等因素影响，乐昌市对生产型外资项目的引进举步维艰，一些已批的生产型外资项目受主观和客观因素影响，投资搁浅。现有的外资项目以咨询服务类为主，且投资进度缓慢。2016年，合同外资存量1804万美元，实际到位资金117万美元。

【外贸进出口】　2016年，外贸进出口总额为1613万美元，完成韶关下达给乐昌市目标任务数2300万美元的70.13%。全年新增自营进出口企业2家，外贸新增长点有所突破。全年具有进出口经营权的企业34家，其中4家为外资企业，有自营进出口实绩的企业8家，外贸进出口工作实现平稳增长。

【商贸管理】　2016年，乐昌市商务局联合乐昌市统计局、乐昌市国税局等单位，多次深入企业统计商贸经济统计数据，调研、分析全市社会消费品零售总额、批发和零售业的增长及限上企业发展状况，在此基础上拟定《乐昌市内贸发展存在的主要问题、原因及对策》，对全市内贸业发展现状进行分析和研究，提出相关的应对措施。2016年，全市社会消费品零售总额完成61.27亿元，同比增长9%；批发零售贸易业增加值完成10.40亿元，同比增长7.5%；新增限上商贸企业2家（乐昌市合丰科技有限公司和乐昌市广宏教育书店有限公司）。

（何晓萍）

附：市商务局领导班子成员名单

局党组书记、局长：李龙彪（10月—　）

局党组书记、副局长：侯小娟（女，　—5月）

局党组成员、副局长：张坤强

局党组成员、总支书记：杨金含

烟草专卖

【概况】　2016年，乐昌市烟草专卖局（分公司）在岗人员161人，内设机构有综合管理部、专卖管理办公室（内管派驻办，专卖稽查大队）、财务部、烟叶管理部（烟基办）、营销部，下设老坪石烟叶中心工作站、白石烟叶收购分站、黄圃烟叶收购分站、梅花烟叶收购分站、沙坪烟叶收购分站。2016年完成卷烟销售81899.11万支；烟叶种植面积1160.27公顷，种植面积100%落实。收购烟叶2494.97吨，完成全年计划的99.6%；推进专业化分级散叶收购496.3吨，省局烟叶收购等级质量检查合格率80%以上。

【烟叶工作质量水平提升】 以烟叶等级纯度为核心，抓好精益生产与标准化生产技术措施落实，提升烟叶质量，上中等烟比例达98.87%。深化现代烟草农业建设，基地单元建设进一步完善，土地整理和机械化进程加快推进。

【烟基与烟站建设加强】 2016年，购买烟夹400套，补贴资金512万元，受益面积533.33公顷。沙坪、梅花烟站项目建设工作稳步开展。

【卷烟打假打私打非】 联合公安、市场监督局等职能部门开展37次大规模的联合执法行动。突出公路运输拦截，严查外地卷烟流入，严防本地卷烟流，严防假、私、非烟反弹。2016年，共进行市场检查480次，出动专卖执法人员2424人次，检查卷烟零售户23629户次，查处案件334宗，同比增长45.22%，平均案值1.44万元，查获5万元以上10万元以下案件9宗，10万元以上案件10宗，涉案卷烟1106.658万支，上缴财政罚没款约134.36万元。

【推进合理化布局】 召开合理化布局规划听证会，制定《广东省乐昌市烟草制品零售点合理布局规划（草案）》，并依照此规划依法做出行政处理。2016年劝退清理卷烟零售企业及个人卷烟零售户243户，在合理地段审批通过新办证用户120户。

【现代卷烟零售终端建设工作】 截至2016年年末，全市建成现代卷烟零售终端形象店21家、功能店288家，安装使用零售终端系统客户309户，占总客户的22.05%。 （贺佳子）

附：市烟草专卖局领导班子成员名单

局长（经理）：朱志军

副经理：彭健强　周雁南

副局长：黎启晃

粮食储备管理

【概况】 乐昌市粮食储备中心为市政府直属工作部门，正科级事业单位，同时挂乐昌市粮食局的牌子。2016年9月重新核定事业编制24名，后勤服务人员数1名，内设办公室、人事监察股、财会股、调控股和监督检查股5个股室。2016年有事业编人员22人，后勤服务人员1人。有乐昌市粮食购销有限公司、乐昌市直属粮食储备库、坪石直属粮食储备库、乐昌市乐昌峡绿色米业有限公司、市区粮所、廊田粮所和长来粮所7个下属基层企业。

【重点项目建设】 储备粮仓库扩建项目是韶关市和乐昌市两级政府的重点民生工程建设项目，项目总投资6350万元，分坪石库点与市区库点实施。坪石库点：2016年7月8日正式动工，2016年12月31日完成主体工程建设；市区库点：2016年6月完成2座仓库的交付使用，另外2座新建库和军供成品粮仓库于2016年10月29日正式动工，2016年12月31日完成主体工程建设。

2016年7月8日，乐昌市储备粮仓扩建项目举行开工仪式 （市粮食局　供）

【夏粮收购与轮换】 韶关市政府核定下达乐昌市地方粮食储备规模近2万吨，新增约1万吨，2015年完成新增储备粮任务40%，2016年10月底前完成新增储任务剩余的60%，全面完成2016年度省、市、县三级储备粮收购任务。粮食局通过当地收购和华南粮食交易中心进行拍卖的方式收购与轮换粮源，积极协调财政、农发行等部门组织资金，每个工作日通报收购进度表等方式，促进夏粮收购，100%完成轮换任务。

【粮油管理】 4月，对全市各级储备粮、商品粮进行全面的检查，做到有仓必到、有粮必查、有账必核、查必彻底。开展春秋两季粮油普查。全市储粮规范、安全，粮食仓储能力和科学保粮水平有所提高，各库点宜存率100%。抓好安全生产和消防安全检查，粮食局与企业签订2016年“安全生产目标责任书”，定期或不定期到各基层企业的生产经营场所、厂房库区等进行安全生产和消防安全隐患排查，于11月4日在米业公司开展应急演练。2016年，粮食局下属各企业没有发生安全生产事故和消防安全事故。

【依法治粮】 2016年，粮食局做好粮食收购许可、粮食执法宣传工作，不断加强粮食流通监督检查工作。开展食品安全宣传周、世界粮食日、国家宪法日和《粮食流通管理条例》等法规颁布实施周年宣传活动。开展夏粮收购专项检查，完善联合执法协作机制，不断提高粮食执法能力和水平。完成“全国粮食流通监督检查示范单位”复核工作。

【粮食产业化发展】 做强做大“乐昌峡”粮油品牌，对基层企业资源进行深度整合，优化人员配置。其中，乐昌市军供站门店划归米业公司，对部分基层企业领导班子和人员进行调整。培植龙头企业，2016年，米业公司把握国家扶持龙头企业政策机遇，带动种粮农民1600多户，增加种粮农民收入416万元，除自建66.7公顷优质稻生产基地外，还辐射带动农户种植优质稻423.3公顷。积极申报农产品精深加工、设备设施改造升级项目，获省财政资金补助100万元。

【军粮供应】 加强军供服务，军供粮源严格实行统一采购、统一加工、统一配送，严格落实“一批一检一报告”制度，保证所有部队官兵能够吃上优质粮、放心粮，军粮质量长期保持100%合格率。开展军供财务检查，乐昌军粮供应站和坪石军粮供应点严格实行专户转账、专人管理，对上级差价款能及时下拨军供站（点），在检查中，没有发现截留、挤占、挪用军粮补贴资金的现象。

【乐昌峡绿色米业荣获“广东省重点农业龙头企业”称号】 2016年3月9日，乐昌市乐昌峡绿色米业有限公司荣获“广东省重点农业龙头企业”称号。乐昌峡绿色米业有限公司成立于2009年，极力打造具有本地特色的“乐昌峡”品牌，有机稻米、生态米、油粘米等产品深受市场和消费者欢迎。运用“公司+基地+农户”产业经营模式，为农户提供技术、信息等服务，带动种粮农民1600多户，增加种粮农民收入416万元。（陈万锋　段　炼）

附：市粮食局储备中心（粮食局）领导班子成员名单

局　长：李龙彪（　—10月）
　　　　丁振华（10月—　）
中心副主任：羿耀泉　李志学　范力田

供销合作社联合社

【概况】 乐昌市供销合作社联合社，属参照公务员管理的市政府直管事业单位，市财政全额拨款。2016年机关工作人员18名。其中，在编参公人员13名，在编工勤人员1名，编制外工作人员4名。内设办公室、人事监保股、财会股、基层企业管理股和社有资产管理股5个职能股（室），按经营管理需要，市供销合作社联合社内设企业财务结算中心。

2016年，乐昌市供销合作社联合社下属公司14个、基层供销合作社18个、专业合作社42个（其中农资类专业社7个、农产品类专业社35个）、综合服务社12个、农副产品配送中心1个、农资配送中心1个。全社系统在岗经营人员900人，经营管理人员71人，退休人员152人。所属基层供销社、公司的用工实行聘用制，公司经理、基层供销社主任和财务人员由市供销合作社联合社聘用，工资、福利待遇由企业在经营活动中自行负担。

2016年，全社系统累计完成商品销售总额14850万元。实现利润34.47万元，上缴税金2.6万元，社会贡献总额118.03万元。

2016年11月9日，广东省供销合作联社到乐昌市开展供销合作社综合改革试点工作省级评估验收工作

（张　楚　摄）

【综合改革工作】 乐昌市供销合作社联合社是广东省供销合作社综合改革40个试点单位之一，于2016年11月9日接受省社的评估验收。2016年，市供销合作社联合社将原有的18个基层社重组为坪石、梅花、九峰、黄圃、河南5个中心社；新增北乡镇供销社第二门市部和廊田镇铜坑农资门市部2个连锁网点，新组建村级综合服务中心12个；吸收家庭农场、种养大户等新型农业经营主体围绕特色经济组建农民专业合作社42个。与珠江三角洲地区供销社及企业开展对接，成功把乐昌的香芋、香菇、南瓜等名优农副产品销往珠三角地区。与乐昌市商务局、邮政局、相关银行共同发起设立乐昌市电子商务协会，对接社会上电子商务企业，采取共建一个服务平台，分享社会资源的方式，对接整合提升供销社传统流通经营服务网络。推动乐昌市农资公司的产权制度改革，引入投资者将其由全资公司打造为有限责任公司，联合成立乐昌市新供销天丰农资有限责任公司。争取上级项目资金99万元，自筹资金132万元，新建乐昌市土产公司农副产品配送中心，截至年底完成建设和验收，该项目为乐昌地区农副产品电子商务交易物流综合基地。指导梅花供销社牵头培育梅云油茶专业合作社，于2016年成功申报省级专业合作社示范社。

【专业合作社建设与网点经营】 专业合作社与农副产品经营　2016年，供销社系统的专业合作社实行农超对接的专业合作社12家，配送中心1个，农副土特产品销售额1180万元。

农业生产资料　2016年，农业生产资料公司有农资专业合作社7个，配送中心1个，农资经营配送网点、加盟经营点103个。配送各类化肥540余吨，农药440余吨。农药、小型农机具、农资产品销售额8300万元。

日用消费品经营　在全市16个乡镇建立有30个日用消费品经营网点，日用消费品销售2060万元。

烟花爆竹经营　供销合作社下属盛安烟花爆竹专营有限公司，有烟花爆竹经营网点212个，年内，在经营中没有发生重大事故。

【社有企业资产】 2016年，全社系统用地面积56650平方米。房产面积65220平方米（其中，住宅面积6710平方米，门店面积17080平方米，仓库面积27830平方米，简易房、闲置房屋、危房面积共13600平方米）。（张　楚）

附：市供销合作社联合社领导班子成员名单

理事会主任：邱鑑林

理事会副主任：欧雪屏（女）　邓文斌

监事会专职副主任：朱阳明

旅　游

【概况】 乐昌市旅游局内设3个机构：办公室、质量规范与管理股（旅游质量监督管理所）和资源与市场开发股。机关行政编制10名。

2016年，全市旅游接待人数391.84万人次，同比增长13.79%；旅游综合收入25.69亿元，同比增长18.11%。

【旅游资源开发】 2016年，古佛洞天、龙王潭和金鸡岭、星期八农庄等旅游景区及旅游集散地各新建扩建旅游厕所7间。12月，乐昌市与富国投资有限公司签署乐昌峡·九泷十八滩旅游项目开发框架协议，共同推进乐昌峡·九泷十八滩旅游项目开发。

【旅游招商】 2016年4月，富国公司带领项目团队对乐昌峡区域进行实地考察，计划在乐昌市投资建设乐昌峡·九泷十八滩旅游区项目，并编制《乐昌峡·九泷十八滩旅游概念性总体策划方案》。12月4日，市政府与韶关富国投资集团签订乐昌峡·九泷十八滩项目开发战略合作框架协议。

【2016年乐昌桃花节】 2016年2月29日，韶关市旅游局、乐昌市人民政府主办的2016年乐昌桃花节开幕式在九峰镇政府广场举行。乐昌市自2014年以来，连续两年成功举办桃花节，乐昌桃花已成为闻名省内外的旅游品牌。2016年乐昌桃花节持续至3月31日，除在九峰镇主会场举办开幕式，还在周边的两江镇和北乡镇设分会场。以九峰赏花为中心，串联沿线各乡镇的旅游资源，形成由广乐高速、省道248线、省道247线组成的生态百里画廊游览线路。桃花节期间，全市接待游客40.8万人次，同比增长68.18%；旅游综合收入2.33亿元，同比增长58.26%。

【香芋美食节】 2016年1月23日，相遇（香芋）乐昌—旅游美食节在乐昌市体育馆开幕。该活动以“香芋”为主题，举办农产品展销、香芋美食展评、香芋摄影评比、厨皇厨艺秀、香芋王竞拍等活动。

2016年1月23日，相遇（香芋）乐昌——旅游美食节在乐昌市体育馆开幕 （市旅游局 供）

【电商水果节】 2016年7月23日至8月20日，乐昌市举办2016年乐昌电商水果节。活动期间，开展爱心企业助学扶贫摘果体验、东莞分会场线下体验活动、电商水果节开幕仪式、农产品电商化等系列活动。开幕式当天，举行乐昌—京东战略合作签约仪式、京东乐昌馆授权仪式、乐昌金牌黄金柰李王颁奖仪式及文艺表演。乐昌市果树栽培面积7640公顷，总产量17.62万吨，全市水果年总产值超5亿元。黄金奈李、水晶梨、鹰嘴桃、北乡马蹄等一批特色产品借助电商平台走出乐昌，其中九峰黄金奈李荣获韶关“网络十大最具人气农产品”。

【旅游商品】 马蹄　乐昌素有“马蹄之乡”的美称。马蹄是乐昌较大宗的土特产之一，总种植面积666.7公顷，产量过万吨。以乐城和北乡为主要产区，廊田、河南、长来、九峰等乡镇也有种植。乐昌马蹄以个大肉嫩、清甜多汁、爽脆无渣为特点而闻名省，中国香港、澳门地区市场，其品质最优者为乐城田洞10公顷产区出产的马蹄，年产约240吨。

张溪香芋　乐昌出产优质香芋历史悠久，其中以河南镇的张溪香芋品质最优。张溪村位于九泷十八滩出口的右侧，小垌张溪水流淌其中，垌面宽阔平坦，土质为稀流冲积沙壤土，土层深且肥沃，所产香芋个大肉嫩，内有槟榔花纹，煮熟时松软如棉，香气四溢，令人垂涎，向来为宴请嘉宾喜上名菜。省内及港澳诸多大酒家制作“香芋扣肉”时，厨师多指名要购买张溪香芋。张溪香芋原种植面积23.3多公顷，年产约280多吨，截至2016年年底，开发扩种至73.3公顷，年产900多吨。

沿溪山白毛茶　白毛茶是乐昌又一大宗名优土特产。乐昌的大源、九峰等山区，终年云雾缭绕，雨量充足，其出产的茶叶芽尖及叶背均披上薄薄的一层白毛，“白毛尖”因此得名。乐昌白毛茶有大叶白毛、中叶白毛和尖叶白毛三类，以大叶白毛品质较优，分布也较广，总种植面积566.7公顷，年产约350多吨。乐昌白毛茶八成为手工制作，保持其原汁原味。其最大特点是茶叶肥厚，茸毛多，制成的绿茶其汤色微绿，清澈透明，清香四溢，饮后舌底生津，回甘持久，是全国名茶之一。若能以九峰泉水冲泡，则为上上名贵佳品。清朝时代沿溪山的白毛茶就曾被列为朝廷贡品。产品销往美国、日本、英国、法国等国家和中国港、澳、台等地区，饮誉海外。

九峰柑橘　乐昌市九峰镇属亚热带季风气候，平均海拔526米，早晚温差大，垂直气候变化，辖区适宜种植水果，所产柑橘甘甜可口，令人回味无穷。九峰柑橘分早熟、中熟、迟熟等品种，上市时间为8月到12月，2016年全镇种植柑橘面积733.3公顷，年总产量近3.5万吨。

九峰柰李　九峰独特的夏季温差造就了九峰柰李的独特风味。九峰柰李以清甜可口、肉质鲜嫩而让人尝后余味无穷。全镇种有柰李2000多公顷，产量约5.4万吨。一般在7月下旬市场交易量达最高峰。

坪石水蜜桃　坪石镇水蜜桃主要分布在龙珠、陈家坪、莲塘等村委会，其中尤以龙珠所产闻名，果实硕大光嫩，色泽鲜艳，肉嫩汁多，味清甜爽脆，全村种植面积233.3公顷，年产3000吨，以特早熟与中熟相结合种植。

秀水镇布朗　乐昌市秀水镇充分利用该镇日照强的优势种植布朗，秀水镇布朗色泽鲜艳、个大肉甜，深受广大游客欢迎。

梅花猪　在中国诸多“名猪”里面，梅花猪堪称广东代表。早在五代十国时期已经培育而成，因产于乐昌梅花镇而得名。梅花猪皮薄、肉嫩、味美，有大骨猪与细骨猪两种。全身黑白花纹，头、嘴、耳、臀及尾为黑色。鼻尖，腹部等部位为白色。其腹大，耳大均下垂，瓦筒嘴、背腰阔而微凹。

“梅花牌”子姜辣椒　“梅花牌”子姜辣椒产于乐昌梅花镇，是一种把生姜与辣椒混合一起腌制的特色美食。原料选自昼夜温差大、污染少、水质优的高寒山区，以地方传统技术制作，不含任何防腐剂、色素，风味独特、爽口开胃，是餐用佐料如蒸、炒、拌菜的优质配料，已成为当地人们日常生活、居家必备的烹食调料佳品。梅花子姜辣椒在韶关地区乃至珠三角等地均具有较高的知名度，在2007年韶关市首届旅游商品大赛获优秀旅游商品奖，2012年韶关旅游手信大赛中获得农副土特产品银奖。

黄圃板栗　黄圃镇因土质适宜板栗生长，多种植于山坡地，黄圃板栗个大、味香甜、肉质松化，营养价值很高，甘甜芳香，含淀粉51%～60%，蛋白质5.7%～10.7%，脂肪2%～7.4%，糖、淀粉、粗纤维、胡萝卜素、维生素A、B、C及钙、磷、钾等矿物质，可供人体吸收和利用的养分高达98%。普遍用于食品加工，烹调宴席和副食。板栗生食、炒食皆宜，糖炒板栗、拌烧仔鸡，喷香味美，可磨粉，亦可制成多种菜肴、糕点、罐头食品等。

白石紫色红薯　又名“泰国香薯”，紫薯顶叶、叶均为绿色，茎绿带紫，蔓长中等，植株长势强。薯块萌芽性好，采苗量多，薯苗健壮，薯皮紫红色，薯肉紫色，薯块条形，薯块均匀漂亮。具有普通红薯的营养成分外，还富含硒元素、铁元素和花青素。紫薯富含的硒和铁是人体抗疲劳、抗衰老、补血的必要元素，特别是硒被称为“抗癌大王”，易被人体吸收，可留在血清中，修补心肌，增强机体免疫力，清除体内自由基，抑制癌细胞中DNA的合成和癌细胞的分裂与生长，预防胃癌、肝癌等癌病的发生。

【旅游景点介绍】　龙王潭生态旅游区　龙王潭生态旅游区属国家AAA级旅游景区，位于乐昌市东北18千米处，集温泉、绿湖、奇山于一体，即由龙泉、龙湖、龙谷三大分区组成，故又称三龙谷生态旅游区，是广东省唯独仅有的优势资源组合。

龙泉，即龙山温泉。建有温泉度假村。度假村内设有室内和露天温泉浴池。其中，室内浴池又分双人池和多人室两种类型，中、高、豪华三个档次；中型会议室，可容纳百人餐厅，歌舞厅等吃、住、游、娱设备设施完善。

龙湖，即龙山水库。湖水清绿透澈，湖面顺山势蔓延，形似展翅雄鹰，气势非凡，异常壮观。

龙谷，即黄龙谷。位于景区的北部。景区内动植物资源丰富，常年青山绿水，蝶飞蜂舞，蝉鸣当歌，瀑布回潭妙不胜言，有九瀑十八潭，是溪谷寻幽养生的绝好去处；红军长征足迹，恐龙足印化石，是科普及爱国主义教育基地；瑶族风情，异彩缤纷；生态溪流河畔烧烤场别具情趣；一滴泉，石缝滴流，被称为龙王潭矿泉水，清甜爽口。黄龙谷以其“幽、奇、峻、险、稀、雅、独、趣”之意境，令游人游之悠之倾之醉之，是生态旅游，科普健身游，休闲度假游的绝佳选择。

古佛洞天风景区　古佛洞天又名古佛岩，属国家AAAA级旅游景区，因洞内的石笋和钟乳石，形状如仙似佛，前人在洞内安放过佛像，在洞口又建有佛寺而得名。位于乐昌市城西南5千米处。古佛岩属大型石灰岩溶洞，洞内上下重叠三层，最高处达30米，总面积12000多平方米，常年气温保持在19℃~20℃。岩洞内的景区主要分为古佛殿、观音殿、王母殿、玉皇宫、西游宫、逍遥宫和金龙殿7个宫殿，整个游程570米。洞内石笋、石花、石柱、石幔，千姿百态，或插其中，或悬其上，色彩斑斓，景象纷呈，蔚为奇观，最妙处是钟乳石群，其状如仙人佛众，形神各异。古佛岩还有三亿年前的海底珊瑚化石和罕见的大型石脑，难得一见，亦堪称一绝。

金鸡岭风景区　金鸡岭属国家AAA级旅游景区，位于广东北大门——岭南第一镇之称的坪石镇，是广东省八大名山之一，占地面积约1.6平方千米。因山岭的西北峰有座丹红色巨石，貌似金鸡，故而得名。此金鸡石鸡头向北尾朝南，故俗说“金鸡吃着北方的粮食，把金宝财富下放到广东，这就是今日广东繁荣昌盛的原因”，因而被称为广东“风水鸡”，引来无数游人瞻仰。金鸡岭属典型的丹霞地貌，海拔338米，相对高度168米，四周悬崖如刀切，雄伟险峻。

后洞生态庄园　后洞生态庄园位于乐昌市区西北方向5千米处，处于广东省乐昌林场十万亩的林区之中，其地域方圆5千米，集吃住玩于一体，景区内大部分为原始森林，其间瀑布、泉水飞泻，野鸟盘旋，且珍稀植物繁多，景色迷人，还有远近闻名的乳姑仙庙。庄园内设有菜园、果园、水上乐园、儿童乐园，植物科普教育园，设有篮球场、羽毛球场、烧烤场、钓鱼场等。据史料记载，英国人就是在这一带发现乐昌含笑。唐朝茶圣陆羽在西石岩寺期间，曾到后洞采摘野山茶。

杨东山十二渡水生态旅游区　杨东山十二渡水生态旅游区位于乐昌市东北32千米处的九峰山山脉，距九峰镇8千米，距“水果之乡”九峰花果园2千米。因从山脚登上山巅需十二次涉渡河流而得名十二渡水。区内高山峻岭，最高的五指峰海拔1726.6米，重峦叠嶂，风光迤逦，特殊的地理区位造就了绚丽多彩的旅游资源。区内陆生脊椎动物物种数量达到163种，其拥有的各纲物种数基本上占全国物种数5%以上，占广东省已知物种数的18%以上。有保护完好的广东松群落。瀑布水潭，妙不胜言。高山地势，落差明显，河流顺山势九转十八弯，移步换景，河水飞流倾泻，形成美妙的瀑布和水潭。最高的瀑布高达近百米，远远望去仿佛“飞流直下三千尺，疑是银河落九天”，有瀑必成潭，瀑潭相映衬，景象万千，气势壮观。

九峰花果园　九峰花果园位于粤北高寒山区，平均海拔1000米，昼夜温差大，特殊的气候条件造就了九峰山优美的自然生态，是天然绿色水果的优良产区。九峰花果园面积6666.7公顷，种有柰李、桃子、橘子等。每当2月底至3月上中旬，“水果之乡”九峰山上桃花、李花争相怒放，十万亩桃花、李花相映红，使游客仿佛置身花的海洋。

“7011”工程旅游点　“7011”工程旅游区位于乐昌市坪石镇水浸角村，距坪石镇和京珠高速公路、京广铁路坪石站4千米，距省道248线1千米，是“天下第一漂”九泷十八滩漂流的起点，与广东八大名山金鸡岭风景名胜区遥相呼应。景区位于武江咽喉要塞，是一座神秘的地下堡垒工程。因工程于1970年1月1日动工建设，代号“7011”而得名。

西石岩寺　西石岩寺位于乐城西北2千米处。门楼“西石岩寺”牌匾为全国政协原副主席、全国佛教协会会长赵朴初亲笔题字。自唐宋以来，这里就是佛、道、儒三家和历史名人的活动场所，是“七十二福地”之一。洞中有一小石穴，相传为佛教禅宗南宗六祖惠能去黄梅山求学时在此憩息，故又有“仙人石室”之称。石室洞壁上有许多历代碑刻，其中唐代茶圣陆羽所书的“枢室”碑刻，为全国罕有的陆羽遗迹；石窟厅中央竖有一面“玄帝赞”古碑，为全国仅有的两块“玄帝赞”古碑刻之一。至今，西石岩寺仍香火旺盛，游人络绎不绝。

白水寨生态园　白水寨生态区位于乐昌市五山镇大乐村东洛水库旁，景区面积约2平方千米。景区于2007年开始开发建设，2008年6月完成首期工程建设。景区分清爽世界瀑布观赏区、竹林观赏区、杉木林观赏区、东洛水库湖面风光观赏区、游客服务中心5个功能分区，观赏游览步道约1千米，游程约1小时。6个天然的瀑布连成一线，总落差达200多米，其中最大的瀑布落差超过60米，形成异常壮观的瀑布群景观。

【旅游线路】

（1）广州—乐昌三日游线路建议

广州（出发）—坪石—金鸡岭—“7011”旅游点—古佛岩—西石岩寺—龙王潭—返程

（2）广州—韶关—乐昌两日游线路建议

A线：广州（出发）—曲江南华寺—古佛洞天（或龙王潭或白水寨）—龙山温泉—丹霞山—返程

B线：广州（出发）—坪石—金鸡岭—乐昌—古佛洞天（或龙王潭或白水寨）—西石岩寺—返程

（3）韶关—乐昌一日游线路建议

A线：韶关（出发）—必背瑶寨—古佛洞天—丹霞山—南华寺

B线：韶关（出发）—乐昌—古佛洞天—西石岩寺—龙王潭—龙山温泉—返程

（4）乐昌特色旅游线路

A线：白水寨—龙山温泉—古佛洞天一日游

B线：龙王潭—龙山温泉—九峰花果山二日游

C线：金鸡岭—“7011”旅游区一日游

D线：金鸡岭—“7011”旅游区—龙王潭二日游

E线：金鸡岭—古佛岩—龙王潭—龙山温泉三日游

（黄昌平）

附：市旅游局领导班子成员名单

局　长：赖芳永（　—7月）
　　　　何国志（12月—　）
主任科员：何国志（6月—　）
副局长：何国志（　—6月）
　　　　陈永英（女，　—7月）
　　　　韩秋阳（6月—　）
　　　　王金红（女，7月—　）

财政·税务

财政工作

【概况】 乐昌市财政局属国家行政机关，是市政府工作部门。内设办公室、人事股、预算股等23个机构和乐昌市财政局乐城财政所、坪石财政所等17个财政所，有机关行政编制49名，参照公务员管理事业编制92名，事业编制10名，2016年在编人数122人。

2016年，全市地方一般公共预算收入完成53010万元，同比下降7.20%，完成预算的101.60%。地方一般公共预算收入加上级补助收入、上年结余收入、债务转贷收入和调入资金等269281万元，全市财政总收入完成322291万元，下降1.59%。全市地方一般公共预算支出完成271326万元，同比增长15.14%。地方一般公共预算支出加上解上级支出、预算稳定调节基金和债务还本支出等19968万元，全市财政总支出完成291294万元。2016年全市财政总收支相抵，滚存结余30997万元。

【收支管理】 严格执行协税护税机制，进一步完善财税联席会议制度，加强财税部门合作，提高信息共享程度，积极研究增收补欠措施，有效形成征管合力；规范非税收入管理，严格落实以票管收、源头控收，保障非税收入依法及时、足额征收。合理安排调度财政资金，加快预算支出进度，推动财政资金加快形成实物工作量，积极盘活存量资金，集中财力保障重点、支持发展、改善民生，促进经济稳定增长。2016年，全市一般公共预算支出总量和增速分别位列韶关市各县（市、区）第一位和第二位。全年争取上级转移支付资金17.13亿元。全市行政事业单位“三公”经费财政拨款支出比上年同期减少0.6%。

【推进民生建设】 加大民生投入力度，2016年，全市财政民生支出完成22.74亿元，占全市一般公共预算支出的83.82%。其中，基本公共服务支出14.30亿元，同比增长20.94%，省十件民生实事支出1.69亿元、底线民生保障支出0.22亿元，分别比上年增长9.79%、35.32%。推进基本公共服务向基层延伸，投入1954万元推进基层公共服务综合平台建设工作，建成1个县级公共服务中心、17个镇级公共服务中心和215个村级公共服务站，实现基层公共服务村级全覆盖。支持精准扶贫精准脱贫，2016年本级安排1500万元，推动实施扶贫攻坚。

【深化改革】 全面铺开零基预算改革，形成“基本支出标准化、刚性项目支出保障化、零基预算项目编制精细化”的预算编制模式，实现预算编制精细化，提高预算资金使用效益。及时全面公开全口径政府预决算、部门预决算和专项资金、政府债务等全方位财政信息。2016年，全市所有预算单位均按规定完成预决算公开工作。积极探索并实践政府投融资改革，通过政府购买服务、PPP模式等方式，引导和带动社会资本、金融资本参与乐昌市经济建设。乐昌市互联网+城乡环卫一体化项目录入财政部PPP综合信息平台系统，如项目落地，预计可从社会获得融资资金约4.27亿元；成功实施政府购买服务融资项目13个，总额23.23亿元，位列韶关市10个县（市、区）首位。出台政府向社会力量购买服务目录及管理办法，拟定《乐昌市政府融资项目资金管理暂行办法》。

【规范管理】 盘活财政存量资金，加强对国库存款、结转结余、暂付暂存款和财政专户资金的管理，完善预算编制与结余结转资金管理相结合的机制，加大结转资金统筹使用力度。2016年，全市盘活存量资金1.95亿元，库款规模和库款保障水平较上年同期分别下降38.23%和55.58%。加强政府债务管理工作，制定政府性债务管理实施意见和政府性债务风险应急预案，开展地方政府存量债务置换工作，截至2016年年底，全市争取置换债券资金1.46亿元。强化监督检查和绩效评价，对全市174个单位开展2015年省级财政专项资金及一般性转移支付资金的监督检查，涉及财政资金15.77亿元。对食品药品监督管理局2015年度财务收支情况、“三公”经费、专项资金及会计信息质量进行专项检查；对粤俊种猪有限公司2015年度财务收支情况及会计信息质量进行专项检查。对各级一般性转移支付资金20类近12.56亿元资金开展绩效评价，推进预算绩效管理覆盖全部财政资金。完善内控管理，指导行政事业单位开展内控管理工作。市财政部门制定《乐昌市财政局内部控制基本制度（试行）》、8个专项内控办法和相关内控操作规程，基本形成“1+8+X”（即1个基本制度、8个专项内控办法及其他专项内控制度）模式的内部控制制度体系。（胡春陵）

附：市财政局领导班子成员名单

党组书记：林柏居（ —10月）
许建武（10月— ）

局　长：林柏居（ —12月）
许建武（12月— ）

党组成员、副局长：林永红（女）
彭荣华　朱史文

国家税务

【概况】 乐昌市国家税务局位于乐昌市长乐路21号，1994年10月28日组建，1995年1月1日正式独立运作并对外办公，是垂直管理的正科级建制单位。共设置12个部门，机关设9个股级行政科室、1个副科级直属机构（稽查局）、1个副科级税务分局（坪石税务分局）以及1个事业单位（信息中心）。2016年，在职干部职工116人，其中，在职中共党员81人；退休干部职工63人，中共党员41人。

2016年，乐昌市国家税务局打赢“营改增”全面扩围、深化国地税征管体制改革、推广应用广东省电子税务局等硬仗，乐昌市国税局与乐昌市地税局联合建成的“乐昌市税务老干部活动中心”被继续认定为“广东省文明单位”。

【组织税收收入】 2016年，乐昌市国税局完成税收收入55666万元，同比增长18.8%，增收8788万元。完成韶关市国家税务下达的调整后税收收入预期目标的102.3%。其中，增值税46482万元，同比增长33.1%，增收11570万元；企业所得税7582万元，同比下降29.2%，减收3125万元；消费税45万元，同比增收36万元；个人所得税1万元，同比持平；车辆购置税1556万元，同比增收307万元。完成市本级收入13001万元，同比增长19.6%，增收2128万元。

【“一窗通办”联合办税厅建成启用】 2016年3月29日，乐昌市国税、地税联合办税服务厅揭牌并正式使用，成为韶关市首个“一窗通办”联合办税厅，被省国税局、地税局评为第二批广东省国税、地税合作县级示范区，也是韶关市唯一一个省局评定的国税、地税合作县级示范区。联合办税厅按照“五星级办税服务厅”建设标准整体改造建成，各自设有国税、地税自助办税终端机，并赋予工作人员“一岗双权”。涉税业务覆盖登记、申报、征收等业务63项。

2016年3月29日，乐昌市国税、地税联合办税服务厅揭牌并正式使用　（伍国文　摄）

【扩围税制改革】 全年完成1422户“营改增”试点纳税人的征管数据迁移工作；完成59户一般纳税人资格登记；成功发行100户“营改增”试点纳税人税控设备的升级版；集中举办2期营改增增值税发票升级版培训和6期“营改增”纳税人分行业

政策培训和申报培训；积极开展试点纳税人身份的核实和界定工作。完成一般纳税人177户，小规模纳税人1470户的身份核定工作，对乐昌市7户样本企业进行纳税申报专项培训。2016年6月起，乐昌市营改增纳税人均能正常申报，领用和开具发票、税款按时入库，税负普遍下降。

【依法治税】 开展税收规范性文件清理，全年及时清理6条全文废止失效以及部分条款废止的税收规范性文件。组织实施对省、市局提取的8个指标30条执法疑点信息的核查工作，通过核查中发现个案问题，分析产生原因，防止出现执法过错，加强税收执法管理水平。规范税务行政处罚裁量权执行基准，全年制作行政处罚决定书156份，处罚金额25.33万元。开展推进"税收执法说明理由制度"试运行工作，提高税务执法透明度与纳税人税法遵从度。

【税收监管】 2016年，接收上级部门推送209户风险纳税人，完成143户，查补1097.79万元，入库1091.00元，滞纳金1.72万元，核减留抵2.86万元，进项转出16.79万元，调整应纳税所得额3.18万元。依托金三税收风险管理系统，开展日常评估、专项评估和重点评估工作，全年接受纳税评估任务推送40户，全部采取应对，共计入库税额189万元，其中入库增值税11.7万元，入库企业所得税177万元，调增企业所得税应纳税所得额970万元，滞纳金23万元。稽查队组织检查企业10户，结案7户，其中组织自查1户，立案检查9户，查结两宗在办案件，合计入库1598.10万元，实现直接查补收入597.60万元。

【纳税服务】 推进增值税电子普通发票推行工作取得阶段性的成果。全局使用增值税发票系统升级版纳税人1624户，累计推行增值税电子普通发票130户，推行比例达到8%。大力推广电子税务局，打造全新智能电子化办税平台，11月推广期间，打出5000多个电话，发送短信、微信、邮件1.5万封。利用黄金时段播放电子税务局的电视推广广告；就电子税务局实名认证和平台操作技巧等内容，开展4期培训（300家企业和个体工商户参加）。截至2016年年底，为3000多家企业及个体工商户办理广东省电子税务局实名注册认证登记及企业绑定。继续开展"便民办税春风行动"，落实《全国税务机关纳税服务规范》，深化完善纳税服务综合管理系统建设和应用，开展涉税中介机构监管、服务及发挥注册税务师行业作用的相关工作。推进"一照一码"改革工作，落实"二维码"一次性告知制度以及合理简并纳税人申报缴税次数办法，全面推行网上审批，进一步实现纳税服务规范化管理。创新税收宣传方式，借助外部专业力量和各类媒体，做好税收宣传月和日常各类宣传工作，免费向纳税人发放4000册宣传资料。

【队伍风貌】 组织2016年春训活动，组织开展五个学习专题，成功举办2016年乐昌市第一期道德讲堂总堂，乐昌市电视台进行全程录播。开展"岗位大练兵业务大比武"活动，全年按计划完成19个培训专题，共24期，培训人员1457人次。开展关爱社会、扶贫济困活动，组织全体在职党员开展党员互助金捐献活动，共筹集资金8200元。开展"蓝色梦想"助教助学志愿行动。

【党风廉政建设】 严格实行"月报告""零报告""双签字背书"、重大问题24小时内报告等制度。加强政风行风建设工作，每月提供30个办事群众、服务对象的手机号码报市直属机关工委，进行短信测评，以群众满意为标准，深化作风建设。"一书一卡"（纳税人权利与义务告知书和税收执法与纳税服务监督卡）信息管理系统于2016年9月20日上线运行，全年发放"一书一卡"《告知书》203份，回收"监督卡"203份，征求意见3条。开展RED系统应用升级工作，利用RED系统功能，对所有税务干部在各系统操作中进行事中、事后风险监控和及时提醒。

（王坤鹏）

附：市国家税务局领导班子成员名单

局　长：林世远

副局长：范卫东　李　辉　李　维

纪检组长：凌旭明

地方税务

【概况】 乐昌市地方税务局是乐昌市人民政府的经济执法和主管地方税费征管的职能部门，实行上级主管部门和地方政府双重领导，以上级主管部门垂直领导为主的管理体制，负责全市范围内地方税费的征收管理。2016 年，在编干部职工 119 人，离退休干部职工 65 人。

【组织收入】 2016 年，累计完成税费收入 91693 万元，同比减收 161 万元，下降 0.18%。剔除“营改增”因素，可比增长 11.94%。税收入库 38130 万元，同比减收 5785 万元，下降 13.17%（剔除“营改增”因素，可比增长 12.23%）。其中：中央级收入 5524 万元，同比增收 83 万元，增长 1.53%（剔除“营改增”因素，可比下降 5.49%）；省级固定收入 1104 万元，同比减收 1099 万元，下降 49.89%（剔除“营改增”因素，可比增长 6.98%）；省级共享收入 7998 万元，同比减收 3504 万元，下降 30.46%（剔除“营改增”因素，可比增长 15.64%）；市县级收入 23504 万元，同比减收 1265 万元，下降 5.11%（剔除“营改增”因素，可比增长 16.45%）；各项费金总收入 53563 万元，同比增收 5624 万元，增长 11.73%（非税收入 3840 万元，同比下降 6.34%，社保费收入 49272 万元，同比增长 13.56%）。

【税费征管】 落实减税降费等政策；推进构建地方税收共治格局，联合采集第三方涉税信息，引入“互联网＋”有效防范税费执法风险；推进国地税征管体制改革工作；探索推进零散税源委托代征管理；重树地方税费管理抓手，上线乐昌市投资工程项目社保参保缴费监控管理系统，实现财政投资工程项目信息管理规范化、台账管理电子化；强化稽查工作力度，提高纳税遵从度。

【国地税合作】 乐昌市国家税务局和乐昌市地方税务局联合印发工作机制、方案 30 多项。联合开展税收宣传、发布欠税公告、开展税收分析、办理税务登记等，大力推广电子税务局。2016 年 3 月 29 日，韶关市首个国税、地税联合办税服务厅挂牌启用仪式在乐昌市地方税务局坪石税务分局举行。

2016 年 3 月 29 日，韶关市首个“一窗通办”联合办税服务厅——坪石国税、地税联合办税服务厅举行揭牌仪式
（胡桂敏　摄）

【纳税服务】 规范和公示对外办公电话，提高来电接通率。推进《纳税服务规范》2.1 版的落实，提高办税环节的速度和效率。联合国税局和农村信用合作社推进“银税互动”守信激励机制，2016 年累计为 10 户企业提供 14580 万元的贷款。与国税局共建“纳税人学堂”，联合根据税企双方需求开展培训活动。（蒋　钊）

附：市地方税务局领导班子成员名单

局　长：廖玉平

纪检组长：陈志明

主任科员：黄坤明

副局长：李毓华　林　军

总经济师：熊树忠

金融·保险

中国人民银行乐昌市支行

【概况】 2016年，中国人民银行乐昌市支行（简称“人行乐昌市支行”）有在职干部19人，其中，行长1人，副行长2人，副主任科员1人；离退休干部22人。内设办公室、综合业务股、会计国库股和外汇管理股4个股室。

2016年，乐昌市银行业金融机构各项存款余额（含本外币，下同）147.43亿元，同比增加11.71亿元、增长8.62%，占韶关辖区各项存款的比例为8.83%；各项贷款余额72.21亿元，同比增加7.17亿元，增长11.03%，占韶关辖区各项贷款的比例为9.35%。存、贷款延续双增趋势，存贷款余额在韶关7县（市）1区（指曲江区）中继续保持第一。存贷比48.98%，同比提高1.06个百分点。

【贯彻落实稳健货币政策】 引导辖内银行业金融机构加大对涉农、中小微企业、基础设施和重点建设项目的信贷支持。2016年，涉农贷款余额47.39亿元，同比增加3.7亿元、增长8.47%，占各项贷款的比例为65.63%。加强利率水平监测，积极宣传中央银行利率政策，引导贷款利率水平下行，降低实体企业融资成本。2016年，通过国家货币政策，累计下调地方法人金融机构存款准备金率1.5个百分点，释放资金7200万元。落实《关于调整个人住房贷款政策有关问题的通知》精神，降低个人住房贷款首付款比例。2016年，个人住房贷款余额23.97亿元，同比增加6.46亿元，增长36.89%。

【支持地方经济发展】 通过中征应收账款融资服务平台，盘活应收账款存量，提高市场效率，推动应收账款业务的创新和中小企业融资难问题的解决。2016年，成功注册13个用户，上传融资信息18笔，金额42388万元。起草制定和推动出台《乐昌市农村信用体系助力金融精准脱贫三年行动计划》《乐昌市扶贫小额信贷工作方案》《乐昌市扶贫再贷款助推脱贫攻坚实施方案（试行）》和《乐昌市金融精准扶贫措施》。积极向上级行争取到1.3亿元的扶贫再贷款额度，指导地方法人金融机构对接精准扶贫授信项目。指导和推动以PPP项目拓宽银行融资渠道，建立政策性银行为主、商业银行为辅的PPP项目贷款模式。2016年，发放PPP项目贷款4亿多元，推动高铁乐昌东站、粮食储备、市政道路、水利工程等项目建设。积极推广应用中小微企业贷款风险补偿基金，降低实体经济融资成本。2016年，6家中小微企业获得贷款2990万元。

【推动普惠金融发展】 完善市级征信中心，征信中心迁址后成功接入广东省农户信用信息系统和个人、企业信用信息基础数据库。建设信用村，采集农户信息57372户，占比70.52%；录入农户信用系统49303户，占比57.22%；信用村建成144个，占比73.85%。建设农村金融综合服务站，建成195个，完成100%。完善乡村助农取款服务点，195个行政村中建立取款服务点195个，实现全覆盖，2016年累计取款（转账）86107笔、金额2935万元，查询57655笔。推广农村产权抵押担保贷款，林权抵押贷款余额1099万元。推广“政银保”农业合作贷款，贷款余额398万元，有效支持乐昌市农民专业合作社发展，惠及社员770多户，带动80多户贫困户脱贫发展。推广妇女小额创业贷款，贷款余额183万元。推广应用农村信用担保基金，贷款余额1088万元，惠及农户382户。推广再就业担保贷款，累计发放64笔，金额超过500万元。

【金融服务效能有效提升】 开展“移动支付让农村生活更美好”主题宣传系列活动，以“移动支付+特色水果产业+电子商务”新型推广模式，积极引导辖内各行（社）大力推广移动支付。截至

2016年年末，乐昌市手机银行存量客户13.6万户，占全市人口的26%；发生业务35万笔、金额57亿元。手机银行用户数、业务量笔数、交易金额三项指标绝对值均位列韶关7县（市）第一。在示范点九峰镇，手机银行用户占全镇总人口的40%，移动POS机40多台，“全民付”2台，微信基本实现全覆盖，支付结算环境得到极大改善。移动支付推动农村电子商务发展，80%的水果通过电商平台销售。乐昌市移动支付推广应用工作经验作为典型案例报送至人民银行总行，受到《中国金融》《韶关日报》等多家媒体的关注。

2016年7月23日，人行乐昌支行组织辖内各行（社）参加乐昌市电商水果节移动支付展，助力电商下乡（陈 赛 摄）

扩大信用报告在商务、政务等领域的应用，优化信用服务市场，构建“守住激励、失信惩戒”长效机制。2016年，个人征信查询1745笔，企业征信查询108笔。继续落实“三证合一”在账户管理方面的应用，开展银行同业结算账户检查。2016年，受理行政许可类银行结算账户1873户，其中开户578户，销户415户，变更880户。履行经理国库职责，2016年，办理国库收入30.88亿元，支出30.67亿元，收入退还0.33亿元，更正0.17亿元。

加强对跨境资金流动监测和分析，防范跨境资金异常流动风险。督促辖内外汇指定银行落实“展业三原则”（了解客户、了解业务和尽职审查），加强对企业购付汇业务真实性审核工作。举办货物贸易外汇管理政策和业务操作培训班，积极宣传、解读货物贸易外汇管理政策内容。2016年，辖内涉外收支合计281笔、1638.6万美元。

【加强金融管理和风险防范】 开展存款保险投保基础数据的报送和核对工作，完成存款保险现场核查、评级和上半年存款保险保费的缴交工作。开展金融稳定调查分析工作，进行房地产去库存和住房金融市场风险调查，并呈报市政府相关金融工作报告。多方联动开展对非法集资、非法买卖银行卡、电信网络诈骗案件、涉众型金融案件等金融风险隐患的监测和防范工作，加强对银行机构不良贷款的监测，防范外延性金融风险。落实反洗钱工作职责，加强反洗钱工作指导和非现场监测工作，联合市公安局完善反洗钱协调配合机制。开展对高速公路粤北收费站的反假货币工作调研，开展对银行业金融机构的人民币收付业务检查工作。2016年，乐昌市金融机构收缴假币1603张、金额128650元，同比分别增长1.26%、1.55%。推动建成乐昌市金融系统二类视频监控平台，16个监控点正式启用。加强公众金融知识宣传教育，做好金融消费权益保护工作，提高公众对金融产品的知晓权和可获得权，提高公众金融风险的防范意识和能力。

（曾婉旭）

附：人行乐昌市支行领导班子成员名单

行　长：丘福林

副行长：陈　斌　赖建新

副主任科员：胡建东

中国银行股份有限公司韶关乐昌支行

【概况】 中国银行股份有限公司韶关乐昌支行（以下简称中国银行韶关乐昌支行）是中国银行股份有限公司韶关分行下辖县（市）级支行，内设营业部、业务发展部，2016年在职员工16人。

【经营情况】 2016年，实现营业净收入2492万元，非利息收入300万元；全年全行人均利润超百万元。各项存款余额59420万元，其中人民币企业存款余额15781万元；各项贷款余额45055万元，其中，中小企业贷款余额7468万元，主要核心指标完成上级下达的任务。

【服务地方经济】 大力支持乐昌“十三五”重点

项目和地方中小企业发展，中小企业贷款余额7468万元，改善企业融资难等问题。发挥外汇专业行的优势，做好出国金融服务，为居民提供便捷周到的一站式跨境金融服务。做好惠民金融，代理发放退休人员工资、中学生资助金等，为百姓在社会保障、医疗卫生、教育助学、便民缴费、生活消费等方面提供便捷服务。（薛国华）

附：中国银行韶关乐昌支行领导班子成员名单

行　长：舒良清

副行长：李海燕（女）　薛国华

中国工商银行股份有限公司乐昌支行

【概况】 2016年，中国工商银行股份有限公司乐昌支行内设行政经理部、业务部；下辖坪石、乐城、人民路3个二级支行和支行营业部；辖内有自助银行1个，CDMA自动存取款柜员机15台，在职干部员工55人。

【经营管理】 中国工商银行乐昌支行以支持地方经济发展为中心工作，通过企业贷款业务和个人住房、消费贷款等业务，支持企业和居民的生产、生活。截至2016年年末，各项存款余额180364万元；各项贷款余额71160万元，其中小企业贷款余额13187万元、个人贷款43883万元。全年实现安全运营无事故、无案件的“双零”目标。（龚新华）

附：工行乐昌支行领导班子成员名单

行　长：陈新辉

副行长：叶伟新　罗印强

中国农业银行乐昌市支行

【概况】 2016年，中国农业银行乐昌市支行内设客户部、综合管理部、风险管理部；下辖乐昌侨成支行、乐昌江畔支行、乐昌坪石支行3个二级支行和支行营业部，共4个营业机构，在岗员工75人。在城区及乡镇设立自助银行区9个、ATM机22台，开办助农取款点114个。

【经营情况】 2016年，全行各项存款余额19.14亿元，比年初新增2.31亿元，其中储蓄存款余额15.74亿元，对公存款3.40亿元；各项贷款余额15.21亿元，贷款比年初新增3.85亿元，其中法人贷款余额6.67亿元，比年初增加1.09亿元；个人贷款余额8.54亿元，比年初增加2.76亿元；其中个人住房贷款累计投放3.21亿元，比年初增加2.45亿元，存量、增量同业排名第一。全年实现中间业务收入1135万元。

【服务县域“三农”】 积极支持地方基础设施与重点项目建设，大力推进民生惠民工程，推动中小企业和“三农”业务发展。在前期支持广乐高速投放贷款4.85亿元的基础上，再向乐昌高铁站建设工程授信1.73亿元，向坪石B厂授信1亿元。2016年，乐昌支行投放武广高铁乐昌东站项目贷款4500万元，全力加快武广高铁乐昌东站项目及站前广场、进站进园道路等配套设施建设；投放坪石B厂贷款7500万元，推进乐昌经济的转型升级。在梅花中心镇设立金融服务站1个，全行设立POS机277台、转账电话214台，“惠农通”金融服务点114个，覆盖90个自然村。

【履行社会责任】 配合市政府积极开展“精准扶贫”工作。抽调业务骨干参与黄圃镇驻点扶贫工作，全行中层干部向贫困户捐出节日慰问金6000元。在2016年扶贫济困日中，全行员工捐款10331元用于黄圃镇里村村委会定向扶贫。做好农户信息录入工作，为乐昌市政府录入农户信息10256户。

（潘华刚）

附：农行乐昌支行领导班子成员名单

行　长：文键（11月—　）

副行长：肖水清（3月—　）易　文

中国建设银行乐昌支行

【概况】 中国建设银行股份有限公司乐昌支行位于乐昌市昌山西路79号，2016年有营业网点1个，内设个人货款中心1个、自助银行3个，在岗员工21人。

【支持高铁站建设】　2016年，建设银行乐昌支行争取上级行的支持，将高铁站贷款项目列入支行重点投放名单，成功投放6500万元。

【支持中小企业发展】　创新信贷品种，破解中小企业融资难融资贵难题，根据中小企业抵押物不足的情况，创新“善融贷”“创业贷”等纯信用信贷品种；与韶关市国家税务局、地方税务局签订合作协议，开发“税易贷”纯信用信贷品种，根据企业纳税记录核定贷款额度；引入担保机制，与韶关市鼎盛担保公司合作，克服中小企业担保物不足的难题。全年投放中小企业贷款500多万元。

【助力房地产去库存】　通过优化人员劳动组合，优化贷款程等方法加快个人贷款业务发展，坚持执行利率优惠政策，让利于民，全年共发放个人商品房贷款1.63亿元。

【助力民生事业发展】　主动为低收入人群提供金融服务，全年共代理发放城镇居民养老保险待遇4.63万笔，合计590多万元，为城镇居民发行社会保障卡1100多张，为行动不便的特殊人群提供上门服务近60人次。（李志平）

附：建行乐昌支行领导班子成员名单

行　长：丁淑文

副行长：黄飞文　朱有成

农业发展银行乐昌市支行

【概况】　中国农业发展银行乐昌市支行位于公园路55号，是乐昌市内唯一的政策性银行，成立于1997年9月，内设办公室、会计结算部、信贷业务部。2016年年末，在岗员工14人。

【业务范围】　业务范围包括办理粮食、油料收购、储备、调销贷款。办理粮食仓储设施、农业产业化龙头企业及其他涉农企业贷款。办理新农村建设、农村基础设施建设、农业综合开发、县域城镇建设贷款。办理水利建设贷款。代理财政支农资金拨付和企事业单位存款、结算业务。办理代理保险、办理票据转贴现、同业存款等业务。

【粮油收储贷款】　2016年，农发行乐昌市支行通过政策性金融贷款，支持乐昌市政府收储及轮换粮油10727吨，发放仓储设施建设贷款2000万元，支持乐昌市仓储设施建设，确保国家储备粮食的安全。

【支持政府重点项目工作】　农发行乐昌市支行全年累计支持重点项目12个，授信逾18亿元，截至2016年年底，发放政策性金融贷款20390万元支持乐昌市重点项目建设。2016年支持市政府重点项目包括乐昌市储备粮仓扩建项目、乐昌市中小河流整治项目（2016年任务）、高铁站至产业园道路建设项目、乐昌市人民路和站北路下穿京广铁路拓宽工程项目、乐昌市张滩闸坝枢纽重建工程项目、乐昌市武江河饮用水源置换工程项目、乐昌产业转移工业园农民创业就业基地项目、乐昌市城南农贸市场及城南市政道路项目、乐昌新城核心区综合整治项目、乐昌新城核心区基础设施建设项目、乐昌产业转移工业园综合整治项目和乐昌市病险山塘水库除险加固项目。（李海平）

附：农发行乐昌支行领导班子成员名单

行　长：黄忠平

副行长：杨志斌

乐昌市农村信用合作联社

【概况】　2016年，乐昌市农村信用合作联社（简称乐昌联社）下设9个职能部门、26个营业机构（其中全功能网点7个、精品网点3个、普通网点16个），在职员工282人。

2016年年末，乐昌联社各项存款余额62.3亿元，比年初增加9.01亿元，增幅16.91%；各项贷款余额33.24亿元，比年初增加1.05亿元，增幅3.25%，存、贷款占市场份额分别为42.26%、51%，其中：“三农”贷款占市场份额81.43%。在案件防控、内控管理、安全保卫等方面实现安全运营无事故。

年内，乐昌联社被广东金融团工委、广东银行同业评为2015—2016年度“送金融知识下乡”工作先进单位，被韶关市消费者委员会评为2016年度“诚信单位”；荣获韶关市2015年度“模范纳税户”称号、2015年度韶关市银行业信息工作“先进集体”称号、乐昌市扶贫开发“双到”工作优秀单位称号、乐昌市2015年度无偿献血先进单位称号；参加韶关金融团工委举办的“汇聚青年，魅力金融”户外素质拓展活动，荣获项目团体第一名；员工陈焕君被共青团中央金融工作委员会评为2015—2016年度“银团合作优秀个人”、被共青团广东省委员会、中国银行业监督管理委员会广东监管局评为“2015年广东银行业金融机构优秀青年干部赴县级团委挂职先进典型”、陈梅娟荣获“广东省农合机构2016年优秀共产党员”称号、李丽娟荣获2016年度全省农合机构优秀信息员三等奖、陶玉婷荣获2016年度广东省农村合作金融机构“农信天使”称号。

【网点转型】 2016年对廊田信用社、乐城分社、北乡分社等7个网点进行原址改造，对梅花信用社、坪石镇信用社、北郊分社、沙坪分社4个网点进行迁址改造。年内，新增投放25台CRS（存取款一体机）、12台BST（补登折机），增设3个离行式自助银行。

2016年2月2日，乐昌联社首个离行式自助银行——乐昌碧桂园离行式自助银行举行开业仪式　（李丽娟　摄）

【普惠金融】 做好农户信用采集录入、资产摸查和信用评级等工作，为贫困村、贫困户提供方便快捷的综合性金融服务。完善服务手段，丰富服务内容，提供全天候自助设备和村民小额取现、转账、汇款、代理缴费等便民服务。加强宣传和教育，组织形式多样的“送金融知识下乡”、“金融知识进万家”、“送金融知识进课堂”等活动。加大对贫困村助农服务设施POS机、粤信通POS机、村财通POS机的投放力度，增强服务辐射范围。加大社保卡宣传发行和推广力度，配合政府社保部门推动基本养老、基本医疗对贫困人口的辐射。利用网上银行、手机银行、电话银行等电子渠道，结合实际为扶贫对象提供多渠道、多功能的支付服务，提高贫困地区电子银行业务的替代率。

【社会责任】 2016年，乐昌联社创新金融产品，完善服务机制，为“老、弱、病、残”等特殊群体提供人性化的上门服务；满足客户创业、融资需求，为刚毕业的大学生提供创业贷款、为周转困难的小微企业提供融资支持；在每个边远乡镇设立基层服务网点。（李丽娟）

附：乐昌联社领导班子成员名单

党委书记、理事长：吴新华

党委副书记、主任：曹伟基

党委委员、纪委书记、监事长：朱瑞洪

党委委员、副主任：刘伟华　戴彩明

中国人民财产保险股份有限公司乐昌支公司

【概况】 中国人民财产保险股份有限公司于2003年7月由中国人民集团公司发起设立，是中国内地最大的非寿险公司。其前身是1949年10月20日成立的中国人民保险公司。下属公司中国人民财产保险股份有限公司乐昌支公司成立于1985年1月。2016年，支公司有职工34人，内设经理室、综合部、理赔分部、营业部、业务部、营销服务部及坪石营业部。

【经营和服务】 经营范围包括机动车辆保险、人身意外保险、家庭财产保险、旅游保险、火灾责任保险、责任保险、信用保证保险等。政策性险种主要包括水稻、农房、能繁母猪、生猪、家禽等。2016年，独家承办政策性水稻、玉米种植保险，政策性能繁母猪养殖险，政策性农房保险等。继续承保乐昌峡水利枢纽保险项目，坪石B电厂财产险等乐昌标志性产业。

【团队建设】 2016年，公司对业务团队进行调整，分险种制定业务方向和重点，优化业务团队内部协同能力，全年实现保费规模3994万元，稳居财产险类保险市场份额第一位。（李晓娇）

附：财产乐昌支公司领导班子成员名单

总经理：倪雄峰

副总经理：邱　晖

总经理助理：吴　锟

中国人寿保险股份有限公司乐昌市支公司

【概况】 中国人寿保险股份有限公司乐昌市支公司（简称“中国人寿乐昌支公司”）内设总经理室、办公室、客户服务部、个险销售部、银行保险部和团险销售部，下辖廊田营业部、长来镇营销服务部、九峰镇营销服务部、北乡镇营销服务部、坪石镇营销服务部等7个营业及服务网点。截至2016年年底，中国人寿乐昌支公司有450人，其中：一线业务骨干及精英433人，在职干部、职工17人（包括正、副总经理各1人）。

【业务发展】 截至2016年12月31日，中国人寿乐昌支公司总保费收入11570万元，比上年增加1326万元，同比增长11.46%（其中，个险渠道首年期交保费1727万元，完成全年进度的128%，十年期交保费1228万元，完成全年进度的133%，短期健康险保费177万元，完成全年进度的106%；银保渠道趸交保费1198万元，完成全年进度的78.74%，十年期交保费完成232万元，完成全年进度的112%，短险保费完成18万元，完成全年进度的200%；团险渠道短期险保费368万元，完成全年进度的115%）；全年给付支出6732万元，比上年增加3166万元（其中：满期给付支出5426万元，年金给付支出521万元，赔款给付支出370万元，死亡及医疗给付415万元）。

【客户服务】 开展“国寿1+N”客户服务工作。进一步构建公司VIP客户服务体系，积极为学生险、老人险业务拓展工作做铺垫。在2016年保险公众宣传日期间推出一系列“爱无疆责任在行”保险推广活动。举办大型健康讲座，特别邀请韶关市粤北人民医院专家到场为客户召开防癌养生健康讲座，并提供医务答疑、现场咨询等服务。与乐昌市民政局、各街道居委会共同启动“银龄安康行动”。（伍文娟）

附：寿险乐昌支公司领导班子成员名单

总经理：赖国强

副总经理：魏志华

教 育

教育管理

【概况】 2016年，乐昌教育局有领导班子成员4人，其中党组书记、局长1人，副局长3人；在职干部职工79人。内设15个股室：局办公室、人事股、审计监察股、基建财务股、基础教育股、职业与成人教育股、体育卫生艺术教育股、市人民政府教育督导室、市招生考试中心、党工委办公室、学生助学工作办公室、中学教研室、小学教研室、电教仪器站和财务结算中心。中共乐昌市委教育工作委员会辖2个党委：中共乐昌市第一中学委员会、中共乐昌市城关中学委员会，1个总支——中共乐昌市第二中学总支部委员会和17个支部，有委员5人，其中书记1人、副书记1人。中共乐昌市教育纪律检查工作委员会辖2个纪委：中共乐昌市第一中学纪律检查委员会、中共乐昌市城关中学纪律检查委员会，有委员5人，其中书记1人、副书记1人。

全市有学校56所，其中普通高中2所，完全中学1所，职中1所，初中9所（含民办初中1所），九年一贯制学校14所，小学28所，特殊教育学校1所，不计学校数的教学点42个。幼儿园79所（其中公办幼儿园23所，民办幼儿园56所）。有在校学生75761人，其中学前教育幼儿16802人，小学生34827人，初中生14986人，普通高中生7146人，中职生1925人，特殊教育学生75人。有在职教职工5727人，其中幼儿教职工1538人，小学教职工1993人，初中教职工1436人，普通高中教职工575人，职中教职工149人，特殊教育教职工16人。

【创建广东省教育强镇工作】 2016年1月，五山镇通过广东省教育强镇督导验收，7月被省教育厅授予“广东省教育强镇”称号。2016年1月，庆云、梅花、沙坪3个镇接受省教育强镇督前检查。坪石、三溪、白石、长来、北乡、九峰、两江7个镇分别于10月中旬和11月初接受省教育强镇复评督前检查。12月14日至16日、12月26日至30日接受省人民政府教育督导验收组的复评验收。

【教育信息化工作】 5月，乐昌市各中小学校完成电脑、交互式电子白板、数字化校园（校园内网）等项目建设并交付使用，12月完成中小学校基础教育专网的招投标工作。乐昌市教育局制定学校（6间）录播室建设方案，并开展高中学校信息化设备建设工作。乐昌市各中小学校按时完成晒课工作，拍摄“优课”课堂实录39节，其中28节被评为市级优秀、8节被评为省级优秀。

【“平安食堂”创建工作】 2016年，乐昌市教育局组织召开全市中小学（幼儿园）示范性平安食堂建设工作动员会和推进会，联合乐昌市食品药品监督局对各创建单位食堂改造进行现场技术指导。11月18日，乐昌市18所中小学（幼儿园）食堂通过乐昌市平安食堂创建工作的考核验收。在此基础上，有15所中小学（幼儿园）通过韶关市中小学（幼儿园）示范性平安食堂的考核验收。

【特色办学】 2016年，乐昌市教育局提出“三大”工程，即以基础教育学科知识技能竞赛为主的“春风工程”、跟踪辅导特质学生的“因材施教工程”和培养名校长名班主任名教师的“名师培养工程”。春季开展首届乐昌市小学生硬笔书法比赛，全市有4996位学生参加比赛。3月至5月，开展语文、数学、英语、物理、化学、地理等学科共20项学生普及型竞赛，共计有5564学生人次获奖，其中全国一、二、三等奖22人，省级139人次，韶关市级54人，乐昌市一、二、三等奖4499人，优秀奖850人；评选出“乐昌市优秀辅导员老师”403名。

学前教育

【概况】 2016年，全市学前三年毛入园率为96.12%，市第一幼儿园、北乡中心幼儿园、九峰中心幼儿园、万紫千红幼儿园和金色年华幼儿园通过韶关市一级幼儿园复评。制定下发《乐昌市普惠性民办幼儿园认定、扶持和管理工作细则》，新设立乐昌市博雅幼儿园、乐昌市八朵花幼儿园、北乡镇茅坪幼儿园和乐昌市腾超教育培训中心。开展民办教育机构年检工作，对51所民办幼儿园和3所教育培训机构进行全面检查，其中30所为“合格”单位、12所为“基本合格”单位、9所为“不合格”单位，3个教育培训机构年检均为“合格”。强化对无证办园工作管理，联合当地政府（街道）、居委会和中心校对全市19所无证幼儿园举办者进行行政处罚，发放《勒令停止非法办学行为的通知》，并在幼儿园门口张贴《勒令停止非法办学行为的通报》。

基础教育

【义务教育】 2016年，小学学龄人口入学率为100%，毛入学率为103.14%，升学率为100%，辍学率为0%；初中学龄人口入学率为99.90%，毛入学率为115.14%，初中辍学率为0.3%。

【高中教育】 各高中学校转变办学理念，深化教学改革，培育办学特色，不断提高学校的教育质量和办学水平。2016年，全市有高中阶段学龄人口16638人，其中在校生15690人，毛入学率为94.3%。

【特殊教育】 制定并组织实施特殊教育提升计划，开展重度适龄残疾儿童送教上门工作。2016年，全市有适龄“三残”儿童少年249人，在校生249人（特殊教育学校75人、随班就读174人），各镇职业培训机构19个，学生入学率为100%。

【德育工作】 大力推进“朝阳读书”活动；开创学校—家庭—社会为一体的育人局面；开展法制教育、禁毒教育、安全教育；关爱留守儿童，关注贫困学生，效促进青少年健康成长。3月22日，乐昌市教育局组织召开2016年全市中小学安全与德育工作会议。

【特色教育】 大力推进中小学大课间、阳光体育、中长跑及校园足球联赛等活动。参加韶关市中小学生“英东杯”毽球赛、乒乓球赛以及足球少年锦标赛，获得毽球赛初中女子组团体亚军，乒乓球赛获初中组团体亚军，双打冠军，单打亚军等多个名次，在青少年足球锦标赛中获得亚军。举行春风工程“歌声飞扬青春畅想”乐昌市青少年儿童小歌手比赛、“凝心聚力抓落实·青春助力勇担当”主题演讲比赛、“与廉政为伴，和诚信同行”中小学生书画比赛。参加广东省教育厅举办的广东省第五届中小学生艺术展演活动，获作品类3个一等奖、2个二等奖、6个三等奖。

【高考成绩取得新突破】 全市2016年普通高考实际参考人数2720人，其中第一批重点本科上线201人，同比增长100人，增幅为99.01%，加上扶贫招生专项计划第一批本科上线60人，则第一批重点本科总上线人数为261人，同比增长80人，增幅为44.2%；第二批本科上线815人，同比增长92人，增幅为12.73%。全市本科以上上线人数1016人，同比增192人，增幅为23.3%；专科以上总上线2417人，总上线率为88.86%。乐昌二中荣获韶关市2016年普通高中教学质量优秀学校。

【队伍建设】 做好“强师工程”工作。完成乐昌市首批基础教育名校长、名教师培养期满考核工作，评选出乐昌市“市长工程”百名“名校长”“名教师”“名班主任”93名。开展新教师招聘工作，全市中小学共招聘新教师65人（研究生学历6人、本科学历49人、大专学历10人），其中高中学校自主招聘新教师9名，城区中小学招聘新教师11名，粤东西北乡镇事业单位招聘新教师45名。开展教师继续教育工作，开展教师培训30多项，参训教师5000余人次。完成广东省中小学教师职称过渡工作，乡村学校从教30年、20年教师荣誉证书颁发的资料收集、核查和统计上报工作，教育局直属事业单位岗位设置系统教师续聘工作，教职工年度考核工作，农村山区教师生活补助实施方案调整工作（从月人均700元提高到800元），教师节慰问与表彰工作（共表彰了244名先进个人与28个先进集体），教师资格认定工作（85人）。推进教育系统干部人事档案审核工作，截至2016年11月18日，共审核教育系统干部人事档案1900份。开展原民办教师、原代课教师自查工作，截至2016年11月9日，共有4088人领取自查申请表。

【助学工作】 2016年，全市共有40162人次学生享受国家的学生资助政策，其中学前教育3318人次，义务教育阶段学生30200人次，普通高中学生3284人次，职业教育学生3360人次。资助金额1467.335万元，其中，学前教育资助金额165.9万元，义务教育阶段资助金额415.245万元，普通高中资助金额319.79万元，职业教育资助金额566.4万元。办理大学生生源地信用助学贷款71人，贷款金额52.85万元。接受社会各界人士资助贫困大、中、小学生49.85万元，受助学生551人次，资助学校改善办学条件75.3万元。

职业教育

【职教中心正式成立】 2016年1月12日，乐昌市举行乐昌市职业技术教育中心挂牌仪式。该中心为中职学历教育、继续教育、社区教育和社会培训“四位一体”县级职业技术教育中心。

【各项竞赛成绩优异】 乐昌职校学生代表韶关市参加“2016年广东省职业学校学生技能大赛”获得3个二等奖和5个一等奖；参加韶关市中等职业学校学生技能竞赛，取得团体一等奖2个、三等奖2个，学生个人一等奖10个、二等奖9个、三等奖13个，教师指导一等奖5个、二等奖3个，三等奖4个；中等职业技术学校教师参加韶关市教育局举办的“和教育杯”微课制作比赛获一等奖4个、二等奖2个、三等奖6个。（彭丽媛）

附：乐昌教育局领导班子成员名单

市委教育工委书记、教育局党组书记：

朱锋麟（　—10月）

肖永剑（10月—　）

局　长：朱锋麟（　—11月）

肖永剑（12月—　）

市委教育工委委员、教育局党组成员、副局长：

薛陆平　罗琦辉　谢海雄

市委教育工委副书记、纪工委书记：薛陆平

2016年5月6日，乐昌市申报“广东省教育强镇”复评工作会议在市政府礼堂一楼会议室召开（谢火明　摄）

学校选介

【乐昌市乐城第一小学】 乐昌市乐城第一小学位于乐昌市盐围街13号，始建于清光绪三十三年（1907），为乐城中心小学，其前身为果育初级小学堂。经评估认定为广东省义务教育标准化学校、韶关市中小学生行为规范示范校、韶关市中小学心理健康教育示范校、韶关市特色（游泳、象棋、书画）学校、广东省体育（游泳）传统项目学校、广东省体育（象棋）特色学校、广东省依法治校示范校。2007年得到香港道德会捐赠人民币近两百万元用于学校发展建设，故冠名为“香港道德会乐城第一小学”，习惯上仍称“乐城一小”。

2016年，学校有50个教学班，在校学生3123人，教职员工135人，其中专任教师134人，有112人为乐昌市级以上骨干教师，50多人次参加过市、省、国家级等不同层次的骨干教师培训，20多人次的教师论文获市、省、国家级一等奖。校舍总面积16360平方米，建有近1500平方米的综合训练馆（一楼游泳池、二楼棋室、三楼乒乓球室）。学校建有篮球场2个、羽毛球场3个、室内外双60米塑胶跑道，多媒体教室2间、电脑室3间、图书室2间、音乐舞蹈室2间，美术室、科学教室、仪器室、电子阅览室、课件制作室、少先队队部室和心理咨询室各1间。

学校先后被评为全国少先队红旗大队、广东省少先队红旗大队、广东省优秀家长学校、广东省体育传统项目学校先进单位、广东省群众体育先进单位、广东省书法教育名校、韶关市教学改革先进单位、乐昌市“教育教学质量和管理先进单位”等。

学校广泛开展各类文体活动，培养出大批写作、书法、绘画、象棋、游泳等方面的特长生，被誉为“粤北山区特色学校”。将科研兴校作为学校主体发展战略目标，以课题促科研，以科研促教研，以教研促教改，教学质量一直排在乐昌市同级、同类学校前列。（曹书荣）

附：乐城第一小学领导班子成员名单

校　长：杨立清

副校长：罗家平　曹书荣（女）　谢景通

【乐昌市第一中学】 乐昌市第一中学是一所公立全日制普通高级中学，正科级事业单位，位于乐昌市大瑶山路36号。学校创建于1928年秋，前身为昌山书院，期间七易其名，九迁其址。1950年更名为乐昌县第一中学，1994年乐昌撤县设市后定名为乐昌市第一中学。2002年评定为广东省一级学校，2010年6月评定为“广东省教学水平优秀学校”“广东省国家级示范性普通高中”。

学校占地面积13.3公顷，教学区有教学楼（2栋）、实验楼、粤辉科学楼、综合行政楼和图书馆，另设有文化广场。运动区有全塑胶400米跑道标准运动场1个、标准篮球场10个，占地3200平方米的体育馆1座。生活区有3栋学生宿舍、1栋学生食堂。装配65套先进的“交互式电子白板多媒体电教平台”，有标准的理化生实验室、仪器室17间，理化生探究室各2间，综合实践活动室3间，电脑室、网络室4间，电子阅览室1间，有音乐、舞蹈、美术、心理辅导等功能室，图书馆的藏书近15万多册。

学校设60个教学班，教职工编制数265个，在校学生3400多人。在编教职工234人，其中专任教师225人。专任教师学历达标率100%，有硕士研究生9人，有研究生进修班学历34人；教师中有高级职称77人，一级职称123人；有韶关市级学科带头人6名，韶关市各学科学会常务理事或理事11名，乐昌市学科带头人67名。

学校先后荣获全国科研兴校示范校、全国首批青少年校园足球特色学校、广东省绿色学校、广东省安全文明校园、广东省依法治校示范校、广东省书香校园、广东省模范职工之家、广东省群众体育先进单位、韶关市教育科研先进单位、韶关市高考优秀学校、韶关市篮球、足球传统项目学校、韶关市首批中小学心理健康教育示范校、韶关市“三八”红旗集体、韶关市优秀基层团委、韶关市“五四”红旗团委标兵等荣誉。

6月26日，2016年高考正式放榜，学校重本上线率、本科上线率和本科上线人数均名列韶关县（市、区）重点高中第一。重点本科上线227人（专项计划57人），比2015年增加97人。本科上线769人，比2015年增加85人。总上线1233人，总上线率达99%。（黄仁科）

2016年4月6日，韶关市委书记江凌（前排左一）到乐昌市第一中学调研　（黄仁科　摄）

附：乐昌市第一中学领导班子成员名单

党委书记、校长：谢丰收

党委副书记、副校长：张珍香（女，　—6月）

纪委书记、副校长：林永彪（　—1月）

副校长、工会主席：古俊辉

副校长：李祥忠

【乐昌市城关中学】 乐昌市城关中学创建于1969年10月，校址位于乐昌城区红岭东路20号，是一所公立全日制普通高级中学，正科级事业单位，于

2005 年评定为广东省一级学校。

学校占地面积 12 万平方米，分成教学区、运动区、学生生活区、教工住宅区。教学区有教学楼 3 栋（建筑面积 7802 平方米）、科学楼 1 栋（建筑面积 10398 平方米）、综合行政楼 1 栋（建筑面积 2036 平方米）；运动区有 1 个标准化 400 米跑道运动场（面积 31000 平方米）、5 个标准篮球场（面积 5176.5 平方米）；学生生活区有 4 栋学生宿舍（建筑面积 9938 平方米）、2 栋学生食堂（建筑面积 1074 平方米）。学校设施设备先进齐全，有标准理化生实验室、仪器室 18 间，理化生探究室 1 间，综合实践活动室 3 间，电脑室、网络室 4 间，电子阅览室 2 间，计算机 328 台，多媒体教学平台 69 个，地理、历史、音乐、舞蹈、美术等功能室按要求配齐。有图书 2.95 万册及体育器材、美术、音乐器材设备一批。

2016 年，学校有 48 个高中教学班。教职工编制 242 人，实际在校教职工 222 人。其中专任教师 216 人，本科学历 211 人，专科学历 15 人。高级职称 46 人，中级职称 114 人，初级职称 55 人。

教学成绩　2016 年，城关中学高考一本上线 18 人（含地方专项上线 2 人），二本上线 83 人，本科以上上线共 101 人，专科以上 692 人。本科、专科上线率创近年新高。高分学生有大突破，高三（3）班林震琛同学体育术科 263 分，文化 449 分，文化成绩位列全省第 58 名，被北京体育大学录取。高三（8）班赖家康同学在 2016 年美术联考中以 259 分位居全省第 24 名、韶关市第一名。

教研成就　2016 年，林永彪校长撰写的论文《浅谈以生为本的教学目的观》获全国一等奖。黄春华老师参加广东省青年教师片段教学展示比赛，获得广东省三等奖、韶关市二等奖。英语组唐灶新和陈碧媛两位老师参加在南雄中学举办的韶关市年轻教师教学基本功大赛，分别获得高中英语教师基本功大赛综合二等奖，陈碧媛老师凭借个人良好的专业素质获得 4 个单项奖。林永彪校长撰写的论文《浅谈互联网环境下高中政治课堂教学研究》、熊旭良老师撰写的论文《浅谈政治课堂讨论的几个问题》、吕眉洁老师撰写的论文《文言虚词教学的着眼点在哪里》在国家级刊物发表。熊旭良老师撰写的论文《浅谈高中政治课中时事资料的运用》，彭兰凤老师撰写的论文《新课标下高中阶段作文教学策略》在省级刊物发表。骆静老师撰写的论文《装扮历史课——在普通高中上学生感兴趣的历史》荣获韶关市中学历史学科优秀教学论文一等奖。尹婷、梁丽娟老师获韶关市中学历史学科教学综合技能一等奖。杨毅华、徐才广老师的论文获韶关市二等奖；陈辉等老师的微课获得韶关三等奖。

体育艺术教育　2016 年 9 月，学校成功创建“乐昌市健康促进校”。2016 年 9 月，成功创建“乐昌市无烟校园”。2016 年 10 月，成功召开乐昌市城关中学第四十二届田径运动会。2016 年 11 月，在乐昌市中小学青少年合唱比赛中，该校学生合唱团获第一名。在乐昌市举办的中小学田径比赛中，该校田径运动参赛队获团体总分第一名。（朱乐祥）

附：乐昌市城关中学领导班子成员名单

校长、党委书记：林永彪

副校长、党委副书记、纪委书记、工会主席：张家成

副校长、党委委员：肖亮宏　谭小芳（女）

2016 年 5 月 31 日，乐昌市委副书记、市长陈宏宇到市城关中学检查校园建设及高三备考工作　（何海松　摄）

科技·体育

科技管理

【创新驱动发展】 制定乐昌市“十三五”科学技术发展规划。10月15日，广州善同科技服务有限公司与乐昌市国有资本投资运营有限责任公司合作打造乐昌市科技企业孵化器项目，并举行协议签约仪式。

2016年10月15日，广州善同科技服务有限公司与乐昌市国有资本投资运营有限责任公司合作打造乐昌市科技企业孵化器项目，并举行协议签约仪式　（市经信局　供）

【科技计划项目申报和实施】 2016年，乐昌市申报上级科技计划项目20项，其中省级项目7项，获得立项支持1项，经费支持100万元；韶关市级项目13项，获得立项支持4项，经费支持40.5万元；完成本级科技项目立项29项，安排经费支持88万元。

【科技成果鉴定和科技进步奖】 2016年，乐昌市独立完成的科技成果获韶关市科技进步奖4项，均为三等奖；乐昌市各单位参与完成的科技成果2项，获得一等奖和二等奖各1项。有3个项目进行科技成果鉴定。两年一度的乐昌市科技进步奖对13个项目，12个单位和60多名科技工作者进行奖励。

（彭春华　王惠珊）

知识产权

【专利申请和专利资助】 2016年，乐昌市专利申请390件（其中发明专利12件、实用新型专利53件、外观设计专利325件），同比增长41.3%；专利授权量435件（其中发明专利2件、实用新型专利33件、外观设计专利400件），同比增长84.3%。全年受理专利申请资助501件，资助金额51.01万元。

【知识产权宣传培训】 利用“3·15”消费者权益日、“4·26”世界知识产权日等节日，组织开展宣传活动；加大企业调研，了解企业知识产权情况和需求，开展知识产权的政策宣传，引导企业申请专利；开展知识产权进社区、进企业、进学校活动，全年累计活动10次。在工业园区举办知识产权培训班2期，对全市规上企业和园区企业的负责人和管理人员进行知识产权的培训，培训85人次。

【知识产权保护】 在“3·15”消费者权益日和“4·26”世界知识产权日期间，联合公安、市场管理、农业、质量监督管理等部门进行执法大检查，主要针对食品、药品、农资市场等专利侵权产品、假冒专利产品、制售假冒伪劣产品开展专项整治活动，进一步打击侵犯知识产权和假冒专利行为。

（黄广平　王惠珊）

高新技术产业

【概况】 乐昌市高新技术产业基础薄弱，发展比较缓慢。2016年，乐昌市只有乐昌市安捷铁路轨枕有限公司一家企业是高新技术企业。广东利生源生物饲料有限公司申请高企入库培育，中健行集团、韶关韶瑞铸钢有限公司等企业创造条件申请高新技术企业。

【高新技术产品认定】 2016年，乐昌市安捷铁路轨枕有限公司的“环保型高性能预应力混泥土地铁枕”和“防磨损新Ⅱ型预应力砼枕”2个产品获高新技术产品认定，并进行产业化生产。加上原有的2个产品，乐昌市安捷铁路轨枕有限公司共有4个高新技术产品进行产业化生产。

【高技术制造业】 乐昌市中嘉电子科技有限公司产品属高技术制造业，2016年，实现工业增加值1322.5万元，比上年增加7.69%。

（彭春华　王惠珊）

地震监测

【地震监测台网建设】 在长来镇前溪村建有1个地震监测站，与省地震局联网。监测站安排专人负责，并将监测数据直接发送到省地震局，2016年运行正常，管理规范。

【地震监测站管理】 监测站各项设施设备完好，运行正常；地震监测站的设施聘请当地村民管理，并签订管理协议。2016年9月6日，乐昌市乐城街道办事处府前社区居委会被认定为“广东省地震安全示范社区”。

（黄广平　王惠珊）

体　育

【概况】 乐昌市体育局是市政府直属事业单位，位于人民南路18号，内设办公室、群众体育股、竞技体育股3个机构；下设乐昌市青少年业余体育学校、乐昌市体育馆2个事业单位。局机关参公编制6名，工勤技能编制1名；乐昌市青少年业余体育学校事业编制9名，工勤技能编制2名；乐昌市体育馆事业编制3名。有建筑面积10123平方米的体育馆（馆外附属设施有篮球场2个全场、6个半场，网球场1个）和占地面积6673平方米的竹林游泳场（包括一个50米×25米标准池、一个25米×25米中池和一个娃娃池）。

【全民健身活动】 2016年，举办乐昌市第二十二届“市长杯”暨“乐盛杯”五人足球赛、乐昌市第二十届“贺岁杯”棋类个人快棋赛、乐昌市首届“灏景蓝湾·捷安特杯”后洞爬坡王自行车赛、乐昌市第二届“农信杯”男子篮球联赛、韶关市“竹林堂杯”篮球联赛、“利安杯”篮球邀请赛、东莞大朗对乐昌的篮球友谊赛、“携手毅行，健康乐昌”全民健身徒步乐昌峡活动、“8·8”全民健身日、南粤幸福周等比赛和活动，掀起全民健身热潮。

【体育公共服务】 各镇成立社会体育指导员服务站，全年完成100名社会体育指导员的培训。制定乐昌市体育社会团体管理办法，加大对各体育单项协会和体育团体的扶持和指导力度，提倡政府向社会力量购买服务，促使各体育单项协会和体育团体按章程开展体育比赛和活动。2016年全市共有体育协会及社团15个，其中2016年度新增2个（排舞协会、台球协会）。2016年发拔乡镇体育器材篮球架57副，乒乓球台138张，健身路径12套。

【开展国民体质监测】 免费开展国民体质监测活动，全市近千人参加体质监测；并进行科学健身知识宣传，指导市民科学健身。

【体育彩票工作】 全市设立体育彩票销售点22个，其中2016年增机扩点5个。2016年，销售额达32627215元，完成基础任务140.63%。

【参加市级比赛成绩显著】 2016年韶关市青少年锦标赛中，乐昌市代表队共揽入10金、6银、3铜。参加韶关市龙舟赛取得第五名。参加韶关市政协杯乒乓球赛、百街千镇乒乓球赛和总工会乒乓球赛，分别取得第一、第二和第四名。

【举办广东省象棋锦标赛】 举办2016广东省青少年象棋锦标赛暨第二届亚洲象棋嘉年华系列推广活动。300多名来自广州、深圳、佛山、韶关等地7岁到16岁的青少年象棋选手参加了比赛。乐昌市8位小选手挺进各组的前八名，其中谢祯和吴欣彤分别获得女子10岁组个人第2名和第3名，巫乐翔获得男子8岁组个人第2名。在团体排名中，乐昌代表韶关市参赛，取得排名第三的成绩。期间邀请亚洲象棋联合会秘书长林关浩、中国象棋协会副秘书长李泽超、广东省棋牌管理中心主任吕钦等象棋界影响较大的嘉宾莅临现场指导。

【举办乐昌市第十四届运动会】 乐昌市第十四届运动会从2016年3月25日开始，至2016年11月25日结束，历时8个月。市运会设成年组、老年组、学校组3个组别。其中学校组设足球、棋类、毽球、篮球、乒乓球、田径；成年组设足球、健身排舞、台球、羽毛球、篮球、拔河、中国象棋、扑克拖拉机、乒乓球；老年组（男子55岁以上、女子50岁以上）设门球、中国象棋、太极剑、柔力球、太极拳。共15个项目、133个单项。来自各镇（街道、办事处），市直各行政事业单位，各条管单位，省、韶关驻乐昌各单位，驻乐昌部队，各有关企业，市各中、小学组成的73个代表队，135个单位，3000多名运动员参加市运会。 （邓英才）

附：市体育局领导班子成员名单

局　长：陈京雄

副局长：李小珍（女）　李小燕（女）

2016年8月8日，“8·8”全民健身日排舞比赛在乐昌市体育馆举行 （邓英才　摄）

卫　生

卫生和计划生育

【概况】 乐昌市卫生和计划生育局位于乐昌市人民北路40号，是市政府工作部门。内设11个机构：办公室、政策法规科技宣教股、医政股（市深化医药卫生体制改革工作领导小组办公室）、预防保健股、考核评价股，流动人口计划生育服务管理股、信息统计股、规划财会股、人事监察股、农村计划生育家庭发展股和基层指导股。机关行政编制29名，2016年实有在职人数24人。

2016年，乐昌市有各类卫生计生机构365个，其中，医院3个、卫生院16个，社区卫生服务机构1个，妇幼保健机构1个，专科疾病防治机构3个，疾病预防控制中心1个，卫生监督机构1个、村卫生站278个。全市卫生机构有在岗职工2862人，比上年增长3.00%。其中，执业医师和执业助理医师837人，注册护士947人。有医疗床位2473张，其中医院1634张。全市乡镇卫生院有卫生技术人员636人，床位715张。

年内，全市户籍人口出生7258人，出生人口性别比为105.20。全市常住人口出生率13.07‰，人口自然增长率7.3‰。

【乐昌市通过“全国健康促进县”评估】 2016年9月28日至29日，国家、省健康教育专家评估组对乐昌市创建全国健康促进县工作进行考评。乐昌市“全国健康促进县”项目工作达到标准要求，成为全国健康促进县。乐昌市于2015年成为全国首批64个健康促进示范县（区）试点（广东省仅有韶关乐昌和东莞石龙2家），经过2年的努力，全市共创建142个健康促进单位，各类健康促进单位均达到创建比例要求。环境指标方面，乐昌市空气质量指数和空气污染指数不超过100的天数大于350天，水质达标率98.53%，垃圾无害化处理率100%，生活污水集中处理率86.02%%，均达到标准要求。近年来，无食品安全事故和职业病案例。健康人群指标方面，居民健康素养水平7.8%，比2014年基线调查时的2.0%提高290%。居民吸烟率为25.5%，比全省居民27.02%的吸烟率低1.52%。经常参加体育锻炼的人口比例达到37.3%。

2016年9月28日至29日，国家、省健康教育专家评估组对乐昌市创建全国健康促进县工作进行考评

（王献君　摄）

【县级公立医院改革】 2016年，乐昌市县级公立医院继续深化医改工作，在降低药品、医用耗材费用和取消药品加成的同时，降低大型医用设备检查治疗和检验项目价格，合理调整提升医疗服务价格；规范医院管理和医疗服务行为，严控医药费用不合理增长；为符合条件的公立医院医务人员就近提供公租房保障。

【医疗服务能力提升】 2016年9月1日起，在乐昌市各乡镇卫生院、社区卫生服务中心全面推开家庭医生签约服务。实施县级医院服务能力提升工程，加强县级医院设备建设，借力东莞市大朗镇的帮扶资金1000万元，推进乐昌市人民医院住院综合大楼建设，强化乐昌市中医院“治未病”平台建设，提升县级医院疾病诊疗能力。

【县镇医院对口帮扶工作】 2016年，乐昌市加强医院纵向协作，开展县镇医院对口帮扶、互派医师、双向转诊，构建以协同服务为核心，以利益共享为纽带的对口帮扶体系。发挥医保报销政策杠杆作用，引导患者合理流动，基层首诊。

【巩固全民医保体系】 2016年，乐昌市城乡居民基本医疗保险参保率稳定在98%以上，医保人均政府补助标准提高到420元，城乡居民医保个人缴费标准继续维持120元/人·年；城乡居民医保政策范围内住院费用报销比例稳定在75%左右；全面开展基本医疗保险付费总额控制，门诊统筹实行按人头付费，住院和门诊特定病种保障推行按病种付费、按服务单元付费等复合式付费方式。

【巩固基本药物制度】 进一步巩固基层医疗卫生机构实施基本药物制度成果，所有公立医院药品全部通过省阳光平台中标药品采购，患者可自主选择在医院门诊药房或凭处方到零售药店购药。

【健全综合监管体系】 加强医疗质量监管，强化医疗服务收费和价格监督检查；加大医疗卫生行业监督执法力度，严厉打击各种形式的非法行医，严肃查处出租承包科室和违反技术准入有关行为；实行医疗纠纷第三方调解制度，扩大医疗责任险覆盖面，二级公立医院全部参加医疗责任险。

【基本公共卫生服务均等化工作】 2016年，乐昌市在提高基本公共卫生服务经费补助标准方面，将人均基本公共卫生服务经费财政补助标准提高到45元。在健全公共卫生分工协作机制方面，不断加强项目人员培训、实施效果监测和绩效评估，实行考核结果与经费拨付挂钩；完善项目资金管理和支付方式；合理分配乡镇（街道）、村（社区）两级基本公共卫生服务任务，提高居民获得服务的可及性，增强基本公共卫生服务效果；对基本公共卫生服务项目实施情况进行综合督查评估。

【妇幼健康保障工作】 实施妇幼健康行动计划项目等重大公共卫生服务项目，全面实施免费孕前优生健康检查、出生缺陷综合防控等项目，实施孕产妇安全分级管理与服务；全面推进流动人口基本公共卫生计生服务均等化工作，提供从婚检、孕前检查到孕产期保健、儿童保健等覆盖生育全过程的基本医疗保健服务。

【队伍建设和经费保障】 2016年，县镇两级计划生育系统工作人员有176人，配备村级计生专干242人，全部为“两委”委员担任。加大卫生院和计生服务所的人员、设备和技术优势的整合力度，提升计生服务质量，建立1个市级计生协会，19个镇级协会和225个村级协会。全年累计投入计划生育工作经费2395.34万元，其中“三奖一扶”946.12万元，计划生育技术服务经费180万元，免费孕前优生检查95.69万元。

【流动人口计划生育双向服务管理工作】 2016年，乐昌市投入流动人口服务和管理专项活动经费90万元。清理出租屋、商铺、工地等5123个，新建信息卡1246人，查验流动人口计划生育证明3114人，免费为流动人口双查369人次。

（许剑涛）

附：市卫生和计划生育局领导班子成员名单

党组书记：王昭良（　—10月）
　　　　　何平良（10月—　）
局　长：王昭良（　—12月）
　　　　何平良（12月—　）
党组成员、副局长：吴广玉　夏文辉　何伟雄
党组成员、爱卫办主任：黄佩珊（女）
党组成员：张松峰（1月—　）
副局长（兼市食品药品监管局副局长）：李首魁

疾病预防控制

【概况】 乐昌市疾控中心是乐昌市疾病预防控制、卫生监测检验和卫生学评价的技术指导中心，为副科级公益Ⅰ类事业单位。内设机构15个（14个科室，1个挂靠机构为市健康教育所）。2016年，市疾控中心被中国疾病预防控制中心地方病控制中心评为全国“十二五”地方病防治工作先进集体。

【免疫规划】 以《预防接种工作规范》及《儿童

预防接种信息管理》指导全市各镇开展儿童免疫规划接种工作。截至2016年11月30日，全市新建档5990名儿童，与上年同期建档5906名儿童相比略有提高。

【传染病防治】　2016年1月至11月，乐昌市共报告甲、乙、丙类传染病2643例，与去年同期1840例相比上升43.64%，其中死亡9例，与去年同期8例相比上升12.55%。发病数上升的病种有12种，分别是：艾滋病、乙脑、痢疾、肺结核、伤寒+副伤寒、猩红热、淋病、风疹、急性出血性结膜炎、斑疹伤寒、其他感染性腹泻、手足口病。发病数下降的病种有4种：肝炎、梅毒、流行性感冒、流行性腮腺炎。

【老年人健康管理】　截至2016年11月30日，乐昌市65岁及以上老年人管理31910人，管理率为79.14%，健康体检表完整率为88.24%。

【居民健康档案管理】　截至2016年11月30日，乐昌市建居民电子档案327646人，建档率为80.58%，健康档案合格率为94.64%，其中慢性病电子档案25968人，老年人电子档案34435人，0~6岁儿童电子档案19495人，孕产妇电子档案2610人，其他电子档案245138人。

【慢性病管理】　截至2016年11月30日，乐昌市高血压患者管理16958人，管理率为22.53%；规范管理人数10879人，规范管理率为64.15%。糖尿病患者管理4422人，管理率为15.26%；规范管理人数3085人，规范管理率为69.76%。

【食品风险监测】　乐昌市乐城镇和廊田镇为广东省食品安全风险监测点，全年分四个季度分别采集食品样品进行化学污染物以及食源性致病菌检测。其中检测化学污染物和有害因素的食品采样包括乳及乳制品、肉及肉制品、水产品及其制品、蔬菜、植物油、谷类及其制品等共98份，检测食源性致病菌的食品采样包括婴幼儿配方食品、熟肉制品、速冻面米制品熟制品、街头流动快餐、网上自制婴幼儿辅食等食品共29份，检测结果由省疾控中心掌握。

【农村环境卫生监测】　2016年8月29日至30日，市爱卫办、市疾控中心组成的调查小组对乐昌市农村环境卫生状况进行调查，共调查廊田、五山、云岩、梅花、三溪五个镇共20个行政村、10所中小学及100户农村居民家中相关情况。通过查阅资料、访谈、现场观察、实验室检测等方法获得监测数据。所有监测资料信息及检测结果由中心保管、整理、汇总、上报。

（谷小俭）

附：市疾控中心领导班子成员名单

党支部书记：胡慧明（女，3月—　）

主　任：彭记伍

副主任：吴凌霄　李铁来

工会主席：孔志坚

医院选介

【乐昌市人民医院】　乐昌市人民医院位于乐昌市盐围街70号，始建于1939年，是一所集医疗、康复、预防、保健、教学、科研、急救等功能于一体的综合性二级甲等医院，曾三次被省卫生厅授予“文明医院”称号，是全市的医疗、急救中心，是韶关学院医学院、连州卫校的教学医院，是本市的医疗保险定点医院，广铁集团驻粤单位医保定点医院，并与中山大学附属口腔医院成立联合口腔医疗中心。

医院总建筑面积48500平方米，其中业务用房面积为40500平方米（含在建工程13500平方米）。医院编制病床500张，设有内一科（含心血管、神经内科、ICU病房）、内二科（感染病科）、内三科（普通内科，含呼吸、消化、内分泌、泌尿、血液内科、血液净化中心）、外一科（含骨科、神经外科、矫形专科、烧伤外科、手外科、椎间盘突出治疗专科和疼痛专科）、外二科（含普通外科、泌尿外科、肿瘤外科、微创外科、痔疮专科、前列腺专科、乳腺专科）、麻醉科、妇科、产科、儿科（含新生儿室）、中医科（含中医、康复及疼痛治疗科）、五官科、口腔科、急诊科13个临床科室，放射科（含CT室、介入治疗室）、药剂科、检验科、功能科（含病理室、放免室、B超室、心电图室、脑电图室、脑血流图室、电子胃镜室、电子结肠镜室等8个功能检查室）等医技科室，以及临床支持中心、社区卫生服务中心等。

医院拥有美国GE16排螺旋CT、全功能数字化X线摄影系统（DR）、乳腺钼靶机、美国通用C臂机、美国史赛克腹腔镜系统、日本全自动生化分析仪等大批先进的医疗设备。

2016年，全院在职职工476人（含合同制专业技术人员121人），其中专业技术人员442人，占全院人员的93%；专业技术人员高级职称48人，中级职称125人，初级职称269人，硕士学历人员2人。全年总诊疗179616人次，同比增加6778人次，同比增长3.92%；入院14188人次，同比增长1.24%。

主要工作　2月25日，市人民医院召开第六届职工代表大会暨第四届工会代表大会第二次会议。4月，举办护理品管圈发布会暨优质品管圈评比赛，三内科的“天使圈”赢得比赛的第一名。5月18日，举办大朗镇援建乐昌市人民医院（东莞大朗综合楼）捐赠仪式，东莞大朗镇政府向乐昌市人民医院捐赠了1000万元建设资金。6月6日，与乐城一小联合组织开展“爱眼日”专题讲座，普及科学用眼知识，共有250名四年级的小学生参加讲座。6月24日，医院党委在原河南院区门前开展“红七月—党员医疗队进基层”义诊活动。9月，通过省级“健康促进医院”建设的评审验收。（李艳华）

附：市人民医院领导班子成员名单

院　长：李资文

副院长：吕敏文　李发仁　李瑞华

邹巧玲（女，7月—　）

2016年5月12日，新上岗护士在“庆祝‘5·12’国际护士节暨星级护士表彰会”上宣誓　（市人民医院　供）

【乐昌市中医院】　乐昌市中医院是一所非营利性全民所有制正科级单位，前身是乐城镇医院，于1988年6月7日转制为乐昌县（市）中医院。医院地处市区中心，交通便利，是一所集医疗、保健、康复、教研于一体的既有中医特色，又有现代医院功能的综合型中医医院。是卫生部确定的“爱婴医院”、国家中医药管理局评审通过的“二级甲等中医医院”、广东省中医药局评定的“省文明中医医院”、广东省卫生厅、广东省中医药局确定的“广东省中医名院创建单位”，是韶关市劳动和社会保障局确定的“韶关市城镇职工基本医疗保险定点医疗机构”和“韶关市社会工伤保险定点医院”。

医院占地面积约6125平方米，拥有门诊大楼、住院大楼和保障中心大楼，均有八层以上。2016年年末，全院共有职工402人（其中：退休职工73人、在职人员共329人），编制病位350张，开设有康复科、外科、妇产科、内一科、内二科、急诊科、儿科、麻醉科、口腔科等临床科室以及眼科及耳鼻喉科、皮肤性病科和肛肠科、骨伤科、肝病、妇科、内科、康复理疗等多个中医专科门诊，开设有检验科、放射科、药剂科、B超室、心电图室、胃镜室等医技科室，年门诊量19万多人次，出院病人1万多人次，固定资产7000多万元。

医院拥有先进的英国佳乐超脉冲等离子双极内窥镜系统，配置有腹腔镜全套设备，成功开展泌尿外科、前列腺电汽化切除术、尿道狭窄切开术及一系列妇科微创手术等。科室配备西门子双排螺旋CT、西门子彩超、美国GE品牌的DR机、东芝全自动生化仪、尼普洛和费森尤斯血透机等大型设备。检验科设备齐全，是省卫生厅确定的“广东省一级性病实验室”。急诊科与市人民医院共同承担着“120”急救任务，开设“急救绿色生命通道”，配备全自动除颤仪、呼吸机等完善的急救设备。内科开设ICU重症监护室、血液透析室；外科运用中医正骨手法治疗跌打、内外兼治、骨折愈合快速；能开展开颅手术、外伤开胸抢救、股骨头置换术。微创颅内血肿穿刺、碎吸术等；中医妇科、腹腔镜微创手术是妇产科的特色治疗；治未病中心是省中医药局批准的“广东省中医治未病健康工程试点单位”；康复科是医院的龙头科室、韶关市中医重点专科，开展的针灸、推拿、按摩、浮针、拔火罐、梅花针叩刺、磁疗、火针疗法、运动疗法、中药外敷、经络注血疗法、神经阻滞疗法、贴耳穴美容法、针灸减肥疗法、天灸疗法以及蜂针疗法等充分发挥了中医药的疗效和特色，该科室被国家中医药管理局确定为国家第二批农村医疗机构中医特色专科项目。

年度荣誉　2016年4月，医院被韶关市人力和社会资源局评为“2015医保年度先进单位”；2016年2月，被乐昌市卫生和计划生育局评为“2015年度卫生工作先进单位”；2016年5月，范晓玲被广东省中医药学会评为“广东省中医系统优秀护士”。医院开展“优秀医生”、年度“优秀护士”评比活动，简永旺、刘金生、何民鹏、伊细红和王国伟被评为首届“优秀医生”；李庆、陈玉杰、赵勇、叶婷、张小英、刘莎莎、刘清晨和陈春娥被评为年度“优秀护士”。　（黄　娟）

附：市中医院领导班子成员名单

院　长：刘梓平

副院长：罗　杰　徐伟明　谭繁胜

　　　　罗小英（女）

【乐昌市第二人民医院】　乐昌市第二人民医院是一所集医疗、科研、教学、预防保健于一体的综合性二级医院。于1954年成立，担负着乐昌北部9个乡镇近30万人口的医疗、预防保健、计划生育技术指导和境内京珠高速公路等五大交通主干道意外事故的医疗救治任务，是多间医学院校的教学医院。

医院于1995年通过二级医院评审，达到二级乙等医院标准，建筑面积23599.21平方米，其中工作用房面积19702.1平方米。开放病床350张，设河西分院、急诊科、门诊部、五官科、口腔科、内一科、内二科、外科、儿科、新生儿室，妇产科、传染科、中医科、血液净化室、麻醉科、肛肠痔瘘及皮肤性病科等20多个专业科室。拥有螺旋CT、全数字化X线摄像系统（DR）、彩超、电子阴道镜、电子咽喉镜、进口呼吸机、全自动生化分析仪、全自动血球计数仪、血气分析仪、液基细胞学（TCTO）检测（宫颈癌筛查）、尿液沉渣检测、电脑胎儿监护仪、全麻机、德国产血液透析机、新购入德国高清腹腔镜、血液净化机等医疗设备。配备各类急救设备和救护车3台。

2016年，全年门诊诊疗122294人次，同比上一年增加5932人次；住院9104人次，同比增加311人次；药品销售金额占总收入的29.2%。全年组织青年志愿者为坪石发电厂、供电公司、坪梅中学等800多人进行急救知识培训。到坪石敬老院、黄圃镇、白石镇和梅花镇开展义诊，免费送医送药下乡，就诊人次380多人次，送出价值1.85万元的药品。　（巫春娥）

附：市第二人民医院领导班子成员名单

院　长：杨克祥

副院长：邓顺林　陈劲松　郭　娟（女）

　　　　肖锦忠

文 化

综 述

【概况】 乐昌市文化广电新闻出版局于2005年3月由原文化局、广播电视事业管理局和原市委宣传部承担的新闻出版行政管理职能调整归并组建而成（加挂版权局牌子）。2010年5月，由单独设置调整为与市委宣传部合署办公。

乐昌市文化广电新闻出版局（市版权局）是乐昌市人民政府主管文化、广播电视、新闻出版、版权等工作的职能部门，编制21个，其中，行政编19个，工勤编2个，2016年在职17人（含工勤2人）。内设机构有办公室、文化艺术股、文化市场办公室、新闻出版管理办公室、广播电视股和文化市场综合执法队。下属单位有图书馆、博物馆、文化馆和电影发行放映中心留守处。

【文化遗产保护工作】 完成第一次全国可移动文物普查工作，被省文化厅、文物局评为优秀。“乐昌湘南暴动遗址”和“西京古道”被列为乐昌市第六批市（县）级文物保护单位。完成户昌山古村、大坪杨家寨、龟峰塔等文物点的修缮方案；完成省重点文物伯陵堂维修工作。三溪镇被评为省民间文化艺术之乡和广东省级非物质文化遗产保护传承基地。开展春节习俗民间资料项目调查工作。完成乐昌花鼓戏地方戏曲普查工作。五山纸马被列为韶关市第六批非物质文化遗产名录项目。罗发玉被评为乐昌渔鼓项目第五批县级非物质文化遗产项目代表性传承人。编辑出版《九峰山歌续集》。11月，组织召开非物质文化遗产培训班，并邀请韶关市非物质文化遗产专家前来授课。

【文化惠民工程】 2016年，完成农村公益电影放映2340场、送戏下乡100场、送书下乡8万册任务。开展送春联下乡活动，完成全年免费开放活动、免费文化培训工作。

【文化活动丰富多彩】 举办“迎新春”系列活动、“美丽中国梦·快乐乐昌人”“我参与，我奉献，我快乐”志愿文化活动、“两江镇第二届群众排舞大赛”“开心广场·百姓舞台”——乐昌市第二届原创舞台作品展示和承办“乐昌市桃花节开幕式文艺演出”“‘全面两孩’政策暨‘健康素养知识普及’宣传活动专题演出”、广东省第十届少儿艺术花会（美术、书法类）乐昌选拔赛、“廉洁读书月”等系列群众文化活动。突出乐昌市“特色文化品牌”，成功举办“我们的价值·我们的成长路”“廉洁广东行”千人书法大赛及第二届妇女儿童书画大赛。

2016年11月13日，九峰山歌表演唱《武江边上对山歌》参加广东省文化厅、广东省侨联、东莞市人民政府联合举办的2016“两岸暨港澳地区”客家山歌（东莞·凤岗）邀请赛，荣获银奖 （钟 志 摄）

【文艺精品创作成果丰硕】 4月，召开2015年度文艺创作总结会议，对相关人员进行表彰。10月，组织多个原创节目参加韶关市2016年“九龄风度”国庆群众文化活动暨韶关市首届音乐舞蹈花会，其中《思·传承》《学花鼓》获舞蹈类银奖，《武江雅韵》获舞蹈类铜奖。11月，精心编排的花鼓戏《打鞭进城》参加由广东省文化厅主办，广东省艺术研究所、梅州市文广新局、广东汉剧院联合承办的“2016年粤戏越精彩——粤剧与全省地方戏曲剧种（粤东北片区）交流演出暨学术研讨会”，在交流演出中大受赞许和欢迎，在网民评选的最受欢迎节目中票数名列前茅，入围10个最受欢迎节目并入选“粤戏越精彩”总会演；九峰山歌表演唱《武江边上对山歌》荣获广东省文化厅、广东省侨联、东莞市人民政府联合举办的2016“两岸暨港澳地区”客家山歌（东莞·凤岗）邀请赛银奖。欧伦彬创作的渔鼓表演唱《社区书记老方》获广东省业余文艺作品评选三等奖；组织精品参加第三届“全国安心和平绘”暨国际狮子会第28届国际和平海报比赛获奖，其中一等奖1人、优秀奖2人、入围奖6人，丁瑞玲被评为优秀辅导老师。多篇散文、通讯、小说和书画等作品在国家、省、市著名杂志上发表。

2016年11月8日，乐昌花鼓戏《打鞭进城》参加“2016年粤戏越精彩——粤剧与全省地方戏曲剧种（粤东北片区）交流演出暨学术研讨会”，入围10个最受欢迎节目并入选“粤戏越精彩”总会演　（杨林伟　摄）

【文化市场管理】　做好年度核验工作，全市71家文化市场经营单位全部通过年度核验；严格审批程序，按照行政许可事项，2016年通过审批新增出版物发行单位3间。文广新局会同消防大队开展2016年春节前文化市场安全生产检查工作。深入开展“扫黄打非”专项行动。全年，共出动执法检查人员2646人次，巡查网吧253间（次），巡查KTV歌舞娱乐场222间（次），巡查电子游戏游艺经营场所60间（次），巡查印刷厂149间（次），巡查书报刊经营单位89间（次），巡查音像（电子）出版物经营单位54间（次），巡查电影放映单位12间（次）。依法取缔2个“黑广播”电台和1家黑网吧，收缴违禁出版物书籍、“六合彩”资料等非法出版物4505册，查处违规接纳未成年人网吧2家，罚款人民币7000元。

【文化基础设施建设】　乐昌市文化馆被评为国家一级馆；作为全省首批文化馆总分馆试点建设县，建设总馆一个、分馆14个、服务点42个；7月，省文化厅文化馆总分馆试点建设巡回指导第三工作组到乐昌进行检查指导总分馆试点建设工作；12月，对文化馆总分馆建设工作进行预验收，初步构成文化馆为总馆、乡镇文化站为分馆、行政村为服务点的三级公共文化设施服务网络。完成图书馆一楼外借书库、二楼电子阅览室楼面补漏和公厕改造工程，“市民廉洁文化学习中心（设在图书馆）”正式投入使用；文化站（室）配置设施继续升级，为17间镇综合文化站和39间行政文化室添置图书；为镇综合文化站配备高清挂图相框、演出培训音响、LED宣传显示屏、复印机等基础设备。做好基层公共文化设施建设示范点项目工作，选定长来镇文体广场、廊田平富村综合性文化服务中心2个示范点，进行实地调研，制定建设方案，项目建设有序进行。

【文化交流】　组织精品节目参加“中国梦·湘粤情”2016湘粤两省四地（宜章县、连州市、乐昌市、乳源县）春节联欢晚会演出，编排节目赴东莞大朗织交会进行文化交流并参加2016“两岸暨港澳地区”客家山歌（东莞·凤岗）邀请赛。参加第六届江西艺术节革命歌曲大家唱邀请赛。举办韶关市美协与我市书画家交流会。深入开展“结对子·种文化”文化扶贫工作。组织该市工作人员参加省文化厅等举办的业务培训班，接待浈江区图书馆员跟岗学习。排练节目参加2017年“粤戏越精彩——粤剧与全省地方剧种交流演出”。　（刘晓雯）

附：市文化广电新闻出版局领导班子成员名单

局　长：杨会标

副局长：张清福　吴满娥（女）

　　　　李启平（8月—　）

广播电视

【概况】　乐昌市广播电视台主要承担以市委、市政府决策和部署为中心的各项新闻宣传任务，担负着中央台、省、市广播电视节目转播及覆盖工作。台下设办公室、后勤计财部、总编室、新闻中心、科技事业中心、网络中心、数据部、市场客服部、工程施工部、广告部及17个广播电视站。2016年年末，有在职干部职工137人（含合同制工人）。

【宣传工作】　2016年，市广播电视台播出电视新闻稿件1400多篇；微信公众号编发本地新闻稿420多篇、图片700多篇，上传新闻视频220多个。在参加韶关市广播电视好新闻评比活动中，《乡镇人大代表共筑童话园》《梦想在路上》《90后大学生组团返乡创业》《走进校园》等6件作品分获电视、广播一、二、三等奖。

【网络建设】　2016年，市广播电视台进一步强化市场竞争意识，做好网络扩容、网络发展工作。跟进改造在网改期间未完善的区域，对部分主干电缆进行改造、更新，做好新建楼盘的网络规划和布设。实行主要人员和各组组长24小时应急呼叫制，及时处理应急事件，确保网络传输安全和电视信号畅通。数据网络完成光纤入户工程的机房设备规划、安装、调试工作。

【无线覆盖】　完成市区、原祖山发射台省广播电视节目地面数字无线覆盖工程建设任务，于2016年11月顺利通过省新闻出版广电局验收组验收。

【网络扩容与网络发展】　2016年，网络中心实行主要人员和各组组长24小时应急呼叫制，及时处理应急事件。年内，新增安装电视机顶盒1445台（含分机）。处理各种故障6300多起，其中应急抢修100多起。架设光缆11467米，同轴电缆10666米，用户线入户224户，两蕊皮浅光缆入户543户。

【广电媒体与新兴媒体融合发展】　2016年，市广播电视台探索“互联网+”和“广电+”的路子，于6月尝试性开通微信公众号，逐步打造成形式多样，手段先进、具有竞争力的新型主流媒体。公众号依托广电媒体，集时政、要闻、民生热点、精品栏目、生活信息、主办活动、品牌宣传、公益服务以及娱乐、休闲、美食、商业资讯、广告招商于一体，设置微资讯、微互娱、微购物等功能。截至年年底，发布90期，吸引众多网友关注。

【拍摄制作专题片《魅力乐昌·美丽村镇》】2016年，市广播电视台拍摄制作、播出大型系列专题片《魅力乐昌·美丽村镇》，对全市17个镇（街）的风土人情、传奇历史、古代技艺、特有物种进行全方位的宣传，展示当地的文化内涵及人文精神。节目时长每期约15分钟，节目播出后获得普遍好评。　（周忠军　谢祖军　陈世娟）

附：市广播电视台领导班子成员名单

台　长：张济楚

副台长：周　赞（女）　蔡茂淋（女）

文物考古

【概况】　乐昌市博物馆位于乐昌市乐城街道办事处红岭社区东环南路1号，于1984年2月28日成立，编制10人，在职人数7人，为全民所有制公益性事业单位。博物馆首期工程（1#展馆、工作楼）占地面积15333平方米，建筑面积1852平方米，2005年7月，1#展馆展出“乐昌商周至秦汉文物展”，2015年8月利用工作楼改造为展室，展出“乐昌革命文物展”，两处展览均向社会免费开放。

2016年，乐昌市维修省级保护单位1处，公布市（县）级文物保护单位2处11个文物点。

【乐昌市第一次全国可移动文物普查】　乐昌市第一次全国可移动文物普查工作中，乐昌市“一普办”普查国有文物单位345个，搜集文物线索1319条，普查文物5525件（套）。2016年进入第三阶段数据审核阶段，乐昌市“一普”数据质量，经省专家抽检，评定等次为“优”，被省文化厅授予5万元的奖励（全韶关市仅韶关馆与乐昌馆受到该奖励）。9月，完成《乐昌市第一次全国可移动文物普查工作报告》初稿编写；12月，完成《乐昌市第一次全国可移动文物普查精品图录》初稿编写。

【省级文物保护单位保护】　“薛岳故居”维修　“薛岳故居”为两地六处建筑，即九峰镇坪石村委会大路下村薛岳故居、薛氏家祠、薛岳家居、薛岳家族墓寮、薛岳家族墓，乐城街道办事处西联村委会江湾村的“伯陵堂”，均为薛岳出资修建。2011年1月17日，经广东省人民政府公布为第六批省级文物保护单位。广东省政府下拨维修资金243万元修缮“薛岳故居”之伯陵堂，维修面积1012平方米。截至2016年年底，“薛岳故居”之伯陵堂修缮工程竣工并通过验收。

五汪村谭氏宗祠保护　9月，市博物馆聘请华南理工大学建筑设计院专家对乐昌市省级文物保护单位五汪村谭氏宗祠进行现场勘察，制定出维修方案，申报2017年省重点文物保护经费。

【市（县）级文物保护单位保护】　2016年4月26日，乐昌市人民政府公布第六批市（县）级文物保护单位乐昌湘南暴动遗址和西京古道2处11个文物点。公布后，市博物馆于5月在各文物点竖立标志牌、说明牌，并完成文物点的数据采集、测量绘图工作。9月，聘请有资质的单位对市（县）级文物保护单位大坪村新书房、龟峰塔作出维修方案，申报2017年韶关市文物保护项目专项经费。

乐昌市博物馆展出“乐昌商周秦汉文物展”（白和琴　摄）

【户昌山古村落保护】　4月，市博物馆派员对户昌山古村落文物点进行现场勘察，作出方案，向省博物馆申请庆云户昌山文物点的维修项目经费。12月，到位经费30万元。

【南粤古驿道普查】　3月，市博物馆派员配合省住建厅专家对乐昌西京古道、宜乐古道开展调研工作；9月至11月，开展乐昌南粤古驿道的普查工作，普查登记文物点52处。

【文物安全】　市博物馆按要求定期组织人员对仓库文物进行例行清点、检查核实，进出仓库严格执行出入库登记制度；对文物库房进行全面检查，排除安全隐患。保卫人员24小时值班，夜间2人巡逻，全面落实人防、物防、技防三举措施，确保文物展品安全和正常开放工作秩序。对省、市级文物配备消防灭火器，建立微型消防站。全年无任何事故发生。

【对外开放】　乐昌市博物馆馆内有“乐昌商周至秦汉文物展览”“乐昌革命文物展览”，文物点五山红军长征临时指挥所“红军长征过乐昌”3处固定展览，“乐昌市博物馆文物（普查）成果流动展”流动展览1处。开展“5·18”国际博物馆日、“6·3”中国文化遗产日和节假日参观展览活动及庆祝长征胜利80周年、纪念建党95周活动，全年参观人数约14万人，未成年人约9.8万人。

【文物活化利用及宣传】　7月至9月，为纪念红军长征胜利80周年，市博物馆白和琴配合市宣传部门接待全国各级媒体到乐昌的采访工作。中宣部组织的记者团、“重走长征路”“长征路上奔小康”等8批主流纸质媒体、网络媒体记者团到乐昌市博物馆、五山红军长征临时指挥所、石山红军烈士等地开展采访宣传工作，弘扬红军长征精神，宣传乐昌的红色文化。（白和琴）

2016年11月29日，最高人民法院党组成员、副院长景汉朝（左四）到乐昌市博物馆参观“乐昌革命文物展”（市博物馆　供）

附：市博物馆领导班子成员名单

馆　长：欧伦彬（12 月—　）
　　　　邓贱生（　—11 月）
副馆长：丘卫平（女）　白和琴（女）

群众文化

【概况】 乐昌市文化馆地处人民南路 22 号，建筑面积 2723 平方米（含艺术培训中心 567 平方米）。编制 24 人，2016 年在职干部职工 22 人，退休人员 16 人，其中在职高级职称 1 人、中级职称 8 人、初级职称 8 人。是年被命名为国家一级馆。年内音响设备投入 133300 元，公共设施投入 130000 元，流动舞台及灯架设施投入 249828 元，总分馆设施设备投入 154011 元。馆内常年开设书画展览厅和“非遗”展览厅，有书画培训室（2 间）、多功能小剧场、舞蹈培训室、文艺创作辅导室、书画创作辅导室、橱窗宣传栏（7 块）、电子宣传栏（4 块）。全年开展展览 4 期，各橱窗展示照片 1000 多张。

【千人书画大赛】 2016 年元旦，市文化馆承办“我们的价值观 · 我们的成长路”千人书画大赛。5 月 28 日，承办“传承勤廉风尚 · 妙笔齐绘乐昌”——“廉洁广东行”2016 年乐昌市千人书画大赛。比赛分为美术、书法两个大类，每个类别各分中学组、小学组、幼儿组 3 个组别。全市共有 20 个中、小学学校近千名中小学生参加。

【免费开放与服务】 乐昌市非物质文化遗产项目展，常年向广大群众开放。展出乐昌市非物质文化遗产项目相关的道具、乐器、书籍以及非遗项目介绍等。2 月 8 日，组织全市业余书画作者的 100 余件作品参加“丹墨春晖——2016 年乐昌市‘贺新春’书画展览”，在文化馆一楼展厅展出。5 月 9 日至 31 日，以“安不忘危、警钟长鸣”为主题的“国家安全教育图片展”在文化馆展出。

6 月 13 日，乐昌市第二届妇女儿童书法作品展在市文化馆开展，共展出作品 70 余件，其中包含受邀的韶关、乐昌书法家的书法精品和在第二届妇女儿童书法作品大赛中获奖的作品。10 月 1 日，文化馆举办纪念红军长征胜利八十周年暨庆祝新中国成立六十七周年书法美术作品展览。

【民间民俗文化迎新春展演】 2016 年正月初一，市文化馆组织民间艺术表演队举行“民间民俗文化迎新春文化巡游”活动。25 堂醒狮、龙凤呈祥队、五山纸马、廊田春牛、蚌壳旱船秧歌、腰鼓等表演队伍在河堤文化广场为广大市民共同表演一场精彩的民间民俗展演。

【下基层送文化活动】 3 月 12 日，市文化馆工作人员联同韶关市美术家协会到乐昌市九峰镇坪石村开展“结对子 · 种文化”下基层送文化活动。为农村捐赠书籍画本 400 余册；邀请著名书画名家关山雪先生在当地举办艺术培训讲座；组织乐昌市书画爱好者采风写生。

【乐昌市第二届原创作品文艺展演】 10 月 26 日晚上，由乐昌市文化广电新闻出版局主办，乐昌市文化馆总馆和乡镇文化馆分馆、韶关市戏剧家协会承办的“开心广场 · 百姓舞台”乐昌市第二届原创作品文艺展演在市区河堤文化广场举行。展演的原创作品均由各个乡镇征集而来，在收集的 30 多个作品中，精选 17 个作品参加该次展演。作品均由业余文艺爱好者自编、自导、自演。

10 月 26 日晚，“开心广场 · 百姓舞台”乐昌市第二届原创作品文艺展演在市区河堤文化广场举行

（市文化馆　供）

【免费艺术培训】 文化馆开展的“阳光工程”免费艺术培训，开设有书法班、国画班、绘画班、舞蹈初级班、舞蹈考级班、声乐初级班、钢琴初级班、二胡班、戏剧功底培训班和排舞培训班。2016

年，共招生288人。根据各位老师所拟定教学计划，进行严格的对照考核，通过举办少儿艺术大赛、少儿书画、作文作品展览、少儿文艺演出等途径，向学员家长及社会展示培训成果。

【艺术表演辅导】　结合全市群众文化活动展示，通过开展教、传、授活动，辅导业余团队开展文化节目创作、编排。2016年，文化馆业务人员进社区每个月平均辅导4～6次；抽选业余文艺团队到馆进行辅导，平均每个月8～10次，辅导人数约800人。主要节目形式有歌舞，戏曲，小品快板及表演唱等，针对各团队表演内容形式、特点进行专门辅导。策划每月一次的文化展演活动，每月不重复抽选3～4个队伍下社区、敬老院、乡镇等进行文艺展演，并评选出较有地方特色的经典节目。

【书画辅导】　1月，文化馆辅导员对全市业余书画爱好者20余人进行作品创作辅导。组织本市优秀作品参加韶关市新春美术作品展，挑选其中10余件优秀作品参加韶关展览。组织和辅导该市书画爱好者进行多次书画作品创作交流，并收集优秀作品参加省市各项比赛和展览，其中包括韶关“结对子·送文化”写生活动作品展览、乐昌市第二届妇女儿童书法作品大赛等。

“结对子·送文化”写生活动作品展览　（钟　志　摄）

【业余文艺作品成绩显著】　3月，组织肖彤彤、邹瑜、陈凯琳等学生参加第三届“全国安心和平绘”暨国际狮子会第28届国际和平海报比赛，共9人获奖（荣获入围奖6人，优秀奖2名，一等奖1名），辅导老师丁瑞玲被评为优秀辅导老师。4月，欧伦彬创作的渔鼓表演唱《社区书记老方》获广东省业余文艺作品评选三等奖。8月，该馆组织党员干部参加乐昌市手抄党章活动，丁瑞玲荣获中共乐昌市直属机关工委手抄党章三等奖。派员参加由广东省音乐家协会举办的《2016年广东省音乐创作人才专项培训班》，罗静怡的音乐作品《离殇》在活动中被评选为优秀词曲作品奖。10月，该馆组织多个原创节目参加韶关市2016年“九龄风度”国庆群众文化活动暨韶关市首届音乐舞蹈花会，其中《思·传承》《学花鼓》获舞蹈类银奖，《武江雅韵》获舞蹈类铜奖。11月8日，该馆演职人员一行前往梅州市参加由广东省文化厅主办，广东省艺术研究所、梅州市文化广电新闻出版局、广东汉剧院联合承办的“2016年粤戏越精彩——粤剧与全省地方戏曲剧种（粤东北片区）交流演出暨学术研讨会”，该馆编排的花鼓戏《打鞭进城》最终入围10个最受欢迎节目，选调参加“2017粤戏越精彩——全省优秀地方戏曲剧种会演暨学术研讨会”（广州）精品节目总交流演出。11月13日，乐昌市文化广电新闻出版局选送、市文化馆排演的九峰山歌表演唱《武江边上对山歌》，参加广东省文化厅、广东省侨联、东莞市人民政府联合举办的2016“两岸暨港澳地区”客家山歌（东莞·凤岗）邀请赛，荣获银奖。12月，在2016年度韶关市文艺群众作品评选中，乐昌送选的作品共获得11个奖项：邱土明创作的相声《园长相遇记》荣获曲艺类一等奖；欧伦彬创作的相声《好好做人》荣获曲艺类二等奖；邝岳云创作的《好人赞》荣获曲艺类三等奖；邱土明创作的《局中局》荣获戏剧类（小品）三等奖；周丽萍编导的少儿舞蹈《学花鼓》，赵欣东排演的独舞《思·传承》荣获舞蹈类三等奖；王超杰的小品《不是为了钱》获戏剧类三等奖；付泽剑的小戏《单身证明》、王超杰的小品《一副眼镜》、杨宝英的小品《知青情怀》和《妈，我们都是您的儿子》获戏剧类优秀奖。

【参与残障孤儿艺术康复项目】　辅导老师谢今古、罗静怡应乐昌市妇联的邀请，出席由美国慈善机构美国科教协会（ESS）、北京农家女学校和乐昌妇联共同开展的残障孤儿艺术康复项目启动仪式，并担任美术、音乐课程的老师，每周前往乐昌市社会福利院给残障孤儿授课。该项目为期两年。

【文化馆总分馆建设】　2016年，乐昌市被省列为文化馆总馆分馆建设试点县。按照建设要求，建成

14 个文化馆分馆和若干个分馆服务点，形成以文化馆为总馆，各镇综合文化站为分馆，行政村（社区）文化室为服务点的三级联动文化服务网络。根据文化馆各分馆不同的文化特色和业务需求，市文化馆选派 14 名工作骨干分别担任分馆指导员和分馆助理，定期前往分馆开展书画、戏曲、器乐等方面的业务培训，并对各分馆的公共服务建设、场馆建设以及文化档案管理进行指导。

【文化遗产保护】 2016 年 4 月 20 日，“广东省非物质文化遗产传承基地（乐昌花鼓戏）”揭牌仪式在三溪镇文化活动中心举行，标志着三溪镇政府正式成为广东省非物质文化遗产传承基地（乐昌花鼓戏）。6 月至 8 月，文化馆工作人员到五山镇和平村普查非物质文化遗产“五山纸马”项目，对“五山纸马”项目进行文史文献、历史渊源等资料的收集整理、DVD 录制、项目申报片剪裁等各项工作，并进行第五批省级非遗项目代表性传承人（罗发玉）、韶关市第六批非物质文化遗产名录项目“五山纸马”的申报工作。9 月，该馆组织开展地方戏曲剧种普查工作，其中乐昌市花鼓戏艺术传承发展中心和乐昌市乐城街道办事处业余粤剧社被列为全国地方戏曲剧种普查项目。编辑出版《九峰山歌续集》。

【文化惠民】 1 月，市文化馆联合市文联、市书法协会开展“乐昌市书法家下基层送文化．送春联活动”，组织书法家下乡镇下基层为市民写春联、送祝福。4 月，组织志愿者服务队下基层开展“投身志愿服务·做新时代雷锋”“志愿服务——我参与，我奉献，我快乐”活动。“美丽中国梦·快乐乐昌人”志愿文化活动每月一场到福利院、敬老院、社区演出。组织节目参加乐昌市“全面两孩”政策暨“健康素养知识”宣传专题启动仪式演出，6 月，组织演出队开展乐昌市“全面两孩”政策暨“健康素养知识”宣传专题演出，该次演出遍及全市 17 个乡镇和 2 个办事处。6 月，开展 2016 年科技文化卫生“三下乡”科普活动，组织文艺演出并现场设置咨询台，为群众发放宣传手册和资料。

【文化志愿者活动】 市文化馆志愿者辅导队分 3 个小组，每个小组 3 人至 6 人，坚持每月 1 次至 2 次下基层辅导，每月辅导人数 1000 多人。2016 年，以“美丽中国梦·快乐乐昌人”为主题开展文化志愿者下基层辅导活动。文化志愿者下基层辅导形式多样，主要有大型舞蹈、乐昌花鼓戏、表演唱、渔鼓、小品、粤剧、广场舞、排舞、快板等。

（钟　志）

“全面两孩”政策暨“健康素养知识”宣传专题演出　　（钟　志　摄）

附：市文化馆领导班子成员名单

馆　长：周丽萍（女）

副馆长：欧伦彬（　—12 月）

　　　　李红坚（女）

档案和地方志

【概况】 乐昌市档案局（馆）位于市政府大院内，实行局、馆合一管理体制，属市政府直属参公管理事业单位。内设办公室、管理编研股、监督指导股和地方志办公室 4 个股室。人员定编 10 名，2016 年年末，在职人员 8 人。馆藏档案 116991 卷，30601 件；族谱 130 册，资料 9400 册；照片 3348 张（80 册），光盘 22 张；及字画、牌匾、旧印章等实物一批。

乐昌市档案馆于 1990 年 11 月评定为省二级目标管理达标单位，2007 年 12 月晋升为省一级目标管理达标单位。截至 2016 年年底，全市有档案综合管理达标单位国家二级 2 个、省特级 20 个、省一级 4 个、省二级 39 个。

年内，《乐昌年鉴（2013）》在全国地方志优秀成果（年鉴类）评比中，获评县区级综合年鉴三等奖。

【优化查档接待服务】 进一步完善档案利用工作

机制，指定专人做好现行文件接收整理、保管、提供利用等服务工作。全年接待前来查阅和利用档案资料及现行文件832人次，调阅档案1774卷、456件，调阅资料108册，现行文件87件，复印档案3567张。

【档案信息化建设】 开展馆藏纸质档案数字化扫描工作，2016年，完成全文数字化扫描508卷，56232页；完善档案信息网站建设，为外界了解档案和档案工作信息提供方便。

【档案业务指导】 规范档案整理服务，对从事档案整理业务的中介服务机构进行监督、指导，通过审定档案分类方案、文件材料归档范围与保管期限表，对档案整理质量进行前置把关；开展档案业务指导，及时协助各单位解决在档案业务活动过程中遇到问题和困难。

【馆舍日常管理工作】 严格执行《档案安全保管制度》《档案查（借）阅制度》等制度，定期对档案库房、资料库房、内部设施以及库存档案进行检查，发现问题及时解决，做好情况登记，确保档案安全。2016年，档案馆依法接收档案1823卷。

【《乐昌年鉴（2016）》编纂】 《乐昌年鉴（2016）》设30个篇目，共50.7万字，客观记录2015年乐昌市的大事要事，全面展示乐昌在转变经济发展方式、调整产业结构、深化改革开放、加快城市建设、改善人民生活、推进社会事业等方面的重大成就。该年鉴由市委、市政府主管、市地方志办公室组织实施、各承编单位共同参与编纂，于2016年9月由方志出版社公开出版发行。

【地方志资料年报】 2016年，市地方志办公室加强对全市地方志资料年报工作的指导、监督，明确资料年报报送时间及内容，要求全市各承编单位2017年年底前完成志书下限年2001年的资料年报报送工作。组织对年报资料审查验收与整理、汇编，指定专人、专室集中妥善保管年报资料。至年年底，完成全市94个承编单位2008—2015年度资料年报编写工作。

【旧志整理】 2016年，市地方志办公室组织人员对《乐昌县志》古籍的清康熙五年（1666）、康熙五十八年（1719）、同治八年（1869）、民国20年（1931）四套不同版本的古籍进行点注、勘校、整理重新出版。在修订过程中，为便于读者查阅，基本上将古文中的繁体、异体、通假字、错别字予以纠正、简化，改直排为横排形式。该旧志点注合订本于2016年12月出版。

【地情网站建设】 突出地方特色，以志书、年鉴为中心，以全面反映当地新闻、地情资源为主进行栏目信息更新。2016年，搜集入库现实地情信息534条。至年底，累计在网上发布文章1786条，图片151祯，包括《乐昌市志》2部、《乐昌年鉴》7部、地情资料2部，总访问量累计120万多人次。

【全市自然村落历史人文普查】 乐昌市自然村落历史人文普查工作于2016年3月启动，全市列入普查的自然村1921个。普查内容包括自然村的地理环境、历史沿革、民族、方言、风俗习惯、家谱族谱、宗教信仰、文物遗址、掌故传说、历史事件、人物等35项内容。计划2018年前完成普查工作并出版《全粤村情》（乐昌卷）。截至2016年年年底，全市村落调查基本完成，普查表完成1921个，录入村情数据库1921个，撰写村落概况文稿1800个，进入文稿总纂阶段。　（陈懿茜）

2016年3月4日，乐昌市自然村落历史人文普查工作动员会在市政府礼堂会议室召开　　（张春玲　摄）

附：市档案局（馆）领导班子成员名单

局（馆）长：周建明（　—10月）

　　　　　　李永忠（女，10月—　）

副局（馆）长：薛会祥
　　　　　　陈懿茜（女，1月— ，兼任市地方志办公室主任）

图书管理

【概况】　乐昌市图书馆位于乐昌城西竹林公园内，占地面积5400平方米，建筑面积2126平方米，是一座园林式图书馆。馆舍于1984年7月正式动工兴建，1986年4月建成并向社会开放。该馆有编制人员13人，2016年有工作人员12人，其中设馆长1人，副馆长2人，有本科学历4人，大专学历6人，中专高中2人。大专以上学历占职工人员83%。具有副高职称1人，中级职称2人，初级职称4人。乐昌市图书馆有阅览座位260个，设有文化信息资源共享工程乐昌支中心、流动图书馆、采编部、地方文献室、外借处、综合阅览室、少儿阅览室7个内设机构，每周开放时间为57小时，提供外借，阅览，参考咨询，视听等服务，举办讲座，培训，展览，读书等活动。2016年，乐昌市图书馆流通量为288100册（次），其中馆内阅览216468册（次），外借71632册（次），接待进馆读者91213人次，上网6286人次，外借办证508张；开展惠民活动4次，送书下乡80500册，举办展览4期，发表学术论文2篇，接待跟岗学习1次，制作宣传栏5期10版；购买新书3882册，订购报纸杂志226种。

【开展活动】　1月2日至15日，乐昌市图书馆在馆内一楼服务平台举办“在记忆中盛开——中国濒危野生动植物图片展”。2月2日至20日，以楹联拜年活动为主体的“同筑中国梦共度书香年”春节主题活动在市图书馆开展，此次活动由国家图书馆主办、中国图书馆学会协办、乐昌市图书馆承办。2月8日，由乐昌市文化广电新闻出版局主办，乐昌市图书馆承办的“乐昌市2016年新春灯谜游园活动”在职工文化广场举行，此次活动共写灯谜600条，参加游园的市民3000多人次。4月23日，由乐昌市新华书店和乐昌市图书馆主办，乐昌市美澳教育培训中心协办的“《我把成长还给你》交流座谈会”在市图书馆会议室举办。4月25日至26日，图书馆先后到长来镇、廊田镇开展岭南书香车送书下乡惠民活动。5月1日至15日，由国家图书馆主办、乐昌市图书馆承办的“聚力协作共推广继往开来绘蓝图——数字图书馆推广工程建设五年间”成果展在图书馆一楼大厅展出。展览分为“进无止境数字图书馆建设成果惠及全民”“开拓创新助力现代公共文化服务体系建设”“融合发展共谋‘十三五’建设新篇章”“蓄力生长各地数字图书馆百花竞放”四部分，集中展现“十二五”时期数字图书馆推广工程建设进展以及服务惠民成效。6月8日，制作两版端午节主题宣传栏，让来馆读者了解端午的由来和端午节的传统文化。7月6日至8月31日，在廉洁图书阅览专区开展党员干部廉洁读书活动，承办廉洁图书读后感征文活动。8月20日，在一楼展览厅举办第八、第九届“文津图书奖——世界读书日优秀图书推荐活动展览”。8月28日，乐昌市图书馆廉政网络“修身学堂”正式上线，“修身学堂”是该馆配合乐昌市第六届廉政读书月开展的活动之一。9月21日至23日，先后到坪石镇、庆云镇、黄圃镇、三溪镇开展岭南书香车送书下乡惠民活动。11月1日至3日，先后到梅花镇、沙坪镇、秀水镇、云岩镇开展岭南书香车送书下乡惠民活动。

【学术钻研】　4月，廖梅英的两篇论文《大数据背景下的图书馆管理探讨》和《互联网背景下的图书借阅管理探讨》，分别在《办公室业务》《新教育时代》刊发。11月22日，廖梅英通过图书档案文博系列中级专业技术资格。

【廉洁文化学习中心正式投入使用】　1月上旬，乐昌市廉洁教育基地——市民廉洁文化学习中心正式投入使用。廉洁文化学习中心是廉洁教育基地的重要组成部分，“廉洁书架”配备有反腐倡廉理论、党的政策法规、违纪违法案例剖析、廉洁小说、廉洁漫画、青少年廉洁教育、廉吏传以及可读性较强的纪实文学等勤政廉洁、诚实守信、传统美德方面的图书，廉洁文化学习中心与乐昌公共服务有机结合，构建“文化+公共服务”的新型廉洁文化教育模式，为全市党员干部和群众提供一个学习廉洁知识、接受廉洁教育、强化监督意识的良好平台。

（林　斌）

附：市图书馆领导班子成员名单

馆　长：罗启良

副馆长：林　斌　余少武

图书经营

【概况】　2010年，乐昌新华书店转企改制，撤销事业单位建制，注销事业单位法人登记，变更工商登记：乐昌市新华书店有限公司（国有独资有限公司，股东为乐昌市公共资产管理中心），净资产约800万元。2011年12月改制重组，变更工商登记：广东新华发行集团乐昌新华书店有限公司，重组后的乐昌新华书店有限公司为法人独资有限公司，是南方出版传媒股份有限公司105家子公司之一，于2016年2月上市，隶属广东新华发行集团股份有限公司，是广东省国有控股出版物发行龙头企业集团。

2016年，广东新华发行集团乐昌新华书店有限公司共有干部职工13人。设教材部（1人）和业务部（1人）2个部门；2间实体门店，一间坐落在乐昌市坪石镇步行街，经营面积200平方米，员工4人；另一间坐落在乐昌市解放西路30号（香花街），经营面积400平方米，员工5人。公司主要经营国内正版图书、国旗制品、文体用品、日用品、红酒等，并承担乐昌市中小学教材、教辅发行工作。

【企业荣誉】　2003年，公司荣获新闻出版总署颁发的“第二届服务三农全国图书大联展先进发行单位”称号；2006年，荣获新闻出版总署颁发的“第二届服务社会主义新农村建设出版发行先进集体”称号；2006年、2010年均被评为“乐昌市文明单位”；2012年被评为全省新华书店改革重组工作“先进单位”；2015年荣获全省新华书店“文明店堂”称号；2015年获得全省韶关地区教辅发行亚军。

【经营情况】　2016年，公司发行教材教辅共900万元，门店销售110万元，意大利红酒销售5万元，党政读物征订10万元，全年营业总收入770万元，利润189万元。

【活动开展情况】　联合乐昌市图书馆到长来镇开展下乡流动售书活动；“4·23”世界读书日，联合乐昌市中共市委宣传部、市文广新局、市教育局、团市委、市图书馆、广东教育出版社在书店门口举办“倡导全民阅读、建设书香乐昌”大型读书活动；联合广东教育出版社、乐昌小学、乐昌市图书馆举办韶关“麻辣鲜师”叶芊老师现场签售会3场；联合小星星培训班在乐城门店开展儿童文学作家“徐鲁老师”现场签售活动；“八一”建军节举办退伍军人“白航老师”进部队现场签售活动；9月，与意大利红酒供货商联合举办“2016新华书香·夜红酒品鉴会”大型活动；到乐昌二小、乐昌小学开展图书捐赠活动，乐昌新华书店共捐赠金额2万元。

（罗艳红）

附：乐昌新华书店领导班子成员名单

执行董事、总经理：罗艳红（女）

副总经理：梁全有

监　事：黄吉洪

社会生活

人力资源和社会保障

【概况】 2016年，乐昌市人力资源和社会保障局有干部职工77名，其中在职人员54名（含公务员编24人，参公管理5人，事业单位编制16人，两矿办工作人员4人，后勤服务人员5人），退休人员23人。局机关股室有办公室、就业促进股（市农民工工作领导小组办公室）、劳动关系股、专业技术人员管理股、职业能力建设股、社会保险股、培训股、事业单位人事管理股、劳动保障监察综合执法大队（信访投诉中心）、工资福利股、公务员办公室；直属有2个参公单位（人才工作管理办公室、劳动人事争议仲裁院）和1个事业单位（乐昌市就业服务管理局）。

【就业再就业】 2016年，全市城镇新增就业3247人，占全年3200人任务数的101.47%；完成城镇失业人员再就业3048人，占全年3000人任务数的101.6%；完成就业困难人员实现就业人数283人，占全年任务数101.07%。城镇登记失业率为2.48%，严格控制在3.2%以内。在就业人才网上建立就业创业宣传专栏，利用全市75个试点村居的电子显示屏进行宣传。大力开展就业创业工作，全年投入资金960多万元。

【重点群体就业创业】 2016年，共接收2016届高校毕业生1000人，其中离校未就业毕业生474人。跟踪帮扶已就业毕业生453人，就业率为95.56%。高校毕业生“三支一扶”工作管理信息系统登记在服务在岗大学生6人（均为支教岗位），服务期满的大学生62人。

【创业带动就业】 推进“大众创业、万众创新”，加大创业补贴和创业担保贷款贴息工作力度，促进创业164人，完成160人目标任务的102.5%，发放创业担保贷款和贴息114笔1659万元。

【公共服务】 全年举办春风行动、南粤春暖、组织企事业单位到省、韶关参加高校毕业生专场招聘会32场。对全市60家企业、9个村居、工业园等70个单位进行就业失业监测。开展送政策、送岗位、送技能的“三送”服务活动，将就业创业工作与精准扶贫工作相结合。在全市建立17个镇级人社服务平台，75个村居人社服务平台。

2016年2月15日，乐昌市人力资源和社会保障局和乐昌市总工会在市职工文化广场联合举办“乐昌市就业创业政策宣传月暨‘南粤春暖’企业用工招聘会”

（陈阶炎 摄）

【职业技能培训和技能鉴定工作】 联系市中等职业学校及文杰培训机构，落实省、韶关劳动力技能晋升补助政策。全年落实专项补助资金补贴857人，其中个人补78人、单位补贴779人。补助资金总计133万多元。全年完成培训任务759人，占任务数600人的126.5%。

【社会保障体系建设】 养老保险全市城乡居民养

老保险参保人数145055人，完成韶关市下达任务数141760人的102.32%；其中城镇职工基本养老保险（含离退休）69107人，完成韶关市下达目标任务数67100人的102.99%；企业职工基本养老保险参保人数37808人，完成韶关市下达目标任务37750人的100.15%。城镇职工基本养老保险征收27054万元，完成韶关市下达目标任务数20770万元的130.26%，企业职工基本养老保险征缴24465万元，完成韶关市下达任务20770万元的117.79%。

医疗保险　全市城乡基本医疗保险参保422583人，完成韶关市下达目标任务数389500人的108.49%；城镇职工参加医疗保险43017人，完成韶关市下达任务45300人的94.96%；城镇职工医疗保险征缴10498万元，完成韶关市下达目标任务9550万元的109.93%。

失业保险　全市失业保险参保人数20332人，完成韶关市下达目标任务20250人的100.4%；失业保险征缴515万元，完成韶关市下达目标任务410万元的125.61%。

工伤保险　全市工伤保险参保人数23501人，完成韶关市下达目标任务23950人的98.13%；工伤保险征缴574万元，完成韶关市下达目标任务545万元的105.32%。

生育保险　全市参加生育保险人数23709人，完成韶关市下达目标任务15500人的152.96%；生育保险征缴353万元，完成韶关市下达目标任务250万元的141.2%。

【技术人才队伍建设】　完成2016年专业技术资格管理工作，办理认定初级职称102人，审核评审资料285人份，其中高级职称127份、中级职称118份、初级职称40份。发放初级专业技术资格证7本，其中正常初级专业技术资格证6本、农村实用技术人才初级资格证1本。审核专业技术人员聘任197人次，续聘10人次。完成乐昌市中小学教师职称改革工作，完成中小学教师职称过渡3824人次，审核中小学教师职称评审材料201人份。

【公务员管理工作】　2016年，全市政府机关计划招录公务员159人，实际招录公务员146名（其中镇机关43名、市直机关47名、公安28名、司法3名、参公单位25名）。推进公安机关人民警察招录培养体制改革，实行分类招警工作。2016年招录28名人民警察（警校招录2名、综合管理职位招录15名、执法勤务职位招录6名、警务技术职位招录5名）。强化队伍考核培训，完成2016年度机关、事业单位工作人员的年度考核工作和奖励工作。

组织乡镇公务员40人到东莞进行对口培训；组织开展以“创新、协调、绿色、开放、共享”为主题的全市公务员全员培训，全市2422名公务员参加了培训；组织2015年新录用公务员95人开展初任培训。组织教育系统、卫生系统以及其他事业单位专业技术人员进行培训工作，举办培训班48期，参训人员6858人次。

【军转安置工作】　对企业退休军转干部人均发放解困金1045元/月，对失业下岗人员每人每月发放生活补助费1310元，把53名退休、下岗人员缴交医保金列入财政预算，将企业军转干部全部纳入医疗保险范围。春节和“八一”建军节召开企业军转干部座谈会，每人每次发放慰问金100元（全年共计发放1.52万元）。2016年安置2名退役士官。

【事业单位人事制度改革】　2016年，组织事业单位公开招聘考试6次（其中粤东西北地区乡镇事业单位专项招聘1次、省统一集中时间事业单位公开招聘1次、教育城区学校公开招聘1次、自主招聘1次、卫生城区医院招聘1次、面向大学生村官专项公开招聘1次），共79个事业单位提供212个岗位，拟向社会公开招聘事业单位工作人员285名，共招聘事业单位工作人员179名。

转发韶关市人社局《关于做好申报韶关市2016年度急需紧缺高层次人才引进计划的通知》，共申报引进54人（紧缺人才46人、高层次人才8人）。其中教育系统21人（紧缺人才），卫生系统20人（紧缺人才14人，高层次人才6人），农业系统6人（紧缺人才），企业7人（紧缺人才5人，高层次人才2人）。2016年9月，开展首次人才公寓申请工作，35名符合条件的人才获得公寓租赁资格。

【规范收入分配制度】 推进机关事业单位养老保险配套改革工作和建立健全职业年金制度。全市于2015年7月起执行兑现国办发〔2015〕3号文新的基本工资标准和增加离退休人员离退休费。

【构建和谐劳动关系】 全年受理投诉举报案件41件，涉及金额757.6万多元，结案38件，为劳动者追回劳动报酬614.6万多元，在规定办案期限内结案率达96%。开展解决农民工工资专项行动、清理整顿人力资源市场秩序专项行动、清理整顿人力资源市场秩序专项行动、社保执法检查、用人单位遵守劳动用工和社会保险法律法规情况专项检查工作。共检查全市各类用人单位114户，涉及劳动者1708人，其中农民工825人。8月，联合市地税局、社保分局、市场监督管理局、国税局、公安局开展社保专项执法检查，制作宣传横幅42条、大型广告牌3块、宣传栏3块，走访59家企业，发放《社会保险参保告知书》61份，发放《广东省企业职工养老保险宣传手册》10000份。办理涉劳资纠纷信访案件26件。每件均按规定答复，信访案件办结率100%。

仲裁院接到案件47宗，决定受理40宗，不予受理7宗。受理的案件涉及劳动者137人，案件涉及工资、经济补偿金、工伤待遇、年休假等方面，涉案金额300余万元。受理的40宗案件中调解结案8宗，撤诉5宗，裁决结案26宗，中止审理1宗，法定审限内结案率为98%。 （梁　健）

附：市人力资源和社会保障局领导班子成员名单

党组书记、局长：张超球（　—10月）

欧多纯（10月—　）

党组成员、副局长：江少波

邓秀英（女，　—6月）

吕秀莲（女）

党组成员：梁美霞（女）

社会保险和医疗保障

【概况】 韶关市社会保险服务管理局乐昌分局为正科级建制，参照公务员管理的公益一类事业单位，由韶关市社会保险服务管理局垂直管理，主要负责经办养老、失业、工伤、医疗、生育保险等业务。自1984年3月2日设立韶关市乐昌县社会劳动保险公司以来，前后经历六次组织变更。2014年1月起正式更名为现有名称。2016年年末，有干部职工45人（含临时工和坪石工作站），下设8个科（股）室：人秘股、社会保险关系股、养老失业保险待遇核发股、医疗工伤生育保险待遇核发股、城乡居民医疗保险待遇管理股、社会保险稽核监督股、计划财务股和机关事业养老保险股（2016年新成立）。

【推进机关事业单位养老保险制度改革】 2016年6月，分局增加2个编制开展机关事业单位养老保险工作；在专职部门尚未成立的情况下，抽调专人综合协调机关事业养老保险启动准备工作，配合市人社局数据中心及养老失业科开展信息系统测试工作。2016年12月，正式成立机关事业养老保险股。

【扩大异地就医定点医疗机构覆盖面】 严格执行逐级转院制度，对符合转院的住院申请，给予网上审批。截至2016年年底，乐昌市省内异地联网结算定点医疗机构增至275家，覆盖全省21个地市。

【定点门诊、定点零售药店】 2016年，分局新签订定点门诊、定点零售药店12家。组织新申请为医保定点医疗机构（零售药店）的法人代表（单位负责人）进行医保定点相关政策、协议条款、法律法规等方面的学习培训；明确服务范围，规范使用基金，合理医疗消费，重视协议的执行和违约的责任处理。

【降低失业保险费率】 2016年，按要求降低单位和个人的缴费负担，将失业保险费率从2%降至1%。

【机关事业单位生育保险】 自2016年2月起，乐昌市全体机关、企事业单位、社会团体、民办非企业团单位、基金会、律师事务所、会计师事务所等组织按照属地管理原则，要求单位全部职工参加生育保险、缴纳生育保险费。

【2016 年主要工作指标完成情况】 （见表，数据截至 2016 年 12 月 31 日）

乐昌市 2016 年主要工作指标完成情况一览表

险种名称		目标任务	已完成任务	完成任务（%）	备 注
企业养老保险	参保人数（人）	37750	37808	100. 15	领取待遇人数：34008 人，人均退休金：1980. 78 元/月
	基金收入（万元）	20770	24465	117. 79	
	基金支出（万元）	—	54969	—	
失业保险	参保人数（人）	20250	20332	100. 40	现在领取待遇人数 453 人
	基金收入（万元）	410	515	125. 61	
	基金支出（万元）	—	863	—	
医疗保险	参保人数（人）	45300	43017	94. 96	—
	基金收入（万元）	9550	10498	109. 93	
	基金支出（万元）	—	8704	—	
工伤保险	参保人数（人）	23950	23501	98. 13	领取工伤保险待遇 166 人次，其中发生工伤死亡 0 人次
	基金收入（万元）	545	574	105. 32	
	基金支出（万元）	—	218	—	
生育保险	参保人数（人）	15500	23709	152. 96	办理生育保险 322 人次
	基金收入（万元）	250	353	141. 20	
	基金支出（万元）	—	359	—	
城乡居民养老保险	参保人数（人）	141760	145055	102. 32	领取待遇人数：50436 人，人均领取待遇：116. 48 元/月
	基金收入（万元）	—	78008	105. 60	
	基金支出（万元）	—	5929	—	

（李露菲）

附：社会保险服务管理局乐昌分局领导班子成员名单

局长、书记：杜剑美

副局长、副书记：邓勇辉

副局长：廖厚金

主任科员：钟乐铭

民 政

【概况】 乐昌市民政局内设办公室、优抚安置股、救灾救济股、最低生活保障股、社会事务股、基层政权和区划股、财会审计股、婚姻登记处 8 个股室。行政编制数 20 名，2016 年在职人员 22 人

（含5名工勤人员）。有乐昌市老龄工作委员会办公室、乐昌市殡葬管理所、乐昌市社会福利院、乐昌市殡仪馆、乐昌市麒麟山陵园管理所5个下属单位。

【最低生活保障】 2016年，市民政局开展“阳光低保”行动，应保尽保、应退尽退，全市动态核查取消城乡低保2065户、2285人，新增城乡低保709户、1569人。城乡低保标准分别提高至每人每月485元、335元，月补差标准分别提高至418元、190元。全市共有4612户、8950人享受最低生活保障，全年累计支出低保金2792.72万元。

【“五保”供养】 2016年，乐昌市有17间敬老院，床位758张，入住敬老院的“五保”老人360人，敬老院工作人员62名。农“五保”、城镇“三无”人员供养标准提高至每人每月572元。“五保”供养对象1110人，累计支出“五保”供养费761.9万元。投入320万元对17座乡镇敬老院消防设施进行改造，社会福利院投入经费45万元，完善消防梯和室内外消防栓。

【医疗救助和临时救助】 形成“门诊救助、资助参保、住院救助、大病救助和临时医疗救助”五位一体的城乡医疗救助体系。2016年，支出医疗救助金311.9万元，救助1605人次。为9259名城乡低保对象、农村五保户购买2017年城乡居民基本医疗保险。对临时陷入困难的22户家庭进行临时救助，支出救助金8.5万元。

【社会救助】 2016年，救助各类流浪人员716人次，救助资金约170万元。其中，收治辖区各类严重精神病患者共157人次，医治费用约164万元。临时安置11人，费用5.2万元。落实孤儿和事实无人抚养儿童的救助工作，经民政局审核确定的事实无人抚养儿童203人，全年发放生活保障金56.7万元。提高集中和分散供养孤儿基本生活保障标准，月标准分别提高至1340元、820元，全年支出孤儿基本生活保障金125.7万元，惠及孤儿100人。

【救灾减灾】 2016年，乐昌市共发放救灾粮食约85吨、棉被1390张，约8000多名困难和受灾群众得到有效救助，50户全倒户如期搬进新居。全年共发放冬令春荒救助资金5.8万元。做好防灾减灾日宣传，依托乐城“大昌全国防灾减灾示范社区”开展大型防灾减灾演练活动。

【双拥优抚安置】 按时足额发放抚恤补助金，全年共发放各项抚恤补助金1200多万元，其中：发放义务兵家属优待金359.62万元，发放一次性安置补助金271.55万元。完成年度专业士官和退役士兵的接收安置工作，开展退役士兵免费职业技能培训。完善优抚对象医疗保障制度，将所有重点优抚对象纳入城镇居民和农村新型合作医疗范围，实行“一站式”结算，全年重点优抚对象医疗补助10多万元。做好优抚对象上门核查和退伍军人建档造册工作，共为3986名农村和城镇无单位的退伍军人建档造册。开展双拥创建工作，在春节和“八一”期间，市委、市政府组团走访慰问驻乐昌部队、驻韶关部队和重点优抚对象。

【婚姻和收养登记】 2016年，市民政局依法办理结婚登记3660对，离婚登记1172对，补领结婚登记676对，补领离婚登记85人，登记合格率达100%。做好婚姻档案规范化管理工作，2015年婚姻档案304卷，全部整理移交给档案局。启动婚姻登记场地改扩建工程项目。依法办理收养登记15宗。

【殡葬改革】 全面落实减免城乡居民殡葬基本服务费用工作，全市共火化遗体2533具（其中：本地火化1183具，外地火化1350具），减免城乡居民殡葬基本服务费用163.8万元，遗体火化率达100%。完善殡葬设施，共投入85万元用于殡葬设施建设，完成廊田镇和大源镇公益性生态公墓修建、坪石殡仪馆公益性骨灰楼建设、乐昌市殡仪馆和坪石殡仪馆火化炉维修等项目。组织乐昌市殡仪馆、坪石殡仪馆和麒麟山陵园管理所开展殡葬服务管理“三规范一推行”专项整治活动。开展殡葬宣传月活动，举办第二次殡仪馆公众开放日活动。

【边界管理】 完成湘粤线乐昌汝城段、乐昌宜章段行政区域边界联检工作。及时修复损坏的界桩，依法对界线实施有效管理，及时处理边界纠纷。全年勘定的行政区域界线没有发生争议，确保边界平安稳定。

【社会建设】 2016年，乐昌市新增14个社会组织。截至2016年年年底，全市有社会组织206个，其中：社会团体126个，民办非企业单位80个。做好社会组织年检工作和三证合一换证工作。配合市组织部做好2016年社会工作者职业水平考试工作，2016年全市共有80人通过社会工作者职业水平考试，乐昌市有社会工作者297名。

【老龄事业】 2016年，全市共有8806位80岁以上的老人享受政府高龄老人津贴，发放高龄津贴220.5万元。为4635位60岁以上老人办理发放老人优待证。实施“银龄安康”工程，全年为3.4万位老人购买或办理意外伤害综合保险，理赔55位老人意外摔伤死亡69万元，赔付137位老人意外摔伤17.4万元。抓好农村养老“幸福计划”（三溪镇车头园村居家养老中心、白石镇上黄村居家养老中心）试点项目，共投入资金106万元，全面竣工并投入使用。2015年中央专项彩票公益金申报的9个“幸福院”项目，于2016年上半年全部竣工。积极推进坪石区域性敬老院和市社会福利院老人公寓建设项目，2个项目在按计划实施。

【慈善事业】 组织开展“6·30”广东扶贫济困日活动，收到扶贫济困日捐款160万元，安排120.5万元到扶贫事业中。开展慈善助学兴教活动，2016年资助9名贫困大学生上大学，每名学生资助5000元。参加“韶关市首届慈善项目交流展示会”，获得“韶关市首届公益慈善项目交流展示会”纪念奖及“韶关市最美公益慈善摄影展微信评比活动”参与奖。

【地名普查】 2016年，全市19个乡镇（街道、办事处）完成全部纵向方向外业普查工作，共收录11个大类地名信息登记表5390条，登记355个地名标志、拍摄照片8877张，修测、标绘地名成果图340幅。对收集的资料进行审查、整理及录入普查作业平台，19个乡镇（街道、办事处）全部完成录入普查作业平台及第一版成果输出和数据库建库与入库工作。

【综治维稳】 2016年，市民政局共接待群众来访900多人次，办理信访件18件次，其中信访系统件11次。办理网民留言交办件20件，答复人大代表和政协委员建议2件。 （陈丽琼）

附：市民政局领导班子成员名单

局　长：欧多纯（　—10月）
　　　　陈嘉强（10月—　）
副局长：李翠芬（女）
　　　　欧志勇（　—5月）
　　　　李达源（　—8月）
　　　　骆云辉（5月—　）

2016年3月8日，全市民政工作会议在市府礼堂一楼会议室召开 （杨　娟　摄）

镇（街道、办事处）

乐城街道办事处

【概况】 乐城街道办事处位于市区河南武江河畔，于2003年7月，由乐城镇、河南镇合并组成。是乐昌市人民政府所在地。管辖原乐城、河南两镇11个居委会和16个村民委员会。所辖范围东与廊田镇相邻，南与长来镇相连，西与乳源县交界，北与北乡镇相接，地理位置优越。全街道建城区面积12.2平方千米，辖区总面积187.78平方千米，2016年年末，总人口127403人。全年实现农村经济总收入49758.58万元，同比增长5.6%，农村人均纯收入12530.43元，同比增长8.9%，财政总收入3135.38万元。境内有旅游景点古佛岩，有市（县）文物保护单位龟峰塔、文峰塔、西寺岩寺、伯陵堂、赵佗城遗址等。自然资源丰富，武江河贯穿而过，溪水众多，森林资源以松树、杉树为主，有国家一级保护植物——红豆杉和名贵植物——乐昌含笑。名优特农产品有张溪香芋、香葱、下西反季节蔬菜、塔头番茄、小洞毛茶、河南莲藕等，是乐昌市的重要“菜篮子”基地。

【社会事业发展】 2016年，乐城街道上半年纳入低保504户、872人；下半年纳入低保508户、877人。申报全倒户7户，完成重建5户。办理临时救济14人；大病医疗救助40人次；其他救济12人次；发放救济粮4吨。走访慰问军烈属62户、复退军人53人、重点稳控退伍军人4人，全年发放慰问金3万多元。办理义务兵家属优待金28户。全年办理残疾人城乡居民医保668人；办理残疾人生活津贴323人；办理重度残疾人护理补贴593人；办理贫困精神病人防治服药20人；办理残疾人机动车燃油补贴16人；发放轮椅7台；慰问贫困残疾人15人；办理残疾学生助学补助10人；视力残疾人居家电器受助33人；非农户籍残疾人居民养老参保172人。

【新时期精准扶贫精准脱贫工作】 经过精准识别，乐城街道16个村共有贫困户406户，贫困人口1038人，其中一般贫困户141户，人数491人；低保户233户，人数513人；“五保户”32户，人数35人。确定有劳动能力的一般贫困户129户，人数461人；有劳动能力的低保户71户，人数253人，每个贫困户均落实帮扶干部，实现一对一的精准对接，建立一户一册档案，因地制宜、因人而异制定帮扶三年规划和当年帮扶具体措施，精准施策，确保三年内有劳动能力的贫困户全部脱贫，符合政策的全部或部分丧失劳动能力的贫困户纳入低保稳定脱贫。2016年，乐城街道有190户、316人实现脱贫。

【招商引资】 2016年，乐城街道引进月坵葡萄酒庄和大洞野牛谷家庭农场2个招商项目。广东嘉宾葡萄酒业有限公司计划投资2亿元建成集葡萄种植、酿造葡萄酒、休闲观光旅游于一体的葡萄酒庄园；大洞野牛谷家庭农场计划投资额5000万元，占地133.33公顷。

【重点项目建设】 2016年，广乐高速引线至下西段全线完工；乐昌市乡道010线至省道248线公路改建工程和乡道623线乐昌至王坪路面大修工程全面完工；完成张溪高基坑水圳130米“三面光”维修工程；完成廊北水圳乐城长迳段6.7千米的维修改造工程；完成练塘西瓜地1600米的农田灌溉管道安装工程；整治炭洞水、西坑水等中小河流整治工程，整治长度9.28千米。10月27日，月坵葡萄酒庄奠基仪式在乐城街道月坵村举行。

【劳动和社会保障事业】 2016年，乐城街道完成城乡居民医疗保险续费42526人。完成2016年享受退休待遇人员的生存认证工作，参保续费12102人。完成就业困难人员认定2120人。发放就业困难人员社保补贴3521人次。完成发放征地农民养老保险19批次999人，发放金额487.36万元。完成社保扩面550人。

【农业农村工作】 2016年，举办5期600人次的农业科技培训班。全面推广优质品种，推广测土配方施肥技术、无公害蔬菜生产技术、反季节蔬菜栽培技术、水稻三控施肥技术、超级水稻栽培技术等。做好农机补贴工作，全年发放61户，25万元的农机补贴；种粮保险参保5525户，面积2186.18公顷；申请理赔的农户100户，涉及种植面积13.3公顷。完成水渠、水圳“三面光”141.3千米，完善机耕路35.4千米，修建水陂3座。

【土地确权工作】 2016年，集中举办2期200人次的土地确权工作培训班，分散举办培训班30多场（次），培训人员300人次。完成宣传培训、收集资料、摸底调查等多项工作，共收集调查资料5600多份。

【文化】 乐城街道城北社区组建“城北业余文艺团”；竹林社区组建舞蹈团队，太极拳队；练塘村委会有象棋队、排舞队；榴村、天井岗村、洪莲村、月坵村、下西村等村委会组建有醒狮队。举办道德讲堂，讲堂围绕学唱歌曲、学习模范、道德论坛、诵读经典和激发善心五个环节进行。

【卫生】 2016年，乐城街道负责清运16个村委会垃圾，由中航集团公司负责垃圾清运工作，乐城街道配合做好交接、垃圾桶发放工作，对16个村委会227个积存垃圾点垃圾进行清理。展开登革热防控工作，“四害”总体密度得到控制。

【计划生育】 2016年，乐城街道全年出生人口1347人，其中政策内出生1302人，计划生育率96.66%，出生率10.62%，死亡率为3.96‰，自然增长率6.66%。

【党建工作】 2016年，乐城街道各支部组织集中学习103次；开展集中讨论71次；党政领导班子到支部上党课56次；出版“两学一做”简报10期；撰写学习笔记2000多篇。

【大昌社区荣获全国和谐社区建设示范社区】 1月27日，乐城街道大昌社区举行“全国和谐社区建设示范社区”揭牌仪式，成为乐昌市首个获此殊荣的社区。大昌社区以党建为龙头，以服务群众为重点，以居民自治为方向，以维护稳定为基础，以文明建设为载体，在促进社区全面、协调和可持续发展等方面起到示范、引领、带动作用。曾先后获得“全国综合减灾示范社区”“广东省六好平安社区”“广东省地震安全示范社区”“韶关市粤北女职工文明岗”“乐昌市科普示范社区”等多项荣誉。

（钟智玮）

1月27日，乐城街道大昌社区举行“全国和谐社区建设示范社区”揭牌仪式 （叶小慧 摄）

附：乐城街道办事处领导班子成员名单

乐昌市委常委、党工委书记：万广平

党工委副书记、办事处主任：吴伟标（ —5月）

熊海泉（5月— ）

人大工委主任：李伟文（7月— ）

党工委副书记、综治信访维稳中心主任：刘伙生

（7 月— ）
党工委副书记：沈家和（ —7 月）
谭玖英（女，7 月— ）
党工委委员、人大工委副主任：张建志（ —7 月）
党工委委员、办事处副主任：张建志（7 月— ）
党工委委员：罗根源（ —7 月）
李分勤（女， —7 月）
谭玖英（女， —7 月）
邓少洪
卢祝优（女，7 月— ）
杨 秀（女，7 月— ）
党工委委员、纪工委书记：何相兵
党工委委员、武装部部长：刘伙生（ —7 月）
罗 荣（7 月— ）
党工委委员、综治信访维稳中心副主任：曾 硕（7 月— ）
办事处副主任：梁志雄（ —7 月）
唐良庆（ —7 月）
卢祝优（女， —7 月）
罗根源（7 月— ）
李分勤（女，7 月— ）

2016 年乐昌市乐城街道办事处主要社会经济指标一览表

指 标	单位	数量	指标	单位	数 量
农林牧渔及服务总产值（当年价）万元	万元	—	生猪存栏量	头	19828
工业总产值	万元	—	水果总产量	吨	3805
固定资产投资	万元	5127	中学	所	2
招商引资实际投入	万元	328	小学	所	6
财政收入	万元	3135. 38	中小学在校生	人	10388
农民人均纯收入	元	12530. 43	中小学在职教师	人	531
粮食总产量	吨	13077	水泥公路	千米	10. 69

2016 年乐昌市乐城街道办事处村（居）委会基本情况一览表

序号	村（居）	书记	主任	村民小组（个）	居民小组（个）	总户数（户）	总人口（人）	集体经济纯收入（万元）
1	榴村	李彩文	李彩文	7	—	416	2000	1028
2	练塘	钟贵昌	钟贵昌	2	—	285	1380	9
3	大木丘	李平华	李坤平	6	—	355	1677	8. 2
4	长迳	江观华	江观华	5	—	210	959	13
5	西联	邓炎俊	邓炎俊	9	—	670	2720	13. 5
6	附城	温良华	温良华	8	—	720	2929	42

序号	村（居）	书记	主任	村民小组（个）	居民小组（个）	总户数（户）	总人口（人）	集体经济纯收入（万元）
7	河南	余东明	余东明	10	—	653	2216	651
8	张溪	李新保	李新保	16	—	485	2149	16.5
9	塔头	胡金才	谢永明	9	—	351	1548	2.8
10	洪莲	付桥明	沈保林	11	—	582	2427	4.7
11	天井岗	丘英学	丘英学	10	—	402	1921	4
12	下西	沈孝强	沈孝强	15	—	715	3064	36
13	月丘	王良英	王良英	14	—	633	2803	4.2
14	王坪	吴宗明	吴宗明	10	—	258	1203	10
15	大洞	郑荣珍	郑荣珍	10	—	225	1086	38
16	小洞	陈良有	陈良军	18	—	273	1434	3
17	先锋	欧翠媚	欧翠媚	—	11	2446	6191	—
18	大昌	黄艳红	黄艳红	—	15	6320	14460	—
19	新村	孔彩贞	孔彩贞	—	9	3705	7368	—
20	府前	邝卫鹤	邝卫鹤	—	8	2843	11347	—
21	城南	童国景	童国景	—	5	384	1667	—
22	城北	何应忠	何应忠	—	15	2907	11931	—
23	竹林	陈阳海	陈阳海	—	4	1583	6282	—
24	城东	饶魁新	饶魁新	—	14	3405	12037	—
25	站前	黄立红	黄立红	—	14	2382	9300	—
26	花明	罗桥发	罗桥发	—	11	2976	7099	—
27	红岭	欧翠迎	欧翠迎	—	11	2346	8205	—

长来镇

【概况】 长来镇位于乐昌市南面，东邻廊田镇，南与乳源县桂头镇交界，西和北与乐城办事处接壤，距县城7千米，属粤北山区丘陵平原地带，地处乐昌盆地南部。全镇总面积116.5平方千米，其中山岭面积6000公顷、耕地面积1493公顷（水田1133公顷）。明代、清初属灵口乡，清代中叶改为南乡，民国时期为乐昌县三区，1949年10月19日解放，1950年建政，成立第二区政府，1958年成立人民公社，1982年改“长埆”为“长来”，1983年改区公所，1986年8月成立镇人民政府至今。全镇下辖长来街社区1个居委会，长来、昌山、大赛、安口、和村、东边、金竹山、罗村、水口、前溪、上坪和灵口12个村委会，56个自然村，总户数6410户，户籍总人口25000人（常住人口18960人），人口自然增长率8.47‰。全年造林153.33公顷，森林覆盖率86%以上。2016年，全镇工农业总产值47972万元，比上年增长4.3%；财政总收入1716.15万元，比上年增长3.2%；农村经济总收入46542万元，比上年增长4.4%；农村人均纯收入12080元，比上年增长8%。城乡居民参加合作医疗21178人，农村人口参合率100%。

【农业和农村工作】 2016年，农作物总播种面积4028公顷，优质水稻1629公顷，台湾甜玉米206公顷，花生292公顷、南方大豆72公顷、黄烟24.7公顷，反季节蔬菜205.5公顷，香芋125公顷，水果280公顷，鸡出栏5.98万只、良种肉猪出栏1.68万头。全镇1733.33公顷水稻（两造）实现机播机收。农村土地承包经营确权工作有序开展。罗村硫铁矿整治一期工程完工，二期工程完成70%，确保农田近40公顷。

【综治维稳】 2016年，长来镇综治信访维稳中心受理群众信访函32宗，调处32宗，调处4宗来人来访的矛盾，调处完成率100%。全镇未出现集体上访、越级上访事件。排查登记精神病患者106人。全镇12个村、1个社区均完成平安村（居）创建工作。支持配合公安机关和政法部门开展的"严打"斗争和专项治理活动，截至2016年11月底，全镇立案刑事案件87宗，破案39宗，治安案件106宗，调处71宗，没有发生恶性刑事案件和特别重大案（事）件或恐怖袭击案件。

【新时期精准扶贫精准脱贫工作】 全镇12个村委会，省级贫困村和村由广东省政府办公厅对口帮扶。乐昌市驻长来镇扶贫工作组由乐昌市交通局、统战部、编办、审计局四个单位组成，组长单位是交通局，四个单位和长来镇政府一起帮扶长来镇11个村面上分散的贫困户。2016年对全镇352户、912人进行对口帮扶，发放首批帮扶生产资料化肥382包，帮助147户、477人购买合作医疗和新农保。长来镇扶贫工作组、长来镇政府慰问贫困户318户。

2016年，省政府办公厅为和村落实帮扶资金648.877万元。其中：建设和村户户通自来水项目302.73万元，解决465户农户的饮水安全问题；投入120.28万元改造电网；投入96.74万元改造和村公共服务站和维修村委会楼面及办公室天面；投入68.78万元，在溪头洞公路（即"最美乡村公路"）和村段沿线及和村（共4个村小组）道路主干道安装152盏路灯；自筹资金35.905万元发展种植业、养殖业，进行养猪、养鸡及养殖场建设，成立和村和信果蔬专业合作社种植无公害蔬菜、沙梨等。慰问贫困户34户。

【发展特色产业】 成立专业合作社，巩固科技示范点建设成果，抓住扶贫开发工作机遇，抓好特色农业项目的示范点。发展罗村柑橘示范基地120公顷、特色反季节无公害蔬菜和花卉种苗场；前溪村种植香芋124公顷、兰花基地16.66公顷、大棚蔬菜基地2.53公顷；灵口村种植黄烟24.7公顷和地膜西瓜35公顷；和村种植无公害蔬菜67公顷、沙梨13.33公顷；安口和上坪村种植反季节蔬菜74公顷；东边村种植马蹄33.33公顷；建成金竹山蔬菜深加工工厂。继续发展安口村"松子鸡"鸡场等特色农业示范生产项目，"温氏"生猪养殖取得较好经济效益。

和村连片菜场　　（长来镇　供）

【民营经济】 全镇民营企业38家，年度总产值9060多万元。具有代表性的民营企业有粤佳生态猪场、意和水泥厂、功利水泥厂等。德利菜场规模67公顷，年纯利润100万元；前溪香芋基地规模124公顷；水头溪电站和新坡电站，装机容量分别为

1000 千瓦和 500 千瓦。

【镇区建设】 开展创建卫生镇“八大行动”，整治街道“脏、乱、差”，改善城镇面貌。在镇健身广场新修建完成一个群众舞台，并建有吊挂机械，可安装灯光设备。

【农村农业基础设施建设】 2016 年，长来镇维修和村五汪至河堤、灵口坝河堤等 2.5 千米，维修 6 个陂头和 3 座便桥，改造灵口、大赛、安口村共 173.33 公顷高标农田灌溉系统，增强农业生产抗洪防旱能力；硬化罗村、昌山、大赛村道、巷道，共计 10 千米。

【教育】 全镇有中心小学 1 所，有前溪和和村 2 个分教点，1 所中心幼儿园，2 所民办幼儿园，小学教职工 102 人，小学生 1662 人。中学 1 间，为长来中学（初中），中学教职工 74 人，中学生 579 人。全镇适龄儿童入学率 100%。及时为困难家庭学生 956 人发放生活补助，引导督促流失学生、辍学学生返校继续就读，在校生巩固率为 100%。2016 年，长来镇通过省教育强镇复评验收。

【文化】 全镇有标准“农家书屋”12 间，藏书 4.5 万多册，村级标准篮球场 18 个，初步建成 13 个村（社区）公共电子阅览室。截至 2016 年年底，全镇有篮球队 1 个、广场舞团队 5 个、农民醒狮队 5 个。长来、安口、灵口、罗村、水口、前溪等 6 个建制村全部村小组，大赛、和村、上坪 3 个建制村部分村小组有“过会”的传统习俗（也称糍粑节），各村“过会”日期不相同。过会前一天，出嫁女、外出打工子女回来当晚，一家人一起做鸡蛋糍，叙久别亲情。“过会”当日，亲朋好友前来祝贺，主人先拿出糍粑让客人品尝，午饭时以各菜式招待；饭后当客人离去，主人给一袋糍粑让客人带回给家人品尝。

【卫生】 全镇有 15 间卫生站，其中甲级站 5 间，集体办证率 100%。实现全镇（村）居民有安全卫生水饮用，引用自来水人数占全镇农村总人口数 78%；农村居民卫生厕所占户厕数 91%，实现无害化厕所占总数 85%；食品卫生生产经营单位公共场所 28 间，体检办证率 100%。新生儿建卡数 265 人，建卡率 100%，各类疫苗接种率 98.2%；产妇数 226 人，住院分娩率 100%，0～5 岁儿童总数 1268 人，系统管理率 98.79%，孕产妇死亡率 0%。建立健康档案 15793 人，其中 65 岁以上的 1722 人。

【计划生育】 2016 年，全镇出生人口 359 人，出生率 13.89‰，自然增长率为 8.47‰，计划生育率 96.66%。长来镇计划生育从“二类地区管理目标”镇提升到“一类地区管理目标”镇。

【生态旅游】 长来镇早在新石器时代便有人类生活，境内有著名的新石器时代园岭遗址。唐代时期，长来出产的灵溪春酒，为岭南两大名酒之一，因被纳为朝廷贡品而扬名天下。长来古时亦称南乡，因师爷出名而有“南乡的笔头”之美誉。2012 年和村五汪谭氏宗祠被省列为文物保护单位；安口的“张氏三公祠”是该镇目前保留较为完整的古建筑祠堂之一，具有中国民间传统祠堂建筑特色，宏伟庄重。传统特色节日“过会（糍粑节）”、乐溪谷油菜花和无公害蔬菜是长来一大特色。

【地方特产】 长来镇主要地方特产有前溪村香芋、大棚西瓜、草莓、无公害蔬菜、安口“松子鸡”、“松子鸡”鸡蛋、灵口地膜西瓜、和村无公害蔬菜、鸡蛋糍粑等。其中，前溪村香芋通过广东省“一乡一品”议案。

【党建工作】 2016 年，长来镇党员总数 822 名，党支部 25 个，发展新党员 13 名，培养入党积极分子 25 人。全镇 13 个村（居）重新选举村务监督委员会，解决村“两委”干部不作为、乱作为的问题。2016 年，对全镇 11 个机关党支部进行换届。长来镇政府筹集资金投入 10 多万元（其中长来镇扶贫工作组支持资金 6.5 万元）对软弱涣散党组织长来村功能区进行改造。

【社会主义新农村建设】 昌山村改造工程（二期）按照进度要求，投入62万多元完成地面平整、挡土墙、边沟等建设。2016年结合卫生村、卫生镇创建工作，新设垃圾收集点20个，发放垃圾桶351个，以政府购买社会服务的方式全面推行农村垃圾集中转运处理。（杨丽芬）

附：长来镇领导班子成员名单

党委书记：肖永剑（ —5月）
　　　　　朱新玉（女，5月— ）
镇　长：朱新玉（女， —5月）
　　　　邹方球（9月— ）
人大主席：肖永剑（ —5月）
　　　　　王土根（9月— ）
党委副书记、综治信访维稳中心主任：
　　　　　黄　彪（ —7月）
　　　　　张云山（7月— ）
党委副书记：邝积刚（7月— ）
党委委员、副镇长：肖正国（9月— ）
党委委员、武装部部长：王忠俊（ —7月）
　　　　　雷春红（7月— ）
党委委员、纪委书记：张丽娟（女，7月— ）
党委委员、宣传委员：何次英（女，7月— ）
党委委员、组织委员：曹淑娟（女，7月— ）
副镇长：黄　岚（女， —7月）
　　　　王金红（女， —7月）
　　　　王忠俊（9月— ）
　　　　杨新荣（9月— ）
党委委员、人大副主席：罗银福（ —7月）

2016年乐昌市长来镇主要社会经济指标一览表

指　标	单位	数量	指标	单位	数　量
农林牧渔及服务业总产值（当年价）	万元	28783	生猪存栏量	头	13800
工业总产值（当年价）	万元	5800	水果总产量	吨	5578
固定资产投资	万元	2600	中学	所	1
招商引资实际投入	万元	1600	小学	所	1
财政收入	万元	1716	中小学在校生	人	2241
农民人均纯收入	元	12080	中小学在职教师	人	176
粮食总产量	吨	12834	水泥公路	千米	0

2016年乐昌市长来镇村（居委会）基本情况一览表

序号	村（居委会）	书记	主任	村民小组（个）	总户数（户）	总人口（人）	集体经济纯收入（万元）	农民人均纯收入（元）
1	长来街社区居委会	龚东阳	龚东阳	—	962	2795	—	—
2	长来村委会	龚荣祥	龚庆干	5	732	3190	10	12189
3	昌山村委会	黄寿文	余鑫强	10	238	860	10	12662

序号	村（居委会）	书记	主任	村民小组（个）	总户数（户）	总人口（人）	集体经济纯收入（万元）	农民人均纯收入（元）
4	大赛村委会	张细英	张细英	4	263	1068	8.5	12521
5	安口村委会	王志奇	张鉴尧	9	481	2092	10	12036
6	东边村委会	龚国连	张永强	3	375	1468	8	12302
7	和村村委会	肖锦凤	肖锦凤	4	465	2063	6	12822
8	灵口村委会	余志华	余志华	8	515	2203	9	11874
9	金竹山村委会	张国才	张国才	5	373	1690	7	11917
10	罗村村委会	李龙辉	李龙辉	2	462	1986	19.8	11646
11	水口村委会	沈可能	沈可能	5	437	1698	7	11419
12	前溪村委会	张志勤	张志勤	10	754	3503	11	11886
13	上坪村委会	杨明星	杨明星	5	232	1005	7	12438

北乡镇

【概况】 北乡镇位于乐城北面，全镇总面积93.6平方千米，山岭面积7266.6公顷，水田面积1113.3公顷。辖茅坪、东红、上丛、新村、黄坌、前村、上西坑7个汉族村民委员会和下西坑1个瑶族村民委员会，共85个自然村，有居民4260户，人口16038人，其中瑶族652人。2016年，全镇农村经济总收入40332万元，比上年增长17%；农村人均纯收入12901元，比上年增长6.6%；全镇财政一般预算收入908万元，同比增长9.49%。固定资产投资733万元。

北乡素有“马蹄之乡”美称，马蹄是北乡镇特色农业产业，也是农村经济支柱产业，占农民总收入70%。2009年5月，被国家评定为原产地理标志保护产品；2011年3月，获得绿色食品认证。发展腊味特色产业，通过扶持腊味深加工企业、注册“北乡腊味”商标等措施，打造北乡腊味品牌。

2016年，北乡镇黄坌村党总支荣获“全省先进基层党组织”称号。

【造林绿化】 截至2016年年底，北乡镇总林地7200公顷，造林绿化188.6公顷，绿化覆盖率98%，中幼林抚育573.3公顷，生态公益林2000公顷。

【社会主义新农村建设】 2016年，投资60万元开展卫生镇创建工作。在圩坪市场开展整治卫生环境行动，完善基础设施建设，改善镇区的卫生条件及居住环境，惠及3000余人。投资493万元盘活原水泥二、三厂、冶炼厂土地，硬化鹅湾公路3千米长，惠及群众4000余人。投入3000万元整治西坑河流域9千米，受益面积800公顷，惠及群众15000人。投资2110万元完成北乡片灌溉渠道“三面光”工程，改善农田灌溉条件，推进农村机械化发展。

【精准扶贫】 2016年，全镇共识别贫困户250户、639人，其中一般贫困户78户、233人；低保贫困户128户、361人；“五保”贫困户44户、45人；危房改造户37户。通过实施精准扶贫、精准脱贫，因村因户施策，提高扶贫实效。

【特色农业工作】 依托万亩产业种植基地，全面推广马蹄组培苗和香芋新品种及科学种植技术，打造“一乡一品”特色农业工程。走产业化、科技化、组织化发展路子，促进农业增效、农民增收。大力发展蔬菜产业，增强农业后劲发展。利用北乡镇自然气候优势发展腊味产业。

【兰花基地建设】 2016 年，乐昌市九福园林兰花有限公司进驻北乡镇，计划投资 2000 万元在北乡镇打造一个集兰花种植、销售、观光旅游以及廉政教育为一体的兰花主题公园，至年年底，完成第一期工程投资约 500 万元，拟投入 890 万元建设第二期工程。

【“两违”整治】 联合市公安局、市国土资源局和市住建局组成联合执法队伍，对辖区内的 9 宗填埋农田建房的违法行为进行整治。共清理农田保护区内违法填埋田块 2820 平方米，清理土石方 5100 多立方米。

【党建工作】 2016 年，完成直属机关党支部、北乡镇学校党支部、卫生院党支部、林业站党支部 4 个党支部的换届工作。年内，发展党员 8 名，其中大学学历党员 4 名，年轻党员 5 名，女性党员 2 名。选取黄坌村和新村作为党建工作示范点，从工作纪律、资料归档等方面进行规范化建设，起到带头示范作用。

（邓庆华　黄旭昶）

附：北乡镇领导班子成员名单

党委书记、人大主席：华癸莲（女，　—5 月）
党委书记：谭　辉（5 月—　）
党委副书记、镇长：邓继润
人大主席：陈永英（女，9 月—　）
党委副书记：陈昌泉
　　　　　扶春莲（女，7 月—　）
党委委员、副镇长：白新朝（9 月—　）
党委委员、人大副主席：张相华（　—7 月）
党委委员、纪委书记：扶春莲（女，　—7 月）
党委委员：黄辉明（　—7 月）
　　　　　邝积刚（　—7 月）
　　　　　何　勖（女，　—7 月）
　　　　　张国梁（7 月—　）
　　　　　薛旭军（7 月—　）
　　　　　邓庆华（7 月—　）
　　　　　骆志为（女，7 月—　）
党委委员、武装部部长：肖锦琦（　—7 月）
副镇长：邱远东
　　　　杨　秀（女，　—7 月）
　　　　温则东（　—7 月）
　　　　唐静娴（女，7 月—　）

2016 年乐昌市北乡镇主要社会经济指标一览表

指　　标	单位	数量	指标	单位	数　量
农林牧渔及服务业总产值（当年价）	万元	35933	生猪存栏量	头	10795
工业总产值（当年价）	万元	4379	水果总产量	吨	5952. 4
固定资产投资	万元	733	中学	所	1
招商引资实际投入	万元	—	小学	所	1
财政收入	万元	908	中小学在校生	人	900
农民人均纯收入	元	12901	中小学在职教师	人	104
粮食总产量	吨	6512. 7	水泥公路	千米	101

2016 年乐昌市北乡镇村委会基本情况一览表

序号	村委会	书记	主任	村民小组（个）	总户数（户）	总人口（人）	集体经济纯收入（万元）	农民人均纯收入（元）
1	上丛村委会	邓光财	邓光财	10	831	3213	8.3	13321
2	前村村委会	赵根福	赵根福	14	677	2527	9.55	12611
3	上西坑村委会	沈寿良	沈寿良	6	167	780	9.1	12017
4	下西坑村委会	盘永明	盘永明	6	225	864	10.5	12125
5	茅坪村委会	李泽建	李泽建	12	782	2320	14.68	13062
6	东红村委会	龚荣球	龚荣球	6	217	791	7.8	13446
7	黄坌村委会	谭堂顺	李校森	14	763	2612	10.55	12651
8	新村村委会	谢业文	谢业文	18	723	2785	9.9	13053

廊田镇

【概况】 廊田镇位于乐昌市东部，北纬 25 度，东经 113 度，距市区 13 千米，省道 345 线和 247 线贯穿境内，与仁化县、浈江区、乐昌市乐城街道、五山镇、长来镇、北乡镇等相连，素有“粤北粮仓”之美称，是粤北地区 2 省 2 县 7 镇的农产品流通集散地。廊田镇属于亚热带气候，年平均气温 20.3℃，年均降水量在 1500～1800 毫米之间。全镇总面积 147 平方千米，林地面积约 1 万公顷，耕地面积 2194 公顷。辖 17 个建制村和 1 个居委会，263 个村民小组、5 个居民小组，共 169 个自然村，总人口 3.7 万人。

廊田历史悠久，隋代以前已有先民居住，唐代以灵溪酒闻名天下，明代设高胜巡检司，宋至清同治年间设辛陂乡，清末置东乡，民国 18 年（1929）改东乡为第二区，新中国成立后设第三区，1955 年 8 月第三区易名为廊田区，1958 年 12 月成立廊田人民公社，1983 年 10 月复置廊田区，1987 年 1 月设廊田镇至今。廊田山川毓秀，人才辈出。北宋时，有号称草堂二夫子，登进士任州官的李勃、李岩兄弟，明有进士邓颙、领乡荐邓瑗、邓球等人。宋至清代，有进士、贡生、监生、举人、生员一批。近代涌现张义诚、卢炳贵、杨彪、曾元才、谭新华、余席福、黄应环、陈事平、吴强、黄焕文等一批为革命英勇献身的先进人物。

廊田是广东省首批划定的中心镇之一，2015 年被评为广东省宜居示范城镇；2016 年成功创建韶关市卫生镇。镇内设有公安、工商、税务、供销、信用合作社、供电、邮政、电信等职能部门的分支机构。全镇实现了村村通公路，村村通电话、通电、通水、通卫星电视。交通运输、商贸、饮食服务、保险业、中介服务、电信服务等较为齐全。有九年一贯制中心学校 1 所、教学点 7 个，有公办幼儿园 1 所、民办幼儿园 3 所。

2016 年，全镇工农业生产总值达 9.5 亿元，同比增长 8%；完成财政收入 2267 万元，同比增长 16%；农民人均纯收入 12647 元，同比增长 7.26%。

【农业和农村工作】 2016 年，廊田镇以专业合作社为龙头，大力发展特色农业、规模农业，推进农业产业化，优质稻产量连年增长，沙糖橘、四季葱、香芋、马蹄等经济作物形成规模。2016 年共种植优质稻 3300 多公顷（复种面积），其中以“银粘”“美香粘”“台香粘”“宜香 10 号”“超级稻五优 308”水稻品种为主，是省内外畅销的优质农产品。全年出栏肉猪 26000 多头，存栏肉猪 16000 多头。全市农业工作现场会在廊田召开，农业工作经验得到上级肯定。土地确权工作在全镇17个行政村铺开，基本完成资料收集，完成80%的指界任务。韶关市解决承包地细碎化问题改革试点现场观摩考察会在白平村、平富村召开。2016年全镇购买农业机械117台，补贴36.43万元，农业生产机械化装备水平和作业水平进一步提高。

2016年11月21日，韶关市解决承包地细碎化问题改革试点现场观摩考察会在乐昌市廊田镇召开（陈晓明　摄）

【综治维稳】　举办多场普法宣传和法制讲座活动，开展“七五”普法工作和创建法制镇，全面推进平安创建，狠抓矛盾纠纷排查化解。2016年，镇综治中心共受理各类矛盾纠纷案件18宗，成功调处18宗；成功调处往年案件1宗。受理信访事项8宗，办结6宗，同比下降30%，其他各项指标均比往年进一步减少。

【新时期精准扶贫精准脱贫工作】　全镇有6个相对贫困村、11个非贫困村共有贫困户479户1338人。4月底开始，各帮扶单位陆续开展帮扶对接工作。6月初对贫困户名单进行民主评议并公示，保质保量录入和更新信息数据。完成帮扶总规划和年度帮扶计划。在镇村主要路口悬挂宣传横幅10余条，竖立大型宣传牌12块，发放知识小册子1300余份，印发宣传卡5000份。通过产业帮扶、教育资助、就业培训、社会兜底、危房改造、金融扶持等方式，全年共投入各级扶贫资金1200多万元，207户440人脱贫，占贫困户总数的32.52%。

【发展特色产业】　以特色产品为依托，以农民专业合作社为龙头，大力推广新型农技，提高超级稻、优质稻种植技术。在东庄村委九思坪村、马屋村委白马寨村完成粮食创高产活动，其中九思坪村面积20公顷，亩产624千克，全省排名第二；土壤肥料肥效、花生高产栽培、控湿肥料、早春辣椒高产栽培等一系列的试验为全镇农业生产提供良好的经验积累。形成“银黏”“美香黏”“台香黏”“宜香10号”“超级稻五优308”等优质水稻主打品种，不断提高“廊田优质米”“廊田香米”品牌知名度。各种经济作物形成规模，其中种植甘蔗近26.7公顷，香芋、马蹄和地膜花生各200多公顷，蔬菜近1334公顷。

【民营经济】　2016年，全镇有个体户508家，其中有餐饮30家，食品批发零售70家，药品经营12家；民营企业165家，主要从事水力发电、农业生产服务、石英砂、电子、木材、纺织加工以及教育等行业，其中有农民专业合作社46家从事农产品种养、加工、流通等。2016年，全镇个体、独资、私营等企业税收达70多万元，其中营业税30多万元。

【招商引资】　引进发展现代化专业养牛的乐昌市凤凰山专业合作社到廊田投资兴建养牛场。规划用地13.3公顷，投资600万元的一期工程动工建设。位于留石岗的鸿翼新型材料科技有限公司在建设中。

【镇区建设】　加快《廊田镇中心镇总体规划》修编和《廊田镇区控制性详细规划》编制，截至2016年年年底，该项工作基本完成。先后投入资金100多万元专项用于创卫工作。建成宣传栏10余个、灯箱40余面，对街道进行改造和硬化，完成信用社、供电局至市场以及市场内巷道硬化、府前路和农贸市场排污渠道整治、镇区公厕翻修改建等工程。完成廊田、马屋两个卫生村建设，2016年通过检查，被评为韶关市卫生镇。占地4200平方米，建筑面积1.8万平方米的廊裕花园基本建成，桥东路两侧丽湾华府商住楼开发项目第一期住宅楼封顶。投入资金32.8万元用于敬老院建设，完成敬老院消防改造项目，并交付使用。

【农业农村基础设施建设】 强化交通设施建设，跟进省道345线乐昌工业园至廊田镇农民东街路段路面改造项目；建成投资10多万元的白山村、葫芦坪村两座涵洞；投资35万元硬化公路；完成羊古田至大坪旅游公路工程可行性研究报告，廊田至白水寨的工程可行性报告在调研中。包括龙山水、岩前水、楼下水总长16.923千米，总投资2260.21万元的中小河流整治工程完成总工程量的60%左右。总投资2000万元的农业综合开发灌溉渠“三面光”项目在沙洲、岩前等村有序推进。41套危房改造任务全面完成。

【农村合作医疗】 全镇2016年城乡居民医疗保险缴费任务数为31574人，完成30626人，完成率97%。

【教育】 完善《廊田镇奖教奖学实施方案》，对教育教学进行量化考核，形成长效激励机制，调动教师队伍积极性，提高教育教学质量。2016年，全镇中小学在校学生3372人，在职教师211人；辍学率控制在1.5%范围内，廊田中心学校中学部在全市教育教学质量综合排名15名。

【文化】 镇文化站积极鼓励农村妇女参加排舞活动。截至2016年年底，有廊田社区、平富、寨头、王屋、楼下等村（社区）成立10余支排舞队，平富村建有群众舞台1座。“三八”期间，镇妇联、文化站联合组织全镇排舞会演，掀起排舞活动热潮。在乐昌市第十四届运动会期间，组织参加排舞表演赛。

【卫生】 2016年新增居民健康档案3000多份，登记管理65岁及以上老年人1065人，中医保健指导886人，慢性病管理登记管理并提供随访高血压患者为608人，登记管理并提供随访的糖尿病患者183人，并按要求录入居民电子健康档案系统；联合综治办、派出所、卫生院以及各村（居）委进行全镇精神病病人的排查，全年建档182人，在档管理153人。举办各类知识讲座和健康咨询活动9次，发放各类宣传材料，更换宣传栏内容。进一步加强传染病报告与处理、儿童预防接种、孕产妇健康、结核病防治等工作。投资600万元的廊田卫生院住院大楼开工建设。

【计划生育】 2016年全镇出生578人，计划生育率为96.54%，男女性别比为107.17：100。户籍人口死亡283人，死亡率为7.32‰，人口自然增长率为7.63‰。

【地方特产】 农产品有“银黏”“美香黏”“台香黏”“宜香10号”和“超级稻五优308”水稻品种。经济作物有沙糖橘、四季葱、香芋、马蹄等。农特产品：廊田马蹄、廊田香芋、葫芦坪冬笋和笋干。糍粑：鸡蛋糍、油糍、千层糕、叶糍、竹叶糖糍、角子糍、冬至仔、糯米鸡等。

【造林绿化】 2016年，全年完成迹地更新造林140.7公顷，幼林抚育面积665.3公顷，完成木材生产采伐3798立方米。森林病虫害预测面积200多公顷，防治33.3公顷。

【党建工作】 2016年，廊田镇党委批准转正党员共21名；接收预备党员17名，其中35岁以下预备党员8名，高中学历以上预备党员10名，大专以上学历预备党员7名，女性预备党员5名。全镇有党支部25个，党员总数达到955人。

【社会主义新农村建设】 完成18个村级公共服务平站建设，改善村级办公条件和便民服务设施；推进普惠金融信用村建设，建成寨头、岩前、葫芦坪等14个信用村，其中寨头村是乐昌市首个信用村；以“党员干部普遍直接联系群众”活动为抓手，完成马屋薄弱村改造；加大投入改善村组卫生环境，马屋村、廊田村成功创建韶关市卫生村；加强平安创建，建成龙山、新寮等4个乐昌市级平安村；岩前是乐昌市按法制框架解决基层矛盾试点村；在平富村建成韶关市妇女之家；以解决农村困难群众最基本安全住房为目标，完成41户农村危房改造任务；白平、平富、楼下、廊田、新寮、农庄等村在主干道、主要路口等地安装路灯，改善村民夜间出行条件。

【精神文明建设】 加强社会主义核心价值观宣传，推进文明镇街建设八大行动，在全镇主干道安装核心价值观宣传灯箱40余套，建成社会主义核心价值观主题广场，修整“粤北粮仓”文体广场，并投入使用。

2016年5月9日，乐昌市首个信用村在廊田镇寨头村挂牌 （胡建东 摄）

【乐昌市首个信用村——寨头村挂牌】 2016年5月9日，乐昌市首个信用村在廊田镇寨头村挂牌。农村普惠金融试点工作开展以来，廊田镇以寨头村为试点村，通过分片包干、现场指导、入户走访等方式，共完成176户农户信用信息采集和信用等级评定，占全村总户数的84.6%，被评为信用村。

（陈晓明）

附：廊田镇领导班子成员名单

党委书记：欧建来

党委副书记、镇长：陈金旺（10月— ）

人大主席：欧建来（ —10月）

李森林（10月— ）

党委副书记、综治信访维稳中心主任：

陈金旺（ —7月）

李国飞（8月— ）

党委副书记：华艳梅（女，8月— ）

党委委员：连契山（8月— ）

党委委员、人大副主席：李新田（ —7月）

党委委员、纪委书记：王重华（ —7月）

詹乐平（8月— ）

党委委员：何民英（女， —7月）

华艳梅（女， —7月）

黄 萍（女，8月— ）

何 勖（女，8月— ）

党委委员、武装部副部长：罗 荣（ —7月）

邓家城（8月— ）

副镇长：龚清云（ —7月）

罗佩明（—7月）

李国飞（ —7月）

连契山（10月— ）

沈希凡（10月— ）

余文敏（女，10月— ）

2016年乐昌市廊田镇主要社会经济指标一览表

指 标	单位	数量	指标	单位	数 量
农林牧渔及服务业总产值（当年价）	万元	51808	生猪存栏量	头	15903
工业总产值（当年价）	万元	—	水果总产量	吨	8901
固定资产投资	万元	8651	九年一贯制学校	所	1
招商引资实际投入	万元	500	教学点	所	7
财政收入	万元	2267	中小学在校生	人	3372
农民人均纯收入	元	12647	中小学在职教师	人	211
粮食总产量	吨	21972	水泥公路	千米	193

2016年乐昌市廊田镇村（居）委会基本情况一览表

序号	村（居委会）	书记	主任	村民小组（个）	居民小组（个）	总户数（户）	总人口（人）	集体经济纯收入（万元）	农民人均纯收入（元）
1	社区	邓家城	邓家城	—	5	971	1831	6.46	—
2	廊田	刘平	刘平	18	—	685	2652	6.86	12071
3	沙洲	邓明拾	邓明拾	17	—	618	2556	4.79	12328
4	葫芦坪	刘井古	刘井古	13	—	354	1552	11.36	11548
5	岩前	朱润古	朱润古	32	—	793	3147	75.20	12982
6	龙山	张木辉	陈聪丁	5	—	163	754	15.2	11638
7	农庄	冯雪群	冯雪群	30	—	753	3273	35.54	12088
8	铜坑	李太金	李太金	12	—	528	2074	11.31	12258
9	王屋	王有志	王有志	8	—	294	1116	26.06	11896
10	白平	戴天福	戴天福	15	—	456	2119	3.93	12434
11	寨头	林树辉	林树辉	3	—	210	945	6.56	12943
12	平富	朱荣有	朱荣有	4	—	271	1138	1.81	12642
13	新寮	谢汉红	谢汉红	9	—	203	805	19.28	12517
14	马屋	张修金	张修金	18	—	409	1986	2.67	11999
15	白山	尹胜明	尹胜明	22	—	732	2765	8.27	12245
16	楼下	邓建明	邓建明	27	—	959	4207	10.99	13401
17	东庄	邓传发	邓传发	15	—	449	2057	9.56	11195
18	旱禾田	卢深明	卢深明	15	—	403	1730	10.53	11802

五山镇

【概况】 五山镇位于乐昌市东北部，东部与仁化县红山镇交界，南部与廊田镇相邻，西部与九峰、北乡镇接壤，北部与湖南省汝城县毗邻，全镇平均海拔380米，省道247线南北贯通，距乐昌市区33千米。镇辖区面积186平方千米，耕地635公顷（水田514.7公顷），林业用地16008.85公顷，其中生态公益林10050公顷，森林覆盖率93%，是以林业为主的镇，属乐昌四大林区之一。镇政府下辖石下、青岭、小山、嶂下、牛头洞、大乐、文书、沙田、山溪、麻坑、坪田11个村委会及128个村小组（其中沙田村的长老坑村小组和赤水村小组是少数民族聚居村，是瑶族人口居住点），人口21270人。2016年，全镇农村经济总收入3.22亿元，农村居民人均纯收入12407.98元，粮食播种总面积560.27公顷，粮食总产量5295.82吨，其中水稻播种面积173.05公顷，总产1573吨。全镇有中心学校1所，镇级幼儿园1所，村教学点4个，镇级卫生院1间，村级卫生站11个。

五山镇坐落在南岭山脉，属中低山地貌，境内高山连亘，因原管辖区有大王山、小王山、瓦片山、龙山、寺山等五座山峰，“五山”由此而得名（该镇原有三岐四水五山十八洞，五山中的龙山、寺山于1961年已划给廊田镇管辖）。五山镇坚持植树造林，封山育林，有毛竹8667公顷，年产毛竹300万条（4寸以上），是粤北著名的“毛竹之乡”。沙田村龙王潭、大乐村白水寨、石下村梯田是乐昌市乃至粤北地区小有名气的生态旅游休闲观光景点。

农业生产方面，主要以种植水稻（中造）为主，农副产品有香菇、生姜、紫心薯、指天椒、竹笋、竹器等。五山辖区矿产资源丰富，主要有萤石矿、钨矿、石英矿、稀土矿、钾长石矿等，其中小山萤石矿贮量在广东省名列前茅。

【农业和农村工作】 2016年，全镇农村经济总收入3.22亿元，农村居民人均纯收入12407.98元，粮食播种总面积1158.37公顷，粮食总产量21606吨，其中水稻播种面积173.05公顷，总产1573吨。全年发放种粮补贴660791.23元。

【综治维稳】 2016年，综治中心受理来信来访14宗，调解成功10宗，及时调解率71.43%以上。深入推进坪田、嶂下，平安村建设。2016年，五山镇被评为乐昌市“2016年无传销镇达标单位”。

【新时期精准扶贫精准脱贫工作】 新时期精准扶贫精准脱贫工作开展以来，各挂扶单位共投入帮扶资金1510万元，帮扶5个贫困村，帮扶后，村集体经济年收入平均达5万元，90户贫困户256人全部脱贫，村容村貌得到较大改善。五山镇筹划的“共当美丽田园主人产业扶贫项目”被“2016广东农业产业精准扶贫论坛”评选为广东省十大产业扶贫案例展示之一。

【发展特色产业】 五山镇优化调整农业产业结构，兴建有机稻、水稻新品种、香菇、黄栀子、罗汉果等种植基地，发展火鸡、芒鼠、蜜蜂以及禾花鱼等特色养殖。有农业专业合作社23个和综合养殖场2个。其中，五山镇星火生态农业专业合作社的生态有机米和麻坑富源毛竹专业合作社的健康竹筒酒，集基地、研发、带动和销售于一体，成为五山特色产业的代表。

【民营经济】 五山镇有水电站56座，总装机容量约2万千瓦时。其中规模较大的有铭源、东溪和扶村水电站。突出抓好毛竹龙头产业，集中打好“麻坑牌笋干”“能哥竹筒酒”品牌，带动全镇民营经济的发展。

【招商引资】 2016年，五山镇政府与华电国际电力股份有限公司广东分公司签订开发风力发电项目协议书，并在青岭、牛头洞村建设第一期测风塔。

【教育】 2016年7月6日，五山镇被广东省教育厅授予“广东省教育强镇”称号。2016年五山中学重点高中上线率为33%，排名乐昌市乡镇中学第一；中心小学及中心幼儿园及村级小学完成全市统测任务，在全市20多个单位中排名靠前。

【计划生育】 全年出生266人，出生率12.83‰，计划生育率为96.99%；在出生人口中女性132人，男性134人，出生性别比为101.51（以女性为100）。

【打造生态旅游】 五山镇在着力打造石下村上黎组梯田、大乐村白水寨、东洛水库、沙田村龙王潭、竹海森林公园等旅游亮点和品牌的基础上，以好山好水促旅游的发展思路，紧扣“重走长征路暨红军长征胜利80周年”主题，不断整合红色旅游资源，大力打造以五山镇红军长征革命纪念园、五山镇红军长征临时指挥所为主的“红色之旅”品牌，为群众提供一个传承爱国主义教育基地。

【地方特产】 五山辖区内盛产野生灵芝、冬菇、竹笋、绿竹酒、梯田米等特产。五山的野生灵芝分布较多，具有颐养生命、延年益寿之功效；五山冬菇肉厚甜美，香甜可口，竹笋肥嫩无公害，纯天然生成，品种丰富，有白芽笋、苦笋；绿竹酒色泽淡雅、醇和爽净，既有农村传统酿酒的纯正香味，又带有一股淡淡的竹香，是地道的原生态绿色产品；

五山梯田米采用近原始的耕种方式，施农家肥，引用山泉水灌溉，属原生态农作物，口感软糯可口，具有极高的营养价值等。

【造林绿化】 开展封山育林和森林防火工作，组建镇村两级护林防火员队伍，及时消除火灾隐患。2016 年造林 166.67 公顷，加强林政管理，遏制乱砍滥伐现象。落实强林惠农政策，给农户优惠购买林业保险逐年增加，2016 年达 666.67 公顷。

【社会主义新农村建设】 全镇放置垃圾桶 400 多个，配备 2 名专职垃圾收集人员，清理积存垃圾共 509 吨；15 户危房改造户全部动工；投入 13.1 万元，对村庄的巷道、排水沟渠进行修缮；投入 11 万多元安装照明路灯。

【民计民生】 2016 年，审核上报农村低保 320 户 664 人，实现应保尽保；全镇有“五保”供养对象 42 人，集中供养 14 人。做好退伍军人的优抚安置工作，残疾人生活津贴、重度残疾人的护理补贴以及农村高龄老人津贴的调查和发放等工作。投入资金 20 万元建设全民健身广场，在各村新建一批农村文化活动室、农家书屋等文化活动场所。

（李艳华）

附：五山镇领导班子成员名单

党委书记：马建民（ —5 月）
张广润（5 月— ）
党委副书记、镇长：梁新来
人大主席：梁志雄（7 月— ）
党委副书记：邹方球（ —5 月）
邓曲院（7 月— ）
党委副书记、综治信访维稳中心主任：彭振兵（7 月— ）
党委委员、常务副镇长：张劲松（ —8 月）
朱欢明（7 月— ）
党委委员（宣传）：邓发良
副镇长：黄 萍（女， —8 月）
陈昌军（7 月— ）
党委委员、纪委书记：朱欢明（ —7 月）
吴可可（7 月— ）
党委委员（组织）：吴可可（ —7 月）
陈洁莉（女，7 月— ）
党委委员、武装部部长：邓庆华（ —8 月）
许松春（7 月—）
副镇长：李学勤（7 月— ）

2016 年乐昌市五山镇主要社会经济指标一览表

指 标	单位	数量	指标	单位	数 量
农林牧渔及服务业总产值（当年价）	万元	26180.28	生猪存栏量	头	5922
工业总产值	万元	2326.42	水果总产量	吨	3030.50
固定资产投资	万元	2280	中学	所	1
招商引资实际投入	万元	300	小学	所	5
财政收入	万元	1378	中小学在校生	人	856
农民人均收入	元	12407.98	中小学在职教师	人	138
粮食总产量	吨	5295.82	水泥公路	千米	106.80

2016 年乐昌市五山镇村委会基本情况一览表

序号	村（居委会）	书记	主任	村民小组（个）	总户数（户）	总人口（人）	集体经济纯收入（万元）	农民人均纯收入（元）
1	沙田	郭伟华	郭伟华	7	295	1172	5.324	12386.1
2	大乐	陈永古	陈永古	10	423	1665	2.619	12434.06
3	麻坑	张求华	丘洪森	22	870	3311	4.699	12397.8
4	嶂下	谢朝苟	谢朝苟	5	265	1088	5.527	12425.73
5	山溪	张汉山	张汉山	5	347	1375	3.544	12453.96
6	小山	陈贱胜	陈贱胜	11	572	2303	3.761	12358.04
7	石下	陈京偕	陈伟兵	19	686	2642	8.749	1268.14
8	青岭	连付城	连付城	18	765	2999	10.336	12423.41
9	坪田	李福来	—	8	612	2509	7.909	12396.32
10	文书	张达全	张达全	9	220	875	2.729	12383.48
11	牛头洞	刘祖饶	刘祖饶	14	327	1331	5.414	12460.79

九峰镇

【概况】 九峰镇位于乐昌市中部，是林区中心镇，距乐昌市区 31 千米，省道 248 线贯穿境内。东北面与湖南省宜章县、汝城县交界，西与两江镇毗邻，南与北乡、大源两镇相连。境内群峰叠嶂，以有五指、向日、马蹄、青云、紫微、云祖、太乙、羊角、三星九座山峰而得名。明清代属郭下乡郭西都、民国时属第五区，1950 年成立第四区，1955 年 8 月改为区，1957 年改为乡，1958 年 8 月成立红旗人民公社，1960 年冬从红旗公社分出，成立九峰人民公社，1983 年 11 月改为区，1986 年冬改为镇。全镇辖 12 个建制村和 1 个社区，171 个自然村，总人口 22245 人，总面积 192 平方千米，其中耕地面积 903.1 公顷，林地面积 17800 公顷，森林覆盖率 85% 以上。2016 年，全镇完成地区生产总值 3.45 亿元，比上年增长 7.8%，其中，农业总产值 2.5 亿元，增长 8.7%；工业总产值 6000 万元，增长 5%；第三产业总产值 3500 万元，增长 16.6%。农村居民人均纯收入 13063 元，增长 9.1%。

九峰素有“粤北水果之乡”之称，被广东省人民政府评为水果专业镇，主要以种果、种树为主，种菜、养殖相结合，多种经营，全面发展经济。形成“山上种树、山腰种果、山下种菜”的立体农业格局。土特产主要有柰李、黑布朗、油桃、水蜜桃、鹰嘴桃、水晶梨、橘子、椪柑、脐橙、手工擦糍粉、糯米糍、黄糍、金银花、茶叶、红薯干、魔芋、禾花鱼、食用菌等。

九峰人文鼎盛、旅游资源丰富。山歌《啦打》被列入省级非物质文化遗产保护项目，境内的景点有九峰花海、茶料花海、桃花长廊、桃花王、桃李人家、九峰银杏树、九峰杨东山十二渡水省级自然保护区、抗日名将薛岳旧居（广东省文化厅第六批文物保护单位）等。九峰利用环境优美、风景秀丽、花果连片的生态资源优势，积极发展第三产业，形成“春赏花、夏秋摘果、冬戏雪”的旅游格局，打造“岭南花果小镇”。九峰镇茶料村被农业部评定为“2016 年中国美丽休闲乡村”。

【农业和农村工作】 大力发展水果产业、造林绿化和以茶叶、禾花鱼等为代表的新兴产业。实施

"九峰水果专业镇优稀水果产业升级示范区建设项目"，推广"水果套袋种植"等先进技术，做好科技示范和品种改良换代，提高水果品质。做好农机补贴宣传工作，全镇购置拖拉机、微耕机等农业机械23台，核实发放补贴资金2万余元。全镇水果种植面积4333.3公顷，其中黄金柰李和柑橘各占1666.6公顷，桃子533.3公顷，其他杂果466.8公顷。全镇有家庭农场6家，以绿峰合作社为代表的农民专业合作社10家，拥有社员1300多人。

【综治维稳工作】 2016年，九峰镇共接待群众来访22批次，46人次，参与开展各类人民调解案件9宗，调解成功9宗，调处成功率100%。开展矛盾纠纷排查调处工作，确保到省进京上访的零发生。开展严重精神障碍患者排查与救治救助、无传销镇创建、平安村创建等工作，营造和谐稳定的社会氛围。

【精准扶贫】 2016年，九峰镇开展精准扶贫精准脱贫攻坚工作，完成贫困人口精准识别、建档立卡、系统信息录入、落实结对帮扶责任等各项基础工作，确定符合条件的贫困户210户523人，其中，有劳动能力的贫困户110户394人。制定并落实购买城乡居民医疗保险和银龄安康保险、发放鸡苗与饲料、落实危房改造、光伏发电、安装路灯、春节慰问等八项帮扶措施。完成脱贫91户134人。

【推广"互联网+"】 九峰镇顺应"互联网+"发展趋势，继续引导农民发展微商、淘宝等电子商务，快递服务业随之迅速发展，进驻九峰的快递公司有15家，全年电商销售水果约2000吨，收入约4000万元。2016年，九峰镇承接韶关市创建"互联网农业小镇"的试点工作，建立"镇级运营中心"和1个"村级服务示范站"，以及40公顷物联网水果生产示范基地。

【镇区建设】 九峰镇镇区总面积0.96平方千米，常住居民1800多人。2016年，积极开展创建韶关市卫生镇工作，投入10余万元清理九峰河道及镇、村卫生死角，投入40多万元维修九峰街道并铺修沥青路面，投入15万元修缮九峰农贸市场并恢复使用，解决镇街环境卫生差、群众出行难、占道经营等问题。

【农村农业基础设施建设】 2016年，全面完成山区五市中小河流治理工程；跟进九峰水河道治理，完成茶料桥头至下罗家段护堤工程；全镇53个村小组实施农村自来水村村通工程；全年共清理公路大小塌方80处，约5000立方米泥石；完成2.2千米环镇旅游公路立项及设计工作；完成上廊坪坑桥至水栗林公路立项2.3千米，至年年底，建成1.1千米；投入40多万元维修九峰街道并铺修沥青路面，投入15万元修缮九峰农贸市场并恢复使用。

【农村合作医疗】 2016年，九峰镇城乡居民养老保险参保人数为8934人，完成任务数的102%，2017年合作医疗参保18000多人。

【教育工作】 坚持优先发展教育，在巩固创强成果的基础上，2016年投入340多万元，用于完善中小学、中心幼儿园软硬件设施建设，开展"强镇复评"各项工作。2016年12月，广东省教育强镇复评督导验收专家组到九峰镇进行教育强镇复评验收。专家组实地查看九峰镇自2012年创强以来的教育教学成果，肯定了九峰镇多年来的教育工作成果和水平，九峰镇顺利通过广东省教育强镇复评验收。

2016年12月28日，广东省教育强镇复评督导验收专家组到九峰镇进行教育强镇复评验收 （许先养 摄）

【计划生育】 2016年，全镇总人口为22245人，育龄妇女5601人，已婚育龄妇女4361人，出生人口328人，政策生育率96.65%，性别比103.06

（以女性为 100），免费孕前优生健康检查完成率 88.75%。

【发展生态旅游】 九峰镇依托花果长廊优势，大力发展生态旅游。协助乐昌市政府成功举办 2016 年桃花旅游节，其间接待游客达到 40 万人次，创造 GDP 约 3500 万元。餐饮、住宿、农家乐等第三产业顺势发展。茶料村入选“2016 年中国美丽休闲乡村”。

【党建工作】 2016 年，全镇有 20 个党支部，809 名党员，其中农村党支部占 12 个，农村党员 617 名。发展预备党员 14 名，入党积极分子 20 名。加大对三联村软弱涣散党组织整顿工作，成效显著。

【精神文明建设】 2016 年，九峰镇大力发展文化事业，进一步完善行政村农家书屋配套设施，提升农家书屋和电子阅览室资源配置，引导群众使用公共文化信息平台获取有用信息，做好公共文化服务工作；引导全镇 30 余支健身舞蹈队等民间文艺团体积极组织开展或参与各类文化、文艺活动。

（罗秋雯）

附：九峰镇领导班子成员名单

党委书记：许建武（ —5 月）
马建民（5 月— ）
党委副书记、镇长：沈家和（3 月— ）
人大主席：王献栋（9 月— ）
党委副书记、综治信访维稳中心主任：
丘永和（ —5 月）
吕晓华（7 月— ）
党委副书记：谭云能（7 月— ）
党委委员、副镇长：邓鸿平（9 月— ）
副镇长：吕晓华（ —6 月）
钟高义（9 月— ）
梁应珠（9 月— ）
党委委员（组织）：沈翠琼（女， —6 月）
周小云（女，7 月— ）
党委委员、纪委书记：赵平南（ —7 月）
沈翠琼（女，7 月— ）
党委委员、人大副主席：雷林亮（ —6 月）
党委委员（宣传）：雷林亮（7 月— ）
党委委员、武装部部长：扶国军
党委委员、综治信访维稳中心专职副主任：龚尤东（ —7 月）

2016 年乐昌市九峰镇主要社会经济指标一览表

指　　标	单位	数量	指标	单位	数　量
农林牧渔及服务业总产值（当年价）	万元	25000	生猪存栏量	头	14950
工业总产值（当年价）	万元	6000	水果总产量	吨	3800
固定资产投资	万元	14700	中学	所	1
招商引资实际投入	万元	—	小学	所	1
财政收入	万元	720	中小学在校生	人	1089
农民人均纯收入	元	13063	中小学在职教师	人	108
粮食总产量	吨	3900	水泥公路	千米	103.5

2016 年乐昌市九峰镇村（居）委会基本情况一览表

序号	村（居委会）	书记	主任	村民小组（个）	居民小组（个）	总户数（户）	总人口（人）	集体经济纯收入（万元）	农民人均纯收入（元）
1	浆源	陈福连	陈福连	11	—	384	1520	11.2	12123
2	文洞	彭永强	彭永强	6	—	280	1065	14.2	12933
3	茶料	廖会雄	廖会雄	18	—	548	2214	12.1	13225
4	联安	谢世强	谢世强	16	—	559	2213	12.2	14018
5	坪石	薛功勇	薛功勇	14	—	513	1936	17	13643
6	三联	张建强	张建强	14	—	424	1678	12.2	12405
7	横坑	白志平	白志平	18	—	412	1978	12.5	13467
8	上廊	薛明山	薛明山	19	—	522	1978	13.3	13840
9	小廊	黄招金	黄招金	12	—	462	1819	11.4	12887
10	大廊	丘寿强	丘寿强	19	—	599	2230	11.7	12329
11	逞洞	罗建云	罗建云	12	—	324	1295	15.3	13515
12	溪下	钟心良	钟心良	12	—	370	1345	11.5	11722
13	九峰街道	黄新华	黄新华	—	5	348	868	8.6	—

两江镇

【概况】 两江镇位于乐昌市中部，距乐昌市区 45 千米。东与九峰镇相邻，南与大源镇交界，西与庆云镇接壤，北与白石镇相接，因镇区大、小两江交汇而得名。省道 248 线横贯全境。全镇总面积 130.91 平方千米，耕地面积 1153.3 公顷，林地面积 11240 公顷，是乐昌市“四大林区”之一，同时还是“粤北小水电之乡”。下辖 7 个村委会、101 个村小组，总人口约 1.3 万人。2016 年，全镇农村经济总收入 2.07 亿元，农业生产总值 11664 万元，农民人均纯收入 12816 元。

【农业和农村工作】 2016 年，两江镇进一步优化农业产业结构，因地制宜，走专业化、优质化、品牌化农业发展道路。全镇有柑橘 800 公顷，奈李 413.3 公顷，梨 120 公顷，西瓜 16.7 公顷，蔬菜 506.7 公顷，其他作物约 66.7 公顷。2016 优质水果黄金奈李产量达 0.8 万吨。

【综治维稳】 2016 年，两江镇共调处各类矛盾纠纷 53 件，其中签署协议 26 宗，达成口头协议并成功化解的有 27 宗，调解率为 100%，组织各类大小排查整治活动各 7 次，成功取缔 1 个黑网吧，排除 5 个不稳定隐患，消除 11 起社会矛盾纠纷苗头。

【新时期精准扶贫精准脱贫工作】 两江镇有 2 个省级相对贫困村，分别是凰落村和曹家洞村，贫困户 113 户 342 人。其他村委会为精准扶贫分散村，确定的相对贫困户 114 户 279 人。2016 年，两江镇结合自身实际，制定脱贫攻坚方案，做到精准识别、精准帮扶、精准管理。

【发展特色产业】 2016 年，两江镇大兴规模造林和引导林农进行山权流转集中造林，鼓励支持林农重点发展毛竹、杉树、优良杂木林，加快培育林下经济，实施残次林改造工程。探索发展生态农业休闲旅游，借助桃花节加强宣传，发掘当地历史人文资源打造新景点，引导村民积极发展农家乐。

【民营经济】 截至 2016 年年末，两江镇兴建小水电站 23 座，总装机容量 20975 千瓦。先后完成洋古岭水电站、普乐电站、小江电站、两江镇洋莲桥电站的技改工作，电站运行状况良好。

【基础设施建设】 2016 年，完成镇区大桥维修和中学路路灯安装工程；镇区自来水厂建设从规划设计进入施工阶段。继续加大村组公路建设维护力度，投入 16 万元对上斜村、岐乐村主要干道的 6 处大面积路基掏空危险处进行修复，出动铲车 8 次，对道路塌方进行清理，确保两村 2631 人的畅通出行和安全出行；完成“村村通”自来水工程 40 个，解决 2800 多人的饮水安全问题。

【农村合作医疗】 2016 年，两江镇城乡居民医保参保人数 11331 人，参保缴费人数 10943 人；社保扩面缴费人数 50 人，100% 完成年度目标人数任务。

【教育】 2016 年，两江镇通过省教育强镇复评验收工作。全镇适龄儿童入学率 100%，有中心学校 1 所、中心幼儿园 1 所，教师 52 人，在校初中学生 149 人，在校小学生 307 人，在园幼儿 134 人。

2016 年 5 月 25 日，两江镇第二届群众排舞大赛在中心幼儿园操场举行 （陈锦妹 摄）

【文化】 开展乐昌市文化馆总分馆服务体系建设，提升文化服务效能。挖掘辖区内地方特色文化，举办“乐昌市两江镇第二届群众排舞大赛”、凰落徐氏布龙巡演、书法培训班等文化活动。参加“开心广场·百姓舞台”乐昌市第二届原创舞台作品展演，表演《两江——我的家乡》荣获“优秀表演奖”。

【卫生】 2016 年，两江镇投放 600 多个垃圾桶，由专人对垃圾进行清运处理；上长塘村村委会成功创建为“韶关市卫生行政村”。

【计划生育】 2016 年，全镇出生 193 人，计划生育率 96.89%；免费孕前优生检查检查 98 人 49 对夫妻；开展流动人口专项服务活动 2 次；计生协会开展活动 4 次，惠及群众 2000 多人次。

【打造生态旅游】 2016 年，两江镇打造以“赏桃花、观古楠、品佳肴、享养生”为主线的生态休闲旅游路线。抓住乐昌市桃花节在两江镇办分会场的契机，举办“相约两江，为爱而行”专题活动，吸引数百人参加。2016 年“桃花节”期间，两江镇接待旅客约 2600 人次，带动休闲农业收入 28 万元。

2016 年 3 月 5 日，乐昌市桃花节两江分会场开幕仪式在中心幼儿园举行 （陈锦妹 摄）

【地方特产】 两江镇素以“果蔬之乡”著称，主要种植有油桃、奈李、特早柑、蜜橘、筑水梨等；“黄金奈李”成为两江镇优质水果的名片。

【造林绿化】 2016 年，两江镇完成迹地更新造林 138.7 公顷，退果还林 28.1 公顷，低残林改造 25

公顷，形成林区1.2万公顷。

【党建工作】 2016年，两江镇以直接入户走访、集中谈心谈话等方式服务群众12421人，收集群众意见245条，收集群众反映问题64个，解决群众反映的问题64个，解决率100%。顺利完成创新农村基层党组织工作，5个村党支部升格为党总支，在“两新”组织——绿通果菜专业合作社设立1个党支部。

【精神文明建设】 2016年，两江镇在上长塘村委会建成主题公园1个，在镇区安装灯箱广告14个、悬挂宣传横幅5条。7个村委会道德讲堂稳定运行，农家书屋、电子阅览室正常开放。 （罗湖强）

附：两江镇领导班子成员名单

党委书记：孙俊华
党委副书记、镇长：黄元勇
人大主席：孙俊华（ —9月）
黄 彪（9月— ）
党委副书记：邓东梅（女， —5月）
邓军强（7月— ）
陈明华（7月— ）
党委委员、副镇长：谭小峰
党委委员、纪委书记：陈昌军（ —7月）
张伙明（8月— ）
党委委员：李 慧（女， —6月）
李 挚（ —7月）
潘 廷（ —7月）
龚尤东（7月— ）
陈明华（ —7月）
邹 智（7月— ）
邓茂松（7月— ）
副镇长：邓军强（ —7月）
白田嫒（女）
黄 勇（9月— ）

2016年乐昌市两江镇主要社会经济指标一览表

指　　标	单位	数量	指标	单位	数　量
农林牧渔及服务业总产值（当年价）	万元	16567	牛猪存栏量	头	3612
工业、企业总产值（当年价）	万元	746.9	水果总产量	吨	33985
固定资产投资	万元	1000	中学	所	1
招商引资实际投入	万元	0	小学（含教学点）	所	1
农民人均纯收入	元	12816	中小学在校生	人	456
粮食总产量	吨	3578	中小学在职教师	人	52
农业机械化	台	0	水泥公路硬化	千米	195

2016年乐昌市两江镇村委会基本情况一览表

序号	村（居委会）	书记	主任	村民小组（个）	总户数（户）	总人口（人）	集体经济纯收入（万元）	农民人均纯收入（元）
1	普 乐	罗水华	罗水华	18	851	2930	38.2	13148
2	凰 落	陈蔚怀	陈蔚怀	12	542	1864	6.8	12974
3	岐 乐	罗福招	罗福招	13	364	1253	6.3	12535

序号	村（居委会）	书记	主任	村民小组（个）	总户数（户）	总人口（人）	集体经济纯收入（万元）	农民人均纯收入（元）
4	上斜	徐双堂	徐双堂	12	523	1801	10.3	13021
5	上长塘	李伟强	李伟强	19	635	2187	11.2	12775
6	曹家洞	曹会庭	曹会庭	17	596	2051	7.0	12695
7	茶坪	唐寿生	唐寿生	10	267	919	6.7	12564

大源镇

【概况】 大源镇位于乐昌市中部，东与北乡、九峰、两江三镇相连，南与乐城街道办事处毗邻，西与梅花镇交界，北与坪石、庆云两镇接壤，武江河、京广铁路、广乐高速公路贯穿境内。全镇总面积282.2平方千米，总人口10753人，辖9个村委会、78个村小组、279个自然村。

大源镇自然资源条件优越，是广东省重点林区之一，是乐昌市最大的林业镇，盛产杉木和其他用材林木。全镇有林面积2.8万公顷，耕地面积453公顷。群众以耕山营林为主，同时种植水稻、茶叶、水果等作物。土特产有茶叶、蜂蜜、黄姜、烟熏腊肉、腊肠、走地鸡、冬菇等。主要旅游资源有“燕子岩”溶洞、大瑶山隧道、“乐昌峡”库区、湖洞革命老区、江南果茶蜂蜜生产基地等。

2016年，全镇农村经济总收入2.26亿元，农村人均收入12831.4元，分别同比增长4.32%和9.0%。全社会固定资产投资完成2335万。

【农业农村工作】 2016年，全镇农村经济总收入2.26亿元，粮食种植面积754.93公顷，总产量4184吨，茶叶种植面积扩大到333.33公顷，实现年产值3000多万元。土地确权完成指界户数1859户，指出地块数13181块，系统登记人口数9213人，基本完成全镇指界工作。完成第三次全国农业普查摸底工作，该次农业普查工作大源镇分为9个普查区、20个普查小区，总户数2068户，规模户15户。普惠金融工作录入信息采集户数1850户，助农取款点1个，信用村建成8个，乡村金融服务站9个。

【综治信访维稳】 全面推进“中心+网格化+信息化”工作模式，全年受理矛盾纠纷37宗，调解成功35宗，调解成功率94.59%，未发生到省进京事件。无邪教镇创建工作通过韶关考核验收；开展严重精神障碍患者排查工作，排查出58名患者并登记造册。

【新时期精准扶贫精准脱贫工作】 2016年，完成1个相对贫困村（永济桥村）及8个面上分散贫困人口入户调查、公示、系统录入等工作，确定符合条件贫困户172户485人。从生活和产业上给予一系列帮扶措施：为20户贫困户17名在校就读的学生提供9900元助学金；组织引导永济桥村走“专业合作社+农户”的发展模式，采取种养和自愿加入的形式向有能力种养的贫困户提供蜂苗和鸡苗，共计119箱和1200只，合计8万元；投资370000元用于向贫困户发放猪苗、鸡苗发展养殖、种植业，并通过互联网、微信等平台，为贫困户打造产品商城。2016年有70户145人实现脱贫。在永济桥村曹堆坑村小组成立百亩茶园示范基地项目，计划项目投入资金100万元，种植6.67公顷约25万株优质茶叶。

【发展特色产业】 鼓励农户大规模种茶，大力发展茶叶产业，引进推广中茶108、福云6号、金萱1号等新品种，截至2016年年底，全镇有茶叶专业合作社7个；引进优质白花油茶，制定规模性种植方案；林业产业化模式初步形成，年均输出木材2万立方米，推广“农户+基地+合作社”的林业经营管理模式，成立林业专业合作社2个；依托林区优势，鼓励农户养殖蜜蜂，通过成立专业合作社发展蜂蜜产业。

【农村农业基础设施建设】 筹集66万元完成总长2.7千米的园螺角机耕路改造，借助“一事一议”的契机完成库周公路至摘木坑、柑子坑至坪山的机耕路12千米，完成村委篮球场“一墙两用”的建设工程。库周公路老罗埂至鹅公带、鹅公带至葫芦坜路段共5.4千米公路硬化完成，右岸公路25千米公路硬底化工程各项程序有序推进。新增2.5千米小沿埂路口至企冲乡村道路硬化公路。对“8·16”水土流失严重区域实施复绿工程，完成湖洞及桥头水毁农田复垦作业2.13公顷。积极推进湖洞、桥头、墩子的高标准基本农田建设项目。

【社会保障】 2016年，办理2017年度城乡居民基本医疗保险9295人，城乡居民养老保险人数4060人，新增社保扩面21人；城镇新增就业人数69人，城镇失业人员再就业人数30人，办理就业困难人员认定申请8人、领取就业社保补贴10人。上半年低保对象86户，191人；下半年低保对象82户，159人；“五保户”36人，其中居住在敬老院集中供养“五保户”14人，分散供养22人；新增“五保户”3人；助学对象2人。银龄安康完成保费54600元，保费达成率91.46%。

【文教卫生】 组织干部群众参加乐昌市十四届运动会篮球、拔河等比赛，取得男子拔河比赛第二名。举行“青春杯”篮球赛，增进青年干部与驻守大瑶山隧道的武警十六中队官兵的交流。推进镇级文化活动中心建设，添置必要的办公用品，改善干部住宿环境。投入35万元建成水源村、墩子村篮球健身广场。在各村道投入79个垃圾箱，聘请卫生清洁员，完成永济桥村垃圾清运站、敬老院门前篮球场等工程建设。

【计划生育】 2016年，全镇出生165人，出生性别比为103.70，死亡68人，自然增长率9.09‰。免费孕前优生健康检查工作超额完成上级指导数40对。

【安全生产】 与各村、镇企签订安全生产责任书，组织开展4次（每季度）安全生产大检查，4次专项整治检查和“安全生产月”活动。全年未发生一起安全生产事故。

【打造生态旅游】 发挥库区自然风光优势，积极打造省级“湿地公园”项目，完善库周公路的路面硬化，建出一条城郊绿道，力争打造成绿色生态特色小镇。

【党建工作】 全年开展专题学习25次，10次培训班，442名党员完成考学测评。严格执行直联工作制度，走访2364户，收集群众反映问题159个，解决134个。新提拔年轻中层干部7名。建成90平方米的镇级公共服务中心，9个行政村的便民服务中心通过改造升级为公共服务平台。

【精神文明建设】 发挥“农家书屋”阵地作用，免费开放公共文化信息平台，积极推进文明镇街创建，打造永济桥和水源运动健身广场，弘扬社会主义核心价值观，邀请市委宣传部宣讲团成员到大源镇召开中共十八届六中全会宣讲报告会。（邓娟梅）

附：大源镇领导班子成员名单

党委书记：连旷怡（女，　—5月）
　　　　　邹　亮（5月—　）
党委副书记、镇长：邹　亮（—5月）
　　　　　　　　　邓东梅（女，9月—　）
人大主席：罗招良（9月—　）
党委副书记：李月明（　—7月）
　　　　　　邝玉红（7月—　）
　　　　　　谢城美（7月—　）
党委委员、纪委书记：骆云辉（　—6月）
　　　　　　　　　　邓晓辉（7月—　）
副镇长：赵翠芬（女，　—7月）
　　　　邓鸿平（　—7月）
　　　　杨嘉锋（7月—　）
　　　　张其彬（9月—　）
　　　　薛　婧（女，9月—　）
党委委员、武装部部长：肖锦琦（7月—　）
党委委员：李加莉（女，　—7月）
　　　　　李红翠（女，7月—　）
　　　　　黄玉清

2016 年乐昌市大源镇主要社会经济指标一览表

指　　标	单位	数量	指标	单位	数　量
农林牧渔及服务业总产值（当年价）	万元	10765.09	生猪存栏量	头	4559
工业、企业总产值（当年价）	万元	4946.64	水果总产量	吨	10430
固定资产投资	万元	2335	中学	所	0
招商引资实际投入	万元	0	小学（含教学点）	所	1
农民人均纯收入	元	12831.4	中小学在校生	人	48
粮食总产量	吨	4184	中小学在职教师	人	12
农业机械化	台	0	水泥公路硬化	千米	7.9

2016 年乐昌市大源镇村委会基本情况一览表

序号	村委会	书记	主任	村民小组（个）	总户数（户）	总人口（人）	集体经济纯收入（万元）	农民人均纯收入（元）
1	永济桥	丘清兰	丘清兰	7	261	1025	3.5	12843.04
2	大长滩	付双强	付双强	10	316	1182	14.5	12840.75
3	小滩	杨桂祥	杨桂祥	12	255	1271	9	12837.68
4	水源	邱财文	—	9	317	1378	8.5	12837.68
5	新秦	何茂升	何茂升	9	279	1169	5.3	12831.76
6	泗公坑	林永姣	—	9	273	1731	4	12827.09
7	墩子	张永传	张永传	7	228	902	5	12818.78
8	桥头	张宗林	张宗林	8	204	897	8	12820.74
9	湖洞	丁月照	丁月照	7	158	675	5	12810.57

坪石镇

【概况】 坪石镇位于广东省北部、岭南山脉的南麓、武江的上游，北与湖南相邻，是乐昌市北部地区的经济、文化、金融中心，同时也是一个旅游城镇。历史上曾被誉为广东八大重镇之一，素有“广东北大门、岭南第一镇”之称。1965 年被省政府批准为建制镇。2002 年 4 月，撤销原罗家渡镇，其中田头、河丰、罗家渡、长排寮、天堂 5 个村委会划入坪石镇管辖。2003 年 7 月，撤销老坪石镇，将其管辖的 15 个村委会和 1 个居委会划入坪石镇管辖。2016 年，全镇辖 25 个村委会、4 个居委会。

全镇土地总积 267.6 平方千米，其中城区面积 7.4 平方千米。坪石地处交通要道，毗邻湖南省宜章、临武、汝城县，京珠高速公路、广乐高速公路、107 国道、省道 248 线、省道 249 线在镇内交汇，京广铁路自北向南纵贯全镇，镇内坪石火车站年客流量达 170 多万人次，是广东北部的重要交通枢纽和重要边贸城镇，是省内外和南来北往物资的重要集散地。

坪石镇1998年被省建委列入小城镇规划建设管理7个试点镇之一，2001年被乐昌市委、市政府确定为重点发展的中心镇，2003年2月被省计委列入第二批小城镇健康发展综合试点镇，2004年被列为国家经济综合开发示范镇，2010年，被列入广东省城镇化技术集成应用试点，2013年乐昌市委、市政府把坪石镇列为副中心城市，2014年被评为全国重点镇，2015年成功创建韶关市卫生镇并申报为广东省新型城镇化“2511”综合试点镇。

2016年，全镇国民生产总值39.94亿元，比上年增8.27%；城镇居民人均可支配收入20261元，农村人均年纯收入12572.80元。镇内拥有完全中学1所、初级中学2所、完全小学5所、幼儿园14所（其中公办幼儿园2所、民办幼儿园12所），医院2家，银行5家，农贸市场6个。主要土特产有天堂生姜、转村提子、水牛湾无花果、杨梅等。

坪石镇具有得天独厚的旅游休闲资源，开发建成的有金鸡岭风景区和“7011”工程景区等2处，金鸡岭风景区是广东省四大名山之一和八大风景区之一，属省级风景名胜区。

【农业和农村工作】 2016年，坪石镇25个村委会256个村民小组的土地确权工作完成现场指界，进入到公示阶段。7个村进行高标准农田改造项目，完成金鸡、灵石坝、肖家湾3个村的高标准农田建设项目规划设计。完成涉农保险工作站的建设，引导水稻、玉米种植户参保7022户，参保面积2200公顷，参保率100%，做好相关受损水稻、玉米的理赔工作。4个“一事一议”财政奖补项目均建设竣工。水牛湾家庭农场、绿诺康国秀家庭农场、奇修家庭农场被评为韶关市级示范家庭农场，有3个家庭农场被乐昌市农业部门评为示范家庭农场。完成“三资”清理基础数据的统计和“三资”管理平台的数据录入。为105户农户办理农机购机补贴，补贴金额8万多元。

【综治维稳】 2016年，坪石镇没有发生群体性事件，获评乐昌市2016年度平安创建暨综治工作优秀单位。一年来，坪石镇坚持按法治框架解决基层矛盾，开展法治进机关、进社区、进村庄、进企业系列宣传活动；实现网格队伍建设和一村（社区）一法律顾问全覆盖；建立镇领导轮流坐班、一天一研判、一案一研判和信息员监控等工作机制；按照综治信访问题“一个口子进，一个口子出”工作机制，镇属各部门各负其责，共同化解综治信访矛盾；落实综治委联席会议制度；对信访积案进行排查梳理和造册登记，建立积案明细台账，共梳理出13宗信访积案，全部化解；受理群众来访85宗131人次，受理上级交办网络信访事项77宗，调解纠纷24宗；成功创建平安村居21个，有8个平安村居正在创建。

【新时期精准扶贫精准脱贫工作】 2016年，坪石镇共有304户685人实现脱贫。全镇无劳动能力、丧失劳动能力、符合条件的贫困户全部纳入社会救助范围；相对贫困户60岁以上符合条件的老人100%享受城乡居民社会养老保险待遇；落实义务教育“两免一补”政策，对贫困学生实施生活费补助；建档立卡贫困户申请危房改造30户，开工率100%；协调东莞市清溪镇为所帮扶的10个贫困村投入100万元（每个村10万元）入股乐昌扶穷电站项目，获得每年10%的收益分红。产业扶贫有序推进，实施三拱桥村光伏产业项目试点；启动转村“宜乐生态提子庄园”二期项目开发；发展河丰、陈家坪柑橘规模种植产业等；统筹使用省财政下拨的帮扶资金，为有劳动能力贫困户及家庭成员购买并发放生产资料，包括鸡苗、猪苗、种子、果苗、肥料、饲料等；邀请市农业局讲师、畜牧局讲师和湖南省宜章县农业局教授到25个村开展农业种养技能培训；组织清溪部分企业到村开展劳动力就业转移培训。在转村7个自然村小组人流密集处，安装太阳能路灯和监控；为陈家坪村杨梅冲村小组修建村道台阶，铺设排水管和重修污水井；在莲塘村安装便民太阳能路灯一期；完成肖家湾村蔬菜一组广场硬化和罗家组村道硬化；完成三星坪村委会改造和灵石坝文化室附属工程；完善京口、天堂、畈塘、武阳司、武阳桥等村村通饮水工程。

【民营经济】 2016年，中国华电集团公司韶关市坪石发电厂有限公司（B厂）确定实施坪B向东锆供热、超低排放改造、光伏发电改造三大工程。10月17日，中国华电集团公司韶关市坪石发电厂有限公司（B厂）与东方锆业乐昌分公司正式签订供用工业蒸汽框架协议。坪石镇联合B厂对全镇范围内的企业、酒店、学校、机关等用气、用热单位或潜在用户进行摸查。通过与东方锆业总部的协商，东方锆业决定加大在坪石的投资，公司总部打算将乐昌分公司改为子公司，产品在当地缴纳增值税，并计划上一条新产品生产线，相关工作有序推进。闽兴新型环保墙体材料扩产项目正式动工建设。

【招商引资】 2016年，坪石镇制定实施“招商引资攻坚年行动计划”，编写《坪石镇招商引资项目一览》等宣传材料，建立“坪石乡贤人才库”，先后接待京东商城华南地区销售运营团队、乐昌市恒朗环保科技有限公司光伏农业大棚项目团队、坪石镇龙珠水电站项目团队、武阳桥农业项目投资人、正邦集团农业项目投资团队、广东太阳库新能源科技有限公司团队、珠海市瀚绅贸易有限公司总经理罗春文等有意向在坪石镇投资创业的投资人（团队），为其在坪石镇投资创业给予指引和帮助。乐昌市与乐昌市金鸡岭风景有限公司、深圳市宝中旅行社有限公司董事长陈玉林签署《乐昌市金鸡岭风景区旅游产业合作开发框架协议》。

【镇区建设】 2016年，坪石镇加强对“两违”的管理，建立每周一巡查的制度和“两违”管理台账，劝解停工1宗，立案1宗。完成黄泥坳路验收，修补北道口花基，修缮乐二院上新村排水管及工商所排水管，疏通市政管网，修复井盖修补地网若干，保障城区内路灯照明。做好危房改造工作，全镇危房改造34户，截至2016年12月21日，开工户数32户，竣工户数22户。先后开展各类流动摊点整治20次，查处马路摊点366人次。

【农村合作医疗】 2016年，坪石镇城乡医疗保险工作目标任务数为38650人，当年完成任务数37869人，任务完成率为97.97%。

【党建工作】 2016年，坪石镇制定实施“基层党建规范化建设年行动计划”，以推进基层党建规范化建设为重点，将全面从严治党引向深入，坪石镇获评乐昌市2016年党委书记抓基层党建工作述职评议第一名。圆满完成镇党委、人大、政府换届。健全党委、政府议事制度和坪石镇督查制度，进一步完善《坪石镇制度汇编》。落实直联工作，全镇走访15788户，发放民情服务卡2001张，发放宣传资料1000多册，收集群众反映问题325宗，解决问题320宗。完成对罗家渡村党支部的软弱涣散整顿。全镇立案查处违纪村干部2人、开除涉刑事案件农村党员党籍7人。加大村级党务、村务、财务公开力度，提升监督实效。严把“入口”关，确保党员发展质量，坚持做到积极分子考察材料100%预审，发展对象100%的座谈考察，新党员100%谈心谈话。在党员发展过程中，坚持预审和实行公示制，保证发展质量，共发展新党员30名，其中男性24名，女性6名；35岁及以下23名，大专学历以上10名，转正党员27名。建立公共服务站29个。

【“坪石十大名片”评选】 2016年坪石镇制定实施“文化强镇年行动计划”。从2016年6月起，正式启动“坪石十大名片”评选活动。为营造“坪石十大名片”评选氛围，8月4日，启动第二届“金鸡杯——我眼中的坪石十大名片”摄影大赛，12月12日，举行颁奖仪式。通过名片征集、网络投票、公开征求意见、评选工作领导小组确定等环节，最终确定“坪石十大名片”：金鸡岭景区、坪石大捷、天堂姜、皈塘古村、中国华电集团公司韶关市坪石发电厂有限公司（B厂）、迴龙庙、中山大学坪石遗址、朱氏宗祠、“7011”工程景区和坪梅铁路。

【管埠村获评省文明村】 2016年，坪石镇河丰村委会管埠村在广东省2014—2015年度精神文明建设中被评为省文明村。该村是韶关市唯一获得此项荣誉的村。管埠村位于坪石镇西南部，耕地面积80公顷，全村178户728人，有党小组1个，党员18名。该村按照“产业拉动、龙头带动”的思路，加大农业产业培育，形成蔬菜种植、生猪养殖为重点的农业龙头产业。通过加强实用技术推广，引导村民在华电韶关坪石发电厂就业。2015年实现农业总产值180多万元，人均收入比上年增加250元。不断加强基础设施建设，改善村容村貌，投资28万元硬化通村主道路，推行户户改水改厕，新建一批垃圾屋、垃圾池，购置200个垃圾桶，发放给每户村民使用。投入20万元绿化村庄。打造平安文明和谐村庄，兴建文化综合教育室、体育场、老年人活动中心，成立村舞蹈队，定期开展健康娱乐文化活动，形成村民遵纪守法、邻里团结和睦的文明新风尚。常年配备3名夜巡队员开展夜间巡逻，维护村庄治安稳定。（赵星星）

附：坪石镇领导班子成员名单

党委书记、人大主席：刘允曾（ —3月）
市委常委、党委书记、人大主席：刘允曾（3月—7月）
市委常委、党委书记：刘允曾（7月— ）
党委副书记、镇长：邓勇健
人大主席：王重华（7月— ）
党委副书记：刘良华
何金锭（女，7月— ）
党委委员、纪委书记：颜昌峰（ —7月）
扶治和（7月— ）
党委委员、人大副主席：谢济荞（ —7月）
党委委员、副镇长：袁瑞峰（ —6月）
白英辉（7月— ）
党委委员：周艳君　朱君水
李新健（ —6月）
孙　斌（ —7月）
黄琼彦（女， —7月）
刁　彪（7月— ）
文福才（7月— ）
沈忠明（7月— ）
邱锦萍（女，8月— ）
党委委员、武装部部长：杨宏华（ —7月）
潘　廷（7月— ）
副镇长：谭云能（ —7月）
白英辉（ —7月）
张　鑫（7月— ）
谭文斌（7月— ）

2016年乐昌市坪石镇主要社会经济指标一览表

指　　标	单位	数量	指标	单位	数　量
农林牧渔及服务业总产值（当年价）	万元	32604.8	生猪存栏量	头	10565
工业、企业总产值（当年价）	万元	261080	水果总产量	吨	14270
固定资产投资	万元	7340	中学	所	2
招商引资实际投入	万元	—	小学（含教学点）	所	5
农民人均纯收入	元	12572.8	中小学在校生	人	6804
粮食总产量	吨	14731	中小学在职教师	人	491
农业机械化	台	—	水泥公路硬化	千米	41

2016年乐昌市坪石镇村（居）委会基本情况一览表

序号	村（居委会）	书记	主任	村（居）民小组（个）	总户数（户）	总人口（人）	集体经济纯收入（万元）	农民人均纯收入（元）
1	皈塘村委会	李松田	李松田	21	566	2286	6.00	10573
2	京口村委会	李春发	李春发	9	243	1019	1.40	15652

序号	村（居委会）	书记	主任	村（居）民小组（个）	总户数（户）	总人口（人）	集体经济纯收入（万元）	农民人均纯收入（元）
3	新岩下村委会	范儒忠	范儒忠	12	296	1080	7.20	14002
4	金鸡村委会	谢海洋	谢海洋	10	601	1931	10.00	14581
5	灵石坝村委会	谢广雄	谢广雄	7	360	1461	1.00	13691
6	河丰村委会	廖书明	廖书明	5	462	2208	2.70	11007
7	罗家渡村委会	李继林	李继林	9	283	1093	1.13	11964
8	田头村委会	李小林	李小林	12	350	1479	5.75	11826
9	长排寮村委会	余欣生	余欣生	6	128	708	8.00	11278
10	天堂村委会	邓甲亮	邓甲亮	24	723	3120	4.60	11873
11	转村村委会	黄国华	黄国华	7	182	658	1.07	12076
12	仁里村委会	黄月良	黄月良	18	478	2460	0.63	13205
13	大罗家村委会	罗广	罗广	11	397	1505	8.00	11743
14	三拱桥村委会	彭四坤	彭四坤	8	236	942	8.20	12665
15	武阳桥村委会	付柏胜	付柏胜	7	252	1050	8.00	12379
16	白竹村委会	付发太	付发太	6	234	917	10.00	14372
17	龙珠村委会	何新义	何新义	11	296	1260	8.00	13320
18	陈家坪村委会	赖洪茂	赖洪茂	10	318	1312	0.70	11977
19	莲塘村委会	钟新战	钟新战	7	263	887	3.00	13411
20	肖家湾村委会	罗满根	罗满根	13	525	2350	0.30	12833
21	三星坪村委会	朱石清	朱石清	13	423	1625	0.10	12478
22	神步村委会	范飞生	范飞生	9	326	1266	8.70	13008
23	百家洞村委会	郑显飞	郑显飞	7	287	1143	10.20	12547
24	吴塘村委会	郑元发	郑元发	7	242	1098	3.20	13195
25	武阳司村委会	沈春明	沈春明	14	666	2641	4.70	12147
26	劳动路社区居委会	肖香红	肖香红	7	1340	4023	—	20177
27	坪南路社区居委会	邓快英	邓快英	10	3472	10607	—	20894
28	群众路社区居委会	吴菲	吴菲	9	4146	12670	—	21533
29	老街社区居委会	裴后亮	裴后亮	5	2131	6381	—	19946

三溪镇

【概况】 三溪镇位于乐昌市西北部，南、西、北三面与湖南省宜章县交界，东面与坪石镇接壤。距离乐广高速公路坪石镇西出口24千米，距离坪石镇火车站37千米，距离乐昌市区80千米。武江河在三溪境内沿着“海星”状丘陵弯曲迂回，河道呈“之”字形，长达25千米，从三溪墟后山山顶向东北方向俯视，酷似三条溪水流经境内，三溪因此得名。全镇总面积113.3平方千米，山地面积6273公顷，耕地面积719.33公顷，森林覆盖率75.6%。水力资源丰富，有水电站3座。下辖三溪、大坪头、丫告岭、仕坑、车头园、石村、神前岭、白露塘8个村委会，92个自然村。2016年年末，户籍人口12877人，农业人口10770人。

2016年，三溪镇财政收入1556万元，同比增长71.6%；农村经济总收入25441.13万元，同比增长5%；农村人均纯收入11863.6元，同比增长8%；粮食播种面积368.2公顷，粮食产量2761.5吨。全镇有九年制完全学校1所，教学点（石村）1个，幼儿园1所，在校学生415人。土特产有红薯干、豆腐乳、脐橙等。

【农业和农村工作】 2016年，三溪镇黄烟种植面积80公顷，年产烟叶200多吨。建成仕坑133.33公顷的油茶种植基地；建成以石村、神前岭、车头园、白露塘等村为主的蔬菜种植基地，带动农民种植蔬菜100公顷；成立专业合作社18个、家庭农场3个，促进生猪、肉牛、山羊、田螺等畜牧水产业健康发展；引进乐昌市湘粤林业开发有限公司和郴州市汇丰园林开发公司发展绿色生态产业项目；在石村、车头园、仕坑、丫告岭、神前岭、大坪头等村种植经济林木400公顷，种植优质园林苗木60公顷，带动农民灭荒造林面积233.33公顷。

【新时期精准扶贫精准脱贫工作】 2016年，三溪镇精准扶贫户共217户642人，其中，扶贫户128户453人，占总贫困人口的70%；扶贫低保户32户109人，占贫困人口的16%；低保户35户53人，占总贫困人口的9%；“五保户”22户27人，占总贫困人口的5%。有劳动能力的145户535人，占总贫困人口的83%；无劳动能力的72户107人，占总贫困人口的17%。年度共计投入扶贫资金166.37万元，完成三溪镇精准扶贫养殖计划、大坪头村委会烤烟房道路硬化等项目。2016年三溪镇实际脱贫104户257人，顺利完成2016年度脱贫任务。2016年9月，三溪镇精准扶贫工作在韶关市扶贫工作全覆盖督导检查中取得县级第三名的成绩；在韶关和乐昌扶贫年终考核检查中，取得县级综合排名前三的成绩。

【综治信访维稳】 2016年，三溪镇积极化解“六村九组”用电缴费、镇属企业职工社保缴纳、省界山岭纠纷等历史遗留问题。继续保持进京到省“零上访”优良维稳态势。通过与湖南接壤乡镇签订《睦邻友好协议》，共同维护边界稳定和谐。全年成功调处矛盾纠纷12宗，开展各类宣讲会和普法活动5场次。

【社会民生保障工作】 2016年，参加城乡居民医疗保险10583人，参保率105.3%；完成2017年城乡居民医疗保险参保工作，参保10342人，参保率102.8%。截至2016年年底，参加城乡居民养老保险5687人，完成率108.3%，申请养老金1550人；参加“银龄安康”保险708人，完成率101%。发放重度残疾人护理补贴72人13万元，困难老人生活补贴50人6万元；最低生活保障津贴318人72万元；“五保”津贴31人21万元；困难群众医疗救助14人8万元；高龄老人津贴395人10万元。

【教育和文化事业】 2016年，投入60余万元安装三溪镇中心小学学生宿舍热水供应系统、完善校园文化建设以及校园绿化、加建教室安全消防梯与幼儿园厕所、配备师生直饮水设施8套。2016年12月，三溪镇教育强镇复评工作通过韶关市考核验收。2016年，镇文化站新增音响设备1套、LED电子显示屏1个和各类书籍千余册；为各村委会文化室新增音响设备一套和各类书籍共千余册。通过充分挖掘本土特色文化资源，积极引导非物质遗产传承队伍改编一系列群众喜闻乐见的戏曲，主要以党建工作、节约用电、计划生育、安全生产、新法新规等为宣传内容，以花鼓戏、乐昌渔鼓、青蛙狮为宣传载体，全年免费送戏下村8场次。

【计划生育】 2016年，三溪镇人口新生儿183人，出生率14.05‰，自然增长率8.52‰，性别比105.6（以女性为100），计划生育率为96.72%。投入计生宣传费用17.8万元，做好“全面二孩”政策宣传工作，发放宣传资料5000多份，组织宣讲及业务培训会10余次。

【党建工作】 2016年，完成三溪镇党委、政府换届工作；分别于7月28日和9月20日，召开中共乐昌市三溪镇第十三次代表大会和乐昌市三溪镇第十七届人民代表大会第一次会议。全面开展镇领导干部驻点普遍直接联系群众工作，镇、村干部走访群众3874户，走访联系12828人，走访入户联系率100%，群众满意度98%以上。做好车头园村软弱涣散党组织整顿工作，筹备资金16.5万元修缮车头园村党支部集体活动场所。全年预备党员转正11名，发展预备党员9名。

【社会主义新农村建设】 2016年，三溪镇完成贫困户危房改造13户45人，建筑面积850平方米。投入102.5万元建设完成三溪村委会车田组200平方米娱乐文化广场一个和安装路灯6盏、神前岭村委会甲背岭村和白露塘村委会板家坝村文化室建设。石村村委会成功申报并通过韶关市一级卫生村检查验收。

【基础设施建设】 2016年，三溪镇投入1200万元完成大坪头村委会和仕坑村委会高标准农田建设；完成分水坳水库除险加固、范家灌区水渠改造项目；投入30余万元修缮大坪头、白露塘、车头圆、仕坑等部分水渠。完成白露塘至龙井、罗家至杨家3.5千米公路硬底化工程；新建成大坪丘、甲背岭、神前岭、塘背四条机耕路；完成三溪至梅田公路拓宽硬底化项目立项、环评、公路拓宽等前期工作；完成杨司塘大桥建设项目。

【招商引资】 2016年，引进乐昌市农家宝农业发展有限公司，预计投资100万元开发6.67公顷土地进行农产品种植和加工。引进乐昌市丰润达生态农业旅游发展有限公司，预计投资2680万元发展休闲农业旅游观光产业。 （朱鸿斌）

附：三溪镇领导班子成员名单

党委书记：张广润（ —5月）
吴伟标（5月— ）
党委副书记、镇长：吕锦东（ —5月）
丁　琦（9月— ）
人大主席：张广润（ —5月）
杨宏华（10月— ）
党委副书记：丁　琦（ —7月）
龚云亮（女，8月— ）
贺卓华（8月— ）
党委委员、副镇长：张伟清（8月— ）
党委委员、纪委书记：陈荣标（ —7月）
王元根（8月— ）
党委委员、武装部部长：李润昌（ —7月）
何红金（8月— ）
党委委员：叶　聪（ —3月）
何红金
张宗荣（8月— ）
雷云龙（8月— ）
副镇长：龚云亮（女， —7月）
龚猷学（8月— ）
吴荣斌（8月— ）

2016年乐昌市三溪镇主要社会经济指标一览表

指　　标	单位	数量	指标	单位	数　量
农林牧渔及服务业总产值（当年价）	万元	18788.17	生猪存栏量	头	4464
工业、企业总产值（当年价）	万元	3198.54	水果总产量	吨	5328

指　　标	单位	数量	指标	单位	数　量
固定资产投资	万元	1037	中学	所	1
招商引资实际投入	万元	5254	小学（含教学点）	所	1
农民人均纯收入	元	11863.56	中小学在校生	人	415
粮食总产量	吨	2761.50	中小学在职教师	人	51
农业机械化	台	8	水泥公路硬化	千米	3.5

2016 年乐昌市三溪镇村委会基本情况一览表

序号	村（居委会）	书记	主任	村民小组（个）	总户数（户）	总人口（人）	集体经济纯收入（万元）	农民人均纯收入（元）
1	三溪	邝德寿	邝德寿	8	304	1197	1300.12	12102.90
2	大坪头	邝贤忠	邝贤忠	7	301	1288	1235.90	11776.38
3	车头园	邝国六	邝国六	10	399	1923	1934.69	11365.52
4	丫告岭	何良章	何良章	7	305	1149	1200.79	12248.83
5	神前岭	邓贵祥	邓贵祥	12	382	1694	1587.49	11770.90
6	石村	邓广祥	邓广祥	12	392	1871	1630.15	12176.13
7	白露塘	何水庆	何水庆	13	303	1373	1064.24	11777.45
8	仕坑	何红金	何红金	17	350	1684	1696.14	11882.10

梅花镇

【概况】　梅花镇地处乐昌市西北部，坪乳公路、京港澳高速、广乐高速、乐梅公路贯穿境内，是“梅寮四地”经济、文化、交通中心。全镇总人口5.9万人，辖17个行政村、1个居民委员会，总面积197.77平方千米，耕地面积1853.3公顷。2016年，全镇农村经济总收入7.5亿元，同比增长5%；农民人均收入11900元，同比增长7.8%。

【农业和农村工作】　2016年，梅花镇有蔬菜、生猪种养合作社67家，蔬菜种植面积1533.33公顷，年均产量6.5万吨，产值近亿元。肉猪年出栏量3万头。有5家合作社被评为韶关农业龙头企业，6家合作社成功申报省级示范合作社，在石带村委会创建百亩高产稻示范片1个，面积10公顷，示范品种“超1000”百亩攻关田全田实收达标。

【综治维稳】　2016年，梅花镇受理信访件143件，调解成功141件，调解率98.6%，网络信访13宗，答复率100%。无群体性和非正常进京上访事件、无邪教组织、无重大治安事件发生。

【新时期精准扶贫精准脱贫工作】　梅花镇确定贫困户419户、1095人（其中“五保”贫困户61户、66人，低保贫困户236户、594人，一般贫困户122户、435人），制订及落实好“一户一法”措施，提高精准扶贫、精准脱贫工作的实效性，确保三年任务两年完成工作目标。

【发展特色产业】 梅花镇有4间“子姜辣椒”加工厂、3家“梅花猪”专业养殖场，多家合作社的产品均注册商标，取得绿色食品证书。子姜辣椒、梅花猪等产品成为梅花镇的名牌产品，其中子姜辣椒进入韶关市各大型超市。以百臻生态农业园为代表的现代观光休闲农业得到进一步发展，新建一座百臻森林公园，其生产的有机米热销珠江三角洲地区，优质的草莓深受本地群众欢迎，农家乐项目运作日趋成熟。

【民营经济】 2016年，百臻生态农业科技发展有限公司成为梅花镇新型农业经营发展的新标杆，5月，成功挂牌深圳前海股权交易中心（股权代码：364890），8月，列入第三批全省休闲农业与乡村旅游示范点，辐射带动梅花10多家“农家乐”“家庭农场”的发展。加大力度培育乐昌市闽兴新型建材有限公司、甲水电站、广东碧春晖农业有限公司、子姜辣椒厂等一批骨干企业，充分挖掘企业潜力，企业经济效益和市场竞争力明显增强。

【招商引资】 11月18日，由中国电力工程顾问集团投资有限公司投资兴建的乐昌市首个风力发电项目——梅花风电场完成签约仪式，标志着该风电项目正式启动。同时也促成流山光伏发电项目、大坪古村落旅游休闲项目、金山温泉等一批投资意向项目。

【“两违”整治工作】 2016年，拆除整治违法使用土地建设和违章广告牌、厂棚等建筑12宗，拆除违法建筑面积为2360平方米，查处违法用地23宗，查处违法用地面积12257平方米；违法建筑“五停”13宗，“五停”面积3150平方米。

【镇区建设】 2016年，梅花镇投入近10万元在坪乳线、烈士陵园、卫生院门前等道路新安装路灯31盏，规划各类交易经营位置和机动车停车位。对镇区街道乱摆乱卖现象进行专项整治，街道“脏、乱、差”现象得到有效解决。

【农村农业基础设施建设】 2016年，梅花镇投入近150万元，完成铜山至枫树排、梅花北至洞头等6条总长9.81千米的村级公路硬化。对镇区街道排水道进行疏通改造，镇区污水收集管网在铺设中，梅花污水处理厂进入运营状态。

【农村合作医疗】 2016年，梅花镇城乡居民医疗保险参保人员45970人，参保率100%；新农保目标任务17081人，截至2016年年底，全镇新农保参保人员17489人，完成率100%；完成社保扩面201人。

【文化】 2016年，梅花镇举办文艺表演10余场，在学校、村（社区）放映电影20多场，举办梅花镇第八届“和谐杯”篮球赛，丰富群众的精神文化生活。

【卫生】 2016年，梅花镇铜山村和大塘边村通过考核，获得韶关卫生村称号。梅花卫生院被评为全国满意卫生院。全镇新建和维修垃圾池9座，新增设垃圾收集箱24处。

【打造生态旅游】 梅花镇境内旅游资源丰富，有著名的黄巢石、莲花潭（邓小平指挥“梅花战役”指挥部）、与丹霞地貌相似的铁罗峡姐妹石、万古金城以及九仙杯、仙人岩等古迹。有市级文物保护单位的韩泷祠；有分别位于坪溪村、大坪村的金山温泉、大坪温泉；有“红色革命老区”的大坪村委和“游击革命老区”的流山、大富村委；有明清古建筑群大坪杨家寨和“韶关市爱国主义教育基地”红七军革命烈士纪念园等景点。

【地方特产】 主要有梅花猪、子姜辣椒、黄烟、无公害绿色蔬菜（青瓜、茄子、辣椒、西兰花等）、紫心薯、香花梨（沙梨）等。

【造林绿化】 2016年，完成抚养育幼林812公顷，修复林场防火线13千米，管护好国家生态公益林10376公顷、省级生态公益林2262公顷，指导完成社会营造林435公顷，完成人工造林油茶种植734公顷。

【精神文明建设】 以“革命老区”大坪村委会和

红七军革命烈士纪念园为基地，围绕红色文化开展爱国主义宣传教育活动。镇文化站采购新的仪器设备，政府篮球场内安装健身器材并投入使用。配合市文广新局开展“送戏下乡”活动，丰富群众的文化生活。（吴　茜）

附：梅花镇领导班子成员名单

党委书记、人大主席：朱长林（　—5 月）
党委书记：颜昌松（5 月—　）
党委副书记、镇长：颜昌松（　—5 月）
林俊仪（9 月—　）
人大主席：付仙宝（9 月—　）
党委副书记：孙　斌（7 月—　）
罗增平（7 月—　）
党委委员、人大副主席：付仙宝（　—5 月）
党委委员、副镇长：罗增平（　—7 月）
李　挚（7 月—　）
副镇长：黎少荣（　—7 月）
黄建群（女，　—7 月）
谭先文（7 月—　）
袁志昇（8 月—　）
党委委员、纪检书记：骆学文（　—7 月）
张剑平（7 月—　）
党委委员、武装部部长：饶晓峰（　—7 月）
温则东（7 月—　）
党委委员、宣传委员：杨荣清（　—7 月）
黄建群（女，7 月—　）
党委委员、组织委员：雷春红（　—7 月）
朱小兵（7 月—　）
党委委员：肖文明（　—7 月）
陈立坚（　—7 月）
张瑞辉（7 月—　）
林玉明（7 月—　）

2016 年乐昌市梅花镇主要社会经济指标一览表

指　标	单位	数量	指标	单位	数　量
农林牧渔及服务业总产值（当年价）	万元	68400	生猪存栏量	头	27975
工业、企业总产值（当年价）	万元	6600	水果总产量	吨	3785
固定资产投资	万元	4705	中学	所	2
招商引资实际投入	万元	2350	小学（含教学点）	所	11
农民人均纯收入	万元	1.19	中小学在校生	人	6301
粮食总产量	吨	19687	中小学在职教师	人	411
农业机械化	台	300	水泥公路硬化	千米	214.01

2016 年乐昌市梅花镇村（居委会）基本情况一览表

序号	村（居委会）	书记	主任	村民小组（个）	居民小组（个）	总户数（户）	总人口（人）	集体经济纯收入（万元）	农民人均纯收入（元）
1	关春村	李健旺	李健旺	27	—	1517	6300	4.03	11866.28
2	三和村	何昌贤	何昌贤	13	—	1047	4518	3.73	12005.60
3	梅花村	邓远志	邓远志	24	—	1913	8490	3.60	11822

序号	村（居委会）	书记	主任	村民小组（个）	居民小组（个）	总户数（户）	总人口（人）	集体经济纯收入（万元）	农民人均纯收入（元）
4	流山村	陈海深	陈海深	13	—	795	3359	5.23	11743.16
5	大付村	范美养	范美养	9	—	663	2633	3.80	11878.16
6	鹧鸪塘村	吕金河	吕金河	11	—	957	3924	5.87	11869.52
7	坛司村	杨帮珠	杨帮珠	10	—	583	2461	3.52	11844.68
15	大坪村	杨炳城	杨炳城	20	—	1099	4441	54.04	12128.72
8	大塘边村	杨智勇	杨智勇	5	—	308	1341	6.07	11949.44
9	石带村	余勋伟	余勋伟	6	—	504	2077	3.63	11842.52
10	马糍湖村	余明森	余明森	9	—	446	1780	3.23	12041.24
11	清洞村	罗美荣	罗美荣	9	—	486	1902	3.43	12002.36
12	鹿村村	叶挺华	叶挺华	2	—	363	1335	3.58	11765.84
13	铜山村	刘春石	刘春石	11	—	716	2775	3.25	11691.32
14	坪溪村	付神明	付神明	17	—	741	2935	5.63	11823.08
16	深塘村	余勋炉	余勋炉	21	—	1335	5436	3.83	11921.36
17	石溪村	李福林	李福林	7	—	527	2155	3.43	11934.32
18	梅花居委会	邓光源	邓光源	—	1	946	1887	0.08	12070.40

秀水镇

【概况】 秀水镇位于乐昌市城区西北部，西部与湖南省宜章县关溪乡、栗源镇相邻，北部、东部、南部分别与梅花、云岩、沙坪接壤，为典型石灰岩地区。全镇总面积56平方千米，耕地面积629.33公顷、其中水田面积355.2公顷、旱地面积274.13公顷。镇政府下辖10个村委会、77个自然村，总人口2.17万人。2016年，全镇工农业总产值26790万元，其中农业产值18309万元、工业产值8481万元。

【农业和农村工作】 2016年，秀水镇重点抓好蔬菜、水果、黄烟、油茶、光皮树五大特色农业。全年种植优质蔬菜253.33公顷，种植优质水果240公顷，种植贡柑140公顷，香瓜种植40公顷，黄烟种植形成东边排23.33公顷。油茶、光皮树种植面积进一步扩大，种植油茶113.33公顷，光皮树面积18公顷。引导农户逐步调整经济作物的种植比例，甜玉米、花生、油菜种植比例大幅提高，逐步转变以水稻为主的传统农业格局。鼓励扶持黄烟、蔬菜、水果、油茶等农业专业合作社的发展，进一步形成“龙头企业+合作社+基地+农户”的产业化经营模式，有农村专业合作社23个，其中2016年新成功申报乐昌市级合作社2个。大力发展良种肉猪和山地鸡的饲养，实现年出栏量100头以上的猪场11家，年出栏量500只以上的鸡场3家。

【综治维稳】 2016年，秀水镇排查出矛盾纠纷12宗，成功调解12宗，办结信访件2宗。抓好社区矫正、安置帮教网络建设，组织全镇10个村及相关单位建立治安联防组织，建立从镇到村到单位家属的创建“平安家庭”活动组织网络。

【新时期精准扶贫精准脱贫工作】 秀水镇确定贫困户264户，813人，做好精准贫困户建档立卡工作和帮扶干部结对工作，结合贫困户实际情况有针对性地为每户精准贫困户拟定三年帮扶规划。2016年，通过社保兜底、产业帮扶、就业培训等帮扶措施实现脱贫109户211人。

【综治暨平安创建工作】 秀水镇有9个村完成“平安村居”的创建；制定《秀水镇严重精神障碍患者排查工作方案》，完成辖区内的10个村委会128名在册精神病患者的排查；推进反邪教警示教育活动网络建设，增强群众反邪教意识。

【农村农业基础设施建设】 2016年，秀水镇完成黄金洞至西河下邝辽思河5.6千米河堤建设；完成大罗岭、芳塘、何家冲村灌区水渠7.6千米护堤工程，涉及灌溉农田面积21.33公顷，受益农户1600多人；完成何家冲村委会张家角村山塘加固工程建设，受益农户200多人，确保了1.33公顷农田的用水需求。投入247.73万元，重点抓好村村通自来水工程建设，解决12个村小组4150人村民饮水难问题。完成镇政府至王家排1千米公路、何家冲村委会石背至水浸窝1.909千米公路硬化工程。

【社会保障】 2016年，城乡居民基本医疗保险参保人数16705人，超额完成市里下达目标任务数。累计为群众申办二代社会保障卡16320张；城乡居民社会养老保险参保人数6779人，超额完成市里下达目标任务数；严格落实低保户的审核工作，完善“五保户”、优抚对象和定补对象的救济，全年“五保”受益人口37人，优抚定补受益人口33人，低保直接受益人口340人。

【打造生态旅游】 秀水镇朱家村紫阳书院和楼下村紫气书院是乐昌市保留较为完整的古建筑祠堂之一，其中紫阳书院被列为广东省文物保护单位。2016年11月，秀水镇大竹山森林公园建成，公园占地面积53平方千米，园区动植物资源丰富，有国家一、二级保护植物南方红豆杉、香樟等。

【地方特产】 主要有良种肉猪、山地鸡、秀水鱼干、黄烟、无公害绿色蔬菜、柚子、花生豆腐、黄糍粑、油茶等。

（吕　欣）

附：秀水镇领导班子成员名单

党委书记、人大主席：何平良（　—5月）
党委书记：邝贤松（5月—　）
人大主席：李月明（9月—　）
党委副书记、镇长：邝贤松（　—5月）
镇　长：朱裕超（9月—　）
党委副书记：张锦锋（　—7月）
　　　　　　丘秀娥（女，7月—　）
　　　　　　骆学文（7月—　）
　　　　　　朱裕超（5月—　）
党委委员、副镇长：黎汉文
党委委员、纪委书记：邓德文（7月—　）
党委委员、武装部部长：李格志
党委委员、组织委员：刘　锦（　—7月）
　　　　　　　　　　刘盛盛（7月—　）
党委委员：杨福达（　—7月）
　　　　　蔡　东（　—7月）
　　　　　张安山（　—7月）
　　　　　罗湛华（—7月）
　　　　　叶　聪（7月—　）
副镇长：吴　猛（　—7月）
　　　　赖　海（9月—　）
　　　　张展聪（9月—　）

2016 年乐昌市秀水镇主要社会经济指标一览表

指　　标	单位	数量	指标	单位	数　量
农林牧渔及服务业总产值（当年价）	万元	18309	生猪存栏量	头	7756
工业、企业总产值（当年价）	万元	8481	中学	所	1
固定资产投资	万元	2700	小学（含教学点）	所	4
招商引资实际投入	万元	0	中小学在校生	人	1728
农民人均纯收入	万元	1.17	中小学在职教师	人	114
粮食总产量	吨	5243	水泥公路硬化	千米	4.81

2016 年乐昌市秀水镇村委会基本情况一览表

序号	村（居委会）	书记	主任	村民小组（个）	总户数（户）	总人口（人）	集体经济纯收入（万元）	农民人均纯收入（元）
1	秀水村	张世升	张世升	9	719	3190	7.1	14050
2	西河村	邝火明	陈河生	12	728	3164	6.2	10880
3	田心村	朱君华	朱君华	12	578	3285	6.4	11936
4	消山村	张宗泉	张宗泉	10	301	1997	6.1	11125
5	中排村	彭春杏	彭春杏	6	209	1318	7.8	10623
6	大竹山村	陈聪华	陈聪华	5	216	1159	6.5	11126
7	黄金洞村	张志平	张志平	5	224	1399	8	11175
8	大罗岭村	张群文	张群文	6	341	1707	7.4	11351
9	芳塘村	陈世菌	陈世菌	6	299	2078	7.8	11119
10	何家冲村	王土才	王土才	6	411	1769	6.6	10944

沙坪镇

【概况】 沙坪镇位于乐昌市西南部，东、南两面与乳源县交界，西面与湖南省的宜章县关溪乡、白沙乡毗邻，北面连接秀水、云岩镇，距乐昌市区公路里程约 60 千米。全镇总面积 146 平方千米，辖区有雷家窝、沙坪、马子坪、关山、山坪、柘洞和茶园 7 个村委会和 1 个八宝山林场，86 个自然村，146 个村小组。总人口 24844 人，其中党员 427 人。全镇耕地面积 965.3 公顷，其中望天水田 73.3 公顷，其余为石花地。沙坪镇属石灰岩地貌，有“七分石头三分土，食水用水贵如油”之称，自然条件极为恶劣。主要土特产有土榨花生油、花生豆腐、山地玉米鸡、土鸡蛋、番薯干等。

2016 年，沙坪镇农业生产总值 9171.45 万元，同比增长 6%；农村工业总产值 678 万元，农村经济总收入 23742.27 万元，同比增长 5%；全镇财政一般预算收入 884 万元，同比下降 15.73%。村集体经济总收入102.29万元，平均达14.6万元，农村人均收入11832元，同比增长10%。

【综治维稳】 2016年，全镇接待群众来信来访18件次，调处矛盾纠纷30起，无上级信访部门转办信访案件，办案率和满意率达100%，无越级上访、无发生重大民事纠纷、无产生新的积案，圆满完成市挂牌的社会治安重点整治任务。

【发展特色产业】 2016年，全镇种植黄烟300公顷，收购烟叶580吨，实现经济收入1500多万元。大力推广优质辣椒、花生、子姜、甜玉米种植。全镇辣椒面积375公顷，平均公顷产达52500公斤，公顷产值约11万元。形成大型养猪场38个，年出栏生猪2.2万头；野猪养殖场1个，年出栏野猪8头；散户养殖山地鸡5.1万只，形成专业养殖合作社4个，养殖收入1076万元。

【镇村服务平台建设】 2016年，沙坪镇加强公共服务平台建设，大楼集中所有窗口部门单位，为群众办事提供“一条龙”服务。建立电子阅览室及活动室，丰富干部职工和群众业余文化生活。各村委会新建村级公共服务平台及电子阅览室。

【基础设施建设】 2016年，全镇公路硬化累计投入148万元，硬化公路4.5千米。投入107万元用于新建、维修加固、架接水管等村村通食水工程15宗，于年底完工。投资150多万元新建蓄水池4500立方米，于年底完工。维修关山水圳10千米。维修加固八宝山水库罐区排灌水圳15千米。投资40万元新建窝子村健身广场，截至2016年年末，完成“三通一平”。

【社会事业】 2016年，农民参加新型合作医疗和城镇医保率达100%。累计发放农村低保金93.91万元，“五保户”保障金30.75万元。慰问困难老人1500元。落实各项强农惠民政策，累计发放种粮补贴15.10万元，农资综合补贴115.44万元。开展健康直通车、送医送药下乡活动。雷家窝村委会被评为“韶关市卫生村”。 （李　龙）

附：沙坪镇领导班子成员名单

党委书记：陈世军（　—5月）
　　　　　廖远强（5月—　）
党委副书记、镇长：廖远强（　—5月）
　　　　　　　　　余树晗（9月—　）
人大主席：张锦锋（9月—　）
党委副书记、综治信访维稳中心主任：
　　　　　李　杰（　—7月）
　　　　　邓培养（7月—　）
党委副书记：宋俊霞（女，7月—　）
党委委员、副镇长：杨嘉锋（　—7月）
　　　　　　　　　黄华光（9月—　）
党委委员：邓贤红（　—7月）
　　　　　丘秀娥（女，　—7月）
　　　　　叶　聪（　—7月）
　　　　　杨福达（9月—　）
　　　　　李丹华（女，9月—　）
党委委员、纪委书记：雷光荣（　—7月）
　　　　　　　　　　陈荣标（7月—　）
党委委员、武装部部长：李晓东（　—7月）
　　　　　　　　　　　雷智群（7月—　）
副镇长：黄华光（　—9月）
　　　　陈丽琴（女，9月—　）
　　　　廖永香（女，9月—　）

2016年乐昌市沙坪镇主要社会经济指标一览表

指　标	单位	数量	指标	单位	数　量
农林牧渔及服务业总产值（当年价）	万元	18672	生猪存栏量	头	10258
工业总产值（当年价）	万元	678.76	水果总产量	吨	2730
固定资产投资	万元	210	中学	所	1

指　　标	单位	数量	指标	单位	数　量
招商引资实际投入	万元	0	小学	所	7
财政收入	万元	884	中小学在校生	人	1748
农民人均纯收入	元	11832	中小学在职教师	人	165
粮食总产量	吨	3590	水泥公路	千米	117

2016 年乐昌市沙坪镇村委会基本情况一览表

序号	村（居委会）	书记	主任	村民小组（个）	总户数（户）	总人口（人）	集体经济纯收入（万元）	农民人均纯收入（元）
1	雷家窝村	雷春杵	雷春杵	8	397	1812	13.68	13248
2	马子坪村	张际养	张际养	10	643	2901	10.22	11393
3	沙坪村	马树阶	马树阶	14	848	4097	19.38	11658
4	山坪村	黄好东	黄好东	9	625	3018	13.62	11988
5	关山村	黄春城	黄春城	11	794	3820	14.66	10679
6	茶园村	许明生	许明生	14	876	4422	15.95	12263
7	柘洞村	谢金生	谢金生	14	829	4032	14.78	11595

云岩镇

【概况】　云岩镇位于乐昌市西南部，距乐昌市区50千米，是典型的石灰岩高寒山区，东南部与乳源瑶族自治县大桥镇交界，西南部与沙坪镇相连，西接秀水镇，北部与梅花镇接壤。京港澳（G4）高速公路和省道坪乳公路（S249）及县道357线经过境内。全镇辖9个行政村，总人口1.6万人，总面积66平方千米，其中耕地面积678.4公顷（水田454公顷、旱地224.4公顷）。境内有钨、锡、砷、铁、煤、石灰石等矿产资源，平均海拔680米，东部、南部最高海拔850米，西南、北部平均海拔400米，昼夜温差大，年平均气温16.4℃，属亚热带湿润性气候。农村经济收入主要靠外出务工和传统种养业，农业种植以水稻、黄烟、辣椒、玉米、青瓜、茄子为主。主要土特产有雪莲果、红衣花生、紫心红薯、黑美人西瓜、香芋冬瓜等。2016年，全镇财政收入944万元，实现农村经济总收入17183万元，农民人均纯收入11446元，增长9%。云岩镇有著名的“青莲山”、云岩水库、西京古道、观音岩等名胜古迹。

【农业和农村工作】　以专业合作社为龙头，进一步调整优化农业产业结构，大力发展特色农业、规模农业，推进农业产业化，形成以“公司（合作社）+基地+农户”为模式的蔬菜产业化结构。2016年，全镇有合作社28家，9个村委会均成立合作社。全年种植优质蔬菜青瓜、黄瓜、茄子、辣椒、小南瓜等266.7公顷。坚持走雪莲果、黄烟、油茶三条特色农业的路子，全镇种植雪莲果12公顷，黄烟18公顷，油茶113.3公顷，西瓜13.3公顷。开展蓝莓、核桃、中药材等新品种的种植基地试种，培育新兴产业。培育发展立体养殖业，做好基层农技推广体系改革与建设科技示范工作，示范户遍及9个村委会、40多户。

【综治维稳】 2016年，全镇共立案侦查刑事案件22宗，破获8宗，受理治安案件8宗，行政拘留3人，调处治安案件8宗，处罚案件4宗。全年无群体性事件，无进京非正常访、无赴省集体重复访。

【新时期精准扶贫精准脱贫工作】 经精准识别，云岩镇确定贫困户187户543人，其中：一般扶贫户59户213人，低保贫困户105户305人，“五保”贫困户23户25人；有劳动能力户118户435人，无劳动能力户69户108人；残疾户75户222人。2016年实现精准脱贫74户170人。

【镇区建设】 2016年，对政府家属宿舍大楼进行修缮补漏，并改造政府大楼网络布线。新建电子文化阅览室，举办律师杯文体赛。对旧坪乳公路至政府路口进行亮化安装路灯。对政府大院的文体广场进行亮化。

【农村合作医疗】 2016年，全镇参加合作医疗12246人，覆盖率100%；城镇居民医疗保险参加人数286人。补偿782人次，补偿费用353多万元。门诊报销38.9万元，直接受益群众3623人次。

【打造生态旅游】 云岩镇充分利用海拔高、气候凉爽、空气清新以及石灰岩地貌等特点，开发观音岩、青莲山森林公园、云岩水库、下陂水库等观光休闲旅游项目。大力推进农家乐建设，时令水果、土鸡、水库鱼等特产颇具特色。

【造林绿化】 云岩、祖岭、出水岩3个村全村纳入封山育林管理区，封山育林面积225.9公顷，新建蓄水池3处，加固山塘水库4座。专门聘用护林防火员，成立森林防火救援队，全年没有发生较大面积森林火灾。进一步开展人工造林，加强油茶种植，在石冲、长塘等村种植油茶120公顷。开展新一代适应云岩高寒山区气候的人工林选种育苗工作，在石冲、长塘村推广种植红豆杉13.3公顷，油茶20公顷。（彭道城）

附：云岩镇领导班子成员名单

党委书记：罗其桓（5月—　）
　　　　　黄常春（　—5月）
党委副书记、镇长：罗其桓（　—5月）
　　　　　　　　　丘永和（5月—　）
人大主席：黄志斌（9月—　）
　　　　　黄常春（　—5月）
党委副书记：龚旦强（7月—　）
　　　　　　蔡　东（7月—　）
党委委员、副镇长：张宗荣（　—7月）
　　　　　　　　　廖光荣（7月—　）
党委委员、纪委书记：詹乐平（　—7月）
　　　　　　　　　　罗湛华（7月—　）
党委委员（宣传委员）：张国梁（　—7月）
　　　　　　　　　　　廖艳英（7月—　）
党委委员、武装部部长：龚旦强（　—7月）
　　　　　　　　　　　陈勇新（7月—　）
党委委员（组织委员）：刁　彪（　—7月）
　　　　　　　　　　　陈　亮（7月—　）
副镇长：钟丽芸（女，　—7月）
　　　　张　鑫（女，　—7月）
　　　　黄志明（9月—）
　　　　邓惠群（女，9月—　）

2016年乐昌市云岩镇主要社会经济指标一览表

指　标	单位	数量	指标	单位	数　量
农林牧渔及服务业总产值（当年价）	万元	17183	生猪存栏量	头	8475
工业总产值（当年价）	万元	0	水果总产量	吨	3711
固定资产投资	万元	2609	中学	所	1

指　　标	单位	数量	指标	单位	数　量
全镇人口总数	人	16000	小学	所	1
财政收入	万元	795.53	中小学在校生	人	1241
农民人均纯收入	元	11446	中小学在职教师	人	126
粮食总产量	吨	3435	水泥公路	千米	78

2016 年乐昌市云岩镇村委会基本情况一览表

序号	村（居委会）	书记/主任	村民小组（个）	总户数（户）	总人口（人）	集体经济纯收入（万元）	农民人均纯收入（元）
1	石冲	廖景华	5	222	1200	1974	11518
2	长塘	廖来聪	7	500	2400	2442	11735
3	开封	余席省	5	216	1000	1259	11368
4	出水岩	廖艳英	5	330	1400	1478	11487
5	祖岭	廖光华	4	233	1100	1284	11503
6	云岩	胡云昌	12	620	3300	3431	11487
7	选家洞	谢　辉	10	520	2400	2351	11234
8	白蚕	谢日新	3	200	800	710	11406
9	斯茅坪	邱良辉	5	500	2400	2254	11274

黄圃镇

【概况】 黄圃镇位于乐昌市北部，距乐昌市区 97 千米，东与白石镇相连，南邻庆云镇，西、北两面与湖南省宜章县的白石渡镇、杨梅山镇和赤石乡三个乡镇交接，分别距京珠高速坪石出口 27 千米、宜章县城 35 千米。黄圃镇属盆地丘陵，土壤由红色砂页岩石风化而成，呈红色或紫红色，表土容易流失，山脊土壤浅薄。全镇总面积 79.97 平方千米，耕地面积 800 公顷、林地面积 4800 公顷。镇政府下辖 10 个行政村、1 个居委会。总人口 1.9 万人，以发展第一产业农业经济为主。2016 年，全镇生产总值 2.43 亿元；农村人均纯收入 11987 元，镇财政公共预算收入 1002.79 万元。

【综治维稳】 全年无集体到韶关、省、京上访事件，无群体性事件和恶性刑事案件的发生，继续保持边界长期无“战事”的良好局面。2016 年，黄圃镇综治维稳中心受理妥善处理网络问政 8 起；组织排查出和受理各类矛盾 10 件，调解 10 宗，调结 7 件，引导通过法律途径解决 2 宗，正在调解 1 宗；接收来信来访 9 件，其中解决 7 件，还有 2 件在解决中；接收领导批示件、信访等上级部门转交办件 5 件，办结 4 件，办结率 80%。

【新时期精准扶贫精准脱贫工作】 广东水利电力职业技术学院和东莞理工学院、东莞东江水务有限公司等单位组成驻村工作队分别对口帮扶新塘村、斗湾村、应山村、石溪村、紫溪村等重点村；乐昌市公安局、市场监督管理局、烟草专卖局、农业银行乐昌支行等单位组成驻镇工作组对口帮扶塘村、东村、里村、桃坪村、鱼池岭村等分散村。在5个省定贫困村中，确定贫困户259户，贫困人口699人，其中扶贫户123户399人、扶贫低保户39户118人、低保户66户143人、“五保户”31户39人。5个非贫困村分散贫困户100户，贫困人口206人，其中扶贫户15户45人、扶贫低保户13户44人、低保户47户92人、“五保户”25户25人。

【发展特色产业】 2016年，黄圃镇种植黄烟333.33公顷，收购烟叶650吨，实现税收1000万元。大规模兴建新型密集式烤房，全镇烤烟房数量2016年增加到400余座，可供333.33公顷的烟叶烘烤。加快产业结构升级，做优特色农业，鼓励村民大范围的承包种植，2016年新发展反季节蔬菜146.67公顷。特色养殖业发展迅速，藏香猪、珍珠鸡、肉牛养殖等渐成规模。大力发展生猪养殖，全镇有500头以上规模养殖场2座，2016年出栏生猪1000多头。

【民营经济】 黄圃镇民营经济以个体民营业户为主体，镇区主要以零售和住宿餐饮业为主，村级以农产品销售为主。全镇有1家家具手工作坊、2个中型农场和1家集生产加工销售一体的板栗生产工作坊。2016年全镇农民专业合作社有33个，注册资金总计800余万元。

【招商引资】 2016年，引进105万元资金对3座小水电站进行扩容升级改造技改，并完工投产。乐昌市绿鸿农业发展有限公司在黄圃镇投资兴建2个养鸡场，占地约8000平方米，投资额500万元（基础设施及场地费120万元；鸡苗、饲料200万；设备180万元），有鸡苗5万只，预计形成规模后能养殖200万只鸡。

【镇区建设】 推进城镇化建设，加强镇区市场管理和卫生清洁，组织力量对镇区交通及市场拥挤的现象进行整治，全年开支近20万元用于农村垃圾清理；成立镇区道路清理整治小组，积极筹备资金，计划对镇区主要道路（中心学校至财政所段）进行拓宽、排水渠改造，预计3期工程共250万元。

【农村农业基础设施建设】 2016年，完成镇内3座桥涵及新塘水库、甘棠镇水库的除险加固工程；黄圃河小河流域综合治理工程进入收尾阶段，该工程总投资2300余万元；斗湾村委66.67公顷的高标准农田建设工程顺利竣工，该工程修建东圳、西圳等渠道12条，共计10千米；石溪环村公路维修工程全面完工；紫溪环村公路维修工程在施工中。

【医疗和卫生】 2016年，全镇新农保实际参保人数6615人，完成率102.86%；完成城乡居民医疗保险参保14288人，完成率99.53%；企业职工养老保险参保缴费101人，超额完成市下达的企业职工养老保险扩面征缴目标任务。应山村卫生村创建工作顺利通过韶关市爱卫办的验收。

【教育】 全镇有九年一贯制中心学校1所，在校生1266人（小学965人，中学301人），其中九年级80人，考上普通高中48人，升学率60%（其中考上乐一中11人，升学率13.75%），有公办中心幼儿园1所、民办幼儿园2所、紫溪村教学点1个。

【计划生育】 2016年，黄圃镇户籍人口19467人，已婚育龄妇女3840人，出生324人，性别比106.37（以女性为100）。自然增长率11.31‰，出生率17.13‰。

【生态旅游】 黄圃镇旅游资源丰富。东村碧水洞为一大型地下河形成的溶洞，以洞大、深、洞中有水、洞中有瀑布、山秀水碧而著名。黄圃镇应山村的“四古”——古村、古桥、古庙、古亭在省内小有名气，是与庆云户昌山村有同等历史和文化价值的乡村旅游目的地。黄圃“三白虎”，指的位于鱼池岭村的白虎嶂（又称白虎岭）、白虎砦和白虎仙，其中白虎砦石墙建于唐朝末期，距今有1000多年的历史。

【地方特产】 黄圃镇是乐昌种植黄烟大镇，其黄烟种植技术成熟，配套基础设施完善，生产总量逐年提升。该镇素有“板栗之乡”美称，所产板栗香甜可口，独具风味。每年全镇种植优质西瓜、香（蜜）瓜100公顷，亩产3000公斤。所产西瓜、香（蜜）瓜品质优良，特别是香（蜜）瓜，以香、甜、脆闻名，西瓜个头均匀适中、甜、多汁，受到客户的青睐，产品远销湖南、广州等地。随农业产业结构调整，金银花、水晶梨、油茶等新特优产品相继引进。

2016年2月6日，应山古村首届乡村春节晚会在应山村举行 （黄圃镇 供）

【应山古村首届乡村春节晚会】 2016年2月6日，应山古村首届乡村春节晚会在应山村举行。该晚会由应山村委会全体村民自发参与、自行编排、自主设计、共同筹备，节目包括歌曲、舞蹈、武术等24个节目，彰显应山古村深厚的文化底蕴和优良的文化传统。 （彭中千）

附：黄圃镇领导班子成员名单

党委书记：张以社

党委副书记、镇长：熊海泉（ —5月）

欧志勇（5月— ）

人大主席：李 杰（7月— ）

党委副书记：丁钢文（ —5月）

陈建安（7月— ）

张柏根（7月— ）

党委委员、纪委书记：贺卓华（ —7月）

彭湘华（7月— ）

党委委员、副镇长：李亮生

党委委员：朱小兵（ —7月）

党委委员、武装部部长：陈建安（ —7月）

张德生（7月— ）

党委委员：陈红亮（7月— ）

邓秀强（7月— ）

副镇长：魏仁发（ —7月）

单玉红（女， —7月）

黄 娟（女，7月— ）

谢文丹（7月— ）

2016年乐昌市黄圃镇主要社会经济指标一览表

指 标	单位	数量	指标	单位	数 量
国民生产总值	万元	24300	粮食	吨	7597
农民人均纯收入	元	10860	九年一贯制中心学校	所	1
财政收入	万元	1002.79			
固定资产投资	亿元	0.68	中小学在校生	人	1266
农林牧渔及服务业总产值（当年价）	万元	25220	新型密集式烤烟房	座	400
黄烟种植面积	公顷	333	—	—	
黄烟产量	吨	650	—	—	

2016年乐昌市黄圃镇村委会基本情况一览表

序号	村委会	书 记	主 任	村民小组（个）	总户数（户）	总人口（人）	集体经济总收入（万元）	农民人均所得（元）
1	塘村	邓国全	邓国全	15	521	1805	14	11940
2	东村	欧光勇	欧光勇	17	431	1717	14.7	12112
3	里村	欧镇旺	欧镇旺	18	359	1522	8.7	11816
4	新塘	邓军仁	邓军仁	22	611	2559	16	12424
5	紫溪	吴新强	吴树芳	16	495	2019	7.5	12162
6	桃坪	谷检山	谷检山	5	191	897	13.6	11623
7	应山	白忠旺	白国见	5	300	1264	7.4	11697
8	斗湾	白四旺	白四旺	16	652	2651	8	12002
9	鱼池岭	李均太	欧荫文	10	158	578	6	12055
10	石溪	邓国远	邓国远	13	573	2219	8.1	12040

庆云镇

【概况】 庆云镇位于乐昌市北部偏西，武水支流田头水上游流域，地处蔚岭山西侧，狮子山脚下，面积90.24平方千米，人口1.26万人，辖土佳寮、五里冲、下黄、永乐、金坪、袄田、广田和湾雷8个村委会，105个村小组。全镇地势东高西低，地貌以石灰岩见多，平均海拔约400米，狮子山高地海拔890多米。镇内交通便利，省道248线贯穿全境，镇区距坪石24千米，通村公路全部水泥硬底化，武广客运专线从境内穿越9.7千米。全镇以农业为主，林业为辅，锑矿为补。农特产有高山有机茶、“华航丝苗”优质稻米、板栗、蔬果等。2016年全镇社会生产总值28749.2万元，农村人均收入11316.3元。

【农业和农村工作】 庆云镇充分发挥山地优势，水、旱、林种养结合，形成以水稻、黄烟、茶叶、蔬菜、养殖等为主的农业结构。2016年，推广种植90.67公顷黄烟、种植“华航丝苗优质稻”208公顷、“高山有机茶”302公顷。狮子山、大广行、凑云山等茶叶品牌名声在外。创建3个市级示范社，注册8个家庭农场，培育农业科技示范户12户，成立21个农民专业合作社。大力推广农业政策性保险和农村房屋保险，273.33公顷玉米、500公顷水稻参加了农业政策性保险。2016年，67户玉米受灾村民获得玉米保险理赔；20多户受灾村民获得房屋保险理赔。

【综治维稳】 整合派出所、司法所、信访办等部门精干力量集中办公，形成“大综治、大信访”格局，对矛盾纠纷做到早排查、早发现、早处理，先后受理矛盾纠纷6宗，调处6宗，涉及35人次，调处成功率100%。

【新时期精准扶贫精准脱贫工作】 全镇共有贫困户170户，437人，其中一般贫困户33户，111人。低保贫困户112户298人；“五保”贫困户25户28人。按照有无劳动能力划分，有劳动能力贫困户82户301人，没有劳动能力的贫困户88户136人。危房改造户12人，36人，水库移民6户，11人。启动帮扶项目5个，包括产业帮扶、农村危房改造、社会保障兜底、医疗保险扶贫、教育文化扶贫等。2016年为贫困户购买鸡苗5000只，猪苗46头，购买城乡居民养老保险以及“银铃安康”保险等，共投入扶贫资金50.4万元。

【发展特色产业】 庆云镇重视乡村旅游发展，制定乡村旅游规划，坚持“旅游旺镇”方针。加大对“游古山（狮子山），访古村（户昌山），行古道（宜乐），拜古庙（溱云仙庙），品古韵（人文庆云）”的“五古”旅游线路开发力度，充分发挥地域旅游文化资源及独特的生态优势，打造庆云特色乡村旅游品牌。整合茶叶资源优势，打造以大广行、狮子山、溱云山茶厂为代表的茶园示范基地。不断改进茶叶加工技术，茶叶产品质量和销售效益稳步提升。大力发展“一乡一品”优质品种，打造“生态米”品牌，将庆云镇建设成为“华航丝苗”优质稻基地。

【民营经济】 庆云镇主要有上龙锑矿、华翔木业、旗胜石料加工厂等龙头企业。上龙锑矿从业人数40余人，主要开展地下锑矿资源开采工作。华翔木业公司主要生产E1/E2刨花板、高密度中纤板、三聚氰胺贴面板。有员工130多人，年产值近2000万元。旗胜石料加工厂是一家以石料开采、加工、生产、销售为一体的民营企业。境内水资源丰富，有丰收水电站、永乐电站、五里冲电站、广田电站、袄田电站和赤溪电站6座水电站，总装机容量超过4000千瓦。

【招商引资】 2016年，引进乐昌市华昇农业有限公司，该公司在五里冲村新开发茶山面积66.67公顷，投入资金近1000万元。

【镇区建设】 2016年，投入50万元进行村镇机关供水改善工程，更新机关供水管道约6300米，解决政府机关（农民街）以及镇政府邻近村庄1860多人的生活用水问题。申请消防整改专项资金14.44万元，对敬老院的消防系统进行全面改造升级，投入5万多元对敬老院住宿楼排水渠进行改造。

【农村农业基础设施建设】 2016年，申报“一事一议”项目2个，项目总投资75万元。完成“金古坪至果园”“金古坪至枣子园”农村公路硬化。做好全镇“村村通”自来水工程，规划投资148.81万元，覆盖6个行政村，受益人口1849人。投入92.36万元改善农村生产生活用水实施维修，完成内洞1000米水圳及上下歧田900米水圳三面光工程。积极解决武广高铁遗留问题，争取资金80多万元，安装管道1.2万米，解决湾雷村委会湾雷一、二组及黄圃司村小组生活用水问题。

【社会保障工作】 2016年，庆云镇城镇新增就业人口数60人，城镇失业人员再就业人数35人，就业困难人员实现再就业人数8人，新增劳动力转移人数250人，完成率100%。参加农村合作医疗保险9952人，任务完成率105%。做好最低生活保障申报审批、残疾人和孤寡老人救助、银铃安康等工作。有低保对象131户297人，其中农村低保户130户，城镇低保户1户，户平均低保金432.97元，人均每月低保金190.89元，人均补助较2015年提高11%。做好发放高龄老人津贴工作，其中，80岁以上老人210人，每人每年补助240元，90岁以上老人19人，每人补助360元。470位60岁以上老人参加“银龄安康”老人意外险。

【计划生育】 2016年，庆云镇出生人口202人，性别比为114.89（以女性为100），人口出生率15.38‰，自然增长率10.47‰。全镇投资近5万元开展全面二孩政策及生育健康知识相关业务宣传活动12场次，制作永久性宣传牌6处，书写墙体标语45处，悬挂宣传横幅56条，张贴临时宣传标语200条，发放宣传资料近5000份。

【打造生态旅游】 提出“五古”旅游线路。游古山：狮子山独特的地理位置和优美的风景，位于狮子山顶具有传奇历史文化色彩的206微波塔；访古村：明清建筑风格、保存较完好、具有八百年历史和浓厚书香气息的永乐户昌山古村；行古道：宜乐古道和蔚岭关；拜古庙：相传“闯王”李自成的军师宋献策隐居地——广田村溱云仙古庙；品古韵：庆云悠久人文历史和淳朴民风。

【地方特产】 庆云镇主要地方特产有高山有机茶、“华航丝苗”优质稻米、板栗、蔬果等。出产的高山云雾绿茶于 1998 年获广东省农博会食品奖，2009 年获广东省无公害绿色食品奖。

【社会主义新农村建设】 2016 年，庆云镇对农村生活垃圾进行全面的整治，投入近 8 万元对庆云粮所至赤溪路段的农村生活垃圾进行每两天清理一次，对镇区农民街的生活垃圾每五天清理一次。投入近 6 万元对省道 248 线周边及永乐公路周边进行每月清理。按照计划对 12 户贫困户的危房进行危房改造工程，2016 年年底改造工程全部竣工、完成验收。

2016 年 7 月 14 日，“力推庆云旅游品牌，展现古村魅力风采”为主题的“庆云镇户昌山古村推介讲解竞赛”在庆云镇举行 （庆云镇 供）

【举办户昌山古村推介讲解竞赛】 2016 年 7 月 14 日，“力推庆云旅游品牌，展现古村魅力风采”为主题的“庆云镇户昌山古村推介讲解竞赛”在庆云镇举行。庆云“五古”旅游线路（游古山、访古村、行古道、拜古庙、品古韵），被列为乐昌市规划建设的 3 条乡村旅游示范线路之一。户昌山古村为乐昌市重点文物保护单位，2012 年被列为乐昌首批“广东省古村落”，同年被评为“广东省历史文化名村”，具有较强的文化价值和挖掘潜力。该活动旨在推介以户昌山古村为代表的庆云优秀旅游资源，广泛宣传具有浓厚人文历史和优美自然环境的户昌山古村，提升古村知名度，推动旅游旺镇发展理念。该活动被评为“韶关市基层团组织建设工作”优秀项目。 （余　良）

附：庆云镇领导班子成员名单

党委书记：王小勇
党委副书记、镇长：何勇斌（5 月—　）
人大主席：王小勇（　—7 月）
　　　　　赵平南（8 月—　）
党委副书记、综治信访维稳中心主任：
　　　　　何勇斌（　—4 月）
　　　　　白深言（8 月—　）
党委副书记：张　青（女，8 月—　）
党委委员、副镇长：邓永雄（8 月—　）
党委委员、纪委书记：何金锭（女，　—7 月）
　　　　　江庆锋（8 月—　）
党委委员、武装部部长：吴　冬（　—7 月）
　　　　　李润昌（8 月—　）
党委委员：邓永雄（　—7 月）
　　　　　张柏根（　—7 月）
　　　　　成　鹏
　　　　　吴　冬（8 月—　）
副镇长：张　青（女，　—7 月）
　　　　刘细坤（　—7 月）
　　　　余梅锋（8 月—　）
　　　　张　煜（女，8 月—　）

2016 年乐昌市庆云镇主要社会经济指标一览表

指　　标	单位	数量	指标	单位	数　量
农林牧渔及服务业总产值（当年价）	万元	18188.20	生猪存栏量	头	5843
工业、企业总产值（当年价）	万元	10561.20	水果总产量	吨	5968

指　标	单位	数量	指标	单位	数　量
固定资产投资	万元	2780	中心学校	所	1
招商引资实际投入	万元	562			
农民人均纯收入	元	11316.31	中小学在校生	人	538
粮食总产量	吨	6821	中小学在职教师	人	70
农业机械化	台	682	水泥公路硬化	千米	77

2016 年乐昌市庆云镇村委会基本情况一览表

序号	村（居委会）	书记	主任	村民小组（个）	总户数（户）	总人口（人）	集体经济纯收入（万元）	农民人均纯收入（元）
1	湾雷	张文党	张文党	19	668	2622	2944.5	11230
2	金坪	欧军礼	欧军礼	12	395	1460	1651.6	11312
3	广田	欧路生	欧路生	15	291	1108	1270.5	11467
4	袄田	罗城亮	罗城亮	8	168	747	833.4	11156
5	土佳寮	邓云生	邓云生	12	478	1983	2306.4	11631
6	永乐	邓永际	邓永际	18	463	1746	2017.1	11553
7	下黄	何田根	何田根	9	217	1038	1168.1	11285
8	五里冲	白深宝	白深宝	12	376	1419	1609.2	11340

白石镇

【概况】　白石位于乐昌市最北端，总面积 79.3 平方千米。辖油甫、水井、坛祖、新田、上黄、当阳、富村、三界圩和涧水 9 个行政村，总户数 5130 户，年末户籍人口 17599 人。耕地面积 1292 公顷（其中水田面积 520 公顷），林地面积 7654.3 公顷。全镇有中心学校 1 所，成人职业教育学校 1 所，幼儿园 1 所，在校学生 832 人；有文化站 1 个，广播站 1 个。土特产有黑布朗、辣椒、板栗、水晶梨、西瓜等。主要旅游景点有铜鼓岩和云祖峰。

2016 年，全镇农村经济总收入 21226 万元，比上年增长 5.7%；财政收入 1105 万元，比上年增长 38%；农民年平均收入 12062 元，比上年增长 9.21%；村级集体经济收入 105.7 万元，比上年增长 24%。

【农业和农村工作】　大力发展特色农业产业，引导农户种植高山辣椒、板栗、油茶、水晶梨、黑布林等，完成镇 250 吨烟叶收购任务。全面完成政策性涉农水稻、玉米保险工作，投保面积 1200 公顷。完成高标准农田水利建设工程初期规划、招标，覆盖油甫、上黄两个村 866.67 公顷农田。申报韶关示范专业合作社 1 家、家庭农场 4 家，发展板栗、养蜂、蔬菜、红薯、苗圃等多种类合作社，带动农民增收效果显著。9 个村委会完成土地确权任务，解决农民土地纠纷 5 件。

【新时期精准扶贫精准脱贫工作】　全镇精准扶贫对象 301 户，682 人，全部录入系统、建档立卡、制定和落实精准脱贫措施，做好前期准备工作。精准扶贫困难户危房改造对象51户，其中2016年危房改造对象28户。

【美化亮化工程】 2016年，白石镇全面启动美化亮化主要公路工程，投入近30万元，在往黄圃、两江、里田三条主要公路和重点路口安装路灯80盏，于年年底安装完成并投入使用。

【基础设施建设】 2016年，白石镇通过申请上级资金和自筹方式，筹集资金100万元用于市场边灯光健身广场的建造，截至2016年年末，完成排洪渠整治理工程。规范管理使用2014—2016年的基本农田保护资金220多万元，完善各村小组机耕路、维修水渠等。2016年再次投入27万元进行电站技改，对引水渠进行维修改进，年发电量提高到550万千瓦时，增效10%。

【社会保障】 2016年，城乡居民养老保险参保人数6566人，参保率102%；参加城乡居民医疗保险11945人；社会保险扩面征缴50人。完成2016年上、下半年的低保申报工作，上、下半年纳入低保救济范围的家庭分别为147户、158户，享受低保人数分别为258人、281人，人均低保金分别为169.3元、185.37元，确保应保尽保。完成“五保”资金发放工作，享受“五保”人数61人，人均572元。完成申报广东省残疾人生活津贴和重度残疾人护理补贴，其中享受残疾人生活津贴53人，每人每年1200元；享受重度残疾人护理补贴93人，每人每年1800元。

【综治维稳】 及时、及早掌握和化解信访苗头和不稳定因素，2016年，全镇排查矛盾纠纷隐患7宗，调处7宗，调解率100%；三界圩等8个村委会成功申报平安村。

【计划生育】 2016年，全镇出生235人，自然增长率8.35‰。出生性别比为104.35（以女性为100）。按序时进度完成免费孕前优生健康检查工作。制定《2016年白石镇流动人口集中服务管理专项活动实施方案》，分阶段开展以已婚育龄妇女信息和人口出生情况为主要内容的流动人口清理清查工作。

（曾应晖）

附：白石镇领导班子成员名单

党委书记：宁芝花（女，　—5月）
　　　　　丘永锋（5月—　）
党委副书记、镇长：丘永锋（　—5月）
　　　　　　　　　丁钢文（9月—　）
人大主席：宁芝花（女，　—5月）
　　　　　罗发强（9月—　）
党委副书记：雷塘旺
　　　　　　刘　锦（7月—　）
党委委员、人大副主席：白银兰（女，　—7月）
党委委员、纪委书记：薛旭军（　—7月）
　　　　　　　　　　李寒生（7月—　）
党委委员、副镇长：张世旭
副镇长：黄若沙（9月—　）
　　　　龚玉文（女，9月—　）
党委委员、组织委员：刘盛盛（　—7月）
　　　　　　　　　　朱清林（7月—　）
党委委员、宣传委员：尹　英
党委委员、武装部部长：邹　智（　—7月）
　　　　　　　　　　　罗兴文（7月—　）

2016年乐昌市白石镇主要社会经济指标一览表

指　标	单位	数量	指标	单位	数　量
农林牧渔及服务业总产值（当年价）	万元	21226	生猪存栏量	头	5374
工业总产值（当年价）	万元	389	水果总产量	吨	8371
固定资产投资	万元	600	中学	所	1

指　　标	单位	数量	指标	单位	数　量
招商引资实际投入	万元	10	小学	所	1
财政收入	万元	1105	中小学在校生	人	684
农民人均纯收入	元	12062	中小学在职教师	人	89
粮食总产量	吨	3916	水泥公路	千米	75

2016年乐昌市白石镇村委会基本情况一览表

序号	村（居委会）	书记	主任	村民小组（个）	总户数（户）	总人口（人）	集体经济纯收入（万元）	农民人均纯收入（元）
1	油甫村	陈良兵	陈良兵	20	1315	5031	11.4	12611
2	涧水村	刘集旺	刘集旺	8	578	2021	9.6	12373
3	三界圩村	黎国强	黎国强	7	517	1332	9.9	11904
4	富村	邓文强	邓文强	7	465	1503	10.4	12106
5	当阳村	雷国亮	雷国亮	10	467	1600	10.5	12260
6	水井村	姚清古	姚清古	11	484	1602	12.8	10774
7	坛祖村	周德良	周德良	6	419	1303	20.4	10832
8	新田村	赖福养	赖福养	6	446	1526	10.8	12085
9	上黄村	欧五全	欧五全	15	439	1755	9.9	12203

坪石办事处

【概况】 坪石办事处位于乐昌市西部，总面积约10平方千米，是省属企业原坪石矿务局破产关停后，为使矿区各项社会职能实行属地管理而设立，行政级别为正科级，乡镇建制，办事处机关驻地位于乐昌坪石镇坪南路1号。坪石办事处内设有党政办公室、经济发展办公室、社会事务办公室、计划生育办公室和维护稳定及社会治安综合治理办公室。附设乐昌市坪石办事处企业退休、失业人员社会化管理分中心、便民服务中心。下辖南岭、八字岭、关春、河西、新村5个居民区，人口约1.1万人。辖区内驻有乐昌市三益水泥股份有限公司、乐昌市南岭水泥厂等多家民营企业；有广东省煤炭工业总公司坪石留守处、乐昌市关春中学、乐昌市坪石镇卫生院等省、市企事业单位。

【原坪石矿棚户区改造项目稳步推进】 原坪石矿有1847户棚改户，2016年完成货币安置987户。位于坪石镇梅子冲（坪石贮木厂）的棚户区改造项目工程建设中的1030套住宅主体工程基本完成。

【社会保障和社会救助体系建设】 城乡居民医疗保险和养老保险收缴任务超额完成，完成率分别为103%和104.4%。为405户近787名困难群众办理城镇居民低保。加强对区内孤寡老人、残疾人、精神病患者、单亲家庭、特困家庭等社会弱势群众生活救助制度落实，开展残疾人基本服务状况和需求调查工作，办理残疾证、老年证70多人次。

【计划生育】 2016年，坪石办事处新出生人数103人，性别比为101（以女性为100）；人口自然增长率为1.54%；出生率为9.32%。为辖区新婚夫妇提供免费孕前优生检查合计74人次。

【安全生产】 年内组织对辖区烟花爆竹仓库、水泥厂、木材加工厂、皮革厂等开展安全生产大检查活动10余次。社区内大力推行消防安全网格化管理模式，形成“横向到边，纵向到底”的消防安全防控体系。全年没有重特大安全事故发生。

【原企业退休人员管理服务】 乐昌市坪石办事处企业退休、失业人员社会化管理分中心承办着2300多名原坪石矿务局退休职工的管理和服务工作。年内，该中心围绕养老待遇领取资格认证和重特大病医疗报销工作，进一步优化服务模式，健全和完善窗口各项服务制度，群众满意度明显提高。

【领导干部驻点普遍直接联系群众工作】 2016年，坪石办事处通过入户走访和电话联系等方式对2524户居民进行联系走访。对新村居民区C区周边主要人行道路进行硬化，对新村部分居民楼楼顶开裂渗水的处理，关春和八字岭2个居民区在棚改过渡时期的治安稳定等181个群众普遍关注的热点难点问题得到解决。 （刘义友）

附：坪石办事处领导班子成员名单

党工委书记：詹彬文

党工委副书记、办事处主任：吴回礼

党工委副书记、纪工委书记、综治信访维稳中心主任：谢月香（女）

党工委委员、办事处副主任、工会主席：古想俭

党工委委员、办事处副主任、武装部部长、综治信访维稳中心专职副主任：谢国汉

党工委委员、办事处副主任：连韶武（7月— ）

党工委委员、办事处副主任、武装部部长：张安山（7月— ）

党工委委员、办事处副主任：全　剑（女， —7月）

2016年乐昌市坪石办事处居民区基本情况一览表

序号	村（居委会）	书记	主任	居民小组（个）	总户数（户）	总人口（人）
1	南岭居民区	连丽芳	连丽芳	5	1198	2925
2	关春居民区	刘亚辉	刘亚辉	4	926	2362
3	八字岭居民区	陈正学	陈正学	3	691	1750
4	河西居民区	谭美娥	谭美娥	3	834	3093
5	新村居民区	谢四清	谢四清	3	550	1544

梅田办事处

【概况】 梅田办事处是乐昌市人民政府派出机构，管辖坪石镇武水河西岸约1.5平方千米的居住面积。是省属企业原梅田矿务局于2002年12月26日关闭破产后，从湖南宜章、临武返迁广东境内安置于此，经省、韶、乐各级政府批准设置的正科级派出机构，管辖矿区乐昌户籍职工家属20957人，河西生活区常住人口2985户9557人，形成一个典型的企业职工家属聚居生活区。梅田办事处内设机构有党政办公室、经济发展办公室、社会事务办公室、计划生育办公室、维护稳定及社会治安综合治理办公室。附设机构有：原企业离退休人员管理分中心、城镇居民医疗保险办公室、城镇居民社会养

老保险办公室。梅田办事处下设5个居民区：坪东、坪西、坪北、坪中和坪梅居民区，其中坪梅居民区主要管辖具有该市户籍的异地居住人员。坪东、坪西、坪北、坪中管辖常住人口。梅田办事处河西生活区有初级中学1所（坪梅中学），在校学生964人；有小学1所（坪梅小学），在校学生1011人；机关驻地位于乐昌市坪石镇群众路97号。河西梅田矿工聚居生活区，依山傍水与金鸡岭遥相呼应；交通便利，京珠高速、107国道、省道248线、坪乳公路相汇于此，坪石新大桥联结坪石镇河东的京广铁路坪石站。辖区内西河湾、坪石新城、恒辉花苑3个高档住宅小区均落成。

【维护社区和谐稳定】 梅田办事处在河西生活区成立综治维稳中心，健全巩固信访、维稳、调解三位一体的工作机制。扩大充实社会工作委员会队伍，全面整合协调各方力量，2016年成功调解民间纠纷38宗，提供法律援助7宗。接待走访信访人129人次、召开多方联席座谈会12次。有效化解3件群体上访事件，劝返5个老访户。坚持安全生产与食品安全全面排查和专项整治相结合，大力消除安全生产隐患。

【劳动和社会保障】 2016年，共有1146户次、1756人申请城市最低生活保障救助，经入户调查、三榜公示、逐级审核，全年发放保障金878万元；办理“城居保”7424人、城镇居民养老保险1088人；为87位残障人士发放护理补贴30500元；为501名残疾人士发放生活补贴42.3万元；为144名80岁以上高龄老人申办高龄津贴；发放精神病患药物补贴4000元；慰问计生困难户21户、现役军人家属13户及老、弱、病、残、孤寡户共396户。

【党建工作】 开展创建平安办事处活动，在5个社区党总支、22个党支部，1509名党员干部中开展党建活动。规范党务、政务、居务公开制度。培养预备党员、入党积极分子3人。

【计划生育】 2016年，梅田办事处为73对夫妇免费进行孕前优生体检，同时做好评估报告与随访工作；开展“5·29”会员活动日，“爱心一元捐助”，为做免费孕前检查人员补助路费，在辖区河西举办文艺宣传。全年对36户有困难的计生家庭进行了帮扶，办理城独奖励22人。全年出生194人，政策生育率96.91%，人口出生性别比为106.38（以女性为100）。

【精神文明建设与社区管理】 2016年，梅田办事处大力发展文化体育事业，积极推进广场舞蹈、文娱比赛等全民健身活动，河西社区更新4套建设器材，组建4支广场舞团体。年内，投入30多万元硬化坪北居民消防与行人道路。

【安全生产管理】 2016年，招聘3名专职的安全生产监管人员，对河西生活区进行日常监管。与辖区5个居民区签订《安全生产责任书》，落实责任分解。全年共进行12次安全生产大检查，全面检查辖区5家企事业单位（2所学校、1家自来水厂、2所超市）。

（文幼琼）

附：梅田办事处领导班子成员名单

党工委书记：李兴军

党工委副书记、办事处主任：杨容斌

党工委副书记、纪工委书记、综治信访维稳中心主任：陈潮辉

党工委委员、办事处副主任：连韶武（　—7月）

邱重阳　丘浩权

党工委委员、办事处副主任兼武装部部长：沈建军

党工委委员、办事处副主任：金　剑（女，7月—　）

2016 年乐昌市梅田办事处居民区基本情况一览表

序号	村（居委会）	书记	主任	村民小组（个）	总户数（户）	总人口（人）
1	坪东居民区	朱广民	陈秋英	9	683	1976
2	坪西居民区	薛平保	叶荣华	9	741	1949
3	坪北居民区	林芳琼	林芳琼	12	692	2254
4	坪中居民区	唐孝桃	彭咏梅	9	669	1689
5	坪梅居民区	赵河泉	李珍芬	3	8675	13139

荣　誉　榜

2016年度获市级以上先进集体称号名录表

获奖单位名称	评定单位	荣誉称号	获奖时间
乐昌市	广东省卫生和计划生育委员会	全国健康促进县	2016年9月
乐昌市文化馆	文化部	国家一级馆	2016年6月
茶料村	农业部	中国最美休闲乡村	2016年8月
乐昌市疾病预防控制中心	中国疾病预防控制中心地方病控制中心	全国“十二五”地方病防治工作先进集体	2016年5月
乐昌市地方志办公室（《乐昌年鉴·2013》）	中国地方志指导小组办公室	全国地方志优秀成果（年鉴类）三等奖	2016年
乐昌市龙山林场	国家林业局	全国生态建设突出贡献先进集体	2016年5月
乐昌市体育局	亚洲象棋联合会	突出贡献奖	2016年12月
乐昌市财政局	省委办公厅、省政府办公厅	广东省2013—2015年扶贫“双到”工作先进单位	2016年3月
北乡镇黄坌村党总支	中共广东省委	先进基层党组织	2016年7月
坪石镇河丰村委会管埠村	广东省精神文明建设委员会	文明村	2016年
乐昌市文化馆	广东省人力资源和社会保障厅、广东省文化厅、广东省新闻出版广电局	第三届广东省基层文化工作先进单位	2016年12月
乐昌市公安消防大队	共青团广东省委员会	青年文明号	2016年6月
乐城街道办事处大昌社区居委会	广东省科协、省财政厅、省文明办、省科技厅	广东省科普示范社区	2016年
乐昌市扶贫开发领导小组办公室	广东省扶贫开发领导小组	广东省2013—2015年扶贫开发“双到”考核结果优秀单位	2016年3月
五山镇人民政府	广东省教育厅	广东省教育强镇	2016年7月6日

获奖单位名称	评定单位	荣誉称号	获奖时间
乐昌市乐昌峡绿色米业有限公司	广东省农业厅	广东省重点农业龙头企业	2016年3月9日
乐昌市审计局	广东省审计厅	2016年度《中国审计》等杂志通联工作先进单位	2016年11月
乐昌市工商联	广东省工商联	广东省“五好”县级工商联	2016年12月
两江镇人民政府	韶关市人民政府	韶关市2015年度人口与计划生育工作先进单位	2016年4月
北乡镇人民政府	韶关市人民政府	韶关市2015年度人口与计划生育工作先进单位	2016年4月
乐昌市人大	韶关市人大办	2016年度韶关市人大宣传信息工作先进单位	2016年11月
中共乐昌市纪委	中共韶关市纪律检查委员会	韶关市“守底线，铸党性”党规党纪知识竞赛组织奖	2016年6月
中共乐昌市纪委	中共韶关市纪律检查委员会、韶关日报社	“讲规矩 树正气”征文活动组织奖	2016年9月
共青团乐昌市委员会	共青团韶关市委员会	韶关市先进团委	2016年5月
乐昌市地方税务局坪石分局	共青团韶关市委员会	韶关市青年文明号	2016年1月
两江镇人民政府	共青团韶关市委员会	2015—2016年度韶关市五四红旗团委	2016年5月
乐昌市城关中学	共青团韶关市委员会	2015—2016年度五四红旗团委标兵	2016年5月
乐昌市地方税务局	韶关市直机关委员会	韶关市直机关运动会乒乓球比赛女子团体第一名	2016年9月
乐昌市工商联	韶关市关心下一代委员会、韶关市精神文明建设委员会办公室	韶关市关心下一代工作先进集体	2016年3月
乐昌市林业局	韶关市扶贫开发领导小组	2013—2015年扶贫开发“双到”先进单位	2016年4月
乐昌市交通运输局	韶关市扶贫开发领导小组	2013—2015扶贫开发“双到”优秀单位	2016年4月

获奖单位名称	评定单位	荣誉称号	获奖时间
乐昌市人民法院民一庭	韶关市中级人民法院	集体三等功	2016 年 1 月
乐昌市中医院	韶关市人力和社会资源局	2015 医保年度先进单位	2016 年 4 月
乐昌市地方税务局	韶关市地方税务局	韶关地税系统乒乓球比赛团体第二名	2016 年 6 月
乐昌电信分公司	韶关电信分公司	政企客户中心二等奖	2016 年
乐昌电信分公司	韶关市消费者委员会	2016 年度诚信单位	2016 年

2016 年度获市级以上先进个人称号名录表

姓　名	单位名称	评定单位	先进称号	评定时间
陈辉强	乐昌市坪石镇槟槟商行	国家工商行政管理总局、中国个体劳动者协会	全国先进个体工商户	2016 年
罗唐娣	大源镇永济桥村委会	广东省绿化委员会	全国绿化奖章	2016 年 2 月
陈焕君	乐昌市农村信用合作联社	共青团中央金融工作委员会	2015—2016 年度“银团合作优秀个人”	2016 年 9 月
薛代立	中共乐昌市委组织部	省委办公厅、省政府办公厅	2013 年—2015 年扶贫开发“双到”工作优秀个人	2016 年 3 月
许期新	乐昌市纪委	中共广东省委	优秀党务工作者	2016 年 7 月
黄常明	乐昌市中等职业技术学校	广东省人民政府	特级老师	2016 年 3 月
周丽萍	乐昌市文化馆	广东省人力资源和社会保障厅、广东省文化厅、广东省新闻出版广电局	第三届广东省基层先进文化工作者	2016 年 12 月
李良城	乐昌市九峰镇文化分馆	广东省人力资源和社会保障厅、广东省文化厅、广东省新闻出版广电局	第三届广东省基层先进文化工作者	2016 年 12 月
赵平平	共青团乐昌市委员会	共青团广东省委员会	2015—2016 年度广东省十佳团县委书记	2016 年 5 月
陈焕君	乐昌市农村信用合作联社	共青团广东省委员会、中国银行业监督管理委员会广东监管局	2015 年广东银行业金融机构优秀青年干部赴县级团委挂职先进典型	2016 年 7 月

姓　名	单位名称	评定单位	先进称号	评定时间
陈江柳	乐昌市市场监督管理局	广东省工商行政管理局	2015年度全省工商系统政务信息工作先进个人	2016年4月
王海玲	民建乐昌市支部	中国民主建国会广东省委员会	优秀个人	2016年7月
陈梅娟	乐昌市农村信用合作联社	广东省农村信用社联合社	广东省农合机构2016年优秀共产党员	2016年6月
杨　涛	乐昌市人民法院	广东省高级人民法院	个人二等功	2016年6月
范晓玲	乐昌市中医院	广东省中医药学会	广东省中医系统优秀护士	2016年5月
邓春燕	乐昌市地方税务局	广东省地方税务局	广东省地税系统乒乓球比赛（韶关赛区）女子单打第二名	2016年8月
刘宏伟	市人大办	韶关市人大办	人大宣传信息工作优秀信息员	2016年11月
周丽萍	乐昌市文化馆	韶关市委组织部、宣传部	中青年文艺带头人	2016年8月
欧伦彬	乐昌市文化馆	韶关市委组织部、宣传部	中青年文艺带头人	2016年8月
周丽萍	乐昌市文化馆	韶关市委宣传部	韶关市宣传文化本土人才“育鹰”工程培养对象	2016年
欧伦彬	乐昌市文化馆	韶关市委宣传部	韶关市宣传文化本土人才“育鹰”工程培养对象	2016年
吴　超	民建乐昌市支部	民建韶关市委员会	优秀会员	2016年12月
林　斌	民建乐昌市支部	民建韶关市委员会	优秀会员	2016年12月
龙婉珊	乐昌市市场监督管理局	共青团韶关市委员会	韶关市优秀团干部	2016年5月
梁志霞	乐昌市城关中学	共青团韶关市委员会	韶关市优秀团干部	2016年5月
王　勇	乐昌市林业局	中共韶关市委组织部、韶关市扶贫开发领导小组办公室	2013—2015年扶贫开发“双到”先进个人	2016年4月
柏乐琦	乐昌市交通运输局	韶关市扶贫开发领导小组办公室	2013—2015年扶贫开发“双到”优秀个人	2016年4月
李细龙	乐昌市人民法院	韶关市中级人民法院	个人三等功	2016年1月
邱强生	乐昌市人民法院	韶关市中级人民法院	个人三等功	2016年1月
欧三养	乐昌市广播电视大学	韶关市广播电视大学	先进教育工作者	2016年9月
马晓玲	乐昌市广播电视大学	韶关市广播电视大学	优秀教师	2016年9月

姓　名	单位名称	评定单位	先进称号	评定时间
李丽娟	乐昌市农村信用合作联社	韶关银行业公会	韶关市银行业信息工作“先进个人”	2016年4月
吴兴旺	乐昌电信分公司	韶关电信分公司	优秀党务工作者	2016年
黄国林	乐昌电信分公司	韶关电信分公司	优秀共产党员	2016年
叶　霞	乐昌电信分公司	韶关电信分公司	优秀共产党员	2016年
彭军安	乐昌电信分公司	韶关电信分公司	优秀共产党员	2016年

统　计　资　料

乐昌市2016年国民经济和社会发展统计公报

2016年以来，面对经济下行压力不断加大的严峻局面，市委、市政府认真贯彻落实省、韶的各项经济部署、政策方针，大力推进供给侧改革、营改增等，积极应对多重困难、抓住机遇、着力稳增长、强基础、促改革、惠民生。从总体来看，经济稳步增长。

一、综合

国民经济在新常态下保持平稳发展。初步核算，全市生产总值117.38亿元，比上一年增长7.1%。其中：第一产业增加值24.62亿元，增长3.8%；第二产业增加值27.39亿元，下降0.6%；第三产业增加值65.37亿元，增长12%。三次产业结构为21∶23.3∶55.7。按常住人口计算，人均GDP 28422元，增长6.3%。第三产业中，批发和零售业增加值增长7.5%，住宿和餐饮业增加值增长7.9%，金融业增加值增长2.9%。民营经济增加值62.42亿元，增长5.4%，占全市生产总值的53.2%。

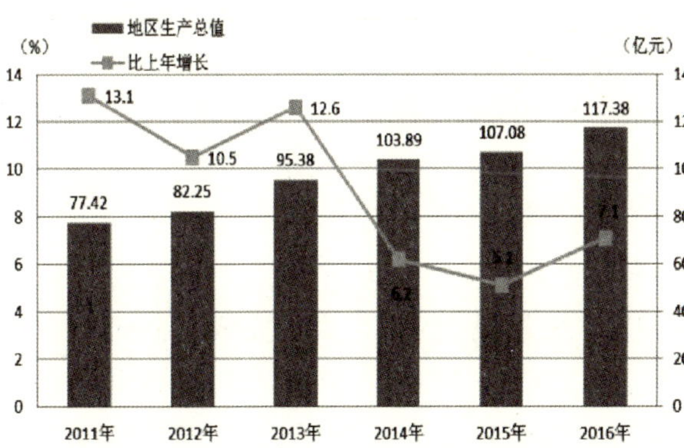

2011—2016年地区生产总值及其增长速度图

年末全市城镇新增就业人数3247人，城镇失业人员再就业人数3048人，困难人员实现就业人数283人，促进创业164人。年末城镇登记失业人员2098人，城镇登记失业率2.48%。全年完成劳动力技能晋升培训759人，农村劳动力技能培训转移就业人数5674人。

全年地方一般公共预算收入5.3亿元，下降7.2%。其中税收收入3.62亿元，增长9.7%。地方一般公共预算支出27.13亿元，增长15.1%，其中财政八项支出18.71亿元，增长9.1%。

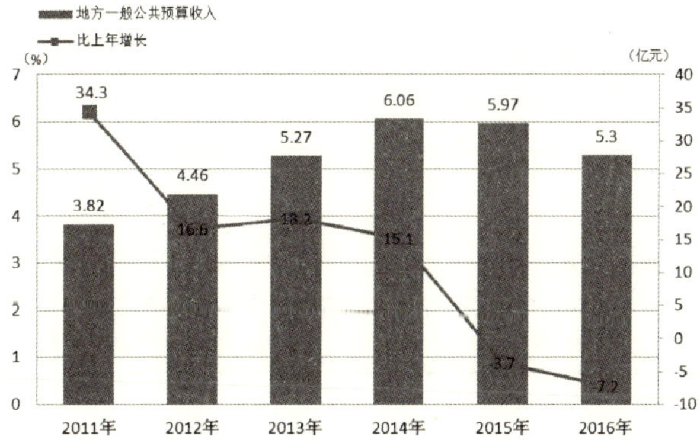

2011—2016年地方一般公共预算收入及其增长速度图

经济社会发展存在的主要问题：经济发展速度较慢，长期积累的经济结构不合理，创新驱动乏力，内生动力不强，市场活力不足，重点项目储备不多，投资拉动作用减弱，发展后劲不强等问题仍然突出，全面建成小康社会还存在短板指标。

二、农业

全年农林牧渔业总产值38.92亿元，增长3.8%。其中：农业增长3.8%，林业增长2.7%，牧业增长4.1%，渔业增长4.0%。农林牧渔业增加值24.62亿元，增长3.8%。

2016 年主要农产品产量情况表

农产品名称	播种面积（万亩）	产量（万吨）
谷物	28.290	10.84
其中：稻谷	22.470	9.34
（1）早稻	8.960	3.72
（2）晚稻	13.510	5.62
蔬菜	24.380	33.920
甘蔗	0.085	0.280
花生	4.880	0.940
烟叶（未加工烟草）	1.740	0.29
水果	13.130	19.12
茶叶	0.510	0.04
桑叶	0.080	0.10
肉类	—	2.20
其中：猪肉	—	1.98
家禽肉	—	0.19

全年粮食作物播种面积 2.26 万公顷；油料作物播种面积 0.55 万公顷，增长 1.9%；蔬菜播种面积 1.63 万公顷，增长 3.2%。

生猪年末存栏 15.17 万头，生猪年末出栏 26.82 万头；家禽年末存栏 51.23 万羽，家禽年末出栏 159.35 万羽；禽蛋产量 1283 吨。

三、工业和建筑业

全部工业增加值 21.12 亿元，增长 0.8%。规模以上工业企业增加值 15.4 亿元，下降 0.5%。在规模以上工业中，国有及国有控股工业增加值 2.46 亿元，增长 50.6%；股份制工业 12.66 亿元，下降 10.2%；外商及港澳台投资工业 0.05 亿元，下降 3.1%。轻工业增加值 2.24 亿元，下降 4.8%；重工业增加值 13.16 亿元，下降 3.3%。年末乐昌产业转移工业园工业企业 17 个，规模以上工业增加值 6.62 亿元，下降 7.4%。

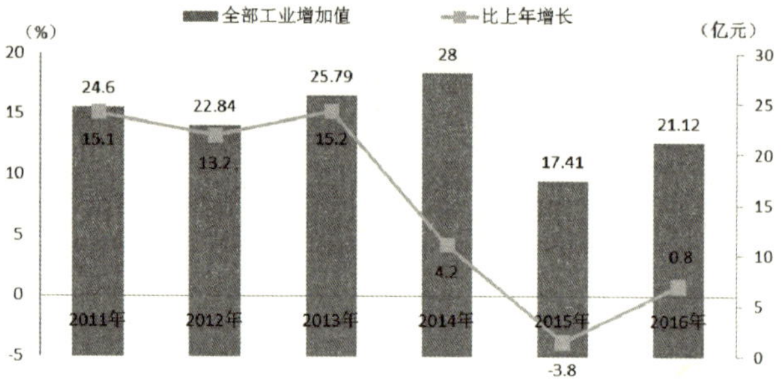

2011—2016 年全部工业增加值及其增长速度图

2016 年规模以上工业主要产品产量情况表

产品名称	计量单位	产量	比上年 ±%
发电量	千瓦时	31.14	1.1
其中：火力发电	亿度	24.10	－18.3
棉纱	万吨	1.51	－35
水泥	万吨	120.19	13.1
硅酸盐水泥熟料	万吨	72.40	2.5
硫酸（折 100%）	万吨	3.78	4.3
矿山专用设备	万吨	1.41	2.0
泵	万台	25.08	－19.4
齿轮	吨	181.49	－45.7
塑料制品	吨	7193	－4.5
纸制品	吨	6042	21.4

全年规模以上工业企业主营业务收入 53.68 亿元，下降 1%；主营业务成本 43.56 亿元，下降 3%；利润总额 3.49 亿元，增长 12.9%；

全年建筑业增加值 6.27 亿元，下降 5.2%。年末资质等级建筑企业 12 家，完成建筑业总产值 5.55 亿元、增长 4.9%。全年实现主营业务收入 8.34 亿元，利润总额 0.53 亿元。房屋施工面积 161.08 万平方米，增长 17.6%，房屋竣工面积 31.84 万平方米，增长 145.2%。

四、固定资产投资

全年完成固定资产投资 37.16 亿元，增长 15.2%。分投资主体看：国有及国有控股经济投资

15.5 亿元，下降 12.4%；外商及港澳台经济投资 0.25 亿元，增长 0%；民间投资 19.15 亿元，增长 42.5%。分产业看：第一产业完成投资 3.19 亿元，下降 61.7%；第二产业中的工业完成投资 13.11 亿元，增长 136%；第三产业完成投资 20.86 亿元，增长 14.4%，其中房地产开发完成投资 10.52 亿元，增长 58.3%。

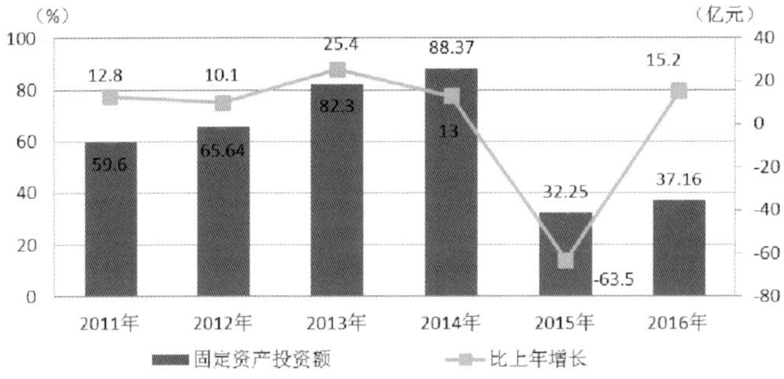

2011—2016 年固定资产投资及其增长速度图

市重点项目完成投资 23.89 亿元，完成年度计划的 80.1%。其中包括：武广客运专线乐昌东站主体工程完工，原坪石矿棚户区改造项目、广东省山区五市中小河流治理乐昌市 2016 年工程顺利完成年度任务，乐昌碧桂园、东方家园等房地产项目稳步推进。

全年商品房销售面积 49.18 万平方米，增长 23.6%，其中住宅商品房销售面积 47.67 万平方米，增长 22.3%。商品房销售额 15.93 亿元，增长 25.5%，其中住宅商品房销售额 15.02 亿元，增长 22%；商品房待售面积 42.16 万平方米，增长 32.3%。

五、国内贸易

全社会消费品零售额 61.27 亿元，增长 9%。按经营地统计，城镇消费品零售总额 49.89 亿元，增长 8.8%，乡村消费品零售总额 11.39 亿元，增长 9.9%。年末限额以上贸易企业 31 家，其中批发业 9 家，限上销售额 13.09 亿元，下降 5.3%；零售业 9 家，限上销售额 2.53 亿元，下降 5.9%；住宿业 8 家，限上营业额 0.45 亿元，下降 3.1%；餐饮业 5 家，限上营业额 0.21 亿元，下降 13.4%。

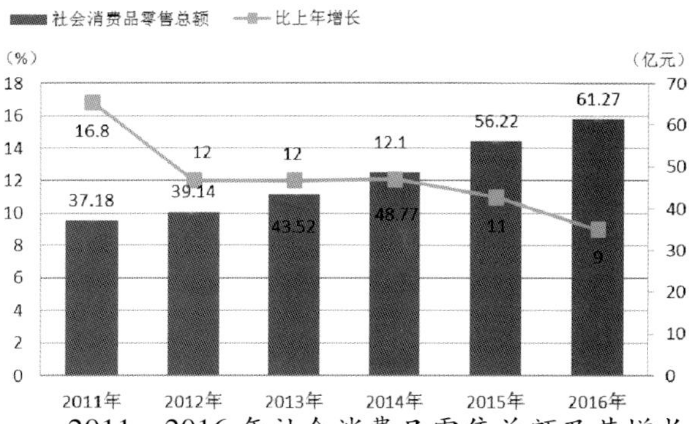

2011—2016 年社会消费品零售总额及其增长速度图

六、对外经济

全年外贸进出口总额 1307.1 万美元，同比下降 35.3%，其中，出口 1242.5 万美元，下降 23.6%；进口 64.6 万美元，下降 83.6%。

招商引资项目 154 个，比 2015 年同期 175 个下降 12%，其中内资项目 154 个，下降 11%；外资项目 0 个，2015 年同期是 2 个。内联到位资金 13.47 亿元，增长 58.5%；外资到位资金 117 万美元，下降 31.6%。

七、交通、邮电和旅游

全年交通运输、仓储和邮政业增加值 12.3 亿元，增长 8.7%。客运量 624.08 万人，旅客周转量 2.31 亿人千米。货运量 5453.75 万吨，其中公路货运量 5290.22 万吨，水路货运量 162.58 万吨；货物周转量 233.92 亿吨千米，其中公路货运周转量 228.85 亿吨千米，水路货运周转量 5.02 亿吨千米。

年末公路通车里程 2604 千米，晴雨通车里程 1795 千米。国道通车里程（包括坪乳公路）50 千米；省道 176.53 千米；县道 143.98 千米；乡道 1402.45 千米。

全年电信企业营业收入 20988 万元，增长 6.3%，邮政业务总收入 2795 万元，增长 34.7%。移动电话用户数 32.75 万户，下降 2.0%；固定电话交换机总量 6.68 万门，增长 35.5%；固定电话用户 4.41 万户，下降 7.5%；互联网用户 20.09 万户，增长 11.1%。全市家庭宽带用户数 5.55 万户，手机上网用户数 27.83 万户。

全年实现旅游总收入 25.69 亿元，增长 18.1%，接待国内外游客 391.84 万人次，增长 13.8%。其中，国内游客 391.80 万人次，增长 13.8%。旅游住宿设施接待过夜游客 200.09 万人次，增长14%。年末，全市各类旅行社8家，其中营业部5家，已评定的星级饭店6家，其中四星级饭店1家，A级景区3个。

八、金融和保险业

年末金融机构本外币各项存款余额147.43亿元，增长8.6%，其中住户本外币存款余额111.58亿元，增长9.7%。年末金融机构本外币各项贷款余额72.21亿元，增长11%，住户贷款余额36.32亿元，增长19.4%，其中：住户中长期贷款33.41亿元，增长18.3%；短期贷款2.91亿元，增长32.9%。

全年寿险保费收入11570万元，同比增长11.5%；各项赔款和给付支出6732万元，同比增长88.8%。全年财产险保费收入3993万元，同比增长4.8%；各项赔款和给付支出1763万元，同比增长27.1%。

九、教育和科学技术

全年普通教育类招生数（包括职业中学）23372人，在校学生75686人，毕业生20780人。其中，普通高中招生2269人，在校生7146人，毕业生2676人，升学率97%。初中招生5362人，在校学生14986人，毕业生4745人，升学率98.1%。普通小学招生7085人（含42间教学点），在校生34827人，毕业生5562人，升学率100%。幼儿园招生7723人，在校生16802人，毕业生6969人。

各类学校教育发展情况表

	学校数（所）	招生数（人）	在校学生数（人）	比上年增长（%）
普通教育合计	177	23372	75686	5.3
幼儿园	79	7723	16802	0.5
小学（含42间教学点）	70	7085	34827	14.3
普通中学				
其中：高中	3	2269	7146	-7.5
初中	23	5362	14986	4.6
职业中学	1	933	1925	25.1

全年申报上级科技计划项目20项，其中省级项目7项，获得立项支持1项，经费支持100万元；韶关市级项目13项，获得立项支持3项，经费支持40.5万元；完成本级科技项目立项29项，安排经费支持88万元。全市专利申请390件（其中申请发明专利12件，授权2件）。

十、文化、体育和卫生

年末共有文化馆1个，博物馆1个，电影院1个，公共图书馆1个。公共图书馆图书总藏量10万册。

全市体育馆共3个（包括学校2个）。韶关市青少年锦标赛中，我市代表队共揽入10金、6银、3铜的好成绩。

年末全市共有各类卫生计生机构365个，其中医院3个、卫生院16个，社区卫生服务机构1个，妇幼保健机构1个，专科疾病防治机构3个，疾病预防控制中心1个，卫生监督机构1个，村卫生站278个。全市卫生机构拥有在岗职工2862人，增长3%；其中，执业医师和执业助理医师837人，注册护士947人；拥有医疗床位2473张，其中医院床位1634张。全市乡镇卫生院拥有卫生技术人员636人，床位715张。

十一、人民生活和社会保障

年末户籍人口52.99万人，比上年末增加了11082人；常住人口41.48万人；城镇化率50.14%，比上年提高0.6个百分点。全年出生人口7258人，出生率13.24‰；死亡人口2883人，死亡率5.26‰；自然增长人口4375人，自然增长率7.98‰。

全年城乡居民人均可支配收入18438万元，同比增长9.4%。其中，城镇居民人均可支配收入22122元，同比增长9.1%；农村居民人均可支配收入12524元，同比增长9.6%。

全年累计筹集帮扶资金8968.53万元，共实施帮扶项目105个。到年年底，实现4559个相对贫困人口脱贫，其中2010户3436个相对贫困人口纳入低保或“五保”。

年末全市城镇职工参加基本养老保险（含离退休）人数69107人，比上年增长2.39%，其中，参保职工（包括企业职工）37808人，比上年增长5.84%；参加城乡（镇）基本医疗保险422583人，比上年增长3.56%，其中，参加城镇职工基本医疗保险 43017 人，比上年增长 0.01%；参加城乡（镇）居民基本医疗保险 379566 人，比上年增长 3.98%。参加失业保险 20332 人，比上年增长 0.64%；参加工伤保险 23501 人，比上年增长 0.01%；参加生育保险 23709 人，比上年增长 46.02%。全年累计领取失业保险金的人数 6142 人次，同比增长 30.09%。

2016 年年末在册低保对象 8950 人，其中，城镇 3131 人，农村 6929 人。低保资金（含各类补贴）支出 2883.37 万元；城镇、乡村低保平均标准分别为每人每月 485 元和 335 元，分别比上年增长 18% 和 29%。年末在册“五保”对象 1110 人，其中，分散“五保”户 747 人，集中“五保户”363 人。“五保”资金（含各类补贴）支出 761.9 万元；“五保”平均标准分别为每人每月 572 元。

全年共支出医疗救助金 311.9 万元，比上年增加 9 万元，救助 1605 人次。年末拥有社会福利机构 18 所，床位 1058 张，在院人数 497 人。

十二、资源、环境和安全生产

全年水资源总量 2.95 亿立方米，同比下降 0.51%。平均降水量 1850.8 毫米，较上年偏多 15.8%。年末全市大型水库蓄水总量 15460 万立方米，比上年减少 5.15%。全市发电装机容量 108.58 万千瓦，增长 0.45%。其中，火电装机容量 72.5 万千瓦，水电装机容量 36.08 万千瓦。农村自来水普及率 91.59%。

全年规模以上工业综合能源消耗量 25.4 万吨标准煤，同比下降 1.2%。全年全社会用电量 7.28 亿千瓦，增长 12.5%。其中：工业用电 3.58 亿千瓦时，增长 17.1%；住宅用电 1.97 亿千瓦时，增长 6.7%。

全年完成造林更新面积 4471.33 公顷，同比下降 32.4%，其中，人工造林 3973.33 公顷，迹地更新 498 公顷。全市森林抚育面积 22777.47 公顷。森林覆盖率 75.1%。

全年全市平均灰霾天气日数 4 天，比上年减少 2 天；全年日照时数 1411.6 小时，比正常年份偏多 289.6 小时。

全市各类生产安全事故 109 起，死亡 22 人，受伤 188 人，直接经济损失 85.61 万元，与去年同期相比，事故起数上升 2.8%，死亡人数下降 35.3%，受伤人数上升 12.6%，直接经济损失上升 48.8%。

注：1. 本公报中 2016 年数据为初步统计数。
2. 地区生产总值、各产业增加值绝对数按现价计算，增长速度按可比价计算。
3. 资料来源：各相关部门。

2016 年主要经济指标

年末常住人口 41.48 万人
户籍人口 52.99 万人
地区生产总值 117.38 亿元
第一产业增加值 24.62 亿元
第二产业增加值 27.39 亿元
第三产业增加值 65.37 亿元
第一、第二、第三产业构成 21∶23.3∶55.7
全社会固定资产投资 37.16 亿元
社会消费品零售总额 61.27 亿元
外贸进出口总额 1307.1 万美元
外资到位资金 117 万美元
一般公共预算收入 5.3 亿元
一般公共预算支出 27.13 亿元
全社会用电量 7.28 亿千瓦时

附　　录

乐昌新八景

2016年，乐昌市文化广电新闻出版局、乐昌市旅游局联合举办“乐昌新八景”评选活动。乐昌共有18个景点入选，通过“网络投票+专家评选”的方式，最终产生“乐昌新八景”。

1. 金鸡啼晓

（田辉丰/摄）

金鸡岭，位于广东北大门——岭南第一镇之称的坪石镇，距韶关市103千米，属乐昌市管辖。因岭的西北峰顶有座巨石，貌似雄鸡，昂首北望，引颈欲啼，故而得名，是广东省八大风景之一。

（付卫忠/摄）

金鸡岭属典型的丹霞地貌，岭上一字峰高耸入云，似一巨大屏障，它正看成墙，侧视成峰，俯瞰成龙。

（付卫忠/摄）

一字峰右侧的海螺峰、孔雀峰，神形兼备，栩栩如生，西北峰的巨石，貌似雄鸡，昂首北望，引颈欲啼。岭上至今仍留有许多关于太平天国洪宣娇的传说和有关遗迹。摩崖峭壁上，《盘古开天地》《女娲补天》《后羿射日除兽》石刻栩栩如生。金鸡岭有华山之险，黄山之奇，峨眉之秀，青城之幽，集各名山特色于一身。

（谷安文/摄）

2. **庆云古村**

（陈跃进/摄）

庆云户昌山古村始建于南宋末年，至今有700多年的历史，乐郴（乐昌—郴州）古道从旁而过。古村四面环山，清泉流水，重峦叠嶂，古树参天，风景十分秀美。

（市文广新局 供）

户昌山村的古建筑形式多样、风格古朴，保存着完整的明清时期的当地风格的古民居，体现了古代建筑的传统特色。民居内的一些泥塑像、题词等，艺术价值较高，户昌山村已被评为广东省传统古村落。

（都市羚羊/摄）

3. **大坪古寨**

大坪古寨位于乐昌市梅花镇大坪村落，因村中的山形似笔架，又称笔山村。大坪古寨建于明清时朝，占地1万平方米，四面环山，风景秀美。古寨保存了完整的祠堂、民居、书院、私塾等都是青砖黛瓦、飞檐起翘、雕龙画凤，体现了民间古建筑的特色。墙头配以书画、诗词，充满了人文气息。

（胡麟书/摄）

大坪古寨置身于青山绿水间，是深藏山中的艺术瑰宝。同时，大坪古寨还具有光荣的革命历史。1928年，朱德、陈毅率领的南昌起义部队曾在此召开军事会议，商讨攻打宜章事宜；1931年，邓小平、张云逸率领的红七军血战梅花，曾在此驻扎。

（胡 毅/摄）

4. **九峰花海**

（黄锦伦/摄）

阳春三月，九峰山上十万亩桃花、李花竞相开放，形成十里花的海洋。盛开的桃花，艳如红霞；皎洁如雪的李花，清香四溢；金黄的菜花穿插期间，真是桃红、李白、菜花黄。古朴的民居和薛岳故居点缀其间，形成一片美丽的田园风光。

5. 龙潭飞瀑

（何海松/摄）

龙王潭生态旅游区位于乐昌市东北 18 千米处，集温泉、绿湖、奇山于一体，由龙山温泉、龙山水库、龙谷三大部分组成，故又称三龙谷生态旅游区，是广东省唯独仅有的优势资源组合、国家 AAA 级旅游景区、省级自然保护区、省级生态园区和红色旅游胜地。

（市文广新局　供）

龙山温泉，属苏打型温水，是温泉中的极品。龙山水库，湖水清绿透澈，四周群山环绕，湖面顺山势蔓延，形似展翅雄鹰，气势非凡，异常壮观。黄龙谷，有九瀑十八潭，原始次森林中珍稀动植物上千种，是溪谷寻幽养生的绝好去处；1934 年红军长征曾经过此地，是科普及爱国主义教育基地。

（市文广新局　供）

6. 五山梯田

（市文广新局　供）

五山梯田位于乐昌与汝城交界处，西与九峰交界，北靠五指峰，山顶终日云雾缭绕，古朴的山村镶在其间。从廊田到五山，沿途十万亩竹林，形成苍翠而美丽的观景长廊。

（市文广新局　供）

梯田坐落于山坡上，层层叠叠，高低错落，一年四季风景各异，春夏之交，田而粼光，山色翠绿，灵气动人，秋冬之际，金色稻浪，充满了丰收的喜悦。另据资料记载显示，1934 年，中央红军长征时曾露宿于此。

7. **古佛洞天**

（市文广新局　供）

古佛洞天是国家 AAAA 级风景名胜区，有中国最美溶洞之称。古佛岩属大型石灰岩溶洞，洞内上下重叠三层，总面积 12000 多平方米。

（黄帼英/摄）

古佛岩是我国天然的溶洞地质博物馆，汇聚了众多国内罕见的溶洞景观，有石花、石脑、石幔、石画，还有会响的石鼓、石琴等奇观。洞内大量的珊瑚化石，见证了广东曾是汪洋大海的历史。

（沈　扬/摄）

更为奇特的是在洞内的最高处，有一半圆形石幔，通体洁白，形如明月，是中国溶洞的首席招牌美景，号称“天下第一月”。洞内还有形似座莲观音、王母娘娘等奇观，所以该景观也被称作“神仙”进洞带来的奇观。

8. **昌峡平湖**

（陈跃进/摄）

乐昌峡又叫泷峡，源于湖南武水。位于九峰山脉与大瑶山脉之间的峡谷，形成乐昌峡。乐昌峡，北起坪石、南至乐昌，全程约 60 千米，沿江崇山峻岭，峰峦叠翠，风景秀丽，漫江碧透，有三峡之雄风，又有漓江之清秀。

（市文广新局　供）

乐昌峡自古就是文人墨客和商贾南来北往的重要通衢，韩愈、苏东坡、屈人均等许多文人墨客在此留下壮丽诗篇。

（市文广新局　供）

坪石十大名片

坪石镇从2016年6月起启动“坪石十大名片”评选活动。通过名片征集、网络投票、公开征求意见、评选工作领导小组确定等环节，历时5个多月时间，“坪石十大名片”评选活动落下帷幕，10张坪石文化名片揭晓。

1. **金鸡岭景区**

（何晓明/摄）

金鸡岭景区，位于坪石镇城区，占地面积约1.6平方千米，于1978年开始对外营业，是国家AAA级景区、广东省省级风景名胜区、广东省地质公园，曾经是广东省八大名山之一。因景区西北峰有座丹红色巨石，貌似金鸡，金鸡岭因此得名。金鸡岭属丹霞地貌，海拔338米，相对高度168米，四周悬崖如刀切，雄伟险峻，到过金鸡岭的游客称之有华山之险、黄山之奇、峨眉之秀、青城之幽，集各名山特色于一身。金鸡岭景区内有金鸡石、一字峰、百步天梯、洪宣娇抗清传说遗迹、《华夏魂》神话摩崖石雕等众多景点。

坪石镇当地关于金鸡岭的传说众多。流传甚广的是，相传金鸡岭由八仙之一的吕洞宾从南海仙岛带来的神鸡石化而成；因金鸡石鸡头向北尾朝南，民间又有“金鸡吃着北方的粮食，把金银财宝生在广东”的戏说，把金鸡岭比喻成广东的“风水鸡”；又因为金鸡岭地势险要，且景区内有点将台、练兵场、观武台、兵器岩、舂米石等众多形象生动的景点，因此这里又流传着太平天国时，洪秀全之妹洪宣娇曾率女兵在金鸡岭上抗击清兵的故事。

2. **坪石大捷**

（坪石镇　供）

坪石大捷是湘南起义中，朱德、陈毅率领革命军队与地方党组织、农民武装紧密结合，胜利粉碎敌人“围剿”的一次人民战争的光辉战例。1928年1月，朱德领导的湘南起义军在湖南智取宜章的消息，引起国民党反动派的万分惊恐。当时控制广东的李济深急令独立第三师师长许克祥，纠集六个团的兵力，从乐昌北上“进剿”，“前线剿匪指挥部”设在坪石（现坪石老街），并将两个团驻守坪石（现坪石老街），另两个团在长岗岭、武阳司、栗源堡一线摆开，然后亲率两个主力团突出岩泉圩，形成一字长蛇阵，寻找朱德决战。

面对来势汹汹的敌人，朱德率部主动撤出宜章城，变城镇保卫战为野战，把军队隐蔽在湘粤边境的圣公坛深山中，耐心寻找对手破绽予以一击。1月30日，朱德判断，歼灭许克祥部的条件已经成熟。他和陈毅、王尔琢等连夜制定作战方案，决定兵分两路：一路由熟悉地形的胡少海、谭新带领，迂回敌后，阻击增援之敌，截断岩泉圩敌军的退路；另一路由朱德、陈毅率领精锐，直捣岩泉圩，消灭许克祥的两个主力团。1月31日清晨，许克祥的部队正在开早饭，由朱德、陈毅率领的工农革命军向岩泉圩许克祥部队悄悄进发，以迅雷不及掩耳之势冲进岩泉圩。前来助战的农军，也在四面山上摇旗呐喊，燃放鞭炮。胡少海、谭新领着另一路兵马，又从侧后杀入，前后夹击，把许克祥打了个措手不及，仓皇逃窜回到武阳司的长岗岭一带。岩泉圩一攻下，朱德立刻命令部队乘胜追击，当得知许克祥部队逃窜到河对面的武阳司长岗岭一带时，即兵分两路，主力军由武阳司过河，走大路正面进攻；另外一支尖锐部队从左边的牛井坪过河，绕过敌人的视线，侧面进攻。2 月 3 日上午便向敌军发起猛烈进攻，面对突如其来的枪炮声，敌兵混乱应战，很快许克祥部队遭到毁灭性打击。许克祥见形势不妙，便带着剩下的七、八个人，乘船向下游乐昌逃窜而去。此战，朱德以 1 个团一下打垮了声名赫赫的许克祥 6 个团，毙伤敌军 2000 余人，俘敌 1000 余人，共缴获步枪 1000 余支，手枪 100 多支，重机枪 10 多挺，迫击炮、山炮 30 多门，银元数十挑子，弹药被服不计其数。既得到弹药和经费的补充，又武装了农军。坪石战斗胜利当晚，朱德率部在坪石皈塘村晒谷坪召开祝捷大会。1962 年朱德回顾红军史时说：“是许克祥‘帮助’我们起了家。”

坪石大捷是南昌起义后，工农革命军取得的第一个大胜仗，极大地鼓舞了革命队伍的士气和人民的斗志，并为随后朱德率部万余人走上井冈山，同毛泽东领导的秋收起义部队会合，开辟井冈山根据地奠定了基础。

3. 天堂姜

（坪石镇　供）

天堂姜是坪石镇特色物产之一，因产自于坪石镇天堂村而得名，是广东省最著名的姜品种之一，全村种植历史长达 400 余年，于 2008 年获得无公害农产品认证。坪石镇天堂村海拔 600 ~ 1000 米，气候适宜，水土无污染，种植的生姜具有香、辣、脆、渣少等特点，钙、锌含量是普通生姜的 2 ~ 3 倍，对促进人体的生长发育、维持人体正常食欲、增强人体免疫力、促进伤口和创伤的愈合，促进维生素 A 的吸收都有重要作用。全村生姜种植面积 166.7 公顷，年产 5000 吨，是当地村民重要的经济来源。

4. 皈塘古村

（坪石镇　供）

皈塘古村始建于宋代，具有 800 多年历史。全村坐西北向东南，占地面积 40 多亩，现存有徽式建筑 80 多栋，每栋建筑之间都由长 1 米、宽 0.4 米的青条石路间隔，每栋建筑都由高大的马头墙、精美的雕窗画梁组成。其中，村中保存最为完好的建筑当属李氏宗祠，高昂的马头墙由比普通青砖大 3 倍的特制砖砌成，大门门簪刻有太极图案，窗形刻有飞禽走兽，栩栩如生。皈塘古村是集安全、艺术、风水于一体的粤北古村落。

皈塘村还是著名的革命老区，朱德曾在此主持召开“坪石大捷”庆功会，李氏宗祠里，朱德、陈毅居住的房间至今保存完好。湘南特委、湘南游击队、宜乐县委曾长期在皈塘村进行联络、住驻、开会等革命活动，皈塘农会是乐昌成立的第一个农会。皈塘村有李传楷、李光中等 60 多位革命烈士。

5. 韶关市坪石发电厂有限公司（B 厂）

（坪石镇　供）

中国华电集团公司韶关市坪石发电厂有限公司（B 厂）位于坪石镇河丰村，原是港资民营企业，2010 年 5 月，由中国华电集团公司下属最大的上市公司华电国际电力股份有限公司以 100% 股权收购，成为华电国际全资子公司，是华电集团在粤投资运营的第一个火电项目。

坪石B厂共分三期建设，总装机容量72.5万千瓦。2016年度，坪石B厂完成发电量23.73亿千瓦时，利用小时完成3273小时，工业产值完成9.08亿元，工业增加值4.18亿元，税收完成7386万元，实现利润568万元，连续安全生产2416天。坪石B厂是乐昌市第一纳税大户，从2011年到2016年总计上缴税收约6.6亿元，为地方经济发展做出较好贡献。

坪石B厂先后获得广东省节能先进单位、韶关市节能先进集体、广东省清洁生产企业、韶关市A级纳税人、华电集团燃料管理达标企业、华电集团四星级发电企业、华电集团文明单位、华电集团安全生产先进单位、华电国际先进企业等一系列荣誉称号。

6. 迴龙庙

（坪石镇　供）

迴龙庙现位于坪石镇老街居委会和广同会馆旁，属道教，坐东北朝西南，占地面积300平方米，始建于北宋年间（约963年）。迴龙庙分设武帝殿、观音殿、药王殿。武帝殿内又设三座神龛：中央神龛供关公、关平、周仓塑像，右侧神龛供两尊观音塑像，左侧神龛供包公及两位卫士塑像。迴龙庙于1953年搬迁，在“文化大革命”时被毁，房屋留做粮仓。坪石镇于1999年自筹经费对迴龙庙进行重建，2012年扩建。

因迴龙庙门口原有块坦荡如砥、纵横二丈多的石块，故庙所在一带（即原老坪石镇政府、今坪石镇老街居委会一带）便取名为平石村。“梁天监十七年（518），分梁化县置平石县，城址在三星坪”（民国20年（1931）版《乐昌县志》）。由于“平”与“坪”在坪石一带用于地名时意义相同，后当地人习惯将“平石”二字后写作“坪石”，这就是坪石名字的由来。

7. 中山大学坪石遗址

（曹　赞/画）

为避免日军进犯广东的破坏，中山大学1938年迁入云南澄江。不久，在校长许崇清的带领下，中山大学于1940年7月起又转迁到广东省坪石镇继续办学，包括中山大学校本部在内的文学院、法学院、理学院、工学院、农学院、医学院、研究院等开始在坪石镇三星坪、武阳司、老街、莲塘、肖家湾等村分散办学的风云岁月。在坪石办学初期，中山大学学生有1700多人，1942年度第一学期有学生3439人，1942年度招生后，共有学生4100余人。在坪石办学期间，陈寅恪、王亚南、杨东莼、郑德鸿等博学鸿儒在坪石讲学，冼星海、马思聪等著名爱国音乐家在坪石成长。在坪石办学的四年多的时间里，虽然条件简陋、生活艰苦，但在坪石当地群众的支持下，广大师生努力教学与科研，演绎了一段中国高等学府艰苦办学、薪火相传的传奇。从1944年冬起，中山大学因为战乱陆续回迁到广州。

8. **朱氏宗祠**

（何晓明/摄）

朱氏宗祠位于坪石镇肖家湾塘口村，始建于清代，2006年曾进行过修缮，沿用至今，2011年被评为乐昌市第四批文物保护单位。朱氏宗祠为二层砖、石、木、瓦结构，面阔五间11.5米，通进深三间40.2米，通高约8米，面积464平方米。朱氏宗祠恢宏大气，柱、房、厅设计精巧，门、窗、梁雕饰讲究，是坪石镇保存完好的古宗祠建筑代表杰作。

9. **“7011”工程景区**

（坪石镇　供）

“7011”工程景区，位于坪石镇金鸡村水浸角村，距离坪石镇城区约4千米，原是一座依山而建的大型军事工程，因于1970年1月1日开始建设而得名。改革开放后，作为旅游景点对外开放。“7011”工程景区占地面积2万平方米，整个工程由展览区、营房区和地下指挥中心三部分组成。展览区，位于景区大门右侧，主要展览介绍“7011”工程建设的历史背景、乐昌旅游风光。营房区，位于景区中部，营房依山而建，隐蔽于丛林中，共有营房6栋，是基地的生活和日常工作区域。地下指挥中心，地下工程建设面积6000平方米，巷道长约1.8千米，巷道成“S”形纵横交错，由对外防御系统、作战指挥系统、能源供给与辅助设施系统三大部分构成，工事精妙考究，仿若迷宫，具有完整的作战功能系统。

“7011”军事工程扼守武江，掌控京广铁路、S248线公路，是岭南与北方交通枢纽的重要关卡。关于该军事工程的用途，众说纷纭，有的说是战时指挥中心，有的说是“备战、备荒”年代的历史见证。

10. **坪梅铁路**

（李森瑛/摄）

“坪梅铁路”，又称“南岭铁路”，是广东地方铁路有限责任公司粤北铁路分公司负责运营的坪木铁路线。它最早可追溯到1945年的“狗牙洞支线”。20世纪60年代初期，广州铁路局将其划拨给广东省管理，成为广东省第一条省管地方铁路，并于1962年在坪石成立南岭铁路管理所。1968年至1976年，为适应梅田矿务局和地方经济发展需要，南岭铁路相继向西延伸至宜章的梅田和临武的沙田，由此奠定了南岭铁路的基本格局：从京广铁路坪石车站出岔，西跨粤湘两省，横穿乐昌、宜章、临武三县，止于湘南山区木冲车站，干线全长75.9千米。南岭铁路，主要服务于沿线煤炭、矿石、化肥、水泥和油料的铁路运输工作，为广东沿海地区的物资供应发挥了重要的调剂作用，对促进湘粤两省边界地区的社会经济发展提供了重要的交通保证。目前的粤北铁路公司坪梅铁路，仍然是连接粤北和湘南地区的重要物资通道，同时主要承担着华电集团坪石发电厂的煤炭运输，以及省储三五三处、中石化“6653”油库的油料运输业务。

（坪石镇供）

乐昌市旅行社一览表

单位名称	类 别	地 址	总经理	电话号码	传真号码
乐昌市旅游有限公司	国内旅游业务	乐昌市金融路33号	罗发明	5556867	5553027
乐昌市长城旅行社	国内旅游业务	乐昌市昌山西路65号	蔡克劲	5565088	5568122
乐昌市中青旅行社	国内旅游业务	乐昌市文化路紫荆花苑8栋13号	曹建国	5566988	6168928
乐昌市中青旅行社坪石建祥门市部	国内旅游业务	乐昌市坪石镇商业步行街一栋105房	王建新	5521228	5534003
深圳市运通国际旅行社有限公司乐昌营业部	国内旅游业务 出境旅游业务 入境旅游业务	乐昌市昌山西路65号	蔡克劲	5565088	5568122
韶关市康辉旅行社有限公司乐昌营业部	国内旅游业务 入境旅游业务	乐昌市乐城镇站前路嘉裕花苑D座34号铺	罗其芳	5555386	5555386
韶关市春秋国际旅行社有限公司乐昌营业部	国内旅出境旅游业务	乐昌市公主中路顺易华庭J10栋A－6铺	何春燕	5555546	5555546
中国国旅乐昌营业部	国内旅游业务 入境旅游业务	乐昌市金融路33号	罗发明	5556867	5553027
韶关市广之旅国际旅行社有限公司乐昌营业部	国内旅游业务 入境旅游业务 出境旅游业务	乐昌市乐城文化路顺易华庭华景轩A12号商铺	姜 虹	5553300	

乐昌市星级酒店一览表

单位名称	星级	法人	单位所在地（地址）	电话号码	传真号码	房间数	床位数
乐昌迎宾大酒店	四	张能辉	乐昌市公主中路	5555555	5579555	114	190
乐昌坪石富丽酒店	三	谭小玲	乐昌市坪石岭南路	5523488	5521188	65	130
乐昌星之光大酒店	三	陈晓群	乐昌市（城南所）解放路57号	5552208	5566220	90	150
坪石金鸡宾馆	三	陈忠英	乐昌市坪石镇金鸡南路3号	5528013	5523406	97	195
乐昌市汇丰酒店	三	杨超明	乐昌市人民南路3号	5500333	5557333	73	121
乐昌市金海洋假日酒店	三	邓乐生	乐昌市长乐路（体育馆侧）	5568688	5576068	36	77
乐昌市兴华宾馆	二	罗杰	乐昌市人民中路28号	5579111		31	57
乐昌碧桂园凤凰酒店	——	梁裕尤	乐昌市梅乐桥头	5519999	5519000	129	223

索　引

主题索引

说　明

一、本索引采用主题分析方法，款目按汉语拼音字母（同音字按声调）循序排列。

二、文中的类目题、分目题用黑体字表明，其余用宋体字排印。表格、图片在其款目后分别注明“表”或“图”。

三、索引款目后的数字表示内容所在的页码。

四、本索引对《大事记》等篇不作内容主题分析。

H

J

K

L

M

R

S

T

W

表格索引